激荡三十年

中国企业
1978—2008

十年典藏版·下

吴晓波 著

中信出版集团·北京

图书在版编目（CIP）数据

激荡三十年：中国企业：1978—2008：全2册/吴晓波著. --3版. --北京：中信出版社，2017.12（2024.10重印）
ISBN 978-7-5086-8264-8

I. ①激… II. ①吴… III. ①企业史-中国-1978-2008 IV. ① F279.297.3

中国版本图书馆 CIP 数据核字（2017）第 255585 号

激荡三十年：中国企业 1978—2008

著　　　者：	吴晓波
出版发行：	中信出版集团股份有限公司
	（北京市朝阳区东三环北路27号嘉铭中心　邮编 100020）
承 印 者：	北京盛通印刷股份有限公司
开　　　本：	880mm×1230mm　1/32
印　　　张：	26.25　　字　　数：680千字
版　　　次：	2017年12月第3版
印　　　次：	2024年10月第49次印刷
书　　　号：	ISBN 978-7-5086-8264-8
定　　　价：	116.00元（全2册）

版权所有·侵权必究
如有印刷、装订问题，本公司负责调换。
服务热线：400-600-8099
投稿邮箱：author@citicpub.com

目 录

第三部　1993—1997
民族品牌进行曲

1993　扭转战局　/ 003

　　企业史人物 | 庄主之殇 | / 031

1994　青春期的躁动　/ 035

　　企业史人物 | 支教公司 | / 058

　　企业史人物 | "君安教父" | / 061

1995　收复之役　/ 064

　　企业史人物 | "刁民"王海 | / 086

　　企业史人物 | 万国大佬 | / 090

1996　500强梦想　/ 093

　　企业史人物 | 一人三九 | / 113

1997　"世界不再令人着迷" / 117

　　企业史人物 | 时代标本 | / 138

第四部　1998—2002
在暴风雨中转折

1998　闯地雷阵　/ 145

　　企业史人物 | "烟王"是非 | / 163

1999 庄家"恶之花" / 167
　　企业史人物 ｜ 胡润造榜 ｜ / 194
2000 曙光后的冬天 / 198
　　企业史人物 ｜ 霸王宿命 ｜ / 222
2001 入世与出局 / 227
2002 中国制造 / 252
　　企业史人物 ｜ 仰融悲情 ｜ / 274

第五部　2003—2008
大国梦想成真

2003 重型化运动 / 281
　　企业史人物 ｜ 大午集资 ｜ / 305
2004 表面的胜利 / 309
　　企业史人物 ｜ "江湖"总裁 ｜ / 338
2005 深水区 / 343
2006 资本的盛宴 / 368
　　企业史人物 ｜ 首富部落 ｜ / 389
2007 大国崛起 / 391
2008 正在展开的未来 / 418

致　谢 / 429
人物索引 / 432

第三部

1993—1997
民族品牌进行曲

1993 / 扭转战局

他们是我的希望，
让我有继续的力量；
他们是未来的希望，
所有的孩子都一样。

——李宗盛：《希望》，1993年

64岁的"天下第一庄"庄主禹作敏盘腿坐在他那张硕大的暖炕上，神情孤傲而不安。这是1993年3月的某个傍晚。这些日子，他身不由己地卷入了一个惊天大旋涡之中。

在过去的两年里，禹作敏一直春风得意。他领导的大邱庄由一个华北盐碱地上的讨饭村变成全国最富有的村庄。《纽约时报》报道说："大邱庄实际上就是一家大公司。这个村有4 400人，却有16辆奔驰轿车和100多辆进口的豪华小轿车，1990年人均收入3 400美元，是全国人均收入的10倍，1992年，大邱庄的工业产值据称达到了40亿元人民币。"

大邱庄成为中国民间经济迅猛成长的一个标志,所有来这里参观的人们都会惊叹于它的整洁与富有。小小的村庄由一排排红砖灰瓦的平房构成,柏油马路交织其间。路修得极好,路边立着只有大城市里才有的那种华灯。村子中心还有16栋造型别致的别墅,其外形模样跟北京的钓鱼台国宾馆很相似。

禹作敏就住在别墅群中最显眼的那一栋,他每天盘腿坐在大炕上,等待来自四面八方的人们的"朝拜"。他不仅是一个精明的商人,更是一个百年一出的农民语言大师,所有与他接触过的人都会为他的如珠妙语倾倒。作为大邱庄奇迹的缔造者,他的声望达到了顶点。1992年邓小平南方谈话发表之后,大邱庄抓住经济复苏的机遇,在钢材上狠狠赚了一大笔。全国媒体掀起了一股报道大邱庄的热潮,禹作敏已俨然成为"中国第一农民企业家"。这年的3月1日,禹作敏在《经济日报》上撰文《春节寄语》,他写道:"大邱庄最大的贡献,是给中国农民长了脸。"

然而,就在声望达到顶峰的时候,这位极有智慧的"人精"突然变得狂狷起来。他自恃为"中国农民的代表",而且与某些中央领导交情不浅,便渐渐地忘乎所以。他对一群前来考察的官员说:"局长算个球,我要当就当副总理。"有一次,6位部长级别的官员到大邱庄开会,禹作敏既不迎接又不陪坐。当会议结束,一群大大小小的官员聚集在院子里准备离去的时候,他却坐在自己的办公室里与相熟的记者闲谈,对门外的喧哗置若罔闻。当记者提醒他是否要出去表示告别之意时,他一甩手说:"不理他们。"

1992年5月,天津市推选出席党的十四大的党代表,禹作敏意外地名落孙山。6月20日,"中共大邱庄委员会"开始向新闻界散发一份《公开信》,其中列有十条:"……第五条,我们声明观点,从今以后凡是选举党代表、人大代表我们均不介入,否则会影响其他人选;第六条,天津市主要部委来人,我们一要热情,二要尊敬,但一定要有身份证,防止坏人钻空子;……第八条,我们的干部职工要顶住'三乱',不准乱查;……第十条，我们要明白，更要糊涂，明白加糊涂，才能办大事。"孤愤、怨恨、对立的情绪跃然纸上。

致命的危机是由一个偶然事件诱发的。1992年12月，大邱庄万全公司经理病故，查账时发现可能有贪污行为，于是大邱庄派4人审查该公司业务员危福和。危福和被非法拘禁，并于12月13日被人暴力殴打致死。事发之后，"老爷子"禹作敏决定包庇犯事者，他让相关疑犯或连夜离开大邱庄，或躲藏起来，一切事宜都由他出面抵挡。1993年1月，检察部门派出6名人员到大邱庄取证，不想却被非法拘留13个小时，其间还不给任何饮食。当检察院对4名疑犯发出拘传令时，前来执行公务的公安干警又被大邱庄设卡拒于门外。

事态由此恶化。2月18日凌晨，天津有关方面动用400名全副武装的武警封锁了通往大邱庄的所有通道。禹作敏命令全村100多个工厂的工人全部罢工，上万名本村及外村的农民手持棍棒和钢管把守小村的各个路口，与武警全面对峙，并声称"一旦警察进村，就要全力拼搏"。禹作敏本人则以退为进，向外界宣布暂时辞职。如此一触即发的紧张局势整整僵持了三天三夜，禹作敏已经身陷法律的雷区而不能自拔。后经再三交涉，禹作敏才勉强同意武警进入这个"禹氏庄园"。警察对大邱庄进行了搜查，禹作敏做伪证说，疑犯已经全数外逃，而事实上，其中几人一直藏在村里。

3月上旬，天津市委、市政府向大邱庄派驻工作组，收缴该村的所有武器装备。禹作敏因有窝藏、妨碍公务等嫌疑而被拘留。尽管风波陡起，但表面似乎还是一片风平浪静。春节期间，禹作敏出现在中央电视台春节联欢晚会上，面带笑容。即使到了3月16日，他仍以全国政协委员的身份参加了全国政协会议。

所有人都隐隐感觉到，事态正在恶化，不过很多人还是心存侥幸。禹作敏的手上便有一封从南方刚刚寄到的信件，来信人是另一位乡镇企业的代表人物——浙江万向集团的鲁冠球。1990年1月，中国乡镇企业家协会成立，农业部部长何康任会长，两位副会长一个是禹作敏，另一个就是鲁冠球，这是农民企业家所能得到的带有"官方色彩"的最高职务。禹作敏与鲁冠球交情一向不浅，每年江南新茶上市，鲁冠球都会让人捎上几大包给禹作敏，而后者更曾大方地送给对方一辆天津牌照的日本尼桑轿车。鲁冠球与禹作敏是两个个性完全不同的企业家，禹作敏对鲁冠球的评价是："你们老鲁太圆滑。"而鲁冠球对禹作敏的印象是："这个老头太任性。"年初，打死人事件发生后，鲁冠球便一直非常关心他的这位"禹大哥"，他在一张便条中写道："目前社会各界对你及大邱庄颇为关注。大家普遍认为，事已至此，以妥协平息解决为上策。因为'投鼠忌器'，所以我认为只有发展生产增强经济实力才是基础。希望您心胸开阔，保重身体是本也。"鲁冠球"投鼠忌器"一词的言下之意，是安慰禹作敏，政府应该会考虑到他的改革影响力，不至于给予严厉的惩戒。这让由自恃而变得惊恐的"老爷子"得到一丝宽慰。

但是，事情的演变出乎禹作敏以及鲁冠球等人的预料。4月，禹作敏被捕，8月27日，天津市中级人民法院以窝藏、妨碍公务、行贿、非法拘禁和非法管制5项罪名，判处禹作敏20年有期徒刑，其子——大邱庄的二号人物禹绍政被同时判刑入狱10年。关于禹作敏的判刑，新华社只向全国统发了一条不到200字的新闻稿，然而其引起的反响却如平地惊雷。在《人民日报》任职的凌志军记得："那几天家里的电话铃声一直响个不停，很多人想打听他的情况。这些人大多是中国改革潮流中的风云人物，他们把禹作敏视为同类，自然也把他作为改革的象征。他们都在问同一个问题：对禹作敏的打击，是不是冲着改革来的？"

很显然，此案的发生让禹作敏及所有的改革派，包括处理他的天津市政府，都陷入了难辩的困境。禹作敏被捕后，天津有关人士在接受外国媒体采访时称："禹作敏被拘捕，再次表明中国政治和法制的进步与成熟。"日后看来，禹作敏一案并不带有很强的政治色彩，它是一个视法律为无物又跟地方政府关系交恶的农民企业家自酿自饮的一杯苦酒。禹作敏被判刑后，南方的鲁冠球三日不出，他写了一篇题为《乡镇企业家急需提高自身素质》的文章。他写道："我们面临经营者的自身素质障碍。这是一道更困难的障碍。这种障碍的病因是部分农民能人没有充分意识到自己所负载的历史使命，仅仅陶醉在眼前的成功光环中，这样的马失前蹄是非常让人痛惜的。而这一障碍的真正根源，其实是传统的小农意识与现代精神的冲突，显然，我们今天需要一次彻底的决裂。"[1]

4月，中国企业界发生了两起强烈地震。一起是大邱庄的禹作敏落马，另一起则是当时国内如日中天的高科技企业家沈太福被捕。有意思的是，他们都是在与政府激烈的对立抗衡后陡然陨落的。

沈太福的故事是又一则颇具荒诞色彩的商业传奇。身高不到一米六的沈太福是吉林省四平市人。他自小爱好科技发明，是一个十分聪慧好学的青年。1984年，30岁的他从四平水库的工程局辞职，与两个兄弟办起了吉林省第一家个体科技开发咨询公司。他们相继研发出很多新颖的产品，如吸塑包装机、双色水位计及一种特别的读卡机。他的企业在当地以善于创新而小有名气。1986年，沈太福进京，以30万元注册了集体性质的长城机电技术开发公司（以下简称"长城公司"）——直到1988年，北京市工商局仍然不受理私人性质的高新科技企业注册。长城公司的产权性质最后成为沈太福案最致命的一环。1992年前后，沈太福和他的科技人员研发出一种高效节能电机，据称比同类产品性能高出很多。可是，沈太福并没有足够的资金来投入生产，银行也对这个有风险的项目没有兴趣，这时候，沈太福想到了民间融资。邓小平同志视察南方之后的1992年和1993年是投资热情极其高涨的年份，人们对各种有新意的建设项目充满了热情。由于中央金融管制，发生在民间的各种集资行为便一直非常活跃，利息也是水涨船高。在沿海很多地方，民间拆借资金的年利息基本在

---

[1] 鲁冠球，《乡镇企业家急需提高自身素质》，《企业管理》杂志，1994年第4期。

16%~20%之间。一位资深的证券公司总经理曾回忆说："在那年，证券公司不知道自己真正该做什么，几亿的资金，拆借出去就起码有20%的收益，还用自己费什么心？"①便是在这样的火热背景下，沈太福的集资游戏出台了。

长城公司发明的新型电机属于节能项目，当时国内能源紧张一直是瓶颈，因此凡是有节能概念的新技术都颇受青睐。而沈太福又是一个善于包装和炒作概念的高手。1992年5月28日，他的电机技术在钓鱼台国宾馆通过了国家级科技成果鉴定。根据报道，国家计委的一位副主任在他的项目鉴定书上批示："属节能的重要项目，应尽可能给予指导和支持。"沈太福更是对外宣称，长城公司几年来先后投入近5 000万元，研制成功了这种高效节能电机，据能源部门测算，在运行的风机中如果仅有1/3换上这种节能电机，一年就可以节电400亿千瓦，其前途的光明让人充满想象。

沈太福的集资规则是这样的：投资者与公司直接签订技术开发合同，集资金额的起点为3 000元，高者不限。投资者可随时提取所投资金，按季支付"补偿费"，年"补偿率"达24%——当时，银行的储蓄利率为12%左右，沈太福开出的利率高出一倍。他的第一轮集资活动是6月份在海南展开的，广告前一天刊出，第二天公司的门口就排起了长龙，仅20天，就集资2 000万元。初战即告大捷的沈太福当即加快集资步伐，他先后在全国17个城市开展了类似的活动，长城公司的集资风暴迅猛席卷全国，它很快成为当年炙手可热的高科技企业。

在此次集资活动中，各地的媒体记者起到了推波助澜的作用，其中最

---

① 沈太福的行为实质上是"地下私募"，当时由于宏观经济复苏，金融管控严厉，所以，游走在灰色地带的民间融资活动非常活跃，沈太福显然不是开出融资利息最高的人。一个可以参照的集资案例是：在1993年，深圳华为的任正非要开发万门数字程控系统而无法从银行贷到资金，他便游说全国17个省市的电信局合资3 900万元成立合资公司，他承诺每年的定额投资回报是33%。相关情节见"1997年"章。

活跃的是《科技日报》记者孙树兴。当沈太福在海南开始集资时，孙树兴在报纸的头版头条发表长篇通讯《20天集资2000万》，对长城公司的集资业绩大加鼓吹。在随后的几个月里，孙树兴又相继发表了《用高科技和我们百年不懈的改革开放筑起新的长城》《为了千百万父老兄弟》等长篇报道，对长城公司的集资给予高调的追踪报道。正是在数百家媒体的热捧下，沈太福跑马圈地，战无不胜。在这期间，沈太福先后给了孙树兴两万多元辛苦费以及密码手提箱、皮尔·卡丹西服和日本产美能达全自动照相机等物品。孙树兴后来因此被判处有期徒刑7年。

在孙树兴的牵线下，沈太福又幸运地结识了曾经担任过《科技日报》总编辑、时任国家科委副主任的李效时。在沈太福案中，李效时扮演了一个很关键的角色。当《科技日报》对长城公司大加报道的时候，他便对这个节能项目深信不疑。为了表示支持，他专门到长城公司去考察，还留下了"愿长城目标早日实现"的题词，被沈太福用在所有宣传文本上。李效时还借出差的机会到各地为长城公司做宣传。在海南，他对媒体记者说："我从深圳到广州、到海南，宣传了一路的'长城'。我觉得'长城'所办的科技实业，是一个充满希望的科技实业！"由于李效时的官方身份实在特殊，因而成了长城公司最具说服力的宣传员。为了报答李效时，沈太福以李效时三儿子的名字签订了一份4万元的北京长城公司技术开发合同书。第一次，李效时拒绝了，第二次，沈太福派人把它从李效时办公室的门缝里塞进去，这次，李效时没有退回，他心领神会地将之锁进办公室的一个铁皮柜里。就为了这份合同，李效时一年后被认定犯有受贿罪、贪污罪，判处有期徒刑20年。

如果说孙树兴和李效时为长城公司效劳夹有私利因素的话，那么，在当时确实有一些专家和学者对沈太福的集资模式表示由衷的赞赏，其中便包括老资格的社会学家、全国人大常委会副委员长费孝通。在1993年1月，费老撰文《从"长城"发展看"五老"嫁接》，对长城模式进行"理论"上的论证。他所谓的"五老"是老大（国有企业）、老乡（乡镇企业)、老九(知识分子)、老外(外资企业)、老干(政府官员)。费孝通认为,长城公司在高新技术成果的委托加工、成果转让、搞活民间金融、对外合作以及发挥老干部余热等方面都做出了值得称道的成绩。

到 1993 年年初,沈太福先后在全国设立了 20 多个分公司和 100 多个分支机构,雇用职员 3 000 多人,主要的业务就是登广告、炒新闻、集资[①]。到 2 月,长城公司在不到半年的时间里共集资 10 亿多元人民币,投资者达 10 万人,其中个人集资款占集资总额的 93%。集资款逾 5 000 万元的城市有 9 个,北京的集资额最多,达 2 亿多元。随着集资泡沫越吹越大,沈太福讲的故事也越来越离谱,他宣称拥有 300 多项专利技术,"其主导产品高效节能电机已在各生产领域应用,已握有 15 亿元的订货量",同时,"在全国数万家民办科技企业中,长城还是唯一一家纳入国家行业管理的"。事实上,在这段时间里,长城公司只售出电机 50 多台,价值仅 600 多万元。为了制造经营业绩良好的假象,沈太福把 3.2 亿元集资款变成公司的营业销售收入,然后向税务部门缴纳了 1 100 多万元的税款。与此同时,沈太福在人际公关上大下功夫,先后聘请了 160 多名曾经担任过司局长的老同志担任公司的高级顾问,由此构筑起了一个强大的官商关系网。

事态演进至此,商业骗局的气息已经越来越浓烈,沈太福铺天盖地的集资风暴引起了国务院副总理朱镕基的高度关注,这位对金融风险怀有本能警觉的中央决策人意识到,如果"长城模式"被广泛效仿,一个体制外的、缺乏制度控制的庞大而可怕的金融流通圈将出现,中央的金融管制政策将全面失效。于是,他下令终止长城公司的活动。

1993 年 3 月 6 日晚间,正当沈太福为集资超过 10 亿元举办大型庆祝酒会的时候,他收到了中国人民银行发出的《关于北京长城机电产业集团

---

① 据王安在《25 年》一书中披露,长城公司在媒体和官员公关上不遗余力,"据传,沈太福的红包攻势花费了 3 000 万元"。

公司及其子公司乱集资问题的通报》（以下简称《通报》）。《通报》指出，长城公司"实际上是变相发行债券，且发行额大大超过其自有资产净值，担保形同虚设，所筹集资金用途不明，投资风险大，投资者利益难以保障"，要求"限期清退所筹集资金"。

沈太福遭遇当头棒喝。此时的他已经在狂热和膨胀中失去了对局势的清醒认识，自以为有高层人士、上百位老干部以及10万集资民众"撑腰"，他已经具备了与国家机器博弈的能力。他的应对之策竟与大邱庄的禹作敏如出一辙。在接到中国人民银行的《通报》后，他当即宣布状告人民银行行长李贵鲜，索赔1亿元，国内外舆论顿时哗然。这是中国第一位民间企业家敢于直接对抗中央政府。3月29日，沈太福在北京举行中外记者招待会，声称"国家科委、人民银行总行步调不一致，婆家、娘家有矛盾"，却让他这个民办企业"小媳妇"吃亏，现因政府干涉，公司难以经营，要向国外拍卖。他还宣布，将投资者的年利息由24%提高至48%。

随后两日，局势朝沈太福预想的反向发展，政府没有任何退让的迹象，各地的挤兑事件则层出不穷，他试图倚重的媒体和老干部似乎也帮不上忙。3月31日上午，沈太福再次召开中外记者会，下午，他在北京首都机场被截获，当时他带着三张身份证和一皮箱的钱打算出逃国外。4月18日，他被宣布逮捕。从这个月起，在国务院的直接参与下，各地组成20多个清查组。历经半年时间的清查清退，长城集资案的投资者都领回了70%的本金，全国清退款总比例达90%以上。另外，根据香港《文汇报》[①]的报道，有120名官员因此案受到牵连。

尽管天下人都知道沈太福是因为高息集资、扰乱中央金融政策而被捕的，然而他最后却是以贪污和行贿罪名被起诉。北京市中级人民法院的诉

---

① 香港《文汇报》是一份面向香港全社会的综合性大报，也是一份以社会精英为读者定位的香港主流报纸，除在中国香港特别行政区发行外，还即日运销中国内地各省、自治区和直辖市。

▲海南长城公司违法集资清退点

状称,沈太福多次以借款的名义,从自己公司的集资部提取社会集资款,构成了贪污罪。他还先后向国家科委副主任李效时等21名国家工作人员行贿钱、物等合计人民币25万余元,构成了行贿罪。法院于1994年3月4日判决,被告人沈太福犯贪污罪,判处死刑;犯行贿罪,判处有期徒刑4年;两罪并罚,决定执行死刑,剥夺政治权利终身,并处没收个人全部财产。

沈太福对判决不服,他的上诉理由是:北京长城公司是戴着集体帽子的私营企业——在1988年之前,北京市工商部门不接受私人申请创办"高科技公司",被告人不能成为贪污罪的主体,也没有贪污的动机和行为,因而不构成贪污罪。他对律师说:"怎么判我都行,但是,如果我是因为'贪污'自己家里的钱而被枪毙,我不服。"一些法律人士也认为,对沈太福案的二审首先应当对长城公司的经济性质重新确认。法院最终没有采信这些意见。4月8日,沈太福被执行枪决。①

在1993年的春夏之交,禹作敏和沈太福两案让很多人心神不宁。如

---

① 1994年,无锡爆发邓斌集资案。1938年出生的邓斌,人称"邓老太",原为无锡无线电变压器厂工人,退休后创办无锡新兴实业总公司。两年多的时间里,她以合作经营丝素膏、一次性注射器及乳胶手套为由,开出60%的利息进行集资,集资总额达32.17亿元,涉案官员270多人,其中包括北京市副市长王宝森、首钢总经理周冠五之子周北方等。1995年11月,邓斌以受贿、贪污、投机倒把、挪用公款、行贿等罪名被判处死刑。

果说禹作敏案带有一定的突发偶然性的话,那么,对沈太福案的严厉处理则透露出当年经济发展的某些特质。在邓小平南方谈话之后,中国经济再度进入高速成长周期,万马奔腾,尘土飞扬,景象让人喜忧参半。

喜则在于,经济呈现出全面复苏的态势。根据国家统计局的数据,1991年全国在建工程约9 000亿元,到1992年扩大到2.2万亿元,而到1993年前5个月,全国固定资产投资又在上年基础上增长了69%,这是一个前所未有的数字。中央银行多发了500亿元,而各地仍然叫嚷缺钱。到年底,全国国内生产总值首次突破3万亿元。各省的民营公司增长非常喜人,广东、贵州和湖南是乡镇企业产值增长速度最快的三个省份,分别达到了55%、57%和89%。

忧则在于,投资的超速增长正在诱发一系列的相关效应。英国的《经济学人》在1992年年底的年终稿中便警告说:"1993年的某一个时候,蓬勃发展的中国经济将会出现危险的过热势头,上一次在1988年,中国几乎着了火。"1993年上半年,全国生产资料价格总指数上涨44.7%,华西村的吴仁宝就狠狠地赚了一笔。与此同时,在供求失衡的情形下,金融秩序也变得有点紊乱,地下钱庄格外活跃,民间的资金拆借利率越来越高,官方利率形同虚设,那些有门道的人如果能以9%的利率从银行贷到钱,转手就能以20%甚至30%的利率倒出去。面对这一局势,6月,朱镕基亲自兼任中国人民银行行长,央行下文严令"各企业单位必须把钱存进银行,要走正路,不许搞体外循环"。也正是在这种背景下,中央政府决心严肃处理沈太福"长城事件"——在领导者看来,如果纵容沈式融资的存在,那么金融管制根本无从谈起。

朱镕基在经济治理上的强势风格,在对金融秩序的维护以及对禹作敏和沈太福两案的处理中得到了充分的展现。朱镕基开始用一种更专业、更具体细微的方式来管理中国经济。

朱镕基于1991年从上海市委书记任上调入北京,出任主管经济的副总理，此前他曾经长期工作于国家经济委员会。在上海主政期间，他以亲民和对官员的严厉管理而闻名，上海的某些厅局长向他当面汇报工作，小腿肚子都会发抖。在他"北上"之际，一些国际媒体都不太看好他的"前途"，认为他那种管理风格在中南海一定吃不开，有人甚至预言他最多能在中南海待6个月。出乎这些人意料的是，朱镕基在此后的10年内主导中国经济，并成为继邓小平之后，对中国经济改革影响最大的政治家之一。

朱镕基到京后的"第一战"是清理"三角债"。[①] 当时，各企业之间拖欠的"三角债"已累计达3 000多亿元，其中80%是全国800多家大型国有企业拖欠的。几年以来，年年清欠，却越清越多。朱镕基面对的是一个积重难返、几成无解乱局的债务连锁现象。

到京赴任之后，凳子还没有坐热，朱镕基就赶赴"三角债"纠结最深的"东三省"，亲自坐镇，现场清欠。他提出注入资金、压货挂钩、结构调整、扼住源头、连环清欠等一整套铁拳式的解决措施，只用了26天，清理拖欠款125亿元，东北问题基本解决。

---

① "三角债"是人们对企业之间超过托收承付期或约定付款期应当付而未付的拖欠货款的俗称。20世纪90年代初，它突然成为中国、俄罗斯、东欧诸国经济发展中的一个障碍。在中国，"三角债"其实早在20世纪80年代中后期就开始形成，1985年中央政府开始收紧银根后，企业账户上"应收而未收款"与"应付而未付款"的额度就大幅度上升了。到1991—1992年，"三角债"的规模曾发展到占银行信贷总额三分之一的地步。

"三角债"带来的后果是相当严重的：由于拖欠，大多数的国营企业、乡镇企业、私营企业都面临收不到毛收入的问题，致使经济效益好的企业因缺乏资金而难以扩展生产；巨额的未清偿的债务拖款使企业或不能进一步向银行申请贷款，或难以申请到信贷；越来越多的企业会陷入债务死扣之中，每一个企业既不愿意偿债，它的债权也无法得到清偿。此外，"三角债"还会造成经济信息的混乱：由于拖欠，流动资金更显不足，在短期信用拆借市场与投资市场上，资金价格则易受黑市操纵；由于经济效益好的企业也面临被拖欠的问题，其利润也就难以实现。结果，本来比较清晰的效益好的企业与效益差的企业之间的界限就会变得模糊不清，就整个经济而言，会反映成亏损面进一步扩大。

带着一片赞誉声，朱镕基回到北京。第二天他就召开全国清理"三角债"电话会议，他用长途电话、传真、电报向全国各地政府下达了一道口气强硬的"军令"："各地务必在1991年9月20日21时以前，将你省（区、市）固定资产投资拖欠注入资金情况（银行贷款、自筹资金和清理项目数），报至国务院清欠办公室。如果做不到，请省长、自治区政府主席、市长直接向朱镕基副总理汇报，说明原因。"朱镕基还明令新华社、《人民日报》、中央电视台、中央人民广播电台等媒体给予监督，详细披露各地清欠的进展情况。在此后的半年多时间里，朱镕基限时清欠，令出必行，让各地官员无从躲避。到1992年5月，全国总计清理固定资产项目4 283个，收到了注入1元资金清理3.5元欠款的效果。困扰中央和各地政府、企业数年的"三角债铁链"终于被解开。经此一役，朱镕基以前所未有的务实和强硬风格确立了自己的治理权威。

清理"三角债"首战告捷之后，朱镕基在金融领域开打"第二战"，他在金融政策的调控上再显铁腕手段。

首先，他亲自兼任央行行长，下定决心清理金融领域的体制外活动，对于任何有可能扰乱现有金融秩序的行为都严惩不贷。在这种背景下，沈太福的集资案便被视为顶风作案而受到了最严厉的惩处。

其次，他顶着巨大压力提出分税制，重新梳理中央与地方政府的财政关系。多年来，地方经济的发展和国营企业的发展，靠的都是中央财政的投入，用经济学家马洪的话说，是"一个老子，养了成百上千个儿子"，因此便陷入一放就乱、一收就死的局面。到20世纪90年代初期，中央财政已非常拮据，不得不靠大量发行货币来解困，因此带来的通货膨胀危机让人不寒而栗。1992年，全国财政收入3 500亿元，其中，中央收入1 000亿元，地方收入2 500亿元，中央财政支出2 000亿元，赤字1 000亿元。当时出任财政部长的刘仲藜回忆说，他曾经三次找朱镕基副总理，希望他批条子向银行借钱，朱镕基不允许。当时连某些中央机关都已经到了不借钱工资发不出去的境地。财政体制的弊病，从上海和北京可窥见一斑。上海实行的是定额上解加递增分成的模式。定下每年财政收入 165 亿元，100 亿元归中央财政，65 亿元归地方财政，每增加 1 亿元，中央与地方五五分成。结果，上海实行财政包干 5 年，年年财政收入是 163 亿~165 亿元，一点儿没增长。对北京采取的是收入递增包干分成模式，约定的年增长率是 4%。5 年之中，北京每年财政增长从没有超过 4%。中央政府在这种财政分配体制中表现得非常被动。鉴于这种现状，朱镕基采纳经济学家董辅礽等人的提议，决定"分灶吃饭"，中央与每一个省份磋商分税种类和比例，实行分税制。1993 年 7 月 23 日，朱镕基在全国财政会议上首次正式提出分税制的想法，一个多月后，分税制改革的第一个方案出台。为了说服各省，朱镕基在随后的两个多月里奔波于全国，一一说服，其间颇多拉锯、妥协，但是，实行全国统一分税制改革的大原则始终没有动摇。①

分税制的实行，使中国的财政秩序为之大改，中央财政重获活力。1994—2002 年，我国财政收入年均增长 17.5%，财政收入占国内生产总值的比重由 1993 年的 12.6% 提高到 2002 年的 18.5%；中央财政收入占全国财政收入的比重为 55%，比改革前的 1993 年提高了 33 个百分点；2002 年，除税收返还和体制性补助外，中央向地方转移支付高达 4 019 亿元，

---

① 刘仲藜在回忆录中说，为了说服各省，朱镕基最后勉强同意 1994 年之后的中央财政还以 1993 年地方财政收入为基数。而这一协议达成的时候，1993 年后 4 个月的财政数据尚未统计出，从而给了地方政府有意识增加后 4 个月的财政收入，以便 1994 年后多从中央财政获得财政返还空间。事实正是如此，最终地方政府上报中央的财政收入比 1992 年猛增将近 50%。为了抬高基数，地方有许多高招。比如，一个企业原来承包了，补交税已经减免，现在叫它缴税，把基数抬高，缴了以后再私下返还。再比如，把死欠、积欠当基数。所谓死欠，就是哪个企业已经倒闭了，从来没有缴过税，现在通过转账或者从银行借款缴税把基数抬高。还有就是"寅吃卯粮"，收过头税，把明年的税在今年收了，把基数抬得很高。

是1995年的8.6倍，年均增长36%。中国社科院的金融学家刘煜辉认为，分税制改革后，一方面，中央把财权高度集中，在税收上削弱地方政府所占比重，而留给地方的几乎都是收入来源不稳定、税源分散、征管难度大、征收成本高的中小税种。另一方面，中央又把更多的事权层层下放给地方政府，甚至经常以牺牲地方税权为代价来完成中央的某些政策，"中央请客地方买单"的现象大量存在。以经济发达、税源最为充沛的浙江省为例，在1993年，浙江的财政自给率是133.27%，1994年以后这一比率大幅下降到60%左右，而其他中西部地区的财政状况更是可想而知。

除了靠分税制拯救危机中的中央财政之外，朱镕基另一个具有深远意义的金融决策是，力排众议实行汇率改革，让人民币大幅贬值。在此之前，中国实行的是官方汇率与调剂市场汇率并存的汇率制度，它是计划经济的一条"金融尾巴"，既保护了国营企业的利益，同时也催生了一个庞大的外汇交易黑市。从1994年1月1日起，两种汇率实行并轨，实行"以市场供求为基础的、单一的、有管理的浮动汇率"，人民币兑美元的汇率定为8.72元兑1美元，比之前的官方汇率5.7元贬值33%——兑换1美元需要的人民币，在1978年是1.7元，1991年为4元，1992年年初是5.7元。人民币的大幅贬值，使得中国商品一下子在世界市场上价格变得便宜了，而且更重要的是中国成为一个更加吸引外部投资商的地方。德国的《商报》在评论中认为，人民币的大幅贬值，首先意味着亚洲四小龙低廉的劳动力优势从此丧失，中国必将成为全球制造业的中心。

这是一个十分具有标志性的政策变化。从此之后，中国公司开始集体远征，中国经济走上了外贸拉动型的道路，它将在2005年达到顶峰，并诱发中国与欧美乃至周边国家的贸易大战。①

---

① 在1997年的亚洲金融风暴中，日本、韩国和东南亚诸国金融体制的脆弱性暴露无遗。1997年6月，国际金融狙击手终于在泰国撕开突破口，灾难发生。

朱镕基主政的"第三战",也是贯穿十余年的治理主题,是搞活国营企业。对此,他的思路也与之前有微妙的转变。

从20世纪80年代以来,国营企业改革的成效一直无法让人满意,凡是有民营企业涉足的行业,它们都表现得不堪一击。这年的局面是,经营机制转换抓了多年但收效甚微,国营企业家们仍在嚷嚷权力太小。在这年的北京两会上,国内最大的钢铁公司总经理李华忠在分组会上大喊:"自主权万岁!"他还羡慕地对身旁的辽宁省海城市东房身村党支书王国珍说:"我的权力还不如你的权力大。"而另一方面,权力放了下去,到底能不能用好,却是另一个没有答案的问题。由于效益不佳和老企业萎缩,失业人口的增加已经成了一个严重的社会问题。

在朱镕基看来,中国当今的企业问题已非改革之初可比,当时只有国营企业一支力量,不把它们搞活国家当然振兴无望,而如今,乡镇企业已经异军突起,占到了半壁江山,外资企业也蜂拥而入,自是另一股可以借助的商业力量。同时,随着民间资本的日渐充沛,两大股市又可代替国家财政成为向国企输血的工具。在这种新的局势下,国营企业的改革就不应该关起门来,老是在经营体制的转变上绕圈圈,而应当将它们放到市场中去,中央政府则要在整个经济体制的重新构造上多下力气。朱镕基对陈光在山东诸城搞的企业改革十分感兴趣,专门派国家体改委副主任洪虎前往调查。也是在这一年前后,"抓住少数、放活多数"的思路开始渐渐萌芽。

这年7月13日,中国社会科学院工业经济研究所所长周叔莲在《光明日报》撰文《关于国有企业产权的两个问题》,论述"所有制是发展生产力的手段,而不仅仅是意识形态意义上的目的"。由这个判断出发,周叔莲以及其他学者提出,不能把所有的企业都抱在怀里,这样做既不必要,也不可能。国家只要抓住关键少数,搞好500~1 000家大公司、大集团,就会为众多的中小企业提供广阔的生存空间。那些没有竞争力,也无关国计民生的中小企业将被"放掉",政府将主抓那些有成长潜力、具备资源优势的大型企业及赢利能力强的产业。周叔莲的观点得到决策层的赞赏。很显然,这是一种与以往完全不同的改革思想,它意味着国营企业的改革从放权式的体制转换阶段进入了"重点扶持、其余放活"的结构调整阶段,同时深刻地影响了中国公司的成长路径。

在1993年,这种战略思想刚刚萌生,还远远没有展现出成型的格局和娴熟的掌控艺术。只是在一些经济较为活跃的地区,那些没有优势的国营企业开始被"放掉",过去被禁止的改革现在得到了默许和尝试。在广东第一次出现了"下岗"这个新名词,在经历了几年艰难的"思想解放"后,当了数十年"主人翁"的工人们开始接受自己不再与企业"共存亡"的现实。年底,濒临破产的国营广州无线电厂裁掉了1 000名职工,其中330名选择与工厂彻底分手,工厂根据他们工作的时间给予每年1 300元的"工龄补偿",从此这些职工将走出厂门自谋出路。这种"工龄买断"的做法很快被广泛采用,各地的买断价各有不同,从数百元到上万元都有,它成为中小型国营企业破产或被私人收购时"安置"下岗工人的最主要方式。在南方的沿海地区,工人普遍能够接受这种方式,因为在这些地方,人们早已有了"第二职业",那笔微薄的安置费成为他们做小生意或自主创业的启动资金。而在北方,尤其是老工业基地,人们已经习惯于把自己的人生"捆绑"在企业上,以厂为家、世代传承的工作与生活模式使他们几乎丧失了独立的勇气和能力。尤其要命的是,那些地方也没有经商和创业的氛围,因而买断工龄往往便意味着低水准安定生活的消失以及"坐吃山空"。随着国营企业体系的日渐瓦解,巨大的生存压力在这些地方无比恐怖地弥漫开来,在改革的阵痛中,城市贫民阶层慢慢地出现了。

在民营经济最为活跃的浙江地区,悄然发生了一场集体企业的量化改革运动,这是企业史上第一次大规模的产权变革。所谓"量化改革",指的是某些乡镇集体企业的资产通过"土法"评估后,将集体资本全数或部分退出,经营者以赎买的方式获得企业的主要股权。这项改革最早是在浙江台州的玉环和温岭两县出现的,它很快蔓延到附近的温州地区,继而在浙江全境的集体企业中被广泛试验。

这是一场没有严格规范的产权改革运动，在具体的资产评估上，由于缺乏量化的标准和评估体系，各县市的量化手法千奇百怪。大多数企业采取的是"毛估估"的做法，有些县硬性规定，集体资产一律按账面数增值40%计算，而事实上，相当多的企业经过多年发展，其资产早已增值了几倍、几十倍。温州地区的一家二轻物资公司将其属下20多家企业全部量化改造，而资产评估值以1990年的不变价为准。绍兴一家纺织企业的量化方案是：将企业的资产量化出10%，折算成50万元作为集体股，全厂200多名职工每人出资5 000元，经营者出资一百多万元，组成一个资本额为250万元的股份制企业。其后，新企业无偿使用着原有企业的机器设备，一切开支则由老企业承担，经过近一年的运行，新企业产生惊人的利润，原来的集体企业则毫无悬念地陷入了亏损境地。又一年，新企业以十分低廉的价格将老企业"并购"。到1996年前后，浙江省80%的中小集体企业都完成了产权量化的改造，成批量地出现了千万富翁和亿万富翁。这样的量化改革很难保证公平、公开、公正，因此在这个过程中也发生了很多纠纷。据新华社记者的报道，到1993年年底，浙江省已经有超过2 000家企业进行了量化改造。

发生在浙江的这种产权改革在随后的几年里一直处在"地下运作"的阶段，全国性的集体企业产权改革从1998年才全面开始。它从来没有得到政府的公开肯定，而且在理论界也引起了激烈的争论，有人指责这是变相地"私分集体财产"，是"走私有化道路"。当时的浙江省领导对此进行了有技巧的支持，时任浙江省省委书记李泽民在一份对量化改革提出异议的报告上批复："对于这样的改革要回头看，不过，不能走回头路。"

种种迹象表明，1993年的中国，已经不是一个传统意义上的计划经济国家了。

中央政府针对新的经济形势，对一些管制概念开始进行全新的诠释，国家工商行政管理局局长刘敏学对"投机倒把"这个名词进行了新的解读。他认为，在计划经济体制下，几乎把带有营利性的经商活动都视为投机倒把，做违法处罚，这显然是受"左"的思想影响，是不对的。某些过去认为是投机倒把的行为，现在看来是商品流通中不可缺少的环节。他举例说，譬如套购紧俏商品就地加价倒卖行为，过去被视为投机倒把，今天笼统地这样说就不合适了。他的这番讲话一登报，全国的贸易商人都大大地松了一口气。过去的十多年里，数以十万计的商贩因投机倒把罪名而入狱，导致倾家荡产，有人甚至丧失生命——该罪名最高可判死刑，为所有经济犯罪行为中判刑最重者。如今，随着刘敏学局长的一番讲话，一柄长剑终于从头顶移走了。

最具有象征意义的，是在2月的全国两会上，代表们就餐第一次不再需要缴纳粮票。5月10日，北京市政府正式宣布，从这一天起，取消粮票。从1955年开始，全国居民购买粮食都需要这种定额分配的票证。从此之后，各种带有明显计划经济色彩的票据从人们的生活中一一消失了。

也是在这次两会上，刘永好、张宏伟等50多名民营企业家第一次走进全国政协会议的会场。刘永好后来回忆说："年初，四川省委统战部的一位干部找到我，说准备推荐我为全国政协委员，没过多久就让我填了表。同时，四川省工商联还推荐我为全国工商联的副主席。"[①]3月18日，刘永好与内蒙古新优佳公司的陆航程出现在全国两会的记者招待会上，这是民营企业家第一次在这种政治性场合亮相。到年底，乡镇企业产值突破2万亿元，占全国工业产值的1/2，就业职工1.02亿人，首次超过国营企业职工数。

跟粮票取消及民营企业家参政相似，另一个也很有象征意味的商业故事是，在4月份，中国的消费者第一次过上了"情人节"。根据北京媒体的报道，由香港人投资的利嘉鞋业是第一家在报纸上登情人节商业广告的

---

① 郑作时著，《希望永行：中国首富刘永行自述》，北京：中信出版社，2007年版。

企业。它在《北京青年报》上刊登了4次广告，宣称在2月7日到14日的一周内将抽取有特别优惠的"幸运情人卡"。几乎同时，开设在王府井的麦当劳店也贴出了"浪漫温馨情人夜"的海报，情人节当夜来消费的情侣可以获得一枝玫瑰花。五星级的王府饭店则推出了价格为300元的情人节晚会，广告一登出，饭店的订位电话就被打爆了。这看上去实在是一个不错的商业活动，然而，由于"情人"这个名词实在有点暧昧，因而，商家们的推广引起了一些老干部的微词。不久，有关部门就下发通知，严令不得在广告中出现"情人节"这个词，这项禁令或严或松地被执行了好几年。每当到了2月14日前后，工商部门都会发出类似的通知，一直到1998年前后，它才被不了了之地取消了。

5月17日，著名跑车生产商法拉利公司在中国找到了它的第一个买主，名叫李晓华，是一位靠经销生发水起家的42岁北京企业家。法拉利特意在北京天坛的祈年殿前举办了一场新车交付仪式，李晓华站在价值13.4888万美元的跑车前的照片登上了各报纸的娱乐新闻版面。

8月，中国加入了世界知识产权组织版权公约，这意味着知识产权的保护成为可能。美国迪士尼公司的"米老鼠"系列产品正式进入中国，在此前的十来年里，这个可爱的形象已经广为中国儿童所知，它出现在成千上万的绘图课本、衬衫、文具以及商店招牌上，不过，它们竟全部是没有授权的侵权产品。

11月14日，中共中央十四届三中全会通过了《中共中央关于建立社会主义市场经济体制若干问题的决定》，英国的《经济学人》在当月的一篇评论中说："在许多因素的推动下，竞争已经在整个经济领域扩展开来。一个因素是外资和外贸的扩大，另一个因素则是经济权力的下放引起各省间的角逐，这同美国联邦制搞的社会和经济实验惊人地相似。"

几乎所有的外国观察家都喜欢用"公有制—私有制""社会主义—资本主义"这样的二元标准来判断或议论正在中国发生的一切，而事实却肯定要模糊和丰富得多。

1993年，最蔚为壮观的景象是外资企业的蜂拥而入。

该年可以被看成是跨国公司在华大规模投资的开始之年。日后的数据表明，自1979年至2000年，中国累计吸引外资3 462亿美元，大部分是1992年以后发生的，1992—2000年的累计流入量占总量的93%。1993年年底，合同外资达到了1 114多亿美元，实际利用外资是270亿美元，几乎都是上一年的两倍。

在市场的诱惑和政府的鼓励下，跨国公司开始狂热地梦想中国。最经典的表述出自柯达公司的总裁裴学德，他说："只要中国有一半人口每年拍一个36片装胶卷，已经足以将全球影像市场扩大25%。中国每秒多拍摄500张照片，便相当于多了一个规模等同于日本和美国的市场。"用人口乘以某一商品，从而计算出中国市场的规模，这几乎是所有跨国公司进入这个东方国家时最常用的一个算式。不过，事实很快将告诉他们，这是一个玫瑰色的幻觉。

这一年，肯德基第一家特许经营店在西安开业；宝洁在中国一口气建立了4家公司和5家工厂；世界上最大的啤酒公司安霍伊泽－布希公司用1 640万元购买了中国最大的啤酒公司青岛啤酒5%的股份；柯达赞助了在上海举行的第一届东亚运动会；诺基亚开始向中国提供GSM（全球移动通信系统）移动电话；花旗银行把中国区总部从香港地区搬到了上海；波音飞机公司在中国赚到了大钱，它一下子得到了120架飞机、价值90亿美元的大订单；福特公司主管国际业务的执行副总裁韦恩·伯克说："我的头号业务重点是中国。"美国通用汽车公司在中国生产的第一辆轿车终于下线了，工作人员在生产线上挂了一条很有意味的横幅："谢谢中国，美国制造"。此时，距离1978年汤姆斯·墨菲率团访华已经过去整整16年了，而德国大众在上海的工厂已经形成了年产10万辆的能力。1993年也是日本企业在华投资增加的转折点。这一年日企在华投资比1991年有了急剧增长，被批准的投资项目数量达到3 414个的高峰，是1991年的3倍。

9月，名为"北京·1993跨国公司与中国"的会议在北京国贸中心召

▲通用汽车下线

开、西门子、巴斯夫、摩托罗拉等50多家跨国公司的代表和国务院、外经贸部①的官员悉数到场,时任外经贸部部长吴仪和国务院副总理李岚清在会上鼓励跨国公司来华投资。当天晚上,国家主席江泽民邀请了其中15个比较大的跨国公司的代表来到中南海。《华尔街日报》在报道这一新闻时称,"这是改革开放以来,中央政府第一次正式的邀请"。

对外资的大量涌入,可以有多层面的解读。

就宏观环境而言,进入第十六个改革年份的中国已经越来越吸引国际资本,特别是1992年之后,市场经济的体制目标得以确认,中央政府日渐放宽了外资进入的很多限制性政策,日渐市场化的投资环境当然受到国际资本的信任和青睐。

就政策设计而言,吸引外资被认为是振兴地方经济的捷径,因此,外资开始享受到"超国民的待遇",各地对外资及合资企业都推出了大力度的优惠政策。其中,一个被普遍采用的税收政策是"三免两减半",也就是企业创办的前三年,所得税全免,后两年则减半。而在很多地方,减半政策更是从企业开始获利之年起才被执行。在所得税征收比例上,合资企业的税率是15%~33%,而国内企业则被征收55%。这种税收政策上的

---

① 全称为中华人民共和国对外贸易经济合作部(英文名称:Ministry of Foreign Trade and Economic Cooperation, PRC)。对外贸易经济合作部的前身是中央人民政府贸易部、中央人民政府对外贸易部、对外经济贸易部、国家进出口管理委员会、国家外国投资管理委员会,于2003年3月整合为商务部。

"身份差异",被认为是一个迫不得已的做法,它刺激了国际资本对中国市场的兴趣,也造成了很多"假冒外资企业",将内资企业注册成中外合资成为企业"合理避税"的普遍做法,这一政策要到热钱满天飞的2007年才被改变。

在改革理念上,外资更被看成是转换企业机制的最佳外来动力。武汉第二印染厂的例子常常被人津津乐道地引用,这家老工厂与香港一家公司合资,新公司裁掉了2/3的员工,使用的还是原来20世纪60年代的日本设备,行政管理人员从35人减少到3人,香港方面带来了70%的外销业务,工厂很快就扭亏为盈。从这个案例中可以看到,香港合资方给老工厂带来的是:震荡较小的裁员、新的管理方式以及外销渠道的开拓。很显然,这是一个双方都很满意的结果。

华裔经济学家黄亚生在《改革时期的外国直接投资》一书中断定,"对私人企业的歧视增加了中国对外资的需求"。[1] 他认为,在整个20世纪90年代,国有部门是在破产的边缘上运营的,而与此同时,私人企业尽管得到了迅猛的发展,但是仍然受到严重的信用约束,无法获得金融上的扶持,并被限制进入很多行业。没有效率的国有资本需要寻找有效率的合作资本,它面对的是两大资本集团,一是跨国资本集团,一是民间资本集团,正是在这种抉择中,外来的跨国资本成为被选中的对象。因此,1992年以来,外资的大量涌入,与这种改革思路的确立是分不开的。

总体而言,外资的进入让中国的产业格局和经济形态发生了巨大的变化,然而,也必须看到,从一开始,这就不是一个十分顺畅和优化的过程。这年的《中华工商时报》发表了一篇题为《怪哉,长期亏损还"合作愉快"》的评论,记者披露了广东省对1 090家合资企业进行所得税的汇总统计,结果发现544家亏损,沿海各省的情况大体相同,约有一半左右的合资公司在财务报表上表现为亏损。评论认为,"一些合资企业亏损,是

---

[1] 黄亚生著,《改革时期的外国直接投资》,北京:新星出版社,2005年版。

因为外方投资人通过价格转移利润或虚列开支等方式，侵蚀中方利益，逃避税收，形成账面亏损。不少企业连续亏损七八年，但生产规模却不断扩大"。

这种不无暧昧的景象还出现在开发区的泛滥上。为了吸引外资，各地纷纷建立开发区，在工业用地上推出优惠的政策，由于规划失控，最终演变成了一场热闹的"圈地运动"。1991年，全国有开发区117个，到1992年8月，这个数字已经猛增到1 951个，而到1993年的10月，各类开发区竟多达8 700个。在全国已批准的1.5万平方公里的开发区里，如果这些开发区全部做到水、电供应和道路的平整，需投资约4.5万亿元人民币，远远超出国力负荷。

许多开发区为了吸引外资，制定的优惠政策一个比一个"火"，有的甚至到了"舍血本"的地步。开发区的土地出让绝大多数是采用协议出让的方式进行的，因而到处充斥着灰色交易。《中华工商时报》称，"仅每年土地黑市交易流失的国家收益，估计就有200亿元之巨。有些外商以极其低廉的价格，一下子包揽上百亩或数百亩甚至几平方公里土地，然后再稍做平整，以几倍的价格出售获利"。广东省出让88平方公里的土地，得到94亿元的转让金，平均每平方米为107元。江苏一家开发区出让70年使用权的土地，转让价为每亩2 000元，等于每年每平方米收0.04元。而中部的一些省份更是推出了豁免土地使用费的优惠政策。中国台湾《联合报》的记者称："现在若到大陆，无处不见房地产开发公司的招牌，无处不谈土地买卖。"

国务院调查组的报告显示，到1993年4月为止，全国开发区开工面积307平方公里，约占规划总面积的2%，也就是说，90%以上的耕地"圈而未发"，全国因此减少耕地1 000万亩。5月16日，国务院发文限制盲目建立开发区，到11月，沿海7省1区关闭了700个"圈而未发"的开发区。在以后的10年里，开发区的过度开建现象其实一直没有被完全遏制。

到1993年年初，全国的股民总数增长到了200万。

在上一年爆发了深圳抽签表舞弊事件和原野事件之后，中央决定加强对证券市场的掌控。当年10月，证监会匆匆成立，1993年4月颁布《股票发行与交易管理暂行条例》，9月宣布对国内法人开放A股交易。紧接着，就发生了轰动一时的宝延风波，这是中国股市第一次大规模的收购战。

延中实业是上海股市最早的上市公司之一，它是上海静安区的一个街道公司，其上市纯粹是一个偶然，在大型国有企业都不愿意吃螃蟹的情况下，这家只有50万元注册资本的小企业意外地成为最早的股份制企业，并成为第一批上市的公众企业。它之所以成为第一个被热切关注的企业，实在是因为股本结构上的特殊：由于延中实业的资本实力弱小，所以在公开募股中，社会公众股占到了91%的高比例，使它在众多股票中显得非常独特，也成为那些资本玩家们最乐意染指的企业。①

这年春夏，与全国投资大热形成鲜明对照的是上海股市的萧条。在邓小平南方谈话利好的推动下，沪市股指曾冲到过1 558点，可是接下来就掉头朝下走，到5月底，央行为了整顿金融秩序，决定提高人民币存贷款利率，股指更是应声大挫，跌破了1 000点。上交所总经理尉文渊内心大急。8月，深圳第一家上市公司宝安集团的证券部主任厉伟（著名经济学家厉以宁之子）北上拜访，他告诉尉文渊，上海股市之所以不温不火，是缺少"鲇鱼"的缘故。他举例说，日本渔民捕捞沙丁鱼，远洋归来往往会死掉一大半，后来他们就在捞上来的沙丁鱼里放一条鲇鱼，为了生存，沙丁鱼就会不停地游动以躲避鲇鱼，结果存活率大大提高。尉文渊听懂了，他笑着说："你愿意来上海当鲇鱼吗？"

一个月后，这条名叫宝安的"鲇鱼"果然就来了。宝安开始攻击延中

---

① 中国股市在股权设计上采用了"身份划分"的制度，这成为一个很独特的现象。1992年5月15日，国家体改委发布《股份有限公司规范意见》及13个配套文件，明确规定国家股、法人股、公众股、外资股四种股权形式并存，由此形成了资本市场的"股权多元结构"特征。这一制度在2005年之后才被改变。

▲上海证券交易所首任总经理　尉文渊

实业,沪市果然被搅得躁动不已,延中实业的股价连日拉阳线,股价从每股9元涨到了每股12元。9月30日,宝安发表声明,宣称已拥有延中实业5%的股份。公告一出,延中实业一路狂涨,8日后竟达到每股42.2元,沪市随之大热。

　　宝安此次狙击颇有技巧。按证监会的规定,一旦持有5%的公司股份就必须要公告,宝安在9月29日持有4.56%的股份,而在30日一开盘,就大口咬进342万股,持股比例一下子达到16%,其时间刚好拿捏在公告发表的同时。延中实业认为,宝安的做法是一种恶意收购,是对市场的隐瞒和欺骗。它还掌握了另一个很有力的事实,出手收购的宝安上海分公司注册资本只有1 000万元,而用在收购上的资金前后多达8 000万元以上。政策规定,信贷资金和违章拆借资金不得用来买卖股票。延中实业当即召开新闻发布会,宣称将通过法律程序维护公司利益,风波由此而起。

　　从公开的事实看,有利的天平似乎偏向延中实业,对这场风波颇为关注的各大媒体也大多对其持同情的态度。而证监会最终的裁决结果却让所有人都大吃一惊,它认定宝安的收购是一种"违规行为",需要缴纳100万元罚款,但同时宣布其收购有效。宝安的人员顺利当选为延中实业董事长。

　　中国股市的第一场收购战便在这种暧昧的硝烟中尘埃落定。尉文渊以延中实业为诱饵,引进了一条宝安"鲇鱼",最终达到了吸引全国目光、把上海股市激活的目的。日后有股评家评论说:"宝延风波的裁决,奠定了中国股市的灰色基调。几乎所有人都领悟到了,这是一个强者第一、规则第二的竞斗场。"

如果说宝延风波还是一场堂堂正正的正面决斗的话,那么两个月后的苏三山案则更像一个黑色幽默。湖南省株洲县一个姓李的股民花100万元购进15万股苏三山,然后私刻一枚"正大置业"公司的印章,写信给《深圳特区报》和《海南特区报》,宣称本公司已收购苏三山5.006%的公司流通股。两报不知就里"来函照登",第二天,苏三山大涨40%。等到深交所发现异动,提出警告,李先生分批抛售,已获利15万元,而全国股民损失2 000万元,套牢1.2亿元。李先生飘然离场,不知所终。①

在1993年,一些日后风云一时的企业家还在成长的路上。后来创办全国最大家电连锁公司的国美集团创办人黄光裕,这时还是一位24岁的"北漂商人"。他是潮汕客家人,喜欢说自己是"李嘉诚的老乡",他连初中都没有毕业,就早早地离乡四处做生意。他在北京开了一个家电商场,1993年的销售额居然做到了2.3亿元。在接受《经济日报》记者采访时,他透露自己的秘诀说:"别人在进价和税钱的基础上,加价5%出售,我就只加2%,这样消费者就都跑到我这里来了。"

这一年,一位名叫马俊仁的中学体育教师成了国家英雄。他以严苛地训练女子长跑运动员而闻名。从1988年起,他带领的"马家军"就在一系列的国际赛事中夺得好成绩,1993年8月,在德国斯图加特举行的第四届世界田径锦标赛上,马家军一举席卷女子1 500米金牌,3 000米金、银、铜牌和10 000米金牌,并打破两项世锦赛纪录,一时间,举世震惊。他的首席女弟子王军霞在1996年亚特兰大奥运会上夺得金牌后身披国旗绕场飞奔的镜头,成为中国体育史上最经典的一个镜头。

马家军的辉煌成功,让国民大呼痛快,仿佛一夜之间扫去了"东亚病

---

① 1993年6月,中国证监会与香港证监会签订《监管合作备忘录》,允许内地公司在香港联合交易所上市,是为H股。当年有青岛啤酒、上海石化总厂、广州造船厂、北京人民机器厂、马鞍山钢铁公司和昆明机床厂上市。这是社会主义中国的企业第一次成规模地在另一个经济体融资上市。

▲王军霞

夫"的耻辱。人们对马家军的每一个细节都充满了好奇，嗅觉敏锐的商人也在第一时间嗅出了其中的价值。就在世锦赛后一个月，一则广告便在全国的电视台播出：马俊仁坐在一张报告台前，好像是在开一个事迹报告会，讲到如何取得了好成绩时，他突然举起一盒保健品，用带有浓重辽宁口音的普通话大声说，"我们喝的是中华鳖精。"

"中华鳖精"由浙江省台州地区温岭县的一家保健公司出品，在此之前它籍籍无名，可就靠了这则制作粗糙却播出十分及时的电视广告，它竟迅速成为全国知名度最高的保健品品牌之一。马家军的神奇崛起，让人们对马俊仁的训练方式十分好奇，而向来对"秘方"怀有先天好奇的中国消费者尤其如此——在这一点上，前几年的健力宝已经用"东方魔水"的故事充分证明过了。而马俊仁也在很多场合暗示，他有一个能够让人迅速恢复体力的神秘药方。到10月，全中国的商人都想找马俊仁谈生意，都想得到这个令人兴奋的"秘方"。这位性情耿直却不太有商业细胞的体育教练显得有点不知所措，他躲进辽宁体育学院里不肯见人。

12月25日，马俊仁终于再次出现在公众媒体前，此次，与他开心地站在一起的是一位名叫何伯权的广东企业家。后者宣称，他领导的乐百氏以1 000万元的高价买下了马家军的营养秘方。①

---

① 有关何伯权与"马家军秘方"的渊源，具体可见本书章节——《1994 青春期的躁动》。

企业史人物 | 庄主之殇 |

1999年10月,保外就医的禹作敏在孤独中去世,享年70岁。这位个性刚烈的农民企业家至死没有等到他一直渴望中的"平反"。他的死因有两种说法,上海的《解放日报》曾在第一时间报道,"禹作敏在天津天河医院就医期间自杀身亡,尸体已于5日火化"。而新华社则在之后的简短新闻中称禹作敏"因心脏病突发去世"。

在内心,他从来没有觉得自己犯了什么错。大邱庄极盛时,外来打工的人比村民多三倍,如何管理当然成了一个问题。那些打死人的村民虽然下手重了点,但出发点却是为了"发展大邱庄经济",他们犯事了,当然要他这

▲禹作敏

个老爷子出面扛着。就在危福和事件的前三年,也曾经发生过殴斗致残案件,罪犯被抓去判刑了,禹作敏号召全村人为坐牢者募捐,他先出了10万元,然后下令200户养一个罪犯家庭,因为"他几个是为大邱庄坐的牢"。

他甚至没有细想过与400名武装干警对峙的后果,大邱庄那时候私藏了15支自动步枪、2 000发子弹,还办有一个猎枪厂,一旦擦枪走火,将会导致怎样的后果。

历史选择禹作敏作为一个时代的代表,自然有它的道理。这个从盐碱地里长出来的庄主从来就有一股天生的霸气和倔犟劲。当初,办轧钢厂需要集资10万元,还得向其他村借5万元。村内有人反对,禹作敏慨然说:"富不起来,我爬着去给你拜年。"富裕之后,他说:"大邱庄没有集体的

第三部 1993—1997 民族品牌进行曲

智慧，没有我禹作敏，就没有大邱庄的今天。"在1981年，当调查组来大邱庄追究轧钢厂与国营企业争原料一事的时候，他组织村民与之抗争，这成为他早期最值得炫耀的改革行为，12年后，他又因同样的桀骜不驯而陡然陨落。

多次接触禹作敏的知名记者张建伟曾评论："他是我所遇到的最善于利用政府政策来达到自己目的的农民，他的整个发家的历史，其实就是机敏巧妙地对付政府的一连串故事。"大邱庄是靠办轧钢厂起步的，在钢铁这个国营资本垄断的行业中，其钢材之来源及钢管之销售，无一不与大型国营企业有关。一位参观者曾经描述说："大邱庄的20多家轧钢厂和钢管厂规模都不大，设备也很陈旧，最让人羡慕的是堆在院子里的那一大批废钢材，这是当今中国市场的紧俏货，没有相当的本事和过硬的关系绝对搞不到手。"禹作敏是大邱庄的大当家，而他一直认为自己是一个"政治家"。当有人问他大邱庄的贷款、管理人数及各分厂的经营情况时，他就会不耐烦地摆摆手说："你去问工厂，这些事我不管。"禹作敏认为自己管的是大邱庄的政治，他像一把鲜亮而招摇的大伞，严严实实地笼盖着大邱庄。每天，他坐在自己的别墅大院里，门口养着两条大狗，等待着一拨又一拨的人满怀敬意地前来"取经"。

禹作敏被认为是一个"农民语言大师"，他最著名的顺口溜是，"低头向钱看，抬头向前看，只有向钱看，才能向前看"。其他如"引科学的水，浇农民的田"，"来财必有才，有才财必来"，"科技是真佛，谁拜谁受益"，"'左'了穷，穷了'左'，越穷越'左'，越'左'越穷"等，也都流传很广。邓小平南方谈话后，他要求大邱庄每家每户要挂六字红横幅："小平同志您好"。他还为报纸口述一篇长文——《我们明白了，我们放心了，我们有了主心骨》，其文字之乡土本色、言辞之鲜活质朴，实在很让人感动。

禹作敏每每以中国农民的代表自居，每次与官员和记者对话，他的开场白都是"我就是一个农民"，这是他的话语起点，也是他最为骄傲的身份。外出开会，哪怕是坐在沙发上，禹作敏也是盘腿而坐，不脱皮鞋，吸烟不弹烟灰，任其落在高级地毯上，他把这当作一种"农民本色"。他试图以这种极其炫目的方式，来证明刚刚从耕地中走出来的农民，仍将是现代商业中国的主力。也正因为这种极端而率真的个性，他很是受到一些人的喜爱。

1991年，他一口气购进了16辆奔驰车，每当有外地高级官员或海外媒体记者来访，他就会派奔驰车出村迎接，他要让人们在看到大邱庄的第一眼起，就被中国农民的气派给镇住。他自己乘坐的则是当时国内很罕见的奔驰600轿车，在媒体的报道中，这成了"敢与官本位抗衡的象征"。

就因为有了太多这种似是而非的"象征"，最后，禹作敏也把自己真的当成了一种"象征"——对他的侵犯，就是对中国农民的侵犯。

1992年，外交部组织一部分外国使节到大邱庄参观。他心血来潮地宣布，大邱庄将派精壮的小伙子出国留学，谁能娶回洋媳妇就给重奖，要招100个最漂亮的外国姑娘跟大邱庄100个最聪明的小伙子结婚，生出最优秀的后代。这些话被信以为真的记者登在报纸上，很是让那些有"民族自尊"的人津津乐道了一阵。禹作敏的这些表演让人联想到，这是一块诞生过义和团的土地。

禹作敏的骄横在后来已经到了难以遏制的地步，他会跟国务委员比谁的工资高，跟部长比谁的皮带贵。他对一位离休干部说："你是带着穷人打倒了富人，我是带着穷人变成了富人。"他得意地问一位中央某部领导："你看我的办公室比中南海里的怎么样？"村里有一位他赏识的青年要入党，几次党支部会开下来都通不过，他断然说："同意他入党的别举手，不同意的举手。"在他圆目瞪视下，全体党员无声无动，他随即宣布"通过"。有一次，一位香港记者问他："有人说你是这里的土皇帝……"禹作敏不等他说完，就笑着应声答道："我去了'土'字就是皇帝。"禹作敏让一个盐碱地村庄变成了中国的"首富村"，同时在这里建成了一个封建的威权王国。这个人没有摆脱千百年来余弊不绝的"君王意识"，他以救世主的身份出现,村民则以公众自尊的丧失换取了物质上的富足。《人民日报》记者凌志军记录了一个细节。有一次,他去大邱庄采访,路遇一个小姑娘抱着一只鲜血淋漓的母鸡痛哭不已,她说鸡是被狗咬死的,凌志军鼓励她去找狗的主人要求赔偿,她说她不敢去,因为那是禹作敏家的狗。于是,凌志军表示愿意代她去说理,小姑娘却更加恐惧地告诉他,如果这样的话,她一家人今后就会更加倒霉。凌志军后来很有感慨地写道:"由于为人民谋得了利益,一个农民建立起自己的威望,进而唯我独尊、专横霸道起来,这在中国的乡下并不少见。"

1991年4月,中国乡镇企业家协会第二次年会在沈阳召开。会上,有官员对禹作敏的工作作风、骄傲自满进行了委婉的批评。但在禹作敏听来,这似乎就是不给他"面子",于是,他"愤而辞职",不等会议结束就打道回他的庄园去了。他与天津地方政府的关系也是在这种情绪化的对抗中日渐恶化的。

大邱庄地处天津近郊的静海县,禹作敏出事后,仍然有不少人赶去参观。很多年后,走在这个日渐没落的村庄里,你依然时时处处可以嗅到禹作敏残留不去的气息。此人脸瘦削,肌发黄,满脸沟壑,一双异乎寻常的浓眉高高挂在一对精明的细眼睛上,眼珠大而黑,几乎看不到眼白。站在他居住过的大院里,你仿佛觉得他还大大咧咧地盘腿坐在里面,旁边搁着一碗散着热气的棒儿粥,门口蹲着两条虎视眈眈的大狗。

1994
青春期的躁动

海尔应像海。
唯有海能以博大的胸怀纳百川而不嫌弃细流；
容污浊且能净化为碧水。

——张瑞敏：《海尔是海》，1994年

何伯权是很偶然地闯进抢夺"马家军秘方"这场游戏中的。在一次出差途中，他顺手翻到一本通俗杂志《八小时以外》[①]，上面有一篇文章介绍说，马家军的姑娘们之所以能够创造奇迹，是因为教练马俊仁手中有一个十分神奇的祖传秘方，能够让人在短时间内提高血色素，增强体能。何伯权的眼睛

---

① 《八小时以外》是一份综合类月刊，由天津人民出版社主办，是当时中国最有影响力的刊物之一，颇具知名度，年销量高居不下，以刊发大众化、贴近生活的故事和纪实文章著名，聚焦社会大事，展示生命细节，演绎了许多平凡人的命运悲欢，集纪实性和趣味性于一身，深受读者欢迎，成为国内名副其实的大型读物。

为之一亮。

32岁的何伯权是一个营销奇才,他的广州乐百氏饮料公司创办于1989年,生产调配型儿童果奶,经过几年经营,乐百氏已经是当时国内同行的龙头企业。不久前,他去北京大学招聘大学毕业生,这是国内民营企业第一次在名牌高校中举办招聘活动。此刻的他,正像猎人一样四处寻找更刺激的商业机会,杂志上的那篇文章顿时令他灵感迸发。他当即决定北上,寻找马俊仁。

这几乎是一场没有悬念的商业谈判。马俊仁在交谈中顺口说出:"我的药方,有人说出1 000万元我也不一定卖。"何伯权接口问:"那我出1 000万元,你卖不卖?"

马俊仁当然卖,这笔钱在当时足够修建一个非常像样的运动场了。而1 000万元也相当于乐百氏当时一半的年利润。根据报道,这是国内民间最大的一起知识产权交易,消息一经发布,当即引起轰动。何伯权将药方的交付设计成了一场宏大的、非常具有仪式感的活动:药方交接和新闻发布会在广州五星级饭店中国大酒店举行,马俊仁和他的神秘配方由警车护送,呼啸而至,何伯权接过用红绸盖着的一纸配方后,当即将之送进中国人民银行的保险库。他随之宣布,由此配方研制而成的"生命核能"口服液将在两个月后正式投放市场。很多年后,何伯权说,那也是他第一次看到配方,记得有鹿尾、人参、

▲满目保健品

黄芪、阿胶、红枣等，"没有我们想象不到的东西"。

尽管如此，在数百家媒体的持续报道下，市场的胃口却已经被这个神秘配方吊得很高了，各省经销商纷纷要求代理"生命核能"，何伯权顺势提出"省级代理的独家经销权拍卖"。第一场在湖南，拍出50万元，第二场在西安，拍到200万元，第三场在江苏就涨到240万元了。"独家经销权"一路水涨船高，几个省市拍下来，乐百氏收进1 700万元，已经超过了支付给马俊仁的配方费。"生命核能"一役，让何伯权和乐百氏名声大振，乐百氏成为国内品牌知名度最高的公司之一。此次炒作充分展现出中国市场的非理性疯狂，疆域的广袤、消费者层次的参差不齐，以及媒体对新闻事件的推波助澜，使得某些产品可以依靠一个灵感或一套策划而一夜崛起。

▲何伯权

整个春天，人们都沉浸在"生命核能"所引发的热情之中。如果说，野心迸发的地方是一个时代的火山口，那么，1994年前后，中国商业的火山口就在保健品和饮料食品领域，全中国最有野心的企业家们都亢奋地拥挤在那里。在过去的4年里，全国保健品生产企业从近百家增至3 000余家，增加30多倍，品种多达2.8万种，年销售额高达惊人的300亿元，增长12倍。保健品产业成为全国发展最快、最引人注目的"黄金之地"。

就在上一年，国内最大的保健品公司广东太阳神的营业额达到了创纪录的13亿元，利润高达3亿元，太阳神以一种前卫、先锋的姿态远远地跑在所有中国企业的前面。1994年7月，美国世界杯足球赛期间，太阳神在中央电视台的直播节目中播出了一条长达45秒，名为《睡狮惊醒》的形象广告：黄河千年冰破，长城万里鼓鸣，一头东方雄狮昂然而起，仰天长啸,"只要努力,梦想总能成真——当太阳升起的时候,我们的爱天长地久"。宣言体般的广告词和精致壮美的画面,构成了一股撼人心魄的激情冲击力。太阳神第一次把理想主义的光芒照射到了平庸的商业广告之中,令人回味无穷。

如果说,南方的太阳神走的是品牌形象至上的路线,那么,一些来自北方的企业则实施了狂轰滥炸的广告策略。率先取得成功的是沈阳飞龙保健品公司。这家公司推销的是据称对男女肾虚有治疗效果的飞龙延生护宝液,它不像太阳神那样讲究营销技巧和品牌形象,而是以广告轰炸为唯一手段。延生护宝液的广告不投则已,一投便是整版套红,并且连续数日,同时跟进电视、电台广告,密集度之高前所未有。这种毫无投放技巧和艺术效果可言的广告轰炸,营造出一个让人窒息的炙热氛围,在感性的市场上居然非常奏效。这家企业的当家人姜伟不盖厂房、不置资产,连办公大楼也不改建,坚持"广告—市场—效益"的循环营销战略。从1991年起,飞龙投入120万元广告费,实现400万元利润;第二年,投入1 000万元广告费,利润飙升到6 000万元;到1994年,广告投入过亿元,利润已超过2亿元,俨然成为全国保健品产业的龙头老大,发展速度居全国医药行业之首。

姜伟式的成功,在中国企业界引起了巨大的关注,很多在中国市场上拼杀多年的外资品牌和港台营销高手对此百思不得其解,那些出身草莽的民营企业家们却饱受启发。另一对营销天才便是在此刻横空出世的——8月,吴炳新和吴思伟父子以30万元在济南注册成立了三株实业有限公司。他们生产的三株口服液号称是高科技的生物制剂,主要成分为双歧杆菌,长期服用对肠胃有保健作用。在此前的几年,上海有一家叫昂立的保健品公司已经推出了类似的"昂立

▲姜伟

一号",吴氏父子曾经是昂立的地区代理商,三株口服液与昂立一号在配方和功能上基本无异。然而,自立门户的三株却展现出特别强大的营销攻势。

三株学飞龙,一方面,以"地毯式的广告轰炸"为打开市场的主要手段。当时,电视广告还不是非常发达,每天早间以及晚间10点之后的广告价格非常便宜,而且很少有商家愿意投放。三株却在各地电视台大量收购这些"非黄金时间",用以播出长达10分钟、拍得并不精美却充满了语言诱惑的三株系列形象片,其中最突出的主题是,"三株争当中国第一纳税人"和"振兴民族工业",尤其是前面那个口号很是响亮而吸引人,看到的人都以为这是一家多么庞大的公司,其实它只有30万元的注册资本。

另一方面,吴氏父子以"农村包围城市"的思想为战略依据,向农村市场强力渗透。中国市场地缘广阔,东西纵横上万里,南北温差50摄氏度,各地习俗和消费特性都非常不同。特别是在农村市场,由于销售渠道不完善,商业信用度低下,所以在此之前,几乎所有在中国销售商品的企业都将中心城市视为销售的重点,对于农村市场则束手无策,只能浅尝辄止。而吴炳新则闯出了一片新天地,他精心设计了农村市场的四级营销体系,即地级子公司、县级办事处、乡镇级宣传站、村级宣传员,采用层层渗透的方式保证三株口服液得以广泛铺货。同时,他利用低廉的人力成本优势,开展人海战略,聘用了数十万的大学生充实到县级、乡镇级的办事处和宣传站。尤其让人吃惊的是,他还发明了无广告成本的"刷墙包柱战略",发给每个宣传站和村级宣传员一桶颜料和数张三株口服液的广告模板,要求他们把"三株口服液"刷在乡村每一个可以刷字的土墙、电线杆、道路护栏、牲口栏圈和茅厕上,以至在后来的很多年里,所有来到中国乡村的人都会十分吃惊地发现,在每一个有人烟的角落,几乎都可以看到三株的墙体广告。

在广告传达上,三株极为大胆和富有创造性地走出一条"让专家说话,请患者见证"的道路,首创了"专家义诊"的营销模式。在中心城市，每到周末，三株就会聘请一些医院的医生走上街头开展"义诊活动"，其主旨则是推销三株口服液。到后期，它更把这股义诊风刮到乡镇、农村，有些地方自"文化大革命"时期的"赤脚医生"后，已经有20多年没有见到医疗机构下乡了。三株的"白大褂"们热情洋溢地赶到那里，老少乡亲自然排着队来看医生，而就诊后的结果往往是，全村老少都有肠胃疾病，而治疗的唯一方法就是掏钱买三株口服液喝。据不完全统计，三株每年在各地起码要举办上万场类似的义诊咨询活动。这些让人匪夷所思的营销活动，在当年的中国市场上屡试不爽，到年底，三株的销售额就超过了1亿元，第二年竟冲到了20亿元，赶上了当时国内如日中天的第一饮料品牌健力宝的销量。

飞龙、三株的迅速崛起，彻底激活了中国的快速消费品市场，它们所秉持的轰炸式广告营销理念以及对产品功能的任意扩大，也长远而具有腐蚀性地影响了中国商业界。也就是从此之后，肆无忌惮、极端蔑视消费者智商的广告理念大行其道。对于很多商人来说，只要是能够带动销售的做法都是可以尝试的，最基本的诚信底线被轻易地抛弃。以下这些广告和营销创意在当年都曾风靡一时。

• 奖牌法——一开始，几乎所有的产品都披上了"省优、部优、国优"的光环，后来最时髦的是"国际金奖"或"最畅销产品"。1993年年底，浙江省啤酒业有8家企业宣称自己获得了各种国际性博览会的金奖。一开始，媒体热情报道，视之为无上的荣光，后来荣誉泛滥，竟变成了一则笑谈。黑龙江讷河县啤酒厂是一个只有百余人的小工厂，厂长接到来自马来西亚的"喜报"，被告知获得了"国际饮料博览会金奖"，其条件是：领奖人境外费用2万元，获奖费用1万元，终身大奖2万元，代理费8 000元。明码标价的品牌评选成为公开的秘密。

• 明星法——花几万或几十万元请歌星、影星、体育明星操一口带港味的国语信誓旦旦地说："我只用……""我只喝……""我只穿……"如果出不起那笔明星出场费,就想出更绝妙的办法。广东一家运动鞋制造商推出一则广告:一个瘦猴青年,穿紧身太空衫,走太空步,在大雾中呼啸,远远看去仿佛迈克尔·杰克逊在代言广告。

• 非广告法——在当时的广告界有一个秘诀,"把广告拍得越不像广告,效果越好"。让普通的消费者来"教育"消费者,成了一种非常流行而有效的"实证广告"。比如在北京找一个"王大力",在上海找一个"张美丽",在广州找一个"马小小",然后用不同的方言,一起替你的产品叫好。一家奶粉企业还曾播出一则广告:一位大牌主持人坐在演播台前,一本正经地宣读,"据新华社、《人民日报》报道,某某婴儿奶粉时下正成为风靡全国的新生代产品"——10亿人中有8亿人把这则广告当成了《新闻联播》。

• 借牌扬名法——马俊仁的"马家军"很火爆的时候,杭州一家保健品公司当即将"马家军"的商标给注册了,然后大打其广告。后来,马俊仁向法院起诉,企业总经理的理由是:我们公司的几位领导不是姓马就是属马,要么长得像匹马,为什么不能叫"马家军"?

• 假洋鬼子法——1994年,北京一家调查公司发现,给产品起一个洋品名,将使广告有效率提高4倍。因此它提议,"如果是乡镇企业,就更要把厂名改成中外合资什么的"。这种方法在服装业十分流行,温州、晋江等地的很多企业都把自己的品牌改成拗口的"欧美名字"。更有聪明的人去欧洲找到一些濒临破产的家族小企业,以低廉的价格购买其品牌,然后回国内大力炫耀其"百年传承,正宗血统"。

• 天方夜谭法——对产品功能的任意夸大成为所有广告的灵感所在。喝了某种果奶,考试就得100分;送出某种品牌的礼盒,就得到了一个大项目;系上某品牌的领带,变了心的女友立马回心转意——反正广告本来就是"说不说由我,信不信由你"。

• 快速示范法——要在30秒的电视时间里打动消费者,最好的办法之一就是做示范。比如腹泻者在厕所与卧室之间来回跑,一吃某药片立即见效；室内蟑螂成灾，一喷某杀虫剂当即"害虫死光光"——至于药效是否真的如此神速，那就另当别论了。

• 夸张法——把手表从飞机上扔下来，用压路机去压席梦思，穿着皮鞋跑马拉松，给木乃伊吃救心丸，拿剃须刀去刮大猩猩的脸……

• 稀有原料法——市场上充斥着千奇百怪的商品，比如千年老龟做成的胶囊、天山雪莲制成的冲剂、海底神草酿成的美酒，反正听说过没见过的稀罕物，这回全让大家尝到了。再不济，还可以到化学元素周期表中找一两种偏门的元素，说不定真的出奇制胜了。

当这些广告以铺天盖地之势被投放到市场上的时候，对商业促销还缺乏免疫力和判断力的人们一次次地被它们诱惑，市场以一种超出预期的热情投入到这些"天才企业家"们导演的一出出营销大戏中。不过人们没有料想的是，在后来的若干年里，它也将以几乎同等能量的冷酷，对所有的泡沫和不诚实进行报复。

然而，在当时，这些企业所取得的市场业绩实在太炫目了，以至让前些年获得成功的企业家们又眼热又不安。广东三水的"中国饮料大王"李经纬就是被搅得最心烦意乱的一位。此刻的李经纬把健力宝带入了第十个年头，发展一直非常稳健，无风无浪。早在1991年，李经纬异想天开地策划出一个"拉环有奖"的促销创意，凡是购买健力宝的消费者只要拉到印有特别图案的拉环就可以得到5万元的奖金。李经纬宣称每年投入数百万元的奖金——从一开始的200万元，递增到后来的800万元。这个活动在中国城乡竟获得了意外的成功，尤其让人惊奇的是，"健力宝拉环"竟成为很多乡村骗子的道具。他们坐在长途汽车上，惊呼自己拉到了一罐有5万元巨奖的健力宝，然后将之转卖给那些贪小便宜的无辜乘客。这个诈骗游戏一直到2000年前后还在各地的城乡里无比愚蠢却又惊险地上演着。

就靠着拉环有奖的促销刺激以及品牌的持续影响力，健力宝的销量水涨船高。踌躇满志的李经纬去纽约开设了自己的办事处,他花500万美元在纽约的帝国大厦买下一层办公楼。他对美国记者宣称,健力宝在中国的销量是可口可乐与百事可乐的总和,现在,他要用这罐"东方魔水"来征服美国的消费者。而事实上,在国内市场,健力宝正四面受敌:在主要城市,跨国公司和品牌形象甚好的乐百氏掠去大块市场;在城镇市场,由儿童营养液转入饮料业的杭州娃哈哈公司凭借强大的渠道能力让它在竞争中颇感吃力;就连健力宝一向自恃的保健概念也被更为大胆的飞龙和三株抢去风头。

在三株和飞龙咄咄逼人的广告攻势下,一向十分自信的健力宝也有点乱了方寸。它的市场人员开始杜撰三株式的广告文案,它宣称收到了消费者的"感谢信",一些常年卧床不起的老人在喝了健力宝后,居然"神奇"地痊愈了。它还将饮料送到广东省人民医院进行临床观察,得出的结论是:"服用健力宝之后可改善体内环境,恢复精神,消除疲劳,改善胃口,促进体内电解质平衡,对增强精力、体力、消化力、宫缩力有明显的好处。"就这样,以体育营销而取胜的"东方魔水"变成了一罐包治百病的"江湖药水"。幸好李经纬及时发现了这类广告的危险性,尽管他的下属们抱怨说"如果我们不这么干,就没有经销商愿意卖健力宝",但他还是终止了这类危险的广告行为。也正是这个清醒的坚持,让健力宝在三年后保健品市场信用崩溃的时候,得以幸免于难。在当时的市场上,像李经纬这样敢于坚持的企业家实属凤毛麟角,很显然,在无所不用其极的广告轰炸下,市场正在变得浑浊起来。

保健品市场的尘土飞扬让李经纬感到有点手足无措,却让行业之外的史玉柱非常激动。他的人生在此前如一条顺畅欢快的河流,现在却突然撞上了一道莫测的悬崖。

在过去的两年里,史玉柱一直是媒体和政府的宠儿。在一家媒体对北京、上海等十大城市的万名青年的问卷调查中,当被问及"你最崇拜的

▲ 巨人时期的史玉柱

青年人物"时，第一名是微软的比尔·盖茨，第二名便是史玉柱。他研制出的巨人 M-6403 汉卡①在市场上卖得十分火爆，1993 年的销量比 1992 年增长了 300%，给巨人公司带来 3 000 万元的利润回报。然而，就在这段时间，随着西方 16 国集团组成的巴黎统筹委员会的解散，西方国家向中国出口计算机的禁令失效，康柏、惠普、IBM（国际商业机器公司）等国际著名电脑公司大举入境，被称为中国硅谷的北京中关村一时风声鹤唳。刚刚起步的电脑行业面临重新洗牌的局面。在强敌环伺的情形下，史玉柱看到了危机的出现。在一次会议上，他提出了"二次创业"的总体目标：跳出电脑产业，走多元化的扩张之路，以发展寻求解决矛盾的出路。

很多年后，人们将史玉柱的这个决策视为巨人崩塌的根源。而商业历史实在很难以常规的逻辑来进行复盘重演，以巨人集团当时的技术储备和制造能力，能否在惨烈的电脑价格战中立足仍是一个未知数，史玉柱敢于抛弃已有的产业成就，实施产业战略转移，也需要极大的勇气和决断力。

---

① 汉卡（Chinese character card），一种将汉字输入方法及其驱动程序固化为一个只读存储器的扩展卡。这种汉卡是为一种汉字系统专门设计的。汉卡的出现是和大家熟知的传奇人物史玉柱紧密联系的。1989 年，史玉柱拿着自己凑的仅有的 4 000 元钱，给《计算机世界》打电话，想做一笔交易：《计算机世界》给他花费了 9 个月心血研制的"M-6401 桌面排版印刷系统软件"做广告，但是要求是先打广告后付费。这一赌博式的做法，居然在 4 个月后使史玉柱成了年轻的百万富翁。史玉柱随后推出 M-6402 汉卡。1991 年，巨人公司成立，推出 M-6403 汉卡。1992 年，史玉柱率 100 多名员工落户珠海。巨人公司也迅速发展起来，资产规模很快接近 3 亿元。

这是一个看上去文弱寡言，而内心却仿佛堆着一座枯柴山的男人，只要有一点火星，就可以燃起他的冲天激情。在他看来，迅猛成长中的国内市场，有太多比电脑业更有商业价值的暴利行业在诱惑着他。

首先，他已经在房地产上尝到了甜头。自两年前提出要建"全国第一高楼"巨人大厦之后，珠海市政府对此非常支持，大厦征用的地价从每平方米1 600元，降到了350元，几乎成了一个"象征价格"。史玉柱的智囊们还想出了一个看上去比贷款更好的融资办法——去香港卖楼花。此时的巨人集团是国内最知名的高科技企业，并"计划于1995年上市"，公司还向民众提供了一份"零风险、高回报"的无风险保证："中国人民保险公司提供本金保险及100%的回报保险，珠海市对外经济律师事务所进行常年法律见证。"就是顶着这样的满头光环，巨人大厦的楼花在香港卖得十分火，每平方米居然被炒卖到了1万多港币，史玉柱因此一下子圈进了1.2亿元。在他看来，这钱来得实在比卖汉卡要省力和快捷得多。

也是在这时，史玉柱瞄上了无比火爆的保健品市场。这位天生对商业机遇有超人敏感度的年轻企业家无疑嗅出了其中浓烈的暴利气息，这是一块正在膨胀的蛋糕，而在他看来，目前正驰骋其中的都是一群草莽汉子，其竞争强度要比跨国公司林立的电脑行业低很多。正是基于这样的判断，史玉柱在夏天做出重大决策：将巨人集团的"二次创业"目标锁定在保健品和药品产业，宣布将斥资5亿元，在一年内推出上百个新产品。

史玉柱走上了一条多线开战、俱荣俱损的大冒进之路。他亲自挂帅，成立三大战役总指挥部——他想通过三次重大的产品推广活动，确立巨人集团在保健品业的霸主地位——下设华东、华中、华南、华北、东北、西南、西北和海外八大方面军，其中30多家独立分公司改为军、师，各级总经理都改为"方面军司令员"或"军长""师长"。在一则煽情的动员令中，他写道："三大战役将投入数亿元，直接和间接参加的人数有几十万人，战役将采取集团军作战方式，战役的直接目的要达到每月利润以亿元为单位。组建1万人的营销队伍，长远的目标则是用战役锤炼出一支干部队伍，使年轻人在两三个月内成长为军长、师长，能领导几万人打仗。"

读到这样的动员令，谁都闻得出其中的狂热和火药味。这是一场让人热血沸腾的商业运动，它由一位32岁的青年人点燃。这场空前的漫天大火，要么筑就不朽，要么玉石俱焚。

1994年的中国商业界，到处弥漫着三株、飞龙式的疯狂和史玉柱式的激情。随着经济的持续增长，民众的消费能力日渐提高，几乎所有的消费行业都呈现出兴旺蓬勃的景象。企业的高速成长使得企业家们信心爆棚，展现在他们眼前的是一个正在迅速膨胀和无限延伸的大市场，"扩张、再扩张"的冲动催生出企业史上的第一次多元化浪潮。

7月1日，酝酿已久的《公司法》正式颁布，中国的企业终于步入与国际惯例接轨的规范化管理时期，一种叫作"现代企业制度"的改革新模式在国有企业中开始推行。它的核心内容就是要求厂长、经理们按照《公司法》来管理企业和建立新的管理制度，国务院发展研究中心的一份报告显示，国有企业亏损面超过40%。与此相对照的是民营企业的膨胀发展，《经济日报》称"乡镇企业已成为中国经济最大的增长板块"，当年农村社会总产值的75%、全国社会总产值的38%、全国工业总产值的50%、国家税收的1/4、外贸出口交货值的一半均来自乡镇企业。

那些在改革开放初期创业的企业已经由草创期迈入了成长的青春期，尤其是那批在1984年创办的公司，已经到了具有标志意义的第十个年份。青春期是这样的一个阶段，企业像一个躁动不安的年轻人，对世界充满了憧憬，对自己能力的认知则交织着莫名的自卑与自信，它每天渴望再生，决策与行事则缺乏连续性。青春期内的企业家意识到，自己必须向职业化转型。在此之前，他们往往是那些天生敢冒风险同时又注重实际结果的人，富有创造力而无所顾忌，而此时，他们面临改变。随着企业规模的壮大，制度和管理成为新的瓶颈。

在这方面，海尔的张瑞敏是最突出的一位。这位好学而勤于思考的企业家对松下幸之助的管理哲学痴迷不已，他深谙制造业的利润秘诀。"我们必须从过去的以量取胜转变为以质取胜，在管理上下功夫是海尔获得成功的出路。"他在一篇管理随笔中这样写道。在过去的几年里，他一直致力于海尔生产的规范化，他从日本松下和丰田公司引进了很多管理模式。在1994年，他首次提出了"日清日高"这个新奇的管理名词，"日清"指完成当日目标，但日清之后还有更高的目标，这就是"日高"。它的内涵是要求每一个工人和管理者学会管理自己的时间和目标。海尔的研究者们称之为"OEC管理法"（Overall Every Control and Clear），意为全方位地对每天、每人、每事进行清理控制。在人才管理上，张瑞敏提出"人人是人才，赛马不相马"。正是在这种不懈的努力下，海尔成为当时国内管理水平最高的制造工厂之一。2月，为了纪念创业10周年，张瑞敏在激情中写了一篇题为《海尔是海》的散文，它后来广为流传，并被铭刻于石。

　　海尔应像海。唯有海能以博大的胸怀纳百川而不嫌弃细流；容污浊且能净化为碧水。正如此，才有滚滚长江、浊浊黄河、涓涓细流，不惜百折千回，争先恐后，投奔而来，汇成碧波浩渺、万世不竭、无与伦比的壮观！

　　一旦汇入海的大家庭中，每一分子便紧紧地凝聚在一起，不分彼此形成一个团结的整体，随着海的号令执着而又坚定不移地冲向同一个目标，即使粉身碎骨也在所不辞。因此，才有了大海摧枯拉朽的神奇。

　　而大海最被人类称道的是年复一年默默地做着无尽的奉献，袒露无私的胸怀。正因其"生而不有，为而不恃"，不求索取，其自身也得到了永恒的存在。这种存在又为海中的一切提供了生生不息赖以生存的环境和条件。

　　海尔应像海，因为海尔确立了海一样宏伟的目标，就应敞开海一样的胸怀。不仅要广揽五湖四海有用之才，而且应具备海那样的自净能力，使这种氛围里的每一个人的素质都得到提高和升华。海尔人都应是能者，而不应有冗者、庸者。因为，海尔的发展需要各种各样的人才来支撑和保证。

要把所有的海尔人凝聚在一起，才能迸发出海一样的力量，这就要靠一种精神，一种我们一贯倡导的"敬业报国，追求卓越"的企业精神。同心干，不论你我；比贡献，不唯文凭。把许许多多的不可思议和不可能都在我们手中变为现实和可能，那么海尔巨浪就能冲过一切障碍，滚滚向前！

我们还应像大海，为社会、为人类做出应有的贡献。只要我们对社会和人类的爱"真诚到永远"，社会也会承认我们到永远，海尔将像海一样得到永恒的存在，而生活于其间的每一个人都将在为企业创一流效益、为社会做卓越贡献的同时得到丰厚的回报。海尔人将和整个社会融为一个整体。

海尔是海。

这是中国企业家第一次用清晰而富有战略气质的语言勾勒出了企业的管理哲学、公司使命与精神。他提出的"敬业报国，追求卓越"的企业精神在相当长的时期内成为诸多中国公司共持的理念。也是透过这些文字，人们看到，一代具有自主意识和强大生命力的企业家群体已然崛起。他们跟传统意义上的国有企业厂长有很大的区别：更独立、更自信、更有国际化的眼光。他们还将经受时间的磨砺，在无数的挫折中走向成熟。

跟青岛的张瑞敏一样，深圳万科的王石也正处在创业 10 周年的激情中。1993 年夏天，他专程去参观了海尔冰箱厂，其装配线的井然次序、质量控制体系的严谨及花园化厂区的整洁环境给他留下深刻的印象。他是一个喜欢海阔天空地聊天的人，而张瑞敏留给他的交谈时间只有 30 分钟。前 20 分钟基本上都在寒暄客套中过去了，后 10 分钟才开始进入两人都感兴趣的企业话题，结果意犹未尽，半小时到了，王石正在兴头上，张瑞敏却打住了："真对不起，时间到了，我们以后再谈吧。"当王石走出大门，一辆轿车开到他跟前，时间一秒不差。王石突然觉得，一旦进入海尔，就成了海尔装配线上的一个零件。"这种感觉太可怕了。我当时就觉得，这个海尔绝对会不得了。"

彼时，万科的公司规模一点也不比海尔小。在多元化的道路上，王石比怀汉新[①]还要先行了几年。搞一个无所不包的综合商社是他的公司理想，用他的话说，"那时特区内的公司有95%都是多元化经营的"。在1993年前后，万科旗下有55家附属公司和联营公司，遍布全国12个城市。万科被批准在香港发行B股[②]。当时"大陆概念"在香港炙手可热，估计可得4.5亿元港币。王石踌躇满志。在筹划会上，香港渣打银行一位年轻的基金经理瞪着很大的眼睛问王石："王总，你们万科到底是做什么的？"

王石后来说，是这句话一下子点醒了他。他回家拿出计算器好好算了一下账，把万科从1984年到1994年的贸易盈亏相加，结果得出的数字居然是负数。他旗下的很多产业看上去都前景美好，而实际上却成长乏力，他也根本没有将之整合壮大的能力。

如果说那位年轻基金经理让王石开始思考多元化与专业化的问题，那

---

① 怀汉新是广东太阳神集团有限公司创办人，现任广东太阳神集团有限公司董事长、制药工程师。他领导公司全体员工开发的太阳神生物健口服液，实施现代化的经营管理，使企业走出了一条成功之路，成为全国口服液市场产销第一的厂家。他以超前的意识，不断进行区域性和行业性扩展，仅用几年时间，就把企业发展成为年产值12亿元的集团式企业，而"太阳神"的发展历程也成为整个中国保健品行业潮起潮落的缩影。

② B股的正式名称是人民币特种股票，它是以人民币标明面值，以外币认购和买卖，在境内（上海、深圳）证券交易所上市交易的。1992年2月21日，真空B股在沪上市，是为第一例。

么，另一个人则用更极端的方式来"教训"他了。

1994年3月30日上午10点30分，深圳最大的证券公司君安证券的总经理张国庆来到王石的办公室，他只坐了5分钟就离开了。王石被告知，君安已经联络了万科的部分股东，准备对万科的经营战略投不信任票，并建议改组董事会，新闻发布会将在两个半小时后召开。

两年前才创办的君安是一家"深不可测"的证券公司，拥有强大的背景资源。1993年，它承销万科B股，成本在每股12元，结果推销不力，股票上市价每股只有9元，它手中压了1 000万股。按王石的揣测，张国庆此次袭击万科，就是为了炒作改组新闻，拉抬股价，然后乘机出货减亏。

而张国庆用来攻击万科的题材就是万科的多元化模式。在已经拟好的《告万科全体股东书》中，君安指责万科的产业结构分散了公司的资源和管理层的经营重点，已经不能适应现代市场竞争。作为万科B股的承销商，张国庆对万科的经营动态以及王石的多元化反思其实早有耳闻，他的出手可谓击中要害。

这是中国企业史上股东与董事会的第一次直接对抗，因此它被称为"君万事件"。被逼到了墙角的王石自然不肯束手就擒，他当即想尽一切办法，先是稳住一部分参与倡议的股东，然后向深交所提出紧急恳请，以"防止人为操纵股价异动"为理由，要求停牌万科。在之后的几天内，张国庆与王石各显其能、隔空交战，媒体一时沸腾，股票却硬是被停牌了整整4天。王石还查出，君安高层在暗中建"老鼠仓"，总计购买了2 000万元的万科股票，想通过炒作套利，这一发现让君安发难的正当性受到了质疑。最终，证监会站到了王石一边，试图靠袭击战牟利的张国庆见大势已去，只好向证监会的南下代表承诺："既然你们发话了，就是一盘臭狗屎让我吃，我也把它咽下去。"

万科再次逃过一大劫。此事让王石刻骨铭心、终生难忘。他借用美国一本财经书的书名,将资本活动家称为"门口的野蛮人"①,但在客观上,这也最终迫使他下决心走专业化的道路。以后几年,他先后卖掉了饮料公司、扬声器厂和供电服务公司,而将全部心思放在房地产上。他提出了两个后来成就万科事业的战略准则:一是"两个70%原则",即万科集团70%的盈利必须来自房地产,而城市居民住宅项目又必须在房地产业务中占到70%,这使得万科的主业特征十分清晰;二是"高于25%利润不做的原则"。在中国市场,房地产业从一开始就是暴利行业,几年前,万科只要一拿到土地批文,就有超过100%的利润,当时的房产界更有"低于40%利润不做"的行规,王石的这个原则让万科规避了高风险,加强了公司适应经济周期的能力,培育了公司的竞争力。王石后来的生意搭档、企业家宁高宁评论说:"在成长的道路上,万科几乎犯过所有可能犯的错误,可是它是幸运的。幸存者的幸运在于,他们在错误还没有把他们毁灭的时候醒悟了。"

在广东顺德的容桂镇,潘宁正雄心万丈地四处攻城略地。珠江冰箱厂当时是中国规模最大、设备最先进、品牌力最为强大的冰箱企业。这时的潘宁已经年届60岁,按惯例到了退休的年纪,不过没有人敢公开地提这个敏感问题。

除了年龄的敏感外,一个更关键的话题是,企业的产权归属到底有没有清晰化的可能。珠江冰箱厂尽管由潘宁创办,但在产权上属于镇政府。不过客观地说,企业的壮大与地方政府的竭力支持是分不开的。《经济日报》记者朱建中在采访顺德时举过一个例子。有一年,潘宁要扩建厂区,

---

① 布赖恩·伯勒的《门口的野蛮人》一书被《福布斯》杂志评选为20年来美国最具影响力的20本商业书籍之一。该书用纪实性的报道记述了雷诺兹—纳贝斯克(RJR Nabisco)公司被收购的前因后果,再现了华尔街历史上最著名的公司争夺战,全面展示了企业管理者如何取得和掌握公司的控股权。"门口的野蛮人"被华尔街用来形容那些不怀好意的收购者。

但是容桂镇上已无地可征，镇领导摊开地图，仔细盘算，最后决定炸掉镇内的一座小山，将之夷为平地，让潘宁建车间。朱建中对此感慨不已，称："若其他地方政府都这样替企业着想，哪有经济发展不起来的道理？"他因此用了《可怕的顺德人》为报道的标题。

由于地方政府的开明与倾力支持，当时的顺德的确非常"可怕"，全国家电产量的1/3在广东，而顺德就占了半壁江山。它是全国最大的冰箱、空调、热水器和消毒碗柜的生产基地，还是全球最大的电风扇、微波炉和电饭煲的制造中心，容声、美的、万家乐和格兰仕并称中国家电四朵金花，在这一年评选的全国十大乡镇企业中，顺德竟赫然占去五席。

地方政府的全力支持成就了顺德企业群，而政府也在企业的经营决策中扮演了十分重要而强势的角色。一个耐人寻味的细节是，珠江三角洲一带的不少企业家在创业时都具有半官半商的身份，潘宁是顺德容桂镇工交办副主任，创办了全球最大微波炉企业格兰仕的梁庆德在创业前是顺德桂州镇的工交办副主任，乐百氏的何伯权创业前是中山小榄镇的团委书记[①]。在后来的十几年里，广东企业的产权改革颇多周折与风波，与此大有干系。

潘宁当时的处境十分典型，珠江冰箱厂日渐壮大，而经营团队无任何股权。潘宁多次或明或暗地提出，希望镇政府能够在这方面给予考虑，可是得到的答复都含糊其辞。另一个让他头痛的事情是，容声冰箱畅销国内

[①] 乐百氏的产权设计是一个很奇特的案例。1988年，何伯权自筹资金创办企业，当年就实现了盈利。第二年春天，他将40%的股权赠送给了小榄镇政府，其余股权则全部清晰到人。日后，乐百氏一方面在土地、用工、公用配套以及税收等方面受到政府的倾斜和保护，而另一方面，创业者的权益也得到了清晰的保证。因此，这家公司没有像珠江三角洲的其他知名公司一样，陷入政府与创业者的产权博弈战争。到2006年前后，顺德家电集群已不复当年景象，除了美的集团完成了产权的清晰化改造并成为全国最大的小家电制造商之外，其余企业均出现不同程度的衰落，其中，产权改造的滞后是很重要的因素之一。

后，由于这个品牌的所有权归镇政府所有，一些镇属企业便也乘机用这个牌子生产其他的小家电，严重地干扰和影响了珠江冰箱厂的声誉，而对此潘宁竟无可奈何。

于是在1994年，潘宁决定另辟蹊径。他将企业变身为科龙集团，宣布新创科龙品牌，进军空调行业。在他的谋划中，科龙品牌归企业所有，由此可逐渐摆脱政府的强控。他的这种"独立倾向"当然引起了镇政府的注意。也就是从这时起，潘宁和企业的命运变得微妙起来。

一直拖到12月8日，中关村的联想公司才匆匆举办了创业10周年的庆典会，副总裁李勤对柳传志说："如果再不办，就没有时间了。"此时的柳传志其实一点也没有办庆典的心思，一些棘手的事情正让他日日烦躁不安。在创业的第十个年头，已经50岁的他陷入了职业生涯最低谷，他的企业成长乏力，前途莫测，并肩合作多年的亲密战友反目成仇，而他的身体也令人担忧，三年前处理香港危机时落下的美尼尔氏综合征时常发作，让他痛苦不堪。

这时候的联想用内外交困来形容一点也不为过。跟巨人集团的史玉柱面临的情形一样，联想正陷入电脑业的寒冬之中。国际电脑品牌商猛烈地冲击市场，而受宏观调控的影响，国内机关事业单位的采购能力却不见起色。在过去的几年里，联想一直是各大部委和大型国有企业的主要电脑供应商，这一块的滞销让公司很受打击，此外，人民币的持续贬值也让联想的进口零部件成本大大提高。数据显示，在1989年前后，国产电脑的全国市场占有率为67%，而到1993年猛降到了22%，几乎溃不成军。作为国内品牌的龙头，联想受到的冲击可想而知。

沧海横流，方显英雄本色。在联想史上，1994年被定义为"转折年"，因为一些决定性的事件都是在这种危难时刻发生的。

先说一件让柳传志终生得意的事情。就是在这种举步维艰的情形中，他灵活斡旋，完成了一件日后看来无比重大的工作，那就是联想股权的清晰化。

其实从几年前开始，柳传志就一直在为联想的股权清晰而努力。他是一个极其富有谋略的人，他深知在当前的国情下，股权清晰到人是一块"熔化中的黄金"，既诱人又毁人，他不甘心无所作为，也绝不铤而走险。1988年，他对香港公司的股份设计便很耐人寻味。1992年，他又申请将公司脱离计算所的管辖，而直接纳入中国科学院（以下简称"中科院"）的名下。1994年2月，联想在香港联交所挂牌上市，柳传志乘机提出了一个"股份制改造"的方案。按此方案的设想，联想资产的55%归国家所有，45%归员工。对于这个方案，中科院没有异议，但是却立即被财政部和国有资产管理局打回，毕竟在当时，如此大胆的股权清晰尚无先例，谁也不敢担当"国有资产流失"的罪名。

柳传志当即退而求其次，他提出了红利分配的方案：65%归中科院，35%归员工。在这一部分，中科院有完全的决定权，开明的院长周光召对联想情有独钟，很快同意了这个方案。柳传志进而又将35%的分红权进行了明确的分割：1984年的开创者占35%，1986年之前加入公司的占25%，1986年之后的占40%。

在当时，联想身陷重围，未来混沌而黯淡。这些数字都是"纸上财富"，并无现成利益，因此，从中科院的领导到企业的员工，都没有把它当作一回事。10年后，柳传志说："今天看来，我们做了一件非常重要而又聪明的事。因为当时大家分的是一张空饼，谁也不会计较，如果在今天，已经形成了一张真实的饼，再来讨论方案就会困难100倍了。"言辞之中，分明是百般的侥幸。2000年，正是在这个方案的基础上，35%的分红权又在柳传志的努力下变成了股权，联想的资产清晰百转千回，终于水到渠成。

股权的清晰事关长远发展，而眼下另一个要命的事情是，联想到底该往何处去。

当时中关村几乎所有的知名电脑公司都放弃了最艰难的自主品牌经

营，退而做跨国品牌的代理——长城做的是 IBM，方正做 DEC（美国数字设备公司），四通做康柏，而业界风头最劲的史玉柱则已经宣布转战保健品，这些对联想高层的决策都有不小的影响。就是在这一点上，公司的两大灵魂人物柳传志和倪光南发生了致命的分歧。退缩或转行，都不是他们的选择，分歧发生在突围的方向上。

倪光南是联想汉卡的发明人，他一直被视为联想高科技的象征。然而，在 1994 年前后，由于软件系统的升级，汉卡产品在市场上江河日下，对公司的贡献率已经微不足道。倪光南决心为联想创造新的技术制高点，他选中的方向是"芯片"。当时国际上，芯片技术日新月异，英特尔等公司把持着技术的方向。如果联想能够在这一领域获得突破，将一举确立其在全球电脑产业中的地位。倪光南对自己的发现激动不已，他奔波于上海、香港等地，广揽人才，成立"联海微电子设计中心"，试图毕其功于一役。他的这个设想被称为"中国芯"工程，因其无限的想象空间而得到中科院和电子工业部的热情支持，中科院和电子工业部甚至承诺由联想牵头，组织有实力的计算机企业一起参与，制订一个国家投资计划。

然而，倪光南的方案却出人意料地遭到了柳传志的反对。在柳看来，芯片项目风险巨大，非联想现有实力可支撑，中国公司在技术背景、工业基础、资本实力及管理能力等方面，都还无法改变世界电脑行业的格局。倪光南"真的就是技术至上，并不清楚整个市场是怎么回事"，因此，柳传志在给倪光南的一封信中明确表明，"我本人不同意仓促上马"。按他的想法，联想应该加大自主品牌的打造，发挥成本上的优势，实施产业突围。因此，他任命杨元庆担任新组建的微机事业部总经理，把微机的整个流程都交给了这位 30 岁出头的年轻人。在他看来，"有了高科技产品，不一定就能卖得出去；只有卖出去，才能有钱"。

就这样，十年联想走到了一个动荡的岔路口。柳倪关系迅速恶化，倪光南无法克制自己的失望和对柳传志的不理解，很快，联想的每一次工作会议都成了两人的争吵会。这两个对自己的判断都十分自信的领导者根本

▲柳传志与倪光南

无法说服对方，柳传志认为倪光南在"胡搅蛮缠"，而倪光南则说，"我永远和你没完"。他开始向上级控告柳传志作风霸道，进而控告其有严重的经济问题。

这对亲密无间的"双子星座"走到了你死我活的决裂悬崖上，柳传志伤感地对友人说："不把我打入监狱，他绝不罢手。"在关系亲密的时期，"柳倪配"曾被媒体津津乐道，柳传志曾说："有的人像一颗珍珠，有的人不是珍珠，不能像珍珠一样闪闪发光，但他是一条线，能把那些珍珠串起来，做出一条光彩夺目的项链来。我想，我就是那条线。"这个比喻听上去非常生动，但是却存在着"形象上的悖论"：当珍珠串成一条光彩夺目的项链时，那条线就会不见了，而事实上，"柳线"比任何一颗珍珠都要光彩夺目。"线与珍珠"的互动与冲突，在柳倪事件上得到了逼真而残酷的演绎。

媒体也观察到了这场平地而起的柳倪风波，它被认为是"市场派"与"技术派"的一次决斗。这场让所有人都很难堪和痛苦的争吵一直持续了整个下半年，中科院派出工作组进行调查，联想内部几乎所有的高层都站到现实的柳传志一边。工作组的报告称，"没有发现材料证明柳传志同志存在个人经济问题"，而为了避嫌，香港商人吕谭平也被劝退所持股份。到1995年年初，胜负渐渐清晰起来，6月30日，联想董事会同意"免去倪光南同志联想集团公司总工程师职务"。

对于任何企业战略决策的评估都让人陷入两难，"结果"往往是唯一可以参考的依据。日后证明，柳传志把联想带到了一个新的成长高峰，然而在后来的很多年里,一直有很多人在固执地争论:如果沿着倪光南的方向走下去,联想乃至中国电脑产业又将是一番怎样的景象?

在相当长的时间里,中国电脑以及家电产业一直在"贸易"、"制造"与"技术"的发展优先次序上摇摆徘徊。联想跟中关村的所有公司一样,都是靠贸易起家,逐渐形成工业制造能力,进而在技术上寻求进步,而家电业的海尔、长虹及科龙等公司都是从引进生产线起家,然后在市场营销上获得了成功。因此,"贸工技"和"工贸技"是两大成长模式,其中无一例外的是,技术都是核心能力中最薄弱和滞后的一环。而当这些企业逐渐壮大,与跨国公司在中国市场上展开正面竞争的时候,技术落后的现状便非常清晰地显现出来。在此刻,何去何从,敏感又无比关键。在中国企业史上,柳倪之争带有很强的寓意。它展现了中国企业家在面临国际化竞争和技术发展瓶颈的时候,做出了怎样的思考和选择。

一个无法回避的事实是,在20世纪90年代中后期,几乎所有知名的企业家都选择了柳式道路。

企业史人物 | 支教公司 |

在这部企业史上,白方礼大概是最不像企业家的企业家——之所以说他是"企业家",因为他的确创办了一家公司。跟所有显赫的企业家相比,他肯定是最穷的一个,然而他为社会所创造的"财富"无人可比。

1994年,白方礼81岁。他是一个靠蹬三轮车为生的老汉,不识字,为人古道热肠。从1986年起,他有感于贫穷孩子没钱读书,就每年把蹬车所得全数捐给天津的学校。这一年开春,他把整整一个寒冬挣来的3 000元辛苦钱交给一所学校,校领导把全校教师和300名贫困生都召集到操场上,排成整齐的队形,一起朝他举手敬礼。从学校回到家后,白方礼思量一夜,做出了一个决定。第二天一早,他就把儿女家的门敲开了:"我准备把你们妈和我留下的那两间老屋给卖了,再贷点款办个公司,赚钱支教。"

不多几天,在紧靠天津火车站的一块小地盘上,出现了一个7平方米的小售货亭,里面摆着一些糕点烟酒等,当头挂着一块牌子——"白方礼支教公司",白方礼当上了经理。他对受雇的员工宣布:"我们挣来的钱姓'教育',每月结算,月月上交。"

小售货亭让白方礼增加了不少支教的财力,却一点儿也没有改变他蹬三轮的生活。他把售货亭交给伙计打理,自己照样天天出车拉活。他说:"我出一天车总能挣回二三十块钱,够十来

▲白方礼老人当年蹬车擦汗

个苦孩子一天的饭钱。"为了在车站前拉活方便，他索性挨着亭子搭了个3平方米的小铁皮棚子，里面用砖头支起了一块木板算是"床"，棚顶上的接缝处露着一道道青天。夏天，棚里的温度高达40摄氏度；冬天，放杯水可以冻成冰坨子。白方礼就在这里面住了整整5年。

为了能够多攒点钱，十多年来，白方礼从头到脚穿的都是捡来的衣衫鞋帽，一日三餐经常是馒头加凉水。他对记者说："我从来没买过衣服，你看，我身上这些衬衣、外裤，都是平时捡的。还有鞋，两只不一样的呀，瞧，里面的里子不一样吧！还有袜子，都是捡的。今儿捡一只，明儿再捡一只，多了就可以配套。我从头到脚、从里到外穿的东西没有一件是花钱买的。"有一次，他从果皮箱中捡来一块馍馍当午饭吃，女儿看到了心疼不已。他说："这有嘛苦？这馍是农民兄弟用一滴一滴的汗换来的，人家扔了，我把它拾起来吃了，不少浪费些吗？"

白方礼把支教公司和他蹬三轮车所赚得的钱全部捐给了天津的各个学校，从1994年到1998年，他资助了红光中学的200多名藏族学生，月月给他们补助，直到他们高中毕业。他还每个月向南开大学捐款1000元，总额近3.4万元，200多名南开大学的贫困学生得到了资助。据不完全统计，他的累计捐款总额超过35万元，其中包括300多名大学生的学费与生活费。还有人计算，如果按每蹬1公里三轮车5角钱计算，十多年间，老人奉献的是相当于绕地球赤道18圈的奔波劳累。

白方礼的支教公司开了5年。1999年，天津火车站进行整顿，所有商亭一律被拆除，"白方礼支教公司"也不例外。那一次，老人哭了。2001年，88岁的他已无力再蹬三轮车，于是就在车站给人看车，他把一角、两角的零钱装在一个饭盒里，存够500元后又捐了出去。2005年9月23日早晨，93岁的白方礼去世。他的私有财产账单上是零。

20世纪初的美国首富安德鲁·卡内基在遗言中说："死而富有是一种耻辱。"白方礼显然比他做得还要彻底，他让人们联想起1979年诺贝尔和平奖获得者特里莎修女。特里莎修女在印度创办"儿童之家希舒·巴满"，收养被遗弃的病童、弱智儿、受虐儿或沦为稚妓的儿童。她跟白方礼一样,为了拯救穷人,把自己变成了最穷的人。在"儿童之家希舒·巴满"的墙上有一段诗歌:"不管怎样,总是要帮助/将你所拥有最好的东西献给世界,你可能会被踢掉牙齿/不管怎样,总是要将你所拥有最好的东西献给世界。"白方礼不会写诗,甚至不识字,但他无比完美地演绎了这段宣誓。

白方礼去世后,艺术家为他在天津憩园塑铜像纪念,一些大学生专门为他开了一个网站(www.baifangli.cn),网站的颜色是最单纯的黑白两色,版首有一行字:总有一种平凡,让我们泪流满面。

企业史人物 | "君安教父" |

自"君万事件"后，张国庆再没有染指万科。1998年，君安因股权变革而引人注目，王石偶然获悉有人可能要举报张国庆。或许出于惺惺相惜，他通过渠道暗示张国庆要多加小心，张国庆大大咧咧地回复说，这是不可能的事。一个月后，王石上班，办公室门口有一个花篮，秘书说是一个"张总"派人送来的。王石脱口道："张国庆果然要出事了。"

张国庆出事，是因为他试图通过MBO（Management Buyout，管理层股权回购）的方式将君安私有化。他是第一个在中国尝试MBO的企业家。

1956年出生的湖北人张国庆气宇轩昂，行事为人一派军人作风。他自部队复员后，就进入了银行系统。1992年8月，时任深圳人民银行证券管理处副处长的他下海创办君安证券，担任董事长兼总经理。因他的部队经历，君安的神秘背景便一直在坊间引起种种猜测。君安证券设立之初，由包括军队企业在内的5家国有企业投资，注册资本5 000万元。君安创办后，在中国股市牛气冲天，张国庆靠他的神秘背景及强势手腕迅速崛起。王石在自传《道路与梦想》[①]中曾透露一个细节：君安曾经帮助万科的一个股东出售过一部分法人股，法人股的销售在当时是明文禁止的，必须经最高证券管理机构批准才可能"例外执行"，张国庆竟能搞定，可见手眼通天。他因此收了50%的手续费，这一笔1.1亿元的股权买卖，君安就赚了5 500万元。君安的辉煌时期，正是《证券法》出台的前夜，证券商可以任意操纵股价，将游戏规则玩弄于股掌之上。在深圳股市中，张国庆一人独大，俨然是南中国最强悍的大鳄。1993—1998年，君安共为100多家企业承担A股、B股上市及配股业务，筹资总额近300亿元人民币。君安在国内下辖60多家证券营业部，其交易量一直在深交所居前两位，在上交所亦在前六名之列，其国债交易量也在全国位列前十。公开资料显示，这

---

① 王石著，《道路与梦想：我与万科（1983—1999）》，北京：中信出版社，2014年版。

家公司到 1997 年年底的总资产达 175 亿元，利润 7.1 亿元，当时在国内均名列第一。此时之君安如日中天，业界甚至将中国股市的这段时期称为"君安时代"，张国庆与万国的管金生、申银的阚治东并称股市"三大教父"。

在事业达到巅峰之际，张国庆开始考虑君安的股权改造。他设想用国际通行的 MBO 方式来完成君安股权的改造，也就是经营层以回购的方式获得公司股份，最终实现对企业的控制权。张国庆此时既是公司的总经理，又是董事会的主席，身兼经理人和资本代表两重角色，自然有制定规则、双手互套的便利。然而，此时的君安已经陡然做大，经营层回购所需资金非一笔小数目。于是，张国庆等君安高管便展示了令人眼花缭乱的"财技"，到 1997 年，君安增资扩股到 7 亿元。经过巧妙安排，君安职工持股会变成君安证券的实际控股股东，持股比例达 77%，其余的国有股东们最大的一家股权也被降低到 7% 左右，君安职工持股会的两大股东分别是"新长英"和"泰东"，为张国庆团队所控制的两个投资公司。这位"君安教父"用一年半的时间，就把中国最大的证券公司改造成一家由私人占大股的证券公司，国有公司仍在君安拥有股份并分得红利，但其权益早已被大大稀释。

张国庆的大胆举措很快在证券界引起轰动，几乎所有的证券公司都蠢蠢欲动，纷纷试图起而效之。对于每一位经营者来说，如果张国庆的 MBO 路径被认为合法，那么，他们都可以吹着口哨，在一夜之间把公司据为己有。而如果张国庆的方案只为君安所独有，那么，他无疑成了"好处占过头"的众矢之的。那个时代，所有的"因果报应"都是利益分配的结果，而与是非无关。

从公开的资料看，张国庆的落马是缘于君安内讧。当时一位分管财务的副总经理因不满自己在公司内部的失势，遂将 MBO 方案及公司全部账目拿到纪检监察部门举报，灾难由此降临。很快，证券监管部门和审计机构派出工作组，进驻君安。1998 年 7 月，审计结果表明，张国庆等人"账外违法经营隐瞒转移收入"的总额在 12.3 亿元左右，张国庆先后动用 5.2 亿元，获得君安约 77% 的权益。有关部门认定，张国庆涉嫌"侵吞国有资产，将国有资产变相转入私人名下"。1998年9月，他以"虚假注资"和"非法逃汇"等罪名获刑4年。2005年8月，《21世纪经济报道》在一则评论中意蕴复杂地说："假如张国庆的MBO晚个两三年，他或许不但不会有如此下场，反而成为被竞相歌颂的英雄也未可知。试问，从21世纪初开始的MBO热潮，让多少国有企业的经营者一夜之间摇身一变，成为坐拥亿万的富豪，同时还享尽殊荣美誉？"①

就在张国庆被判刑的前一年，万国的管金生因"327国债事件"②被判刑17年，申银的阚治东则因"操纵陆家嘴股价"被撤职，并处5年市场禁入。20世纪90年代的中国股市"三大教父"无一幸免。张国庆被拘后，君安证券被安排与上海的一家证券公司国泰合并为国泰君安，其合并后的注册资本达37.3亿元，总资产300亿元，成为当时国内最大的证券公司。

2002年，张国庆出狱后重现江湖。由君安旧部组成的华林证券挂牌经营，据称它的"人脑和电脑都来自君安"，因而被称为"小君安"，张国庆则筹建深圳市九夷投资有限责任公司，以大股东的身份在幕后操作。然而，此时的"小君安"一无"神秘背景"，二无时运相济，张国庆要重演旧日彪悍又如何可得。此后数年，张国庆在"华立控股""南天信息"等多家股票上有资本运作，却胜负各半，难有爆发。斗转星移，失去光环的"教父"终于陨入茫茫凡尘。

---

① 邹愚，《君安之父张国庆兵败MBO》，《21世纪经济报道》，2005年2月25日。
② 327国债事件，可以说是新中国成立以来罕见的金融地震。327品种是对1992年发行的3年期国债期货合约的代称，是颇为活跃的炒作题材。中国经济开发信托投资公司和绝大部分的中小散户及部分机构是多头，1995年2月23日，做空的辽国发抢先获知"327"贴息消息，立即由做空改为做多，16时22分13秒，空方主力上海万国证券在最后8分钟内砸出1 056万口卖单，使当日开仓的多头全线爆仓。当日晚上，上交所确认空方主力恶意违规，宣布最后8分钟所有的327品种期货交易无效，各会员之间实行协议平仓。

1995 / 收复之役

> 与外国兵团较量，
> TCL集团公司要做产业报国的"敢死队"，
> 我李东生就是"敢死队长"。
>
> ——李东生，1995年

　　柳倪风波平息，"市场派"占了上风，"贸工技模式"最终成为联想战略，接下来柳传志再次展现出他长袖善舞的经营能力。

　　柳传志决心在自主品牌的打造上放手一搏。他对出任联想微机事业部总经理的杨元庆说："不管我们愿不愿意，实际上已充当了民族计算机工业的旗手。至少也要拼命赌上一把，就算牺牲了，也要慷慨就义。"有记者问他："如果中国完全没有自己的民族工业，说到底又会怎么样呢？"他瞪着眼睛回答说："没有什么怎么样，任人宰割罢了。"《中华工商时报》在一篇报道中用了这样的标题——《联想与"八国联军"拼市场》，俨然是一场生死攸关的民族保卫战。

　　话说得如此激奋，实际工作却很务实，柳传志的第一个举措是谋求政府的支持。他游说电子工业部，提出两个要求，一是"关注我们，当我们做得好时为我们叫好",二是"希望制定有利于民族工业发展的行业采购政策,在性能价格比相同的前提下,优先购买国产商品"。电子工业部接受了柳传志的提议。在有关政策的扶持下,联想在很多政策采购招标中,屡屡挫败跨国公司。

在公众舆论上,柳传志更是大张旗鼓,营造振兴民族品牌的浓厚氛围。1995年4月1日,当第10万台联想电脑下生产线的时候,他宣称这是民族电脑业的一个里程碑,并策划了一个"把第10万台电脑献给谁"的公益活动。最后,他把这台电脑送给了因研究"哥德巴赫猜想"而在20世纪70年代末成为中国知识分子榜样的著名数学家陈景润。此外,他还和地方政府联手,发起"联想电脑快车"活动,在全国300多个城市推广家用电脑和联想产品。

在产品制造上,他则强令杨元庆"必须把成本降下一半"。杨元庆团队居然做到了,他们推出的"中国第一款经济型电脑"在保证同等性能的前提下,比跨国品牌便宜40%~50%。杨元庆在一份报告中称:"我们把每台机器的组装成本由150元降到了38元。"《慧聪计算机商情》在评论中说:"新机箱的钢板很薄,工艺粗糙,但是造价只有200元,是进口机箱的1/8。"[1]

就是凭借着惊人的廉价优势及民族品牌热浪的助推,联想经济型电脑席卷全国,市场份额节节攀升。面对联想潮水般的进击,跨国公司似乎没有反应过来,它们的价格仍然高高在上,对联想的价格战策略无动于衷。这种局面连杨元庆也有些奇怪,他第一次发现,"原来外国品牌的决策机制也不灵活,反应很慢。当然也有可能它们太轻敌了"。到7月,调查数据显示,在个人电脑销售的前十大公司排名中,联想名列第五,是唯一入榜的民族品牌。正是在联想的示范效应下,中关村那些国产品牌公司如梦初醒,纷纷改弦更张,重树品牌大旗。到1995年年底,战果已经非常显赫地展现出来。在一份"最受消费者喜爱的品牌"调查中,排名前两位的

---

[1] 转引自凌志军著的《联想风云》,北京:中信出版社,2005年版。

是联想和长城，第三名才是 IBM，前十位中国产品牌占到了 6 个。杨元庆不无得意地说："不仅是联想，还有其他大公司，都在联手降价，这是民族工业的胜利。"

纵观 1995 年的中国，在电脑产业发生的这幕民族品牌大戏，并非独此一出。

从 1992 年之后，随着大批国际资本如潮水般涌入，以及越来越多的跨国公司在中国市场发力，各个行业的本土公司都面临空前的冲击，市场格局一日三变。与此同时，经过十多年的发展，中国本土公司已经具备了相当的实力。消费者对国产商品也开始有了一定的信心。在这样的背景下，振兴民族工业既成为一个中国产业成长的战略构想，也形成了一种浓厚的公众心理氛围。

1994 年 4 月，一则新闻稿曾让很多人唏嘘不已：一度被摆上人民大会堂国宴席的重庆天府可乐被百事可乐正式收编。有观察者统计了一下，至此，中国 8 家生产碳酸饮料的饮料公司，除了上海正广和之外——还记得这家公司吗？20 世纪 70 年代末，可口可乐进入中国市场的时候，曾提出与它合资建造第一条生产线，结果遭到拒绝——其他 7 家均被"两乐"收入囊中。媒体在报道中用了一个十分耸动而煽情的标题：《两乐水淹七军》。这个现象使得人们对本土品牌的命运产生担忧，同时也激发出很大的民族热情。一些聪明的企业家在市场营销中便充分地借用了这股热情。在这一年的企业广告中，有很多都采用了"振兴民族工业"这个主题诉求，前面所述的太阳神广告及三株广告莫不如此。在几乎所有风起云涌的产业中，民族品牌的振兴都是一个最为炫目而崇高的主题。便是在这面战旗的召唤下，本土企业以价格战的方式发动了前所未有的商战。在冰箱和洗衣机两大行业，海尔公司两线作战。张瑞敏深知海尔产品在技术和质量上未必能胜过松下、三洋等日本公司，于是在发起价格战的同时还别出心裁地推出"星级服务"，宣称"用户永远是对的"，并在大中城市聘用大量售后服务人员。张瑞敏对记者说:"和跨国资本较量,就算死,海尔也要死到最后一个。"①

在彩电行业,战事同样激烈。TCL 的李东生以大屏幕彩电抢滩北京市场,当时北京大商场的黄金展台都被日本品牌占领着,李东生与一家家商场签订"保底协议",承诺每平方米柜台每月销售不低于 5 万元,然后以低于日本彩电 2/3 的价格开战。他跟张瑞敏一样用十分悲壮、慷慨激昂的口吻对京城媒体说:"我们平常喜欢说要走向国际市场,而如今,外国兵团已经冲到我们院里来了,国际市场就在我们家门口,此时不战,更待何时?再说,不战行吗?总不能眼睁睁地看着民族工业就这样败下阵来。与外国兵团较量,TCL 集团公司要做产业报国的'敢死队',我李东生就是'敢死队长'。"数月后,TCL 彩电在北京销售量压倒所有国际名牌而坐上头把交椅。

如果说李东生以"敢死队长"自居,那么,偏居四川盆地的倪润峰则是彻底颠覆彩电业的"价格屠夫"。

由军工厂转型的长虹是国内最早从日本松下引进彩电生产线的企业。1985 年,军人气质十足的倪润峰执掌长虹,他作风强悍、霸气十足。1989 年,国家征收彩电特别消费税,导致市场一片萧条,他率先做出彩电降价 300 元的决定,打破了沉闷的销售僵局,"价格杀手"一出手就大有斩

---

① 海尔是第一个系统性地推出"星级服务管理"的中国企业,它建立了一整套高标准、精细化的服务管理模式,其中包括售前、售中提供详尽热情的咨询服务,产品出现问题,4 小时内答复、24 小时内维修,免材料费、送货费、安装费等。它还总结了"一、二、三、四"模式。一即"一个结果:服务圆满";二即"二条理念:带走用户的烦恼,留下海尔的真诚";三即"三个控制:服务投诉率小于十万分之一,服务遗漏率小于十万分之一,服务不满意率小于十万分之一";四即"四个不漏:一个不漏地记录用户的问题,一个不漏地处理用户反映的问题,一个不漏地复查处理结果,一个不漏地将结果反映到设计、生产、经营部门"。海尔建立起遍布全国的庞大的服务网络,这成为海尔电器多年称霸中国家电业的最核心的竞争力。

获。此后，每到春节、国庆销售旺季，倪润峰就使出降价撒手锏，竟屡试不爽，无一例外。在品牌形象和产品质量等方面均无优势可言的长虹靠着这"天下第一招"，打打杀杀冲到了国产彩电企业中的销量前三甲。

到1995年，倪润峰提出长虹的使命是"以产业报国、民族昌盛为己任"，高喊"用我们的品牌筑起我们新的长城"，长虹彩电的广告词也由很普通的"天上彩虹，人间长虹"改成豪气万丈的"长虹以民族昌盛为己任，献给你——长虹红太阳"。这些宣传口号与联想、海尔以及保健品市场上的三株、巨人等遥相呼应，一时间煽起了浓烈的民族热情。也就在这时，本土彩电企业正陷入最艰难的苦战时刻。经过十几年的发展，长虹、TCL及康佳等各大企业都已经具备了相当的制造能力，但是，由于核心技术的缺乏及品牌力不足，在与国际品牌的竞争中始终处于下风，而整个彩电市场又深受走私风潮的影响而动荡不安。根据国家商业部门的统计，这一年通过外贸正常渠道进来的洋彩电只有54.9万台，可是，市场上实际的销售量为500万台。到了秋季，政府宣布将在1996年4月1日把彩电的进口关税从35.9%降低到23%。跨国公司因此兴奋不已，日本松下放言，"不惜30亿美元也要占据中国彩电市场的绝对份额"，并定下"打败一个企业，挤占一个行业"的目标。受这些政策预期和舆论的影响，国产彩电销售持续低迷。作为国产彩电的老大，长虹的库存彩电已经高达100万台，总值超过20亿元，到了"每个月建仓库都来不及堆放的地步"。

在无路可退的情形下，倪润峰再度彰显"价格杀手"的本色。他在一次公司会议上称："急症必须用急药来治，只有一个办法，就是用自己的价格优势去拼掉对方的品牌优势。"当时，长虹与国际品牌的价格差并不太大，一台29英寸的进口彩电价格为1万元左右，长虹为8 000多元；25英寸的进口彩电价格为6 000多元，长虹为5 000多元。倪润峰认为，要"拼掉"对手的品牌优势，国产彩电起码应该便宜30%，"这是一条决战线"。

长虹彩电当时的商业毛利大概在25%，大幅降价30%明显就无利可图。倪润峰日后回忆说："我思索了整整一个冬天，直到春节还在算账，考虑来、考虑去，算过来、算过去，得出的结论只有一个：不降价不行！"于是，他一方面严令公司内部靠管理挖潜，另一方面巧妙地进行了降价组合，降价幅度最大的那些彩电

▲ 站柜台的倪润峰

都是占库最多、多年滞销的产品。

长虹的这次"降价大战"谋划于1995年秋冬之际，而发动于1996年3月26日。长虹宣布，所有品种彩电在全国61个大中城市的150家大型商场中一律大幅度让利销售，让利幅度18%~30%。为了吸引媒体眼球，倪润峰冲到销售第一线。他披着一条红绸带，站到成都商场的柜台前大声吆喝，亲自当起了营业员。长虹彩电的宣传册上赫然宣称："凡是国外产品有的功能，我们都有；凡是国外产品具备的品种，我们都具备；凡是国外产品提供的服务，我们都提供；但是，在同等功能和同等质量下，我们的价格比国外产品低30%。"长虹的这股降价风暴顿时在彩电市场上掀起血雨腥风，国产彩电品牌随风跟进。康佳在6月6日宣布大降价，TCL则推出"拥抱春天"的大让利活动，沉寂多时的消费被彻底激活。就在3月宣布降价后的一个月里，长虹的全国销量就翻了一番，到年底，市场占有率从22%猛增到35%，超过所有国际品牌，史无前例地成为中国彩电市场的销售冠军。到1996年年底，在全国彩电市场上，长虹、康佳、TCL、熊猫等国产品牌已占到71.1%的市场份额，"洋强国弱"的格局被全面打破。与此同时，摧枯拉朽式的价格大战也是一次残酷的行业大洗牌。在此

战之前，国内各省尚有60多个地方性的彩电品牌，它们割据一方，小富即安。然而在长虹的降价冲击下，大多数品牌迅速凋零，在以后的几年内销声匿迹。彩电业步入由五六家大公司瓜分市场的时代。1997年，长虹的销售收入攀升到188亿元，处于事业巅峰的倪润峰当选中共中央候补委员，这是绝大多数中国企业家很难企及的角色。①

一直到很多年后，中国企业史的研究者们仍然对1995年前后的这场大商战津津乐道，它们被认为是民族工业"收复失地"的诺曼底战役。在这一年的公司新闻中，我们到处可以读到民族品牌绝地反攻的报道。其中有喜有悲，百味掺杂。

4月15日，一个名叫乔赢的退伍军人在河南郑州市最繁华的二七广场开出一家面积不到100平方米的"红高粱快餐店"，宣称将全面挑战全球快餐霸主麦当劳，他选的这个日子正是40年前麦当劳的创办日。乔赢用来挑战麦当劳汉堡的是河南传统名点羊肉烩面，他的广告口号是"哪里有麦当劳，哪里就有红高粱"，并夸下海口，"2000年要在全世界开连锁店2万家，70%在国内，30%在国外"。这种十分高调的行动顿时引起国内外数百家媒体的热烈报道，美国三大有线电视网均对之进行了采访。乔赢的事业起步十分顺利，当年就在郑州开了7家分店。第二年，他跑到有"中国商业第一街"之称的北京王府井，在距离麦当劳开在中国的第一家分店只有一步之遥的地方开设了他的北京分店，这自然又击起一片轰天响的叫好声。②

---

① 到2007年年底为止，当选过中共中央候补委员的企业家有四川长虹的倪润峰和江苏春兰的陶建幸两人。

② 因扩张步伐太快，红高粱的资金链在1998年5月断裂，各地分店纷纷倒闭，公司总负债达三千多万元，乔赢"失踪"。2000年前后，乔赢再次出现，宣称"麦当劳将在2015年消亡，人类将进入用鼠标吃饭的数字餐饮时代"。2002年9月，乔赢涉嫌非法吸收公众存款3 153万元，被判刑入狱4年。

跟乔赢叫板麦当劳相似的是，在南方，上海新亚集团推出"荣华鸡"与肯德基抗衡，它的口号也是"肯德基开到哪，我就开到哪"。在那几年的上海和北京城里，凡是有肯德基的街道附近，必定有荣华鸡的踪迹，它的生意一度也非常红火，上海的黄浦店据称每年有300万元的利润。这样的竞争一直到2000年才偃旗息鼓，荣华鸡在北京安定门的最后一家分店关闭，肯德基则宣布它在中国的连锁店达到400家。

浙江杭州市发生了一场"国茶保卫战"。一家名叫"立亨"的英国红茶公司计划出资20万元，在位于龙井茶出产地的中国茶叶博物馆门口做一个品牌广告。媒体哗然，视之为挑衅。在舆论压力下，博物馆宣布拒绝广告，国内的茶叶专家则集体发表了一篇情绪激扬的《国茶宣言》。

在北京，消费者投书报社，指称日本一个知名家电公司的空调质量不好，制冷效果非常差。这家公司的日籍总工程师在回答记者提问的时候说："空调之所以运转不正常，是因为北京的空气太脏。"这种也许是很技术性的答复当即引来愤怒的舆论炮轰，一位读者在给报社的信中说："既然嫌北京的空气脏，那么，他们就滚回东京去吧。"在整个20世纪80年代统治中国家电市场的日本品牌此刻面临集体的危机。这中间的原因十分复杂：一方面，从1991年起，日本经济在房地产和股市泡沫破裂之后陷入了长期的低迷，原来在全球各地四处投资的大公司元气大伤；另一方面，它们一直将中国市场视为本国、欧美市场之外的"第三世界"，拒绝将最先进的技术和产品投放到中国市场，这给了其他国家的跨国公司切入的机会；此外，中国本土公司的崛起以及民族情绪的高涨更是推波助澜。到90年代后期，日本家电已经失去了当年的领先优势和品牌号召力。

秋天，在跨国公司已经取得决定性优势的日化领域，还发生了一个戏剧性的事件，曾经风靡一时却因合资而消失的美加净品牌死而复生。

诞生于1962年的美加净是20世纪80年代中国最知名的国产化妆品品牌，它创造过很多个第一：中国的第一瓶定型摩丝、第一支防晒霜、第一支护手霜，美加净牙膏的出口量曾占到全国牙膏出口总量的70%。

1990年，中国化妆品行业最大的国有企业上海家化与美国庄臣合资，后者以品牌租赁的方式将美加净归入旗下，然后迅速将之弃用。两年后，美加净的销量就从3亿元陡降到600万元，很快丧失了第一国产品牌的地位。1995年，在振兴民族品牌的大氛围中，心有不甘的上海家化董事长葛文耀断然决定，花巨资"赎回"美加净，并发誓："坚持美加净发展15~20年不动摇！"①

在国内企业纷纷雄起、民族工业气势大涨的时候，跨国公司似乎还没有摸到牢固地占领中国市场的规律，它们表现得有点眼高手低。欧洲最大的食品企业法国达能已经进入中国市场8个年头了，它自建了一家饼干厂，收购了四川的一家啤酒厂，但是都陷入了亏损。美国通用电气（GE）在南京创办的嘉宝照明工程有限公司一直无法赢利。这家由爱迪生创办的百年企业尽管是灯泡的发明者，可是在中国市场上，由于运营及制造成本始终居高不下，它根本无法与江浙一带的中小照明工厂竞争。在当时，一个光线柔和且环保的GE灯泡可以使用一年，但是售价为10元，而国内一些小灯泡厂生产的光线比较刺眼的灯泡虽然只能用几个月，但是售价仅为2元。GE的市场研究人员无奈地说："与GE灯泡所具有的各项优良性能相比，中国消费者似乎更青睐灯泡的价格。"对此，GE董事长、当时已如日中天的杰克·韦尔奇一直耿耿于怀却也无计可施。

如果说达能和GE乏善可陈，那么，全球最大的白色家电制造商惠而浦则更是表现糟糕。

---

① 在中外合资的过程中，国产品牌被弃用现象非常普遍，这被视为国际公司消灭本土竞争对手的策略之一。1994年，出品知名洗衣粉品牌"熊猫"的北京日化二厂与宝洁合资，宝洁支付1.4亿元买断"熊猫"50年品牌使用权，随后将之雪藏。1995年，中国十大冰箱品牌之一的江苏香雪海与韩国三星合资，中方放弃对当时在江苏市场上占有率非常高的香雪海品牌做价值评估，此外还同意在合资三年后弃用香雪海。上海家化重启美加净时，宝洁、联合利华及庄臣等跨国品牌已在过去的几年里陡然做大，这个当年的国产第一品牌终不复当年风光。

与那些早到的日本家电企业相比，惠而浦的到来显然晚了很久。于是它想通过并购的方式快速切入市场，在冰箱、洗衣机、微波炉和彩电四大领域，它都分别找到了当时市场表现甚好的四家中国企业。1995年2月，惠而浦与北京雪花公司合资建立北京惠而浦雪花电器有限公司。雪花是中国最早、知名度最高的冰箱企业之一，以技术力量雄厚而著称，1984年顺德的潘宁研发容声冰箱时，聘用的就是雪花的工程师团队。新组建的公司注册资金2 900万美元，美方股份为60%。其后，它又先后把上海水仙洗衣机有限公司、广州蚬华微波炉有限公司和蓝波空调公司变成自己的合资企业。很多媒体评论说，惠而浦的合资将对中国的家电产业产生重大影响。

在接下来的几年里，美国人完成了一场十分蹩脚的并购表演。在冰箱领域，惠而浦拥有全球最先进的全无氟冰箱成套技术，可是它认为中国市场短期内还达不到这么高的消费水平和消费意识，于是惠而浦雪花仍延续原产品的生产。美方管理层与中方的文化隔膜更是从一开始就非常严重，惠而浦总部始终强调美方的控股，从生产、管理到销售全部都由美方掌管，希望中国合作者不插手公司的"内部事务"。一个叫邵敏的雪花员工回忆说，合资之后，身材高大、留着胡子的美方总经理整天把自己关在一间用毛玻璃封起来的办公室里，里面不时传出美国味儿十足的英文，或者新马泰式的汉语，几乎听不到标准的普通话，而原来的雪花人主要负责把热咖啡送进去。在两年多时间里，合资公司亏损8 986万元。1997年11月，惠而浦将其60%股本折价200万美元有偿转卖给雪花，合资宣告失败。

惠而浦水仙的状况与此很相似。美方认为水仙原有的销售网络太"落后"，受制于各地的经销商，于是果断决定仿效美国市场的做法，建立自己的营销队伍和渠道。这个决策让惠而浦水仙变得水土不服，销量下降而经营成本大幅上升，在合资后的几年里，公司每年亏损都超过了1亿元。在这家公司里还发生过一个很典型的小故事。市场人员发现一些滚筒洗衣机在送到客户手中时，滚筒上的玻璃盖子经常被摔碎。按照惠而浦通常的规则，需要研发、产品部门做很多次实验来重新检验产品质量，这需要相当长的检测和产品研发周期。中方基层员工告诉美方说，这种损坏是各地物流工人运送时野蛮装卸所致，因此只需在箱子里装上一块价值不到2元人民币的海绵防震垫就行了。可是对美方人员来说，在箱子里增加一块海绵垫是前所未有的"创新"。于是，经过几年的上报、研发和讨论，美方最终还是采纳了中方这个简单却不可思议的建议，而那时，惠而浦洗衣机"质量不好"的声誉早已传遍了全中国。

在微波炉市场，惠而浦输得更是窝囊。被并购的蚬华公司是当年中国最大的微波炉企业，合资之后，企业迅速患上了"大公司病"，一项市场推进或新产品研发方案，必须先传到香港分部，再传到美国总部去审批，一个报告来回要拖两三个月。它的效率低下，给了同一地区的另一个本土企业格兰仕以喘息的机会，后者靠降价战略一块一块地吞食市场。几年下来，蚬华惠而浦不得不宣告退出国内市场，格兰仕则顺势做大规模，最终成了全球最大的微波炉制造商。

作为一家在全球家电产品拥有14%市场占有率的大公司，惠而浦在中国前后砸进5亿美元却一无所获，这是一个让人难堪的反面教案。曾经担任惠而浦中国区总裁的施德承日后检讨说："无论经验还是教训，用一句话来总结的话，就是要有耐心！就像通用电气的韦尔奇说的：'理解中国市场的关键字眼是耐心！'中国不仅地方大，其复杂程度也是西方公司从来没有经历过的。"

1995年，在国有企业领域，最大的新闻是改革开放以来第一位"国企改革典型"、首钢的周冠五黯然下台了。这时候，他领导的首钢正飞奔在一条多元化的险途上。

1994年4月，法国《新观察家》周刊的资深记者克罗德·苏拉在对首钢的采访中惊讶地发现："作为中国改革开放后的第一批改革试点，今天的首钢什么都经营，钢铁、面条、自行车、医院、杠铃、大衣、家具、房屋、饭店、机器和计算机，公司还拥有一家银行、一支船队，在国外拥有24家分公司，在秘鲁有一个花1.2亿美元买来的铁矿。"很显然，这时的首钢已经成为一家跨行业经营的综合性公司。

在76岁的周冠五心中，最大的梦想是将首钢改造成一家类似日本三菱和韩国大宇的财团式企业。早在1992年7月，国务院专门发文《进一步扩大首钢自主权改革试点的通知》，扩大首钢的投资立项权、外经外贸外事权、资金融通权。周冠五雄心万丈地提出首钢的"非钢化及财团式道路"，他成立了中国首钢国际贸易工程公司，参与华夏银行的重组，通过国际招投标收购了秘鲁铁矿，与李嘉诚的香港长江实业公司联手收购香港东荣钢铁股份有限公司以及宝佳集团等4家香港上市公司。到1994年，周冠五把首钢带到了巅峰状态。这一年，首钢以823.7万吨的粗钢产量一跃成为国内钢铁业群雄之首。11月，他被评为"中国改革风云人物"。

然而让人猝不及防的是，仅仅过了三个月，周冠五受到其子周北方经济犯罪的牵连而黯然下台，原冶金部副部长毕群接替他，担任首钢集团党委书记兼董事长。毕群后来描述盛况下的首钢是"一团乱麻"：结构乱、财务乱、管理乱，负债不合理。

周冠五的下台，并没有改变首钢既定的多元化方针。在后来的十多年里，在资本密集型的钢铁行业它一直表现得不太专心，首钢每年80%的利润来自钢铁，但是它大部分投资却一直游离在这个行业之外。一位长期观察首钢的学者说："20世纪90年代中期以来，一业为主、多种经营的思想感染了一大批国内企业。首钢开始投资兴建大规模集成电路生产线等一些高新技术项目，但它无意实现战略方向的调整，只是试图启动钢铁之外一个新的经济增长点。显然，这是当时各个行业一窝蜂进行多元化投资的浮躁风气所致。而这些高新技术项目是以一种'尝试'的姿态在'温室'中开始生长的。"[1] 首钢发展高新技术产业的设想缺少深思熟虑，实行的战

---

[1] 宁南，《钢铁大亨生死劫》，《商务周刊》，2002年第11期。

术是全面出击、遍地开花。在高新技术的框架下，涉及的行业种类之多，令许多业内人士瞠目。

1994年，正当联想公司的倪光南与柳传志为了是否投资芯片而闹得不可开交的时候，与电脑业毫无因缘的首钢却贸然地捷足先登了。它与日本NEC（日本电气股份有限公司）合资成立首钢日电电子有限公司，率先在中国生产6英寸、0.35微米芯片，成为北京微电子产业的核心制造企业。首钢还涉足软件产业，它联合清华大学，入主中关村科技园，期望形成"软件—设计—芯片"的微电子产业链。1997年，它同日本安川电机株式会社和岩谷产业株式会社合资兴建首钢莫托曼机器人有限公司，实现了我国机器人产业零的突破。它还向一家触摸电脑有限公司注资，成为中国国内触摸行业中技术实力最强、生产能力最大的一家企业。首钢在这些领域的投资都轰轰烈烈，但是经济效益却始终不彰。到2002年，仅首钢日电一家的亏损已高达2.3亿元人民币。

从2000年到2002年，首钢的产业链继续多方向蔓延，这两年里公司在非钢铁领域实际投入了5.5亿元，但产生的投资收益却仅有1 058万元。从2003年起，首钢冒着承受5万职工下岗的风险，将钢产量从800万吨减少到600万吨，减产1/4，同时，它宣布参与投资现代汽车项目，发展汽车零配件生产。它还大举投入房地产业，在北京城郊及郑州等地圈地盖楼，并曾计划修建一个大型主题公园。

到2006年，在中国企业联合会公布的中国500强公司排名中，10年前曾经名列前十强的首钢排名已下滑到第30位。由于国家政策的变化及自身战略的紊乱，这家当年被寄予无限厚望的企业在财团化的道路上经历了坎坷。

1995年，有两块广告牌在日后常常被人们提及。

5月1日，在美国纽约曼哈顿最繁华，也最具有商业标志意义的时代广场，竖起了第一块中国公司的广告牌，在可口可乐、索尼、丰田等国际品牌的旁边,"999三九药业"的霓虹灯广告十分醒目。三九集团总经理赵新先站在广告牌下接受数十家中国以及美国媒体的采访,他侃侃而谈,信心十足,这应该是他的企业家生涯中最值得骄傲的时刻。第二天的《纽约时报》报道说,"这是中国企业第一次在世界上广告密度最大、最有影响力的商业区做的中文广告,时代广场由此出现了一种新的广告语言——中文"。在后来的几年里,很多人出国到曼哈顿,必去参观这块三九的广告牌,它成为中国公司实现全球化的一道风景线。为了这块广告牌,三九集团每月需支付12万美元,一直到2003年5月,三九集团因扩张紊乱而爆发财务危机,它才被悄然拆除。

第二块著名的广告牌则出现在喧闹的北京中关村。深冬,在白颐路南端的街角处,每天匆匆穿行的人们突然看到了一块巨大的招牌:"中国人离信息高速公路还有多远——向北1 500米"。它被很多人当成了路标,忙碌的交通警察们更是气不打一处来:天大地大的皇城根儿,哪来的什么"信息高速公路"?这块广告牌被认为是中国互联网产业的一个纪念性事件。那个竖广告牌的女人和她默默无闻的小公司因此进入了历史。

在创办北京瀛海威信息通信公司前,33岁的张树新是一个从中科院辞职下海的女商人,她在中关村做传呼台的生意。1994年年底,她跟丈夫一起去美国游历。在一位同学的家里,她看到了一份印有电子邮件地址的通讯录,也就在这一刻,"互联网"这个长着翅膀的精灵飞进了张树新的视野。

当时在美国,网络经济到了破茧而出的关键时刻,马克·安德森刚刚发明了马赛克网络浏览器。比张树新小4岁的斯坦福大学华裔学生杨致远在写博士论文期间,发明了最早的网站搜索软件,他放弃即将完成的博士学位,在一个拖车里建立了雅虎公司,将网络搜索引擎商业化。由于当时能够提供免费信息检索服务的公司寥寥无几,雅虎因此得到市场的广泛认可,很快成为全球最大的门户型网站。1996年4月12日,雅虎股票公开上市,当日市值即高达8.48亿美元,杨致远成为继王安之后另一个全球级的华裔商业英雄。1994年9月,美国麻省理工学院的新媒体研究教授尼葛洛庞帝(Nicholas Negroponte)写出了《数字化生存》。在这本让他名闻天下的著作中,他大胆地提出"整个社会构建的基本要素将发生变化"。他认为,随着互联网技术的成熟,物质性的世界突然向虚拟性转向,通过电子流的方式,知识、信息及商品制造和销售将可能实现与以往完全不同的生存方式。这本书一出版就成为全美畅销书,它标志着人们对互联网的认识已经达到了空前的高度。根据美国《商业周刊》的统计,到1995年年初,互联网已经连接全世界4万多个网络、380万台计算机,154个国家和地区可以通过互联网互通电子邮件。未来学家阿尔文·托夫勒在《第三次浪潮》中所描写的景象似乎正在变成现实:这是一个无限开放的信息世界,打开网络,令人头晕目眩的丰富信息纷至沓来。对于入网的用户,世界从来没有如此开阔而又如此亲近。[①]

就当尼葛洛庞帝用"互联网时代"来定义未来世界的时候,中国与世界的距离终于近到了呼吸相闻的地步。1994年5月15日,中国科学院高能物理研究所设立了国内第一个Web服务器,推出中国第一套网页,内容除介绍中国高科技发展外,还有一个栏目叫"Tour in China"(中国之旅)。9月,邮电部电信总局与美国商务部签订中美双方关于国际互联网的协议,协议中规定电信总局将通过美国Sprint公司(一家全球性通信公司)开通两条64K专线(一条在北京,另一条在上海)。中国公用计算机互联网CHINANET的建设开始启动,中国最早的网民出现了,其中包括后来创办了电子商务网站阿里巴巴公司的马云、创办了新浪的王志东、创办了第一家B2C(商对客电子商务模式)网站的8848公司的王峻涛等人。就在《数字化生存》一书出版半年后,北京的青年学者胡泳在台湾一家图书代理公司的北京办事处发现了它,他在20天的时间里便完成了全部的翻译,

---

[①] [美]阿尔文·托夫勒著,朱志焱、潘琪译,《第三次浪潮》,北京:生活·读书·新知三联书店,1983年版。

也因此，世界顶级学者关于互联网的最新思想在第一时间被引入了中国。[①]它的出版引发了人们对于未来信息世界的狂热想象，这几乎被视为中国互联网启蒙运动的开始。

就这样，在1995年的中国，出现了第一批投身互联网事业的先行者。

3月，美国得克萨斯理工大学博士田溯宁把他在美国创办的亚信公司搬到了中国。他与国家科委合作在国内介绍Internet。田溯宁认为，互联网技术的兴起对中国与世界的交流是一个巨大的商业机遇，他争取到了包括道琼斯在内的两千多个美国的信息服务商作为用户，同时也想在中国发展数千乃至上万个商业用户。[②] 但很快，他发现做不下去，第一个原因是中国消费者对Internet毫无认知，第二个原因是技术根本无法实现。亚信购买了第一套网络设备，制定了在Internet上传输中文的IETF（国际互联网工程任务组）标准，当时在北京、上海使用的网络路由器总共加起来只有32个拨号端口，一个端口能支持10~20个用户，这意味着亚信建成的网络最多能够支持500个用户。

4月，在杭州，一个叫马云的31岁大学外语教师创办了"中国黄页"网站，它自称是第一家网上中文商业信息站点。跟田溯宁的想法几乎一样，马云也想要创造一个面向企业服务的互联网商业模式，他当时想到的赚钱模式是鼓动企业把自己的商业信息挂到网上。比留洋归来的田博士要本土一点的是，他把Internet直接翻译成了一个中文名字——因特乃特网。在一次外出游说时，有人问他，"你说的因特乃特，跟《国际歌》里的'英

[①] [美]尼葛洛庞帝著，胡泳等译，《数字化生存》，海口：海南出版社，1996年版。

[②] 一个很少被人关注的事实是，那些最早在中国从事互联网事业的人在一开始都把赌注押在电子商务上。他们认为，第一批有能力使用和"消费"互联网的应该是中国的企业家们。这显然是一条歧路。除了田溯宁、马云和张树新之外，1996年，归国创业的张朝阳做的第一个网站也是"中国商务网"，后来他发现此路不通，很快转向做"雅虎的中国版"——搜狐。

特纳雄耐尔'有什么关系吗？"为了鼓动别人参与他的事业，马云拿大家熟知的比尔·盖茨来说事儿，他说："比尔·盖茨说了，因特乃特网将改变人类的方方面面。"很多年后，他承认："这其实不是他说的，是我说的。1995年全国刚刚知道Internet，但是马云说的话没有人相信。其实，1995年的时候，比尔·盖茨是反对Internet的。"①

后来创办网易的丁磊也是在这一年开始他的创业生涯的。过去两年里，他一直在浙江宁波的电信局上班。4月，他决定辞职。这一想法遭到家人的强烈反对，但他去意已决："这是我第一次开除自己。但有没有勇气迈出这一步，将是人生成败的一个分水岭。"他独身一人跑到热浪滚滚的广州，进了一家美国数据库软件公司赛贝斯（Sybase）做技术支持工程师。在那里，他第一次接触到互联网，并成为第一批用户。一年后，他又辞职，与他人合办了一家与互联网技术有关的小公司。

5月，张树新与丈夫姜作贤创立瀛海威公司，她的"瀛海威时空"宣称是国内唯一立足大众信息服务、面向普通家庭开放的网络，"进入瀛海威时空，你可以阅读电子报纸，到网络咖啡屋同不见面的朋友交谈，到网络论坛中畅所欲言，还可以随时到国际互联网上走一遭……"登录瀛海威的用户必须登记注册，并缴纳一笔入网费。曾经做过记者、策划人的张树新很快让瀛海威获得了惊人的知名度。她在北京魏公村开办了中国第一家民营科教馆，所有人可以到这里免费使用瀛海威网络，免费学习网络知识。她向中国科学技术馆无偿提供"中国大众化信息高速公路"展区，同北京图书馆合作，在瀛海威上提供北京图书馆图书目录查询。亚特兰大奥

---

① 到1995年，微软已发展成一家拥有员工1.78万人、年收入高达130亿美元的巨型公司。面对新出现的互联网和浏览器技术，比尔·盖茨认为，决定未来计算机世界命运的，仍是微软的"视窗"技术而不会是浏览器技术。也正是他的这个判断，让硅谷的一家名叫网景的小公司应声崛起，它开发出一套基于互联网而首次与微软无关的软硬件体系。盖茨为了挽回被动，付出了数十亿美元的竞争代价，并因强行的捆绑营销而受到反垄断调查。

运会期间，她还为新闻单位开通亚特兰大到北京的新闻信息通道。张树新还在各大新闻媒体开设专栏，一遍遍地告诉国人：信息产业是中华民族崛起于世界的一个重要机会。

在中国互联网的发展初期，瀛海威

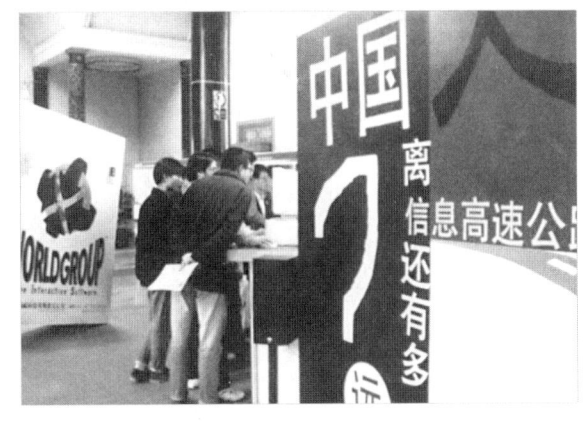

▲瀛海威活动现场

扮演了一个启蒙者和领跑者的角色。它是第一个形成公众品牌效应的网络公司，在第一届"最受用户欢迎的中文信息网站"评选中，瀛海威无可争议地名列第一。让人遗憾的是，张树新与当时的田溯宁、马云一样，都没有找到赢利的模式。她想做城市网站，推出过"网络中国"的项目，想做网上图书馆，还曾经投资开发网络游戏，可是都相继失败。在瀛海威员工中流传最广的一句话是："我们知道2000年以后我们会挣钱，可我们不知道现在应该做什么。"

在张树新成为商业明星的时候，人们除了对她的互联网事业充满了神秘的敬畏和仰视之外，还津津乐道于她的财富暴涨。瀛海威是一家产权清晰的私人公司，张树新夫妻为此投资了100万元。在企业创办16个月后，国家经贸委[①]下属的中国兴发集团决定参股瀛海威，总股本扩充为8 000

---

① 国家经济贸易委员会，简称国家经贸委，为国务院组成部门。国家经济贸易委员会是负责调节近期国民经济运行的宏观调控部门。2003年3月10日，第十届全国人民代表大会第一次会议通过了国务院机构改革方案，决定撤销外经贸部和国家经贸委，设立商务部，主管国内外贸易和国际经济合作。

万股,张树新以无形资产加其他股权获得2 120万元的公司股值,赫然成了十分罕见的"阳光下的女千万富豪",这当然引起年轻人无穷的遐想。美国《新闻周刊》在一则报道中称:"人们在谈论金钱时,不再像过去那样羞羞答答,谁拥有更多的金钱,成了一个最值得炫耀的事情。在今天的中国,百万富翁正以每分钟一个的速度诞生。"

  1995年2月,美国《福布斯》首次发表中国内地亿万富豪榜,这一富豪榜先是由香港出版的中文杂志《资本家》刊出的。列入富豪榜的共有19人,首富是四川的刘永好兄弟。这兄弟四人靠养鹌鹑起家,进而在饲料行业潜心经营,做成了当时中国最大的私营企业。在他们被评为首富之后,《经济学人》专门采访了刘家兄弟。文章描述说:"在过去,四川穷乡僻壤的宣传板上可能写着'向中国人民解放军致敬'这样的话。而现在几乎每面砖墙上都刷着一家名为'希望'的饲料公司的广告语——'要致富,养牲畜,希望帮你忙',或者'猪吃一斤希望饲料长两斤肉'。同时,地方上的小学也用希望公司的广告语来编写它们的童谣。希望公司现在声称有10亿元的销售额,拥有60家工厂、1万名全职雇员和9万名市场代理。"文章还写道:"在采访中,刘永好先生避开了关于他是否是一个资本家的问题,他说,'这些问题关乎理论,我对理论还没有进行过深入学习',他还特别强调了希望公司的博爱之处,包括一些扶贫计划,以此证明他的'社会主义市场经济'性质。希望公司的总部在四川省会成都的郊区,只有两排低矮的房子,刘先生的车很普通,中国产的大众桑塔纳汽车,招待客人也如普通农家一样,白米饭、蔬菜和一些牛肉,这很难让人想到刘是一个有钱的人。刘十多岁的女儿则不同,穿迷你裙,喜欢比萨、炸鸡和汉堡包,西方消费文化已经深深影响了近年来在美国求学的她。"

  在《福布斯》的这份富豪榜上,第二名到第十名分别是张宏伟、冼笃信、牟其中、张果喜、罗中福、罗西峻、李晓华、宗庆后等,这10人的财富从6亿元到2亿元不等。对很多中国人来说,除了四川的刘家兄弟和善于炒作新闻的牟其中之外,其他都是一些陌生的人名。在此之前,人们所熟知和崇拜的商业明星要么是国有企业里的改革型企业家，要么是知名的乡镇企业家，而《福布斯》的富豪榜却从另外一个价值评估标准给出了一个新的答案。也就是从此开始，一个人拥有财富的多少渐渐成为是否成功的最重要的价值标杆。在一个物质化的商业时代，人们也许真的需要一个更为直接而易于计算的评价方式。

当《福布斯》的富豪榜还被全国媒体津津乐道的时候，到年底，一个更加耸动和刺激的"商业桂冠"又在北京诞生了，它的背后因为有中国最重要的电视媒体在全力推动和炒作，所以也更为轰动和富有戏剧性。

11月8日，北京的梅地亚会议中心，全国最重要的保健品、饮料食品及家电企业的当家人都冒着风沙聚集到一起。在这里即将上演一出当场厮杀、无比刺激和血腥的成名大战。

这个竞斗场的搭建者是一个叫谭希松的女策划人，她当时担任中央电视台的广告部主任。20世纪90年代中期，随着全国性消费市场的成型，中央电视台的传播价值已然被发现，不过，当时每年的广告收入还不足10亿元。谭希松想出了一个绝招，她把电视台黄金时段拿出来，进行全国招标，她还给投标金额最高的企业准备了一顶虚无而金光四射的桂冠："标王"。招标会就被定在每年的11月8日，谐音为"要要发"。

1995年举办的招标会已经是第二届了。1994年办的那场并不热闹，谭希松广发英雄帖，还北上南下四处遍访，结果来了数十家企业，最出名的是广州太阳神和山东的孔府家酒。标底打开，令人大跌眼镜的是，中标者竟是此前毫无知名度、与孔府家酒同在泗水河畔的孔府宴酒，其加冕封王的代价是3 079万元。在中央电视台不遗余力的热炒下，孔府宴酒一夜之间名扬天下，竟然成了该年度销量最好的白酒之一。新闻和促销效应之大，出乎所有人的预料。于是，到第二届的时候，各地豪杰闻风而动，在通往京城的大道上，一时间马蹄声疾、尘土飞扬。谭希松实在是一个十分了解国民性的人，她开辟出一块硕大的"斗牛场"，在旁边的旗杆上高高挂起一顶桂冠，然后放进所有雄心勃勃的企业家为之一搏。称王夺标，历来是中国男人一生最辉煌的梦想，何况是在众目睽睽之下，以一掷千金的豪气博取一份举国瞩目的喝彩。

在众豪杰中，有一位个头中等、一脸憨厚的中年人姬长孔，他来自山东省临朐县一家叫秦池的酒厂。这是一个正营级退伍军官，4年前奉命到全县最大的亏损企业秦池酒厂做厂长。他靠着一股子军人气魄大胆投广告，硬是让企业有了起色，到1995年时销售额达到了1亿元，在北方市场有了点小名气。在朋友的怂恿下，他也赶到梅地亚来凑热闹。那时与会的企业已有太阳神、娃哈哈、乐百氏、沈阳飞龙及山东三株等品牌大佬，当然还包括志在卫冕的孔府宴酒以及发誓雪耻的孔府家酒这对"欢喜冤家"。跟这些成名英雄比邻而坐，秦池只是个不起眼的小角色。姬长孔问朋友："今年夺标大概需要多少钱？"答："起码6 000万元。"姬长孔咬着嘴唇不吭声。6 000万元——3万吨白酒，秦池大半年的销售额，中国首富刘家兄弟1/10的资产。

8日上午10点整，招标会准时开始。134个企业家整装肃然，鱼贯而入。会场四周横幅高悬，摄影机和照相机伺机而立。夺标热点果然在"两孔"之间展开。孔府家酒卷土重来，开出的标底是上届标王的两倍，达6 298万元。孔府宴酒又岂甘人后，标底恰好高出100万元，眼看大势已定，半路突然杀出一匹同省黑马。唱标唱到山东秦池时，主持人展开标纸猛地停住了，全场

▲秦池当上"标王"

寂静，以为出了什么意外，数秒之后，一个声嘶力竭的高音把招标会推向了无比亢奋的高潮："秦池，6 666万元！"

"谁是秦池？""临朐县在哪里？"从当时的一张照片可以看出，在场的姬长孔还很不习惯镁光灯的聚焦及众多记者的簇拥。在拥挤的人群中，在火一样蹿升的热情中，他还笑得不太自然。但他显然知道，此刻，他已冲上了华山之巅。

企业史人物 |"刁民"王海 |

王海是中国商业世界里的第一号"刁民"。这个从青岛冒出来的青年农民很享受这样的"头衔",他说:"刁民,是相对奸商而言的。"

20世纪90年代中期,中国的消费品市场假冒伪劣横行,商家做广告无所不用其极,产品质量和商业信用之差让人咋舌。1994年,政府出台了《消费者权益保护法》,其中第49条是:"经营者提供商品或者服务有欺诈行为的,应当按照消费者的要求增加赔偿其受到的损失,增加赔偿的金额为消费者购买商品的价款或者接受服务的费用的一倍。"在此前的民法中,消费者买到假货最好的结果是按价退货,如今则可以加倍赔偿。王海的出现就与这个条款有关。

1995年3月25日,22岁的青岛青年王海在北京隆福大厦买了12副标价为85元的假索尼耳机,然后径直向东城区工商局投诉,要求商场加倍赔偿。执法人员问他:"你知道耳机是假冒的吗?"王海答:"当然知道。"对方一听就来气了:"知道假的还买,你这不是刁民吗?"《中国消费者报》得悉了这件新鲜事,以《刁民?聪明的消费者?》为题发了一篇新闻稿,结果一下子炸开了锅,支持、反对的各执一词。王海则来了劲,他连着跑了京城的10家商场,专挑假货买,然后要求双倍索赔。50天下来,他竟真的得到了近8 000元的赔偿金。11月底,中国消费者协会举办"制止欺诈行为、落实加倍赔偿"座谈会,正"跑遍京城四处索赔"的王海作为"神秘嘉宾"受到邀请。在座谈会上,政府官员、法学专家和商场老总们就"王海是打假英雄还是'刁民'""是新型消费者还是钻法律空子"争论得面红耳赤。在一些与会专家和官员的猜想中,这是一个"老谋深算、专靠损招儿发财的年轻人"。当长着一张娃娃圆脸、头戴棒球帽的王海突然出现,愣头愣脑地坐上主席台的时候,很多人都笑出了声。王海念了一篇别人替他起草的《我的困惑》:"……我很困惑,难道我做一件于国于民有益的事情错了吗?"第二年3月,中央电视台创办第一档即兴谈

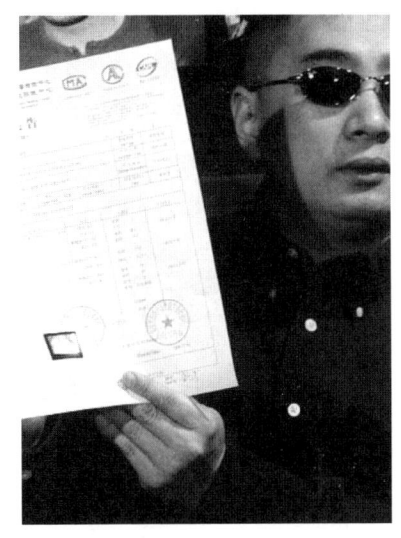

话类节目《实话实说》,主持人崔永元第一时间想到了这个名气已经很大的"刁民"。王海很想上节目,但是一来当时已经有商家扬言要"灭掉王海",他担心在电视上露面不安全;二来,上了中央台之后,全中国的售货员都知道他长什么样,就没人敢卖给他东西了。崔永元给他出主意,说可以化装。王海被戴了个假发套,粘上唱戏用的胡子,再配副茶色镜,一照镜子,连他都认不出自己来了。进入演播室,见到中消协投诉部主任武高汉,王海叫了声"武老师",武高汉扶着眼镜看

▲打假英雄王海

了好一会儿,才弄清他是谁。武高汉的眼泪竟差点儿掉下来,他说王海得化装才能亮相太可悲了。王海觉得化装太假,但戴墨镜这招儿挺安全,从此,他在公开亮相的场合都戴着一副墨镜。

  王海的"刁民"行动当然没有止步于北京城,他很快跑到南京、长沙和杭州各地"买假索赔",邀请他的大多是当地的媒体,他们贴身跟随王海,进行热闹的追踪报道。于是,王海走到哪里,哪里的商界就陷入一片恐慌,有商家提出"防火防盗防王海",还有的商场向营业员派发王海的照片,让他们一定要"死死记住这个相貌",并设计好了婉言对付他的标准问答。一些商场发现王海来买假商品的时候,要么找借口死活不卖,要么故意把发票开得很不清晰。他到广州的消息传出后,当地几个大商场的老总紧急彻夜开会研究对策,大家统一口径,王海在广州买了几万元钱的假货,所有商家都口径一致地不赔不退,逼着他去打官司。

  王海讲起话来慢条斯理,天生是一个思维很缜密的人,他的学历不高,却似乎很会规划自己的人生。1996年年底,他顺势成立北京大海商务

第三部 1993—1997 民族品牌进行曲

顾问有限公司，他的打假事业从此进入了公司化运作阶段。大海公司开始接受企业委托打假。他的第一单生意，是帮广东爱得乐公司打假。该公司是东南亚销量最大的摩托车尾箱和头盔的生产企业，但市场上每年都有30万~50万件冒牌货，公司为打假已斥资300多万元，走投无路便请王海加盟打假。王海跑了10多个城市，帮爱得乐取缔了40多个售假窝点。王海的"商业化打假"自然又引起舆论的一场大争论，他则很坦然地说："我们可以给人当枪使，今天你请我们打他，明天他也可以请我们打你。这样做既可以促进行业自律，我们也能从中得到利润，最终还有益于消费者。"他的底线是两条："只要证据确凿，只要没有违法"。1998年，大海公司在为客户调查一宗假药案时，了解到性病游医诈骗问题严重。于是王海就派业务员赴合肥、长沙、成都、太原、重庆等地调查，发现一个当年在福建莆田县秀屿镇街头卖耗子药的家族，与各地上百家牌子很响的医疗机构"合作"，借着铺天盖地的广告，发展成了全国性的"性病诊治"集团，每年从性病患者身上牟取数千万元的暴利。王海向媒体揭露了性病游医"占氏家族"诈骗患者钱财的黑幕，同时向卫生部举报了"占氏家族"的违法行为，当年底卫生部下文对各地游医进行取缔。有人估算，此举每年将使消费者避免20亿元的损失。1998年12月，为了纪念改革开放20周年，中央电视台拍摄《20年·20人》专题片，王海与张瑞敏、吴敬琏、李宁、王石、陈章良等一起入选。在一次节目录制中，经济学家吴敬琏在送给王海的书上题字"市场清道夫"。

　　王海的打假越来越呈现出职业化的特点。他曾协助烟草专卖局取缔了北京最大的造假烟窝点，查获555、红塔山等假烟案值280万元；协助浙江技术监督局查处全国最大的假阀门案件，案值400多万元；协助工商局取缔北京最大的造假酒窝点，该窝点年产假酒价值近2 000万元。他还与美国一家律师事务所合作，代理了世界名牌扑克牌、自行车在中国的打假，甚至连摇滚歌手崔健要搞反盗版和反假唱运动也拉上了王海。2004年，他又有了一个惊人之举，作为北京市的新居民，他宣布要竞选朝阳区人大代表。为此，他聘请两个北京广播学院①的大学生义务当他的竞选助理，到处散布他为选民服务的主张。竞选的结果是落选，他说："结果是我意料之中的。我没有当上正式候选人，参选的起点跟其他候选人不平等。不过5年后我还会参选，但参选之前，我会向全国人大等立法部门提交对《选举法》修改的建议，因为现在《选举法》明显滞后了。"人们对这位当年的青岛青年不得不刮目相看。

在这之后，王海受邀参与一个题为"社区自主治理"的课题组，该项目经费来源于国家社会科学基金。他曾起草《关于物业管理的立法议案》，经31位全国人大代表签名后递交给了全国人大。他还专门到纽约去考察非营利组织的运作模式，回国后，还真的筹办了一个非营利组织，招募志愿者为公共利益服务。这个组织建立反欺诈网站，每天发布各种商业欺诈行为和不诚信行为的警示，避免消费者上当受骗，同时在社会上收集、核实各种欺诈行为和各种垄断侵权行为的线索，向有关部门举报、揭露。

2007年，在购买假索尼耳机的12年后，34岁的王海说："我的理想是在国内成立一个为公共利益服务的非营利的反欺诈组织。"从青年"刁民"到有公众服务精神的"维权专家"，王海一路走来，好像一切都是顺理成章。

---

① 北京广播学院于2004年正式更名为中国传媒大学。——编者注

企业史人物 | 万国大佬 |

1995年2月26日，国际金融界发生了一场大地震，有着233年历史的英国老牌商业银行——巴林银行宣布破产，其诱因居然是因为一个多月前，它在新加坡的一位28岁的期货经理的一个错误判断。1月，这个名叫尼克·里森的年轻人看好日本股市，分别在东京和大阪等地买了大量期货，指望在日经指数上升时赚取暴利。谁知天有不测风云，月底，日本的大阪和神户地区发生大地震，东京股市掉头下挫，巴林银行最后损失金额高达14亿美元之巨，不得不宣告破产。①

中国最大的证券公司万国证券的总经理管金生在1月底就耳闻了"巴林事件"，他对上海的另一位"证券教父"、申银证券的阚治东说："中国要发生那么大的事件，大概要等10年以后吧。"谁也没有想到的是，造化居然如此弄人，几乎就在他说这段话的同时，他一手导演了一场毫不逊色的大灾难。

此时的管金生春风得意，万国证券在他的打理下，从4个人、半间小办公室起步，已经发展成拥有250多名员工、与国内外200家以上金融机构合作、总资产超过12亿元的明星公司。从1994年的下半年起，上海证券市场的国债期货交易渐起高潮，与股票市场的低迷相比，国债期货的成交量逐日放大，各个品种的价格也上涨得让人脸红心跳，当年就是从国债倒卖起家的管金生在这波行情中当然不会落于人后。1995年1月，国债期货市场最大的一个悬念是1992年发行的三年期国债会不会加息。这期代号为327的国债规模有240亿元，将在6月到期。按照它9.5%的票面利息加保值补贴率，每百元债券到期应兑付132元，而此时在市场上的流通

---

① 具有讽刺意味的是，10年后，美国《财富》将尼克·里森评为"影响20世纪的商界领袖"。当时，华尔街爆发了美国世界通信公司及安然公司的丑闻事件，里森在狱中说："我曾猜测巴林银行的倒闭意味着国际金融市场加强审慎监管时代的到来，但是，近年来全球金融丑闻不断，说明事情远没有那么简单。"

价为148元上下。当时,银行的储蓄利率为12.24%,市场普遍认为327国债的回报太低了,因此有消息称,财政部可能要提高327国债的利率。

但是管金生不这么看。他认为目前的宏观局面是投资过热、金融秩序混乱,特别是不久前发生的沈太福集资案,让中央在利率提降等敏感决策上会采取保守的策略,因此,不可能从国库中拿出额外的钱来补贴。于是,他下令万国做空327。

然而,这次他竟赌错了。他的做多对手是中国经济开发总公司,隶属于财政部。2月23日,财政部宣布提高利率,327国债将以148.5元兑付。

消息一经核实,327国债的市价就开始一路上涨,当日上午,价格就冲到了151.3元,比上日涨了3元多。这时候,管金生手中握有大笔327国债期货合同,每上涨1元,就意味着他将赔进十多亿元。被逼到死角的管金生急红了眼,他下令,不惜一切代价必须把价格打回去。万国在市场上不断放单,多空双方发生惨烈的绞杀战,市场上一派血雨腥风。到收盘前的最后7分钟,已经失去理智的管金生孤注一掷,共砸出2 112亿元的卖单,硬是把价位打落到147.4元。

管金生的疯狂举动,终于让管理层无法容忍。在这一天的攻防中,万国放出上千亿元的卖单,这至少需要100亿元的保证金,它显然不可能有那么多的资本保证,毫无顾忌的违规操作几乎是板上钉钉的事。当晚,上交所受命宣布,16点22分13秒(也就是管金生用天单压盘的那一刻)之后的交易是异常的,经查是万国证券为影响当日结算价而蓄意违规,故此后的所有327国债交易均无效。试图虎口夺食的管金生终于被老虎咬住了,当时的局势是,如果按147.4元的收盘价计算,万国在327国债期货交易中赢利十多亿元,而按上交所后来的决定,万国则巨亏60亿元。

5月19日,管金生被逮捕。9月15日,上交所总经理尉文渊因管制不力被免职。1996年,万国与申银合并,改称申银万国。

把中国股市搅得天昏地暗的"327事件"留下很多疑云,双方争夺的焦点其实就是327国债到底会不会"升息"。很多证券专家事后承认,"做

第三部　1993—1997　民族品牌进行曲　　091

梦也没有想到会升息，而且一升就是 5 个百分点"。至于市场上的多空绞杀更是失去约束，双方都在保证金不足、恶意操纵价格等方面存在诸多的违规行为。

对管金生的审判结果到 1997 年的 2 月才出来，他被判处有期徒刑 17 年。有意思的是，全世界的人都知道他是因为 327 国债事件而被捕的，但是对他的指控罪名则是受贿和挪用公款，上海市第一中级人民法院的刑事判决书指控，管金生利用职权，先后三次受贿 29.4 万元，此外还挪用公司公款 240 万元供他人进行盈利活动，"犯罪情节特别恶劣"。管金生是中国企业史上独特的"法罪错位"[①] 现象的又一个牺牲者，这位从江西小山村里走出来的股市枭雄功败垂成、无语向天，他没有委托辩护人，也拒绝法院为其指定辩护人。

---

① 法罪错位：任何一场改革都无先例可循，因而，在一个变革的年代，很多改革的行为在一开始都是对现有体制的突破，因而"先天"地带有违法、违规的特质。这使得改革者必须冒很大的风险。而当其变革行动受到质疑的时候，当政者往往不愿意对其行为进行直面的辨正——很显然，这将对现有体制构成更大的挑战，于是假借一些另外的罪名达到处置的实效，便成了最便捷和保险的选择。事实上，在人类历史上所有的大变革时期，"法罪错位"几乎是一个普遍的现象。三十年企业史，企业家落马无数，而喊冤申屈之声不绝于耳，一些被定罪的企业家往往犯事于东，却获罪于西，这就是非常隐秘的"法罪错位"现象。

1996 / 500强梦想

社会上有这么多资产闲置,
是三九下山摘桃子的大好机会,
千万不能错过,过了这个村,就没了这个店。

——赵新先,1996年

"标王"秦池所表现出的无比冲动,甚至带有梦幻色彩的激进,一直弥漫在1995—1997年春季的中国商业界。它符合当时人们对商业的所有想象:奇迹是可以瞬间诞生的,罗马是可以一日建成的,胆大可以包天,想到就能做到。秦池在其后的表演似乎也印证了这些"中国式道理",在夺得"标王"后,秦池知名度一夜暴涨,迅速成为中国最畅销的白酒,1996年实现销售收入9.8亿元,利税2.2亿元,比中标前增长了5倍以上。

1996年11月8日,名扬天下的姬长孔再次出现在梅地亚,他被安排在最醒目的主桌主位上,并作为企业家代表发言。他说:"1995年,我们每天向中央电视台开进一辆桑塔纳，开出的是一辆豪华奥迪；今年，我们每天要开进一辆豪华奔驰，争取开出一辆加长林肯。"这番话如酵母一样在梅地亚会议中心传播，让每个人都嗅到了一丝兴奋而可怕的血腥。招标会开场，秦池酒厂以令人瞠目的3.212 118亿元蝉联"标王"。

有记者问："秦池的这个投标数字是怎么计算出来的？"姬长孔豪爽地回答："我也没怎么算，这就是我的手机号码。"

这是一些让人难忘的"创世记"式的场景。过去三年来，消费品市场的迅猛膨胀和十分感性化的公众心态，给了中国企业家们尽情挥洒的巨大而肆无忌惮的想象空间。所有的人竭尽全力地飞奔，蓝图被一次次地放大。这年开春，一部描写平凡人奋斗的好莱坞励志电影《阿甘正传》在中国的各大影院火爆上演，人们都记住了汤姆·汉克斯扮演的主人公说过的那句名言："生活就像一盒巧克力，你永远不知道你拿到的下一颗是什么。"好吧，既然不知道，那就尽情地想象吧。

在保健品领域，创办刚刚两年的山东三株公司靠无所不用其极的营销战略实现了20亿元的销售额，总裁吴炳新为三株做"五年规划"："1995年达到16亿~20亿元，发展速度为1 600%~2 000%，1996年增长速度回落到400%，达到100亿元，1997年速度回落到200%，达到300亿元，1998年速度回落到100%，达到600亿元，1999年以50%的速度增长，争取900亿元的销售额。"这一连串的"增长"和"回落"以广告和新闻报道的方式刊登在中国最著名的新闻报纸上，令人炫目和惊诧。到这年年底，三株真的实现了80亿元的销售额，成为当之无愧的保健品大王。

在百货业，河南郑州一家叫亚细亚的商场是当时最炙手可热的标杆企业，它是全国第一家搞"微笑服务"和尝试连锁发展的商业公司。总经理王遂舟制订发展规划："2000年前，在全国开设1 000家连锁商场，达到年销售额500亿元，排名全国商界第一，综合实力进入全国最大企业前十名，成为对中国经济有重大影响的国际托拉斯。还要在北京或上海建造亚细亚摩天大厦，至少高120层，象征亚细亚这样一个历史丰碑。"这些发展规划经过专家的论证，被无比庄严地公之于众，没有人对这样的目标表示怀疑，这似乎是一个靠狂想就能实现理想的年代。

当我们对发生在消费品市场上的激情故事津津乐道之后，接着就应该对1996年前后的中国企业形势有一个更全景式的俯瞰。事实上，当时的格局算得上是冰火两重天。

"冰"的一面，是一直无法从低效率和旧体制中自拔的国有企业集群。1996年，预算内国有企业的净销售利润率降低到历史最低点，亏损总数是1985年的28.6倍。相对比，全国乡镇企业的产值增长22%，中外合资企业的所得税增长40%。这一年还是《破产法》颁布的第十个年头。从1986年到1990年，全国破产的国有企业只有121家。到1996年，企业破产达到高潮，总计6 232家，超过了过去9年的总和。

自1992年7月国务院发布《全民所有制工业企业转换经营机制条例》，宣布全面落实14项自主权之后，在决策层看来，该给的自主权已经全部下放了，接下来就应该是企业八仙过海，到市场上去各显神通了。但事实却让人非常沮丧，绝大多数国有企业在竞争中一触即溃。国家经贸委向全国国有企业推出的改革典型是邯郸钢铁公司。"邯钢经验"归纳起来有两条：一是"模拟市场"，采用最终产品的市场价格来"模拟"确定内部转移价格，形成一个以保障全厂目标利润为中心、由十几万个指标组成的成本控制体系；二是"成本否决"，就是将成本作为影响、诱导和矫正员工行为的杠杆，无论其他指标完成得多好，只要突破了分配给分厂、班组或个人的目标成本，工资和奖金就要受到影响。"邯钢经验"被认为是国有企业提高效率的最佳模式，国务院专门转发了经贸委和冶金部的报告，号召全国国有企业"向邯钢学习"，这么高的规格在"工业学大庆"之后还是第一次。不过，邯钢也是30年企业史上最后一个全国性的"改革典型"，邯钢的做法从根本上说就是美国百年前的"泰罗制"翻版，其"成本否决"

也就是"泰罗制"的标准成本制度，它们主要用于提高生产或作业效率，但是并不能解决那些产品的市场销路问题，更不能触及企业产权制度的创新。

由于效益不彰，国有企业的亏损面在这些年有增无减。国家统计局对天津、哈尔滨、沈阳、成都等15个大中城市的2 600家国有工业企业的调查显示，到1994年年底，这些企业的资产总额为2 544亿元，负债却达2 007亿元，企业负债率平均高达78.9%，与10年前相比，资产增长了4.1倍，债务则增长了8.6倍。很多企业每天还在生产，但是制造出来的产品往往从生产线上搬下来，就直接拉进了仓库。到1996年年底，全国乡以上工业企业的库存产品总值已经达到1.32万亿元，而在1991年，这个数字是0.13万亿元。发生在最大工业城市上海的景象是一个缩影。从1990年到1999年，上海一直在进行"退二进三"（退出第二产业，进入第三产业）的城市战略转型，大量的工业企业被解体或迁出中心市区，这是一个十分痛苦和艰难的过程。近十年间，创造过无数辉煌的上海纺织业先后破产终结41家，销号200多家老企业，棉纺锭从原来的250万锭压缩到70万锭，60万纺织职工（主要是女性工人）下岗分流。这期间，上海失业人口的年均增长速度高达9.53%，其中1990—1995年的年均增长率更是高达13.17%——而这仅是登记失业人数。上海的景象在国内其他老工业基地大量存在，必须记录的是，数以千万计的老国有企业职工们为城市经济的改革付出了巨大的代价。

1995年9月，《人民日报》刊登了长篇经济分析文章《来自"八五"的报告　我国工业经济实力增强》[①]，用极大的篇幅谈论了国有企业面临的三大困境：一是亏损居高不下，国有企业的亏损数每年以14.2%的速度增加，年均亏损超过500亿元，在全部亏损企业中，国有企业占70%以上；

---

① 朱剑红，《来自"八五"的报告　我国工业经济实力增强》，《人民日报》，1995年9月26日。"八五"指1991—1995年。

二是企业资金的使用效率低下，库存产品每年以30%的速度增长，超过生产增长速度至少10个百分点；三是国有工业综合经济效益指数比"七五"时期（1986—1990）下降5.4%，资金利税率和成本利润率都低于非国有企业。这年7月，国家体改委宣布，开始于1994年的百家现代企业试点工作将延期一年，即从原定的1996年年底延至1997年年底。公开宣布一项重大改革"延期"，这还是改革开放后的头一遭，从中人们都体味出了试点改革的百般艰辛。

连年亏损，效率低下，产品难卖，资金紧张，那么，国有企业是如何熬过这个寒冬期的呢？事实的真相是，从20世纪90年代初期开始，日渐活跃起来的中国资本市场给了这些企业输血和喘息的机会。

自1992年夏季的"深圳认购证事件"之后，决策层突然发现，股市可能是拯救国有企业的最佳手段。经济学家纷纷献策，指出"通过股票市场融资，是搞活和增强国有企业实力的战略选择"，中央政府在北京新组建证监会，将股票发行的权力从上海和深圳两个交易所"上缴"到了中央手中。从此实行一种全面扶持国有企业的"指标配额制"的上市机制，即由中央政府确定上市额度，然后按系统分配到各部委，按地域分配到各省、市、自治区。而各省、市、自治区及各部门拿到上市指标后，还要按自身系统进行分配。这些指标绝大多数被分配给了各地的国有企业。[①]

就这样，"上市指标"成为政府救活国有企业的"最后一把米"。在上市的过程中，国家财政及银行对企业的拨款或贷款，先变成了债权，接着又变成了股权，然后通过股票发行都一股脑地卖给了股民。它一方面让已经陷入绝境的国有企业再次得到了喘息的机会，另一方面还"意外"地

[①] 只有少数著名的乡镇企业因"改革效应"和象征意义的需要而侥幸成了首批民营上市公司，其中包括浙江鲁冠球的万向集团、江苏吴仁宝的华西村等。

解决了居民储蓄增长过快的"笼中虎难题"①。然而,事后来看,这种制度安排使得中国股市从一开始就是一个畸形的产物,它至少在 4 个方面存在先天的弊病。一是缺乏公平性,那些符合上市条件、经营效益好的民营企业很难得到上市的机会。二是上市公司的素质明显不高,很多指标被分配给了各地最大也是最困难的国有企业。三是存在大量的虚假报表现象,那些拿到配额的国有企业其实并不具备上市的条件,因此不得不进行大面积的、公开的财务作假,通过"资产剥离"、"产业重组"以及直接的做虚假报表等手段来达到上市的目的。由于通过行政手段审核上市条件,不仅资格审核机构不可能对自己的审批后果负责,而且在行政审核部门的默许下,就连负责资产评估及承担股票销售的各类中介机构,也会因其极强的行政性背景及行政手段,对自己的行为不负责。四是因缺乏必要的监督,存在大量的权钱交易。

在当时,就有不少观察家和学者对这种以所有制为上市前提的制度提出了异议。《人民日报》记者凌志军在他的观察手记中写道:"看起来,国有企业是永远要人家来扶持的,过去是政府的财政,接着是银行,现在是股市,扶持的办法就是不停地把钱送到国有企业里面去。"北京大学教授张维迎则撰文认为:"我们现在把股票市场看作是解决国有企业困难的一种办法,而不是当作使有限的资源流向最有效率的企业、最有能力的企业家的融资渠道。这种为了扶贫而发展股票市场的思路是不健康的。政府的指导思想应该是保护公平交易,保护投资者的利益,而不是保护少数人的特殊利益。"②张维迎还为此提出了自己的建议:"我建议中央,应该对国有企业进行间接解困,让那些好的、有潜力的私营企业、非国有企业上市,然后用筹集的资金收购国有企业,这种间接不仅解决了资金问题,而且解

---

① 1987 年之后,迅猛增长的居民储蓄一直被视为一旦出笼就可能诱发通货膨胀和物价上涨的"笼中虎"。

② 张维迎,《中国股票市场存在什么问题》,《港台经济》,1999 年第 7 期。

决了机制问题。"他的这个建议因缺乏操作性而没有得到重视。①

作假的现象除了出现在上市审核的环节之外,还毫无悬念地延伸到配股圈钱的资格上。根据1995年证监会的规定,上市公司须连续三年净资产收益率达10%以上,方可享有配股权。于是,大量公司每年的收益率都"坚守"在10%这条生命线上。北京大学教授宋国青对723家上市公司的净资产收益率进行统计,结果发现处在10%~11%的公司竟多达205家。知名证券记者贺宛男对几家上市公司的作假手法进行过披露:一家公司先是虚增出1 000多万元的利润,然后按33%税率交了所得税,这样就实现了净资产率10.18%;另一家公司把自己的产品加价卖给自己,以提高收益率;还有一家公司亏损2 000多万元,就把一块负资产"剥离"给上一级的集团公司托管,然后又把另一块资产"注入",收益率自然就上了10%。这种"财务游戏"日日上演,成为公开的秘密。

正是在这样的土壤上,中国资本市场变成了一个灰色和投机的冒险家乐园。那些上市的国有企业好像捡到了一个天上掉下来的大馅饼,其机制并没有因此得到任何的改善。于是"一年绩优、二年绩平、三年亏损"的现象比比皆是,不少企业,特别是各省市靠解困政策拿到指标的地方国有企业,迅速就把轻易融到的数千万元乃至数亿元资金都挥霍一空,然后便又沦落到了亏损的境地。便是在这样的时候,它们变成了一个又一个的

---

① 提出过与张维迎类似观点的人士还有很多。1998年,香港证券及期货事务监察委员会主席梁定邦大律师被中国证监会聘为首席顾问,这被解读为证监会试图规范中国股市的标志性行动之一。梁定邦到任后不久就对股市频频开炮,其中第一条便是指标配额制。他认为,"指标配额上市的办法,其计划有很大的随意性,绝大多数上市指标都是为当地解困脱贫的,捆绑上市很普遍。上市之后,企业的机制和财务问题很快就暴露出来,相当一部分公司成为空壳"。除了配额制外,梁定邦对另一个"中国特色"的"股份分置"制度也提出了批评,所有上市的国有公司都存在非流通股与流通股两类股份,前者为国有股份。两类股份的权利相同,但持股的成本则有巨大差异,这造成了两类股东之间的严重不公,同时也为日后的"庄家经济"提供了天然的操作空间。2005年之后,通过国有股减持的改革,才结束了这一制度。

第三部 1993—1997 民族品牌进行曲

"壳资源"，一些有能力的资本玩家乘机进入，上下其手，兴风作浪，中国股市很快就将进入一个庄家狂舞的年代。

通过股票上市为国有企业输血解困，毕竟只能解决少数大中型企业的难题，量大面广、数以三十万计的中小国有企业仍然是一团乱麻。就这样，颇有争议的"诸城经验"进入了决策层的视野中。

1996年3月，中国社科院的经济学家吴敬琏突然接到通知，要他参加一个视察组前往山东诸城，带队人是朱镕基副总理，同行的还有国家经贸委副主任陈清泰以及此前已到诸城搞过调研的国家体改委副主任洪虎。视察组20日到诸城。山东的官员对朱镕基的态度忐忑不安，因为就在这几天的《经济日报》上刊登了一组调查报告，有人对一些地方的股份制试验提出了批评，认为会造成国有资产的流失，如果这是中央的态度，那么诸城无疑是一个最大的反面典型了。诸城经验的"始作俑者"陈光日后回忆说："那时候我的人生就好像一枚半空中的硬币，连自己也不知道会翻到哪一面。"视察组原定调研三天，三天后，朱镕基临时决定推迟行程，再看半天。24日，朱镕基在济南召集山东省、地、市、局四级干部开会交流，充分肯定了诸城的小企业改制做得好。多日来一直把心悬到半空中的山东干部们这才长出一口大气。

对"诸城经验"的肯定是决策层对国有企业改革思路的一次战略性大调整，在某种意义上，这标志着开始于1978年、以机制改革为主题的国有企业改革运动的终结。一些经济学家据此提出了"抓大放小"的新改革方针，那些没有竞争力也无关国计民生的中小企业将被"放掉"，政府将主抓那些有成长潜力、具备资源优势的大型企业及赢利能力强的产业。事实上，吴敬琏之所以被点名同行，正是因为他在1995年的最后一期《改革》杂志上发表了《放开放活国有小企业》一文，明确提出"放小"很有可能成为深化国有企业改革的一条新路，这一思路与他的老同事周叔莲在三年前提出的"重点扶持、其余放活"的主张一脉相承。根据有关部门的统计，当时全国有32万家国有企业，列为大中型国有企业的有1.4万家，其余都是中小企业。在"抓大放小"的战略被确立后，从1993年起在东南沿海一带暗潮涌动的地方国有及集体企业的产权清晰化试验开始浮出水面。企业变革进入一个全新的、以所有权改革为主题的时期，各种悲喜大戏即将一一上演。

"抓大放小"的战略，看上去很容易理解，执行起来却绝不容易。譬如"抓大"，抓哪些大、如何抓，都是难题。在1996年，当这个战略刚刚被提出来的时候，"抓大"是跟火热蓬勃的民族企业振兴运动结合起来的，它的背后有一个光芒万丈的"500强梦想"。

正如我们在之前已经描述过的，国内市场的繁荣及新兴企业的集体胜利，让中国的企业家们第一次信心爆棚。他们突然发现，原来世界并非想象中的那么遥远，那些不可一世的跨国公司似乎并非不可追赶。于是，进入"世界500强"在这一年成了企业家们共同的梦想。

"世界500强"是美国《财富》杂志的一个排行榜，它以销售额和资本总量为依据对全球企业进行排行，每年10月准时公布。1989年，中国

▲ "世界500强"梦想

银行成为第一个出现在"世界500强"排行榜的中国公司。但是在当时，并没有多少人知道这个评选，企业家们也并不在意，每年数百亿美元的销售额对他们来说遥不可及。1995年，《财富》杂志首次将所有产业领域的公司纳入评选范围，也正是在此刻，中国的新兴公司第一次将进入"世界500强"作为自己的目标。1995年年底，张瑞敏第一次明确提出，海尔要在2006年进入"世界500强"排名，当年海尔的销售额是"世界500强"入围标准的1/18。随着海尔的高调宣示，在随后的半年内至少有近30家公司提出了自己进入"世界500强"的时间表。曾有人这样评论：进入20世纪90年代中期，每年一度的"世界500强"排行榜像工商界的奥运会，吸引着来自东方的炽热目光。渐渐地，"世界500强"变成了一种图腾，深深地植入中国企业家的"集体无意识"之中。

被"世界500强"的梦想所吸引的不光是企业家，与这股高昂气势相呼应，中央政府和学术界也同时达成了一个乐观的共识，那就是，"抓大"就应该全力扶持那些从市场中冲杀出来的企业，把它们尽快地送进"世界500强"。进入"世界500强"成了一项国家经济目标。① 秋天，国家经贸委宣布，未来几年将重点扶植宝钢、海尔、江南造船、华北制药、北大方正、长虹6家公司，力争使它们在2010年进入"世界500强"。这6名"种子选手"成为冲刺"世界500强"的国家级先头部队。其中，江南造船厂是一家百年老厂，创办于洋务运动期间，是中国最大的造船企业。华北制药厂是新中国成立后新建的最大制药企业，其他4家企业则都是改革开放后的新兴企业。它们的共同特点是，具有国有资本的背景，在市场竞争中证明了企业的竞争能力，还有一个杰出的企业家。在中央政府确定了"国家队"之后，各省应声而动，纷纷开出自己的扶持名单，宣布将在

---

① 张维迎曾评论说，"中国是唯一把进入500强作为政府方针的国家"。2005年，经济学家钟朋荣在评论德隆事件时也反思道，"很多企业家从骨子里就是要让自己的企业早早地进入'世界500强'，看来，500强情结已经给许多企业带来了灾难性的后果"。

若干年内将它们送进"中国500强企业",而各地市则相应地提出了打造"省级百强企业"的构想。[①]国家各部委也纷纷提出了所在领域里的扶持名单,例如,国家轻工总局就公布了全国68家"争创国际名牌优势企业"名单,其战略目标也是"10年内力争扶持中国轻工企业进入'世界500强'"。就这样,围绕着500强的目标,一个由上而下的"抓大战略"渐渐成型了。

国家对6个种子选手的扶持政策,包括每年向每个公司投入不少于2 000万元的技术创新基金,允许企业筹建具有公众融资功能的财务公司,其仿效的目标是日韩财团模式,而具体的榜样就是当时全亚洲成长速度最快的韩国大宇集团。大宇由金宇中于1967年创办,起先是一家注册资金只有1万美元的小贸易公司。1976年,曾经在金宇中父亲门下学习的韩国总统朴正熙决定支持大宇,他把一家亏损已37年的国有重型机械制造厂划拨给大宇公司。金宇中仅用一年时间就将之扭亏为盈,韩国政府随即把一些经营不善的国有企业,如造船厂、汽车制造厂等都交给金宇中打理,同时特许大宇从事金融服务业。很快,大宇靠制造业与金融业的"混业经营"模式后来居上,快速成长为一家规模惊人的综合企业。1993年,金宇中提出了"世界经营"的口号,全面涉足汽车、造船、电视、航空配件、光缆通信等多个重大领域,在波兰、乌克兰、伊朗、越南、印度等国家建立了多家工厂。1995年,大宇被美国《商业周刊》评选为亚洲成长最快的企业,全盛时期的大宇在110个国家雇用了32万人。金宇中撰写的

[①] 在这种设想下,各地出现了由政府出面将若干家企业归并在一起"造大船,出远洋"的热浪,其中较轰动的联合重组新闻发生在浙江省杭州市。该市将当地生产洗衣机的金鱼公司、生产冰箱的东宝公司、生产电风扇的乘风公司和生产冰柜的华美公司四合为一,重组成资产规模达28亿元、销售额跃居全国家电六强的金松集团。这起重组筹划于1996年,成型于1997年8月,2000年6月,因整合乏力,金松集团解体。

自传《旷世伟业》^①被译成21种文字畅销全球,仅在韩国就发行了200万册。大宇的神话让中国商业界无比羡慕,它让人们看到了一个在政府全力扶持下、通过实业与金融"混业经营"的模式快速壮大的路径。在很多人看来,它是东方式的,是完全可以被"移植"到中国来的。在当时国内的经济学界和决策层,培植若干家能够进入"世界500强"的超大型企业集团几乎是一个共识。人们认为,这种规模庞大、无所不包的航空母舰式的财团式企业是抗击国际竞争风险的最好模式,也是中国经济崛起的象征。

进入"世界500强"的美好憧憬以及对"大宇模式"的仿效,把方兴未艾的多元化热浪推到了一个新的高潮。1996年,是30年企业史上最激情四射的年份之一。每一个行业都充满了无数的商机,所有人都变得迫不及待,扩张,再扩张,企业家们还远远没有学会控制自己的欲望。日后的事实将证明,在多元化的浪潮中,那些失去理智和控制力的企业家都将自食其果。

三九集团的赵新先是最早嗅出"抓大放小"所蕴含的商机的企业家之一。夏天,他对部下们说:"社会上有这么多资产闲置,是三九下山摘桃子的大好机会,千万不能错过,过了这个村,就没了这个店。"三九是当时中国效益最好的中成药企业。1985年,广州第一军医大学下属南方医院的药局主任赵新先受命到深圳近郊的笔架山上创办了这家企业。他建成了中国第一条中药自动化生产线,研制出对慢性胃炎治疗效果颇好的"三九胃泰",企业效益连年翻番,到1988年年底就实现产值18亿元,上缴利税4亿元,居全国500家最大工业企业第82位。解放军总后勤部授予赵新先"优秀军队企业家"称号,颁发二级英雄模范奖章一枚,还向全军做出了《关于向赵新先同志学习的决定》。1996年,当赵新先从各种渠道得

---

① 金宇中在1989年出版了自传《旷世伟业》(又有译名为《天地广阔 大有作为》),介绍了他个人奋斗和自我牺牲的传奇故事。1997年6月,该书中文版由内蒙古文化出版社引进出版,中文版书名为《赚遍全世界:大宇集团总裁谈赚钱处事之道》。

知中央将实施"抓大放小"战略的时候,十分敏锐地意识到这是企业快速扩张的千载难逢的好机遇。

三九第一次"下山摘桃子"就非常成功。四川的雅安制药厂是国内生产中药针剂最早的厂家之一,到1995年年底,这家老牌国营企业已经到了山穷水尽的地步,全年产值只有1 000多万元,利润仅2万元。赵新先在一次出差中发现了这家企业,当即拍板投资1 700万元予以收购,并委派最得力的干将入川经营。三九人进入后,第一件事情就是给每个职工一本赵新先主编的《论三九机制》,班组学习讨论两个星期,然后在企业内推行"干部能上能下、职工能进能出、工资能高能低"的市场化管理。雅安厂的针剂贴上三九的品牌,通过三九的营销网走向全国市场,一年后产值就达到了1亿元,实现利税2 000多万元。并购效应之显著,出乎所有人的预料。①

雅安经验的成功顿时让赵新先雄心万丈。他认为,国营老企业的所有痼疾都是体制造成的,只要将三九的机制和品牌注入,再加上适度的启动资本,完全可以让它们一夜之间铁树开花。1996年年底,三九召开雅安经验学习会,会后,赵新先宣布成立三九投资管理公司,委派60多名干部奔赴全国各地,专事收购兼并工作。

笔架山上号令一响,一拨人马浩荡冲下山去。在当时,三九品牌响彻国内,举目四顾,像它这样既有国有企业的正宗血统,又有资金、品牌和销售网络者,几乎没有几家。把企业交给三九,不但能够救活企业,而且没有贱卖国有资产的嫌疑。因此,赵新先每到一个省,书记、省长必出面接待,到了市里,更是惊动五大班子集体迎送,各地媒体也是追踪报道,

---

① 关于靠体制优势兼并企业,最著名的比喻是海尔张瑞敏的"休克鱼理论"。"休克鱼"指的是鱼的肌体没有腐烂,企业的硬件很好,但是企业的体制、管理及观念有问题,导致经营停滞不前,处于休克状态。所以,这种企业一旦注入新的管理思想,有一套行之有效的管理办法,很快就能被激活。靠"休克鱼理论",海尔从1988年到1996年,兼并了19家亏损企业。

▲ 三九

热烈捧场。一些偏僻地方的企业听说三九开始大并购，便千里迢迢地跑到深圳三九总部，排着队要求兼并。河南兰考县一下子就把7家企业都送给了三九；在西部某省，一个酒厂的厂长当场下跪，恳请赵新先"吃掉"他的工厂。从1996年到2001年，三九出手并购了140多家地方企业，平均每月并购两家。在这种跑马圈地式的疯狂并购中，三九集团迅速扩张成全国最大的中医药企业，总资产猛增到186亿元，所属企业遍及除了西藏之外的所有省、市、自治区，形成了医药、汽车、食品、制酒、旅游饭店、商业、农业和房地产八大行业，旗下甚至包括一家华南地区最大的夜总会。扩张之初，企业的负债率为19%，到1998年时，负债率已经高达80%。为了展示并购的赫赫战果，赵新先还在三九的厂史陈列室入门处，放置了一艘航空母舰的模型，军舰的甲板上放了数十架飞机，它们分别代表集团直属的二级子公司，在它们的旗下则还有上百家三级、四级公司。赵新先对这个创意十分满意，每有贵客来，他必在军舰前做一番介绍。他说："这就是中国中药产业的航空母舰，我们要让飞机达到100架。"到他退休之前，飞机最多的时候为98架。

赵新先式的激情，在1996年一点也不显得突兀。美国经济学家、1982年诺贝尔经济学奖获得者乔治·斯蒂格勒说过的一段话被企业家们每天挂在嘴上："一个企业通过兼并其竞争对手的途径成为巨型企业是现代经济史上一个突出的现象。没有一个西方大公司不是通过某种程度、某种方式的兼并而成长起来的，几乎没有一家大公司主要是靠内部扩张成长起来的。"事实上，在当时，只有极少数企业家看到了狂热中潜伏的凶险。刚刚下定决心走专业化道路的王石在自己创办的《万科周刊》上写文章说："新兴企业千万不要认为这是扩张的时机，现在对'无产者'来说是一个机会，有10%~15%的人会因此成为'有产者'，他们干不好无非还是一个'无产者'，他们可以去搏。但是对那些80年代末90年代初创立的企业来说，现在不是扩张的时候，要控制住自己。天下没有白吃的午餐，国家都管不了，你怎么管？"

《万科周刊》是一本没有公开刊号的企业内部刊物，所以并没有太多人听到王石的声音，即便听到了也未必有人会放在心上。

在狂飙突进的多元化浪潮席卷下，企业家们似乎已经失去了认真、寂寞地做好一个产品的耐心。"我认为中国人有点急躁。"在中国沿海考察的日本管理学者大前研一有点担忧地说，"中国的机会太多，以至中国的企业家很难专注于某个领域，并在该领域做出卓越的成绩。但专注是赚钱的唯一途径。可口可乐专心做可乐，成为世界消费品领域的领先者；丰田专注于做汽车，成为日本利润最为丰厚的公司。进入一个行业，专业化，然后全球化，这才是赚钱的唯一途径。"这位亚洲地区唯一进入全球前十位国际级管理大师排行榜的学者还举例说，他曾在一家中国书店看到一本《西方百部管理经典》，竟然浓缩在200页的篇幅内。"只想阅读管理书籍的摘要，只想在5年之内就赶上日本花了50年所学的，这正是中国打算做的。可是，管理是一个连续反馈的过程，如果你只是这样'浓缩'地学习，然后匆匆忙忙地采取行动，或者是让其他人来对组织进行改造，这简直就像个'人造的孩子'。"

大前研一的这种声音在亢奋的中国企业家听来，实在有点儿保守。在中关村，四通集团的董事长段永基宣称："我们已经进入资本经营的阶段，收购兼并企业，然后包装卖掉，这样比干企业本身更能赚钱，而且还来得快。"四通曾经是中关村知名度最高的IT（信息技术）企业，也是20世纪

80年代末期中国高科技企业的一面"旗帜"。在1992年前后,四通集团的纯利就有3亿元,销售额的70%、利润的90%都是依靠打字机系列产品。但是从这以后,四通就沉浸在外延式的成长中,公司对科技开发的投入明显不足。据四通集团主管开发工作的执行副总裁、总工程师王缉志日后回忆,他当时能够支配的开发费用还不到公司总营业额的0.3%。他说:"尽管按照国家和开发区的规定,公司可以提取营业额的7%作为开发费而纳入成本,但是这些开发费提了之后都不知道干什么去了。公司请人吃顿饭、唱一次卡拉OK,动辄可以一掷千金,甚至万金,为总裁办一张高尔夫会员卡可花几十万、上百万元,可是我要调用几万元的开发费都要走很麻烦的手续。每当公司向银行申请贷款的时候,就要我们写科技开发项目的可行性报告,但这是写给银行和政府看的,因此得来的科技贷款却用到了其他方面,比如炒股票、炒期货、搞房地产。"四通是当时国人寄予无限厚望的高科技企业,在很长一段时间它也以"与巨人同行,做中国的IBM"为己任,而王缉志所透露出来的实情却让人心寒。段永基自己也曾讲过一个黑色幽默式的四通故事。

在1995年,一个学金融出身的人承包了四通在武汉的一个证券营业部。由于四通员工当时多是技术出身,不懂金融,这就给了这个人可乘之机。此人把营业部的公章私自进行了修改,从而取得了进行国债交易的资格,得到了两个多亿的盈利,这么多钱全被他个人挥霍掉了。后来国家取缔武汉的国债交易市场时,段永基是通过看报纸才知道"四通做国债赚了两个多亿"。依照有关规定,四通集团必须退还这两亿多元的不合法盈利。当时四通不但不敢处理那个私改公章的人,还好吃好喝地供着他,希望他能讲清楚这两亿多元花到什么地方去了。有一次,段永基和这个人同乘一班飞机,段永基坐普通的经济舱,他坐高级的头等舱。那个人问段总裁:"赚这么多钱,怎么还坐经济舱?"段永基没好气地说:"赚的钱都给你还债了。"后来的事实表明,很多企业在当时所标榜和宣告的科技投入都是让人怀疑的。

这种浮躁现象在已经取得胜利的家电产业尤为突出。后来的很多专家都认为，1996年前后，本土家电企业集体性地错过了一个"改变历史的机会"。当时，这些企业已经靠价格战击败了早先靠品牌优势而获得先机的跨国企业，获得了极大的市场份额，企业的士气和效益都处在最佳的时期。要稳固市场战果，就必须在技术上拥有核心的开发能力。当时所有的国产家电企业，其实都还是一些装配工厂，各类家电的核心部件仍然需要从国外引进，冰箱、空调和彩电的核心技术都被日本及美国公司所掌控。1996年7月，科龙集团的潘宁宣布，将投资10亿元人民币在日本神户建立日本科龙株式会社（电器产品开发研究所），聘请多名日本及欧美高水平的技术专家对冰箱压缩机技术进行攻关研发。他很激动地说："如果不能在有生之年装出一台百分之百的中国冰箱，我们这代冰箱人愧对后人。"在科龙之后，海尔、TCL、长虹等纷纷宣布将在美国、欧洲及日本等地设立"前沿式的技术中心"。

　　日后的事实显示，这些"技术中心"都仅仅是一些炒作的题材而已。本土家电企业在打垮了跨国公司之后，迅速地陷入了更为惨烈的"内战"。由于所有的企业都处在相同的技术层面上，所以"内战"的武器还是价格战，以及一轮又一轮的以"技术创新"为噱头的"概念大战"。在之后的几年里，中国家电企业不断宣布自己实现了革命性的技术突破，有人曾经将这些"新技术"做过一个黑色幽默般的描写，譬如"光触媒空调"被宣称是"21世纪空调业的重大突破"，其实就是在过滤器上加装一张含有"活性炭的过滤网"，活性炭潮湿了，拿出来晒晒太阳，其成本不到1元钱；"无菌冰箱"被宣告是"冰箱进入绿色时代的标志"，其实是在冰箱的塑料部件上注入一些药剂，成本不到10元，却可以靠这个技术概念拉抬200元的售价；采用了"数码景深电路"的"数字彩电"，其实是把彩电技术中的电子束原理进行了一个新的概念描述；"环形立体风空调"是某大型空调企业投入上亿元开发出来的专利性技术，其实就是在风叶上装了一个定时器，让它定时上下左右变换而已。

　　即使是当时中国最优秀的家电企业也没有在核心技术的突破上下大功

夫，而是步入了概念炒作的歧途。海尔公司的"地瓜洗衣机"便是一个很经典、很著名的事例。

这个故事的"标准版本"是这样的。张瑞敏到四川西南农村考察，发现当地农民用的洗衣机的排水管经常有污泥堵着，张瑞敏就问当地人原因。农民说，我这个洗衣机不但用来洗衣服，还用它来洗地瓜。回来后，张瑞敏就对科研人员说，农民用我们的洗衣机洗地瓜，把排水管都堵住了，看看能不能想想办法。科研所一位小伙子对张瑞敏说，洗衣机是用来洗衣服的，怎么能用来洗地瓜呢？张瑞敏说，农民给我们提供了一个很重要的信息，这个信息是用金钱无法买到的，你们要研制一种能洗地瓜的洗衣机。研发部门接到这个课题以后，在一个月的时间里研制出了全球第一台"地瓜洗衣机"。科研人员在洗衣机上装了两个排水管，一个粗一点，一个细一点，洗地瓜时用粗的，洗衣服时用细的。后来，海尔又根据消费者需求，研制出了"打酥油的洗衣机""洗龙虾的洗衣机"。

在那几年，海尔的"地瓜洗衣机"成为传媒津津乐道的创新故事，甚至被写进了大学教材。一个叫钟伟的学者质疑说："这点地瓜，挑到河边井边用手洗，省力省钱又干净，为什么非得费水费电费时间地用洗衣机呢？"这种对产品创新的曲解和误导，最终让中国家电业的技术进步陷入了形式主义和技术空心化的歧途。在所有的家电品类中，核心技术的突破始终没有实现，一直到2008年，中国成为全球最大的家电制造基地，但是仍然无法完整地制造出一台百分之百的"中国彩电""中国冰箱""中国空调"。

在1996年，所有的危机都远如天边一朵若有若无的乌云。人们目力所及的是一幅玫瑰色的前景，消费市场空前活跃与繁荣，本土公司充满活力和激情。在全球范围内，中国的渐进式改革看上去也是最成功的。北方的俄罗斯经济正陷入困境，自1992年推行"休克疗法"和大规模私有化经济改革以来，俄罗斯出现严重的通货膨胀，宏观经济持续下滑，居民实际生活水平下降30%~40%，甚至连人均寿命都减少了3.6年，婴儿死亡率高达15.9%，成为世界上婴儿死亡率最高的国家。为了支持叶利钦政府，西方提出了102亿美元的紧急援助计划。《新闻周刊》在这年的一篇报道中写道："中国正在每一个领域制造令人惊奇的巨大影响，从台湾海峡到美国商店的地板，这都是1979年邓小平实行改革开放的时候所没有被预见到的。一个强大的中国开始出现。作为一股经济力量，中国正进入和改变着全球市场，有些时候甚至制定了他们自己的游戏规则。"未来学家约翰·奈斯比特在新出版的《亚洲大趋势》中预言亚洲将会成为世界经济的中心，而中国无疑将成为亚洲的中心。这段文字被人一再地引用，其实，这位大胡子的美国人在那本书里还说过一句更有寓意的话却被人们忽视了。他说："中国经济发展的目标不是去赶超美国，而是应该造福于中国人。"[①] 在这一年，更让人们满怀憧憬的是，来年将是香港的回归之年，百年耻辱将一日洗去。在很多人看来，"中国世纪"的脚步声真的已经倾耳可闻了。受乐观景气的影响，上海的股市从年初的537点上涨到了11月的1 200点。

这种高涨的民族自豪情绪还十分生动地体现在两本畅销书上。

5月，一本《中国可以说不——冷战后时代的政治与情感抉择》的政治评论著作一面市就引发热浪，首版发行5万册，只用了20多天就一售而空。这本书的5位作者都是大学毕业不久、30岁上下的文化青年。书名明显受到6年前那本著名的《日本可以说不》的影响，而其民族自豪的色彩也同样浓烈。20世纪90年代中期，中美之间自1989年以来的紧张关系仍在持续。美国政府游说各国抵制北京承办2000年奥运会，并对中国加入世界贸易组织多方阻拦。1994年，莱斯特·布朗发表研究报告《谁来养活中国》。根据他的计算，中国未来30年的粮食产量将呈下降趋势，不但中国养活不了中国人，就是全世界也养活不了中国人。"布朗报告"引发了很大的国际震撼和中国民众的愤怒。《中国可以说不》一书最重要的观

---

① [美]约翰·奈斯比特著，《亚洲大趋势》，北京：外文出版社，1996年版。

点，是对美国的超级大国地位提出质疑，并猛烈批判中国国内的崇美、亲美思潮，进而大胆地为中国的崛起呐喊。在"前言"中作者写道："美国谁也领导不了，它只能领导它自己；日本谁也领导不了，它有时连自己都无法领导；中国谁也不想领导，中国只想领导自己。"这本书被迅速翻译到美国和日本，美国驻华使馆还专门约请作者交谈，这被视为中国民族主义思潮高涨的一个象征性事件。①

到了年底，一本商业图书引起了同样的轰动。曾经担任过联想公司公共关系部总经理的陈惠湘写出了《联想为什么》。作者以亲身经历叙述了联想公司的成长历程，以及其间形成的管理思想和经营模式。这应该算是第一本以中国现代公司为研究标本的商业书籍。联想被认为是中国崛起中的一个榜样，作者写道："学完美国学日本，到头来能不能解决中国企业的问题？中国需要研究自己，中国需要集体英雄主义。"在书的封底，编辑者更是用黑体字醒目地提示说："在这本书面前，我们只需深思一个问题：我们该怎样爱自己的祖国？"②

这种貌似深邃的问题背后，无疑激荡着一股倔强的、舍我其谁的浩然之气。但是，世界真的如此令人着迷吗？

▲《中国可以说不》

---

① 《中国可以说不》的作者是张藏藏、宋强、乔边、古清生、汤正宇。1996年，中国出现了多本以反击美国霸权主义为主题的政论类图书，影响较大的还有李希光的《妖魔化中国的背后》。

② 陈惠湘著，《联想为什么》，北京：北京大学出版社，1997年版。

企业史人物 ｜ 一人三九 ｜

2005年11月19日，赵新先去北京颐和园游玩。那天他的心情不错，一路上让家人拍了不少照片。在出园的时候，几名警察拦住了他。第二天，赵新先出现在南方的深圳梅林看守所。看守所位于笔架山西南侧一个很偏僻的山坳里，四周长满细高笔直的桉树和树冠硕大的荔枝树。赵新先被关押在一间只有几平方米的囚室里，囚室的窗口很高，踮着脚尖往外望，瞧得见南方浩渺的星空。从这个地方向东走一千多米，再拐一个弯，就是三九集团的总部。

1985年8月7日，广州第一军医大学下属南方医院的药局主任赵新先受命到广州城郊的笔架山上创办药厂，跟着他的有6名医院的员工和8个聘用的工人。他躺在一个铁皮做的狗棚里，四周茅草丛生，一片荒芜。他用铁锹当枕头，用军衣当被子，曲身而眠。那年他43岁。

从狗棚到囚室，赵新先走了整整20年。

赵新先是三九集团的创始人。他把一家军医附属工厂办成了中国中药企业中唯一一个把产值做到将近100亿元的企业。赵新先是靠三九胃泰起家的。这个配方是几年前他在粤北乡间从老乡那里得来的，原料是南方特有的三桠苦和九里香，对治疗胃病有奇效。当年推广产品的时候，他不像别的厂家那样扛着产品四处推销，而是穿上整洁威严的军服，到各大中心城市去开"学术报告会"。他把各地的卫生局、药材公司、各大医院和新闻媒体邀集在一起，大讲三九胃泰的病理和药理。赵新先一个月跑了10个城市，开了10场学术报告会，所到之处必刮起一阵"三九旋风"，等他回到深圳，订单已如雪片般追踪而

▲赵新先

来。办厂第一年，南方药厂就拿下1 100万元的销售收入。

在广告营销上，赵新先有两个发明。他是出租车顶箱广告的中国发明者，1988年，他在一部美国电影中偶尔瞥见一辆车顶背着个广告灯箱的出租车一闪而过。第二天，他就跟广州市的出租车公司洽谈，在四百多辆出租车上安装了"胃药之王，三九胃泰"的顶箱广告。这些车在市区四处跑，传播效应好得出奇，这种广告形式很快风靡全国。赵新先还是明星广告的首倡者。也是在这一年，他说服著名的老电影艺术家李默然为产品做广告，这则全国最早的明星广告在中央电视台一播出，顿时就引起轰动。人们开始讨论，明星到底能不能做广告，李默然到底收了企业多少钱。这些争议让始料未及的李默然困扰不已，却把三九胃泰的名气越炒越大。某种意义上，在整个20世纪80年代，三九是最成功的市场化企业之一。

在企业史上，三九最出名的还不是它的骄人效益，而是它独步天下的"一人机制"。在公司里，赵新先是总经理兼党委书记，下面不设副总经理，集团总部只设党务部、财务部和人事部三个机构，甚至连总裁办公室都没有，赵新先之下设5个秘书，分别处理相关具体事务。三九的管理模式，在当时国内的所有国有企业中绝无仅有，甚至是不可想象的。它突破了僵化的国有体制对企业的束缚，带来的结果是真正的政企分开，从而解决了国有企业十多年来始终难解的老大难问题。

关于"一人机制"最戏剧性的一幕出现在1992年9月。国务院副总理朱镕基到三九集团视察，看后十分满意，临走时朱镕基提出要跟药厂的领导合影留念，他对赵新先说："老赵，把你的那些副厂长叫来一起照。"赵新先说："副总理，我这没有副厂长，领导就我一个人，我是厂长、书记、总工程师一身兼。"

这个细节被记者写进了报道中，"一人机制"顿时在国内被传为美谈。1993年，中央电视台编辑播出了一套介绍国有企业改革经验的电视专题片，第一篇是"海尔经验"，第二篇就是"三九机制"。客观地说，一直到赵新先退休前的那一刻，他一直牢牢地掌控着这家国有企业，而其得失成败也可谓"成也一人，败也一人"。

三九的兴衰与多元化有关。从1996年到2001年，三九出手并购了140多家地方企业，平均每月并购两家。2000年，赵新先在资本市场上强势出招，在不到一年的时间里，一举成为三家上市公司的主人。在当时的资本市场上，只有唐万新的德隆系同时控股了湘火炬、新疆屯河及合金控股三家上市公司。赵新先不无得意地说："在资本市场上，三九的表现仅次于德隆。"

为了实现全球最大中成药企业的梦想，从2000年起，赵新先在国际和国内两大战线同时出击，分别实施全球创建1 000家连锁中药诊所的"麦当劳计划"和在国内开办1万家连锁药店的"沃尔玛战略"。赵新先是那种颇有战略直觉的企业家，在产业的每一个转型点，他都能很早意识到，并迅速地做出反应。但他在项目的执行上则总是显得"大而无当"，在一次又一次的布局和冲杀中，三九的企业规模越来越大，但是能够给企业带来直接效益的项目却始终未现。2003年，四处狂奔而无所收获的赵新先和他的三九冲到了悬崖的边缘。秋天，媒体披露三九共欠银行贷款98亿元，已经陷入巨额财务危机。此文一出，顿时把三九的资金窘境曝光于天下。接下来的一个多月里，银行的"讨债大军"纷至沓来，三九总部一片混乱。

在这样的时候，试图自救的赵新先突然把矛头对准了国有资产的拥有者。他认为："三九负债率偏高的根源在于三九集团是一个怪胎，作为国有企业，其国有出资人是存在的，但却没有实际出资，国有出资人没有履行出资义务。对于三九集团而言，国家不仅没有出一分钱，而且也从未享受过债转股、贴息贷款等优惠政策。"

很显然，已经超过了60岁惯例退休年龄的赵新先不想再坐等下去了，他想利用此次财务危机，彻底，至少部分地解决三九的产权问题。

2004年3月，在北京的全国两会上，作为全国政协委员的赵新先在接受中外记者采访时，再度把矛头直指国资委。他说，国资委应当担负起企业股东为获得发展的流动资金增加投资,投入新的资本金的职能。两个月后,赵新先突然被免去三九企业集团总经理、党委书记职务。2005年年底,赵新先因涉嫌向境外转移资产被宣布"双规"。2007年6月,赵新先以"国有公司人员滥用职权罪"被深圳市罗湖区法院判处有期徒刑一年零九个月。

1997 /"世界不再令人着迷"

垮了……垮了……垮了……垮了……

——泰国司机，1997年

元旦那天，北京小雪。住在北京301医院的邓小平让人打开电视机，他看到中央台正在播放一部纪录片，就凝神看起来，可是看不清楚电视屏幕上那个远远走过来的人是谁。那边，走过来的那个，是谁啊？他问医生黄琳。黄琳说："那个是您啊。您看清楚了。"屏幕上的那个人走近了，他终于看清了自己，动动嘴角，笑一笑。黄琳告诉他，这部电视片名叫《邓小平》，是刚刚拍摄的，有12集。他什么也不说，只一集一集地看下去。黄琳知道他耳背，听不见，就俯身靠在他的耳边把台词一一复述。每当电视里有一些颂扬他的话时，黄琳看到老人的脸上总会绽出一丝异样的羞涩。

50天后的2月19日，这个93岁的政治家走到了生命的终点。

对中国人来说，这是一个巨大的悲恸。在过去的20年里，这个心胸宽广、意志刚毅的老人一直是中国经济体制改革最重要的捍卫者和推动者，他在这段复兴的中国历史上深深地烙上了自己的印记。当他去世的时候，中国这艘东方巨轮已经驶过"历史的三峡"中最惊险的一段。路透社在他去世后第二天的评论中说，邓小平敢于撇开僵硬的计划体制而赞成自由市场力量，并让中国的大门向世界开放，他真正改变了中国。

邓小平的去世让整个上半年的中国一直无法从悲伤中完全摆脱出来。7月1日香港回归，这原本是一个举国欢腾的日子，却也因此染上了一重莫名的遗憾。在邓小平生命的最后时光中，让香港平稳回归一直是他最关心的事情，他也承诺将在回归之日亲赴港岛见证，可惜他最终没有等到那一天。回归当夜，那满天烟花中，应有一朵专为他绽放。

悲伤的云雾一直笼罩着1997年，自始至终。

这年，全球最热映的电影是美国好莱坞拍摄的《泰坦尼克号》，一艘20世纪初世界上最大的、号称"永不沉没"的豪华客轮，在优雅的音乐伴奏和此起彼伏的惊恐尖叫声中沉入北大西洋海底，一起沉下去的，还有年轻的流浪画家杰克·道森与贵族小姐罗丝的爱情。当中国观众百感交集地走出影院的时候，在商业世界，悲剧即将上演，哀伤如出一辙。

这是一个具有分水岭意义的年份。在此之前的三年里，联想、海尔、长虹等本土公司依靠价格战和高举民族品牌旗帜，在家电、饮料等消费品领域中节节取胜。企业家们沉浸在"500强梦想"中，政府及企业的信心已近

▲《泰坦尼克号》来到中国

爆棚。然而，接下来发生在亚洲及中国企业界的一连串突如其来的事件，让无数的梦想如泡沫般幻灭。

最重大的恶性事件是席卷亚洲各国的金融风暴。一个叫乔治·索罗斯的美国投资家在未来的很多年里一直被亚洲政治家们视为带有神秘邪恶色彩的金融巨鳄。从2月开始，索罗斯领导的量子基金瞄准经济过热、出现赤字危机的泰国，开始大肆抛售泰铢，使泰铢对美元汇率剧烈波动，泰国政府动用50亿美元外汇储备和200亿美元借款来干预汇市，但是仍不能阻止泰铢的一路下滑。到7月2日，泰国政府被迫宣布让汇率自由浮动，一天之内，泰铢大跌20%。在狙击了泰铢之后，索罗斯转而攻击马来西亚、菲律宾、印尼、韩国以及中国香港，所受攻击的国家和地区均蒙受巨大的金融伤害。这场亚洲金融风暴从1997年夏季开始，历时4个多月，对亚洲各国和所有的产业都造成了重大的影响。菲律宾、马来西亚和印度尼西亚的中产阶级财产分别缩水50%、61%和37%，中国香港、新加坡和泰国的居民资产则下跌了44%、43%和41%。当风暴席卷泰国的时候，《纽约时报》专栏作家托马斯·弗里德曼正好在泰国。8年后，他在畅销一时的《世界是平的》一书里心有余悸地描述了当时的景象："泰国政府宣布关闭58家主要金融机构，一夜之间，那些私人银行家倾家荡产。我驱车前往曼谷的阿素街参加一个聚会，此处是泰国的华尔街，倒闭的金融机构多数在此。当我的轿车慢慢经过这些破产的银行时，每过一家，司机就喃喃自语道，'垮了……垮了……垮了……垮了……'这些泰国银行成了

▲亚洲金融风暴的始作俑者索罗斯

第三部 1993—1997 民族品牌进行曲

新的全球化时代第一次全球金融危机中的第一块多米诺骨牌。"①

即使是亚洲最发达的国家,也不能幸免于难。在韩国,受到攻击的韩元在两个多月里疯狂贬值50%,国家经济几乎到了崩溃的边缘。韩国政府不得不向美、日以及国际货币基金组织等请求紧急援助,借贷金额为创全球纪录的550亿美元,并被迫承诺实施严厉的稳定经济计划及降低经济增长率,经济自主权一度丧失。韩国政府向所有公务员发布了一项"勒紧裤腰带"方针,要求公务员至少将薪水的10%存入银行。而民众则自发把家中的金银首饰捐献出来。在风暴中,韩国失业率高达11%,韩国企业蒙受了至少3万亿韩元的兑换差额损失,外债本息的偿还额增加了4万多亿韩元。多家大公司宣告破产或陷入绝境,其中就有前些年无限风光、被中国企业视为标杆的大宇集团。当风暴席卷时,一直处在快速扩张中的大宇其实已债台高筑,公司借贷资金达到了200亿美元的规模。面对危机,金宇中采取了一系列收缩计划,但同时却在汽车业务上加倍下注,靠大量发行高息债券和商业票据的方法融到135亿美元的短期债务资金,相继接管了双龙汽车和三星汽车,并继续推进其国际汽车巨头的战略。到年底,大宇的主贷款银行拒绝进一步对其追加贷款。1999年10月,负债800亿美元的大宇终于宣告破产,金宇中出走美国,韩国舆论发出"财阀亡国论"的怒吼。

在日本,虽然日元没有受到直接的攻击,但是动荡的紧缩效应也迅速扩散到所有的产业。9月18日,日本零售业的明星企业八佰伴公司向静冈县地方法院申请破产。这是一家中国消费者十分熟悉的传奇企业,它的创始人和田加津是一个10岁就开始做童工的日本传统妇人,靠经营一家蔬

---

① 《世界是平的》是一本由托马斯·弗里德曼所撰写的畅销书,书中分析了21世纪初期全球化的过程。书中主要的论题是"世界正被抹平",这是一段个人与公司行号通过全球化过程得到权力的过程。作者分析这种快速的改变是如何通过科技进步与社会协定的交合,诸如手机、网络、开放源码程式等,而产生的。中文版由何帆、肖莹莹、郝正非翻译,于2006年在湖南科学技术出版社出版。

菜水果的小铺子起家，历经40年发展成一家年销售额50亿美元、在世界各地拥有400家百货店和超市的大型跨国公司。以她为生活原型拍摄的日本电视连续剧《阿信》曾经在中国创造出最高的收视率纪录。1995年年底，"上海第一八佰伴"开业，当天一共涌进了107万名顾客，创造了吉尼斯世界纪录。在过去的几年里，八佰伴是日本最具扩张野心的百货公司，它在日本拥有26家大型百货店，在东南亚、欧美和中国开有40余家商场。当金融风暴来袭的时候，它在东南亚的多家商场被迫关闭，公司资金链的危机很快暴露出来。而此时的日本银行已自顾不暇，破产时八佰伴的总负债高达13亿美元。

亚洲金融风暴在中国的周边国家一一发作，景象之惨烈让人胆战心惊。金融资本主义和全球化展现出了它凶狠和强大的破坏性的一面。这自然会影响到中国的产业经济和民众心态。在全球股市的大跌风潮中，在过去颇为活跃的中国股市也陷入低迷，消费市场更是一派萧条。经过几年的宏观调控，通货膨胀的压力日渐释放，通胀率几乎下降为零，但是，消费过冷的景象却同时出现了。根据国家统计局的报告，到1997年中期，全国的工业库存产品总值超过了3万亿元，出现了"结构性过剩"的现象，95%的工业品都是供大于求。6月，国家经贸委、内贸部、对外贸易经济合作部等不得不联合成立了全国库存商品调剂中心，以求加速企业商品流通，这种积压景象只在1990年时出现过一次。

就是在如此恶劣的大环境下，那些超速发展而对风险毫无预警的著名企业都因各种不同的原因发生了可怕的雪崩，使得该年度成了企业史上的一个"崩塌之年"[①]。

1月，因"标王"而显赫一时的山东秦池酒厂被曝光"白酒勾兑"丑闻。在此之前，秦池的销售一直很旺盛，白酒罐装线从两年前的5条增加

---

① 在这部30年的企业史上，出现过两个崩塌之年：第一个是1997年，第二个是2004年。

第三部　1993—1997　民族品牌进行曲

到了47条，它还被评为"中国企业形象最佳单位"。就当姬长孔兴冲冲地赴北京领奖的时候，《经济参考报》刊出一条爆炸性新闻，该报记者经调查发现，秦池在山东的基地每年只能生产3 000吨原酒，根本无法满足市场的翻番增加，因此，该厂从四川的一些酒厂大量收购原酒，运回山东后进行勾兑。记者找到了向秦池供酒的四川企业，他们还细致地描述了他们看到的被吹嘘是中国最先进白酒罐装线的实际现状："秦池的罐装线基本是手工操作，每条线周围有10多个操作工，酒瓶的内盖是专门由一个人用木榔头敲进去的。"这篇报道如滚雷般传到了全国各地，几乎在很短的时间里，它被无数报刊转载。一直被媒体高高吹捧着的姬长孔根本不知道如何应付这样的局面，他唯一想到的办法是派人到报社做公关，表示愿意出数百万元"收购"这组报道。"标王"就此"陨落"，年底秦池销售额从9.5亿元跌到6亿元，再一年跌到3亿元。2000年7月，秦池还不上300万元的货款，法院裁定拍卖"秦池"商标，公告发出，全国无一人应拍。

也是1月，在南方的珠海，激情四射的史玉柱走到了悬崖边。巨人集团被曝光出现了财务危机，它发动的保健品大战耗费了所有的资金，同期在建的巨人大厦在完成地下工程之后就因为资金短缺而停了下来。1月12日，数十位债权人和一群闻讯赶来的媒体记者到巨人集团总部上门讨债。危机迅速被放大，种种关于巨人集团资产被查封、员工工资被拖欠、高层经理携款潜逃等负面新闻连篇累牍地出现在报刊上。那段日子，被媒体捧为"时代偶像"、一向缺乏公众沟通能力的史玉柱把自己关在一间300平方米的总裁办公室里，拉下所有帷幕，拒绝与外界有任何接触，数十日在不见一丝阳光的大房子里孤寂地坐着。根据当时的情况，只需要有1 000万元左右的资金，巨人大厦就可重新开建，诸多冲突就会被缓解，可是史玉柱就是没有办法找到这1 000万元。他整天在大办公室里来回踱步，把地毯都踩得坑坑洼洼了，却还是束手无策。日后他哀叹说："我终于知道什么叫一分钱难倒英雄汉了。"火力凶猛的报道终于把巨人集团彻底摧毁，品牌受到重大伤害，销售商拖欠货款不付，各地分公司纷纷瓦解。仅半年，巨人集团就宣告解体，史玉柱身无分文，惶惶然离开珠海这块伤心地。他游荡大江南北，最后辗转到南京蛰伏了下来。史玉柱的败走在当年引起了巨大的震动，在后来的三年里，一直有年轻人给他写信，询问他的现状，希望看到他重新站起来。他的一位浙江大学学弟在给他的信中写道："你必须站起来，你知道吗，你的倒下伤害了我们这代人的感情。"三年之后，舔净伤口的史玉柱果然以一种十分怪异的方式站了起来。

保健品行业的另一家明星企业三株集团的状况一点也不比巨人集团好。在1996年实现了让人咋舌的80亿元销售额之后，公司管理上的混乱已经到了失控的边缘。为了追求高速度，三株广招人马，它在地区一级的子公司就多达300多家，县级办事处2 210个，乡镇一级的工作站则膨胀到13 500个，直接吸纳的就业人员为15万人以上。这支十多万人的销售大军如蝗虫一样在各地乱窜，种种夸大功效、诋毁对手的事件频频上演，单是1997年上半年，三株因"虚假广告"就遭到了十多起起诉。吴炳新在内部总结会上气愤地说："现在有一种恶劣现象，临时工哄执行经理，执行经理哄经理，经理哄地区经理，最后哄到总部来了。吴炳杰（吴炳新的弟弟）到农村去看了看，结果气得中风了，实际情况跟向他汇报的根本是两回事。"年底，三株销量出现大幅度滑坡，比上年锐减10个亿。吴炳新在年终大会上痛陈"十五大失误"，其中包括市场管理体制出现严重不适应、大企业的"恐龙病"严重以及财务管理出现严重失控等，三株危机震惊全国。作为20世纪90年代中期最高调的企业，三株集团的全面崩塌源于一个偶发事件。湖南省常德汉寿县一个退休老船工陈伯顺花428元买了10瓶三株口服液，服用后出现遍体红肿、全身瘙痒症状，不久后病发死亡，陈伯顺家属状告三株。1997年年底，常德法院认定三株口服液为不合格制品，并一审判决三株败诉。此案见报后，给风雨飘摇中的三株以致命一击。到1998年5月，三株全面停产。让人唏嘘的是，1999年4月，湖南省高级人民法院二审判决陈伯顺之死与三株无必然因果，三株集团胜诉。而此时，三株的销售体系已土崩瓦解，它留给中国商业界的只是一道耐人寻味的思考题：一个年销售额达80亿元的保健品帝国为何如此脆弱？

保健品市场的信用崩盘和急速萎缩，祸及业内所有的激进企业。那家跟三株一样靠大言不惭的广告轰炸起家的沈阳飞龙此时也奄奄一息，总裁姜伟向媒体发表了一篇长达万字的《我的错误》一文，公开承认犯下20个失误，其中包括决策的浪漫化、模糊性、急躁化等。姜伟用一种不无"浪漫"的笔调对自己痛加指斥："总裁经常处于一种急躁、惊恐和不平衡的心态当中，导致全体干部也处在一种惊弓之鸟般的心态当中。在这种自上而下的心态中，片面决策有之，错误决策有之，危险决策有之。"在那个无比激越的青春期年代，企业家们显得非常直率，他们并不惮于向公众坦陈自己的错误，而没有考虑到这种"公开的检讨"将对企业经营造成怎样的伤害。

年底，在风声鹤唳中，广州太阳神公司的创始人怀汉新也黯然宣布辞职。太阳神是最早因为多元化战略而付出代价的著名企业之一。就在销售额创纪录地达到13亿元之后，怀汉新吹响了多元化的号角，他将坚持多年的"以纵向发展为主，以横向发展为辅"的公司战略改为"纵向发展与横向发展齐头并进"，一年之内上马了包括石油、房地产、化妆品、电脑、边贸、酒店业在内的20个项目，在新疆、云南、广东和山东相继组建了"经济发展总公司"，进行大规模的收购和投资活动。怀汉新对这些项目寄予厚望，甚至提出了近乎"人有多大胆，地有多大产"的豪言壮语。在此后的两年内，太阳神先后在这些项目中投入3.4亿元，而非常不幸的是，这些项目竟无一成功，却耗尽了太阳神的资金和精力。怀汉新日后痛言："在追求高速发展时，没有进行专业化体制的建立，没有注重建立规范的投资审核和操作，以及跟踪、评价、监控体系，导致了混乱及一些不必要的资源损耗。"1996年公司出现1 100万元的亏损，1997年亏损扩大到1.59亿元，在香港上市的股票股价跌到惨不忍睹的每股9分港币。12月，怀汉新辞去总裁职务，从此深居简出，太阳神江河日下。

在连锁商业领域风光无二的郑州亚细亚公司同样陷入了绝境。那个一心以日本八佰伴为榜样、想要成为中国商业第一人的王遂舟看上去是一个雄心过于膨胀的企业家，他开在各地的亚细亚商场无一赢利。从1996年年底起，一连串的恶性事件频频发生，上海分公司的总经理被厂家软禁并拖到黄浦江边暴打了一顿。天津等地的商场甚至出现了商品被哄抢一空的局面，各地供应商集体到郑州找王遂舟讨钱，他们在一堵挂满了奖状和铜牌的"荣誉墙"上拉起了"亚细亚为何欠账不还？"的横幅。1997年3月15日，凄风苦雨中的王遂舟向他的部属们宣布了辞职的决定，亚细亚集团负债6.15亿元，资产负债率为168%。他说："我得到了很多很多教训，我们每个人都得到了经验和教训。如果亚细亚垮台了，恐怕我的耻辱柱大些，而你们的就在我旁边。"这一天，是他40岁的生日。

在刚刚兴起的互联网领域，第一个败局也即将出现。瀛海威始终没有找到成长的方向，它的全能型、收费式运营模式显然没有得到网民的认同。到9月，网站月收入下跌到30万元，尽管开展了大规模的巡回推广活动，全国的注册网民数只有6万人。张树新感受到了来自市场的寒冷，在这一年圣诞节的日记上，曾经当过大学诗社社长的张树新十分感性地描述了一个真实的场景："深夜，我们刚刚从郊外回到家中，窗外大雾弥漫。在我们开车回家的路上，由于雾太大，所有的车子都在减速慢行。前车的尾灯以微弱的穿透力映照着后车的方向，偶遇岔路，前车拐弯，我们的车走在了最前面。视野里一片迷茫，我们全神贯注小心翼翼地摸索前行，后面是一列随行的车队……我不禁想，这种情景不正是今天的瀛海威吗？"[1]

当我们回望1997年的时候，总是会想起德国思想家马克斯·韦伯的那句名言："世界不再令人着迷。"(the disenchantment of the world.) 在过

---

[1] 1998年6月，由于持续亏损，张树新被迫辞职。她说："1994年年底到1995年年初，我们进入IT行业是一种不幸。我们是这个行业中犯错误最多的人。"4个月后，15名高管集体离职。在2000年的"中国互联网影响力调查"中，昔日排名第一的瀛海威跌至131位。自此，这家网站淡出了人们的视野。瀛海威以及太阳神、三株、飞龙、亚细亚、巨人、秦池的详细案例见《大败局》（浙江大学出版社，2013年修订版）。

去的十多年里,中国最出色和成长最快的企业大多数出现在日用消费品和家用电器领域。1997年发生的这些崩塌,意味着这两大明星产业的"狂飙时代"已经基本结束。

中国的经济变革常常让人生发峰回路转、否极泰来的感慨。这一段历史,从来不是按照人们预想中的路线一丝不苟地前行的。更多的情况是,一条又一条的岔路总是在最意外的时刻出现,它让人们的智力和承受力面临极限的挑战。正如发生在1997年的景象那样,亚洲金融风暴的陡然爆发以及国内市场的空前萧条,却"意外"地让中国国有企业的市场化改造进程突然加速。

事实上,由"诸城经验"而来的中小国有企业产权改造试验,在一开始进行得并不顺利,它受到了意识形态方面的攻击。一些人士撰写"万言书"对产权改造提出质疑,认为这势必造成国有资产的大面积流失。[①] 他们认为"放小"改革就是"以改造社会主义生产资料公有制为名,行否定公有制之实","作为社会主义经济补充的私营经济、外资经济发展势头异常迅猛,已经威胁到公有制经济的主体地位"。这些言论出现在某些理论刊物和新闻媒体上,形成了一股很浓厚的批判氛围。而支持改革的学者们也开展了针锋相对的辩驳,吴敬琏撰文说:"改革已经推进到传统体制的核心部分,而在这个领域内传统思想的影响又表现得特别强烈和有害。"[②] 在这场大辩论中,那些反对者提不出对现实状况有改进效果的经济方案,而全国的国有和集体企业确乎已到了非改不可、不改就死的局面。这年1月,第三次全国工业普查结果出炉,各项数据表明,局势已到了十分危险的底部,国有企业的资本收益率只有3.29%,大大低于一年期以上的存款利率。在39个大的行业中,有18个是全行业亏损,国有工业的负债总额

---

① 国有企业是否应该退出,以及选择怎样的退出路径,在今后的几年里仍将争论不断,另一次大规模的辩论将发生在2004年的宏观调控期间。

② 吴敬琏,《把社会主义的理论创新提高到一个新的水平——关于社会主义的再定义问题》,《当代世界与社会主义》,2007年第3期。

已占到所有制权益的1.92倍，企业自有资产不足以抵偿其债务，换言之，就是整个国有企业集团已处在资不抵债的境地。有关部门在一份提交给国务院的报告中以一系列数据证明，在其他一切条件（包括劳动时间、税收等）都相同的情况下，国企的劳动成本要比私企高许多，这就是国企无法同私企竞争的一个主要原因。《远东经济评论》把新一轮的国有企业改革称为一条"不归路"，它说："这已不是秘密，中国需要对更多的国有企业进行结构改革，不管这个过程可能有多么痛苦。不进行结构改革，中国只会是越想捞回损失却损失得越多，最后连老本都赔上。"

这场火药味很浓的争论在9月12日得到了终结，中国共产党第十五次全国代表大会在北京召开，江泽民总书记在报告中对传统的公有制理论做出重大修正，提出了"混合所有制"的概念，认为非公有制经济已经不仅仅是"补充"，而且是"重要的组成部分"，国有经济的比重减少一些，不会影响社会主义性质。《人民日报》评论员马立诚和凌志军在畅销一时的《交锋——当代中国三次思想解放实录》（1998年出版）一书[1]中，将此次关于姓"公"姓"私"的争论视为1978年（关于真理标准的讨论）、1992年（关于姓"社"姓"资"的讨论）之后第三次重大的思想交锋，而党的十五大的召开则表明中国开始了第三次"思想解放"。

在中央高层和社会改革力量的推动下，一场大规模的产权清晰化运动如期而至，它将于1998年进入高潮期。在这场影响深远的产权改革运动中，苏南模式的终结是一个很有典型意义的重大事件。在过去20年的企业史上，以集体经济为主的苏南模式与以私营经济为主的温州模式是两大企业成长路径。后者遭遇无数质疑和磨难却始终曲折地壮大，前者则在无数的推崇和扶持下，渐渐落入了体制滞后的困局。

---

[1] 马立诚、凌志军著，《交锋——当代中国三次思想解放实录》，北京：今日中国出版社，1998年3月版。

跟"温州模式"一样，社会学家费孝通是"苏南模式"的概念提出者，他在1984年发表的《小城镇·再探索》[①]一文中写道，80年代初，江苏农民没有把社队企业分掉，而是通过工业保存下了集体经济实体，又借助上海经济技术的辐射和扩散，以乡镇企业为名而继续发展，"我称之为苏南模式"。很多学者用西方的经济学名词将这种模式称为"地方政府公司主义"（Local State Corporation）。在改革开放之初的15年，它依靠其公有制性质和较国有企业灵活的运行体制以及"船小好掉头"等优势，迅速成为全国最先进的企业模式。在温州模式被不断打压的时候，苏南模式却因其纯正而显赫的集体性质大放光芒，这里也因此成为中国乡镇经济最活跃和最发达的地区之一。然而，到20世纪90年代中期之后，集体经济的弊端渐渐显露和严重起来，主要体现在4个方面。一是政企不分。苏南模式的特点就是党、政、经、社四合一，很多著名的企业都是由一个行政村整体翻牌过来的行政性公司，厂长经理与镇长、乡长是可以相互兼任的。这种状况直接导致了企业经营目标的多元化，企业一旦做大就成了一个"怪胎"。二是"产权空心化"。"人人所有，人人没有"的产权特征使得原本灵活的企业渐渐染上了"国企病"，出现了"厂长负盈不负亏""穷庙富和尚"等现象。以直言而著称的经济学家董辅礽在考察苏南之后，很直率地说："说白了，苏南模式就是二国营。"三是企业"政绩化"。"干部经济"直接导致了"政绩经济"，苏南各地为了拉抬国内生产总值，大规模地搞重复建设和恶性竞争。四是效益大幅下滑，业绩作假成风。多年以来，苏南模式以根正苗红而成为全国典范，其改革效应关乎诸多官员的升迁乌纱帽。于是，为了让"经济数字"年年上升，作假之风盛行苏南。上海《文汇报》曾在1995年6月24日专门发表文章《不要再刮"浮夸风"》，揭露苏南地区正在进行数字大战，有些县市统计的工业产值有近一半的水分，作者颇带嘲讽意味地建议，应该向那些吹牛的苏南干部征收"牛皮

---

① 费孝通，《小城镇·再探索》，《新华日报》，1984年5月2日第四版。

税"。学者惠海鸣则披露，一些被树为"全国典型"的苏南企业尽管效益滑坡，却每天还要接待各地的参观取经者，"为了接待参观者，宁愿机器空转。那些典型企业，纸糊灯笼样样好，但人一走，窟窿很大，有的能放进一头牛，有的甚至能放进一座小山头"。

苏南模式的体制困局到 20 世纪 90 年代中期已经暴露无遗，除了极少数企业靠特殊的机缘完成了产权改制之外，大多数企业仍然深陷在日渐暗淡的光环中。[①] 江苏乡镇企业的增长速度明显低于体制更为宽松和灵活的浙江。吴敬琏教授评论说，"在 20 世纪末的经济波动中，它不仅没有起带头作用，反而落在了后面"。从 1995 年起，苏南一些干部和企业家开始悄悄往温州跑。他们放下身架，研究起那种陌生的、在过去还被他们嘲笑过的"非驴非马经济"。很快，股份合作制被引入苏南，在宜兴、无锡等地被尝试。到 1997 年，随着产权改革浪潮日渐被中央认可，对苏南模式的反思日渐成为主流的声音。10 月，江苏省委书记陈焕友在江苏省委九届七次全体委员扩大会议上说："随着社会主义市场经济的深入发展，苏南模式遇到了新情况、新问题，突出表现为所有制结构比较单一，政企权责不分，企业产权不明晰，原有的机制活力逐步减弱。集体所有制的乡镇企业已渐为旧体制所'同化'，活力锐减，而且许多地方领导仍抱住苏南模式不放，片面强调集体性质的公有制，阻碍发展非公有制经济。"陈焕友的这番讲话被国内传媒迅速传播，在江苏乃至全国引发了地震般的轰动，被认定是江苏官员第一次对苏南模式进行公开的反思。褒贬之声一时四起，陈焕友承受了巨大的压力，以至他不得不在几天后的江苏经济高层论坛上

[①] 无锡的红豆集团便是极少数的先行者之一。1993 年，那个自比为"私生子"的周耀庭获得当地政府的默许，开始将企业进行股权改革。他说："一开始有人劝我多弄点股份，最好超过 50%，但是我担心这样的话，企业的集体性质就变了，风险太大，所以最后我只要了 39%。"这 39% 还是彻底地改变了红豆的命运。到 2007 年，周耀庭惊喜地发现，刚搞产权改革时，他的企业规模在无锡排 34 名，而 14 年后，前面的 33 名都不见了。

"辟谣"，声称自己从未要否定苏南模式。尽管如此，环绕在苏南模式上的政治性光环开始日渐散去。其后几年反思文章层出不穷，苏南模式从开始松动到真正走到终点，将经历数年的阵痛与曲折，到2002年年底，在苏南地区有93%的乡镇集体企业通过各种方式"改制"成了私营企业。

苏南模式的终结，意味着集体经济的一次脱胎换骨，在更广泛的时空跨度内，它标志着自20世纪50年代开始试验的合作社制度及后来的人民公社制度在基层经济组织中的彻底淡出。一种更为市场化的、以产权人格化为特征的企业制度终于成为主流的企业成长模式。

亚洲金融风暴的袭来，给中国企业变革带来的另一个意义深远的影响是，它彻底击碎了人们对日韩财团企业模式的膜拜，尤其是被视为仿效标杆的大宇集团的窘境让决策层重新思考大企业的培植思路。[①] 在1996年刚刚形成的"抓大"战略"意外"地改弦易辙了。

当时的"抓大"思路是，"由国家主导，重点扶持若干家优势企业向财团模式发展，使之成为有国际竞争能力、代表中国实力的巨型公司"。可是日韩财团在金融风暴中暴露出的脆弱，让中央政府对这条路径彻底失去了信心。连大宇这样的企业都无法抵抗国际金融资本的袭击，那么中国的"类大宇"企业们能够逃脱这种命运吗？于是，一种新的"国退民进"的新战略出现了，它的基本思路是，国有资本从完全竞争领域中大面积退出。在一份报告中，专家们建议国有企业应该从164个竞争性行业中"坚决撤出"，同时在上游能源性行业中强势地形成垄断格局，这些行业包括钢铁、能源、汽车、航空、电信、电力、银行、保险、媒体、大型机械、军工等。在这些领域，政府将竭力排斥民间及国际资本的竞争，通过强化

---

① 在金融风暴中倒下的韩国著名大财团还有全韩第14大企业、第二大钢铁公司韩宝，第19大企业、最大酿酒商真露，第8大企业财团起亚，第12大企业汉拿集团，第24大企业三美集团，以及第34大企业代龙集团等。

垄断来保证国有企业的既得利益，作为国有资本的所有者，国有企业的角色不是被削弱而是更为增强了。

这个中国式转轨在1997年十分微妙地出现了。很显然，这是一种与上一年完全不同的"抓大"战略，在随后十多年里它一直被坚定地执行着，并最终把中国带进了一个国家商业主义的时代。一个留在1997年的悬念是，如果金融风暴没有爆发或迟两年爆发，后来的中国公司将呈现一派怎样的景象？

历史没有假设。中国公司在财团式成长的道路上折途而返。它造成的最直接的后果是，那些先前被列入500强培植名单的"种子企业"陷入了十分尴尬的境地。因为根据新的国资退出原则，从事家电业的海尔和长虹、计算机业的北大方正、制药业的华北医药以及造船业的江南造船厂等都不处在被政策保护的垄断性行业，而这也正是当初它们被选中的原因，因此对它们的倾斜扶持便一一落空了。我们即将看到的事实是，到2007年年底，中国已有22家企业出现在《财富》"世界500强"名单中，它们无一例外都是垄断型国有控股企业，而10年前确定的6家"种子公司"，除了宝钢之外，其余5家企业都没有按照"既定时间表"进入"世界500强"。

在晦明不定的1997年，还是有令人兴奋的商业事件发生。值得记住的起码有两件：第一件当然还是出现在互联网产业，丁磊、王志东和张朝阳三个年轻人把中国带进了"互联网元年"；另一件也很有历史意义，那个创办了深圳华为公司的任正非搞出了一个"基本法"。

尽管张树新的瀛海威迷路了，但是在互联网历史上，1997年却是一个科技狂潮的起点。在领跑的北美市场，最显赫的互联网英雄是华裔青年杨致远。当年三季度，雅虎的市场价值升至28亿美元，超过了炙手可热、让比尔·盖茨都十分畏惧的浏览器大王网景公司，杨致远从起家时的网页目录服务出发，大举向满足互联网所有需求的综合服务转型，"门户网站"

第三部　1993—1997　民族品牌进行曲

▲早年的丁磊、张朝阳和王志东

成为第一个成熟的商业网络概念。在雅虎效应的推动下，美国最大的新闻门户网站美国在线突破了1 000万注册用户的大关，电子商务领域的亚马逊公司公开招股引起轰动，从事在线拍卖的eBay（易贝）公司创建。一个以网络为主题的高科技投资狂潮由此掀起。在中国，中国互联网络信息中心（CNNIC）发布了第一次《中国互联网络发展状况统计报告》，确认全国共有上网计算机29.9万台，上网用户数62万，WWW站点约1 500个。星星之火，已经隐约闪现。

这年6月，26岁的丁磊在广州创办了网易公司，员工三人，注册资金20万元，办公面积7平方米。丁磊的想法很简单，如果人们要在互联网上联系，那一定要一个自己的"房间"和"信箱"吧。于是，他写出了第一个中文个人主页服务系统和免费邮箱系统，网站域名他想到用数字163来表示。至于网易怎么赚钱，他日后说："如果当初就想靠做站点赚钱，我可能就把路走错了，当时我一心想着靠写软件赚钱。"丁磊无意中证明了中国互联网产业的一个"真理"——"唯有免费才能生存"。免费的网易邮箱和个人主页让它的注册用户快速增长，到1998年5月，在CNNIC公布的全国中文网站排名中，网易名列首位。9月，丁磊顺势转型，将网易改造成了一个类似雅虎的门户网站。

10月，29岁的软件工程师王志东领导的四通利方获得了来自美国华登集团、美洲银行罗世公司及艾芬豪国际集团的650万美元风险投资，这是中国互联网获得的第一笔风险投资。四通利方创办的中文网站最早是想卖王志东写的软件赚钱，为此，他搞了几个问答论坛，没有想到的是，技术论坛反应平平，而体育论坛却异常火爆。10月31日，中国足球队在大连金州体育场参加世界杯亚洲十强赛，结果输给了只有52万人口的石油小国卡塔尔，第六次冲击世界杯失利。第二天凌晨2点15分，一个叫老榕（真名王峻涛，他后来创办了中国第一个B2C网站8848公司）的网友在四通利方体育沙龙上发了一个帖子《大连金州没有眼泪》，48小时内它被点击阅读两万多次，这是第一篇引起公众轰动的网络文章，互联网的草根特征和惊人的传播效应第一次真实地展现出来。两周后，发行量很大的《南方周末》用一个整版的篇幅报道了这个事件。到1998年夏天的法国世界杯足球赛期间，四通利方的体育论坛已经十分火爆，创造了日点击310万次的访问纪录，网站还拿到了18万元的广告收入。不过就是在这样的时候，王志东们还是不知道该把公司带到哪里去。在一个产业胚胎刚刚成形的时候，并不是所有的人都知道出口在哪里，于是有时候，偶然的机遇或不经意的一瞥竟会成为日后成功的起点。就在世界杯期间，四通利方的体育文字编辑陈彤去北京国贸中心拜访惠普公司。在一间办公室等朋友的时候，陈彤在一张桌子上随手翻看一份公司内部刊物，无意间他读到一段文字，说在美国，互联网访问量最高的是新闻频道而不是其他。回到公司，他向王志东提出了开办一个新闻频道的意见。那是一个忙乱不堪的日子，谁提出一个创意谁就可以占到一个山头，他很自然地成了新闻频道的创办人。年底，四通利方宣布并购北美网站华渊资讯网，并更名为新浪网。日后，它成为中国网络界影响力最大的第一新闻门户网站。

也是在这一年的1月初，美国麻省理工学院的博士生张朝阳也创办了他的网站爱特信ITC，22.5万美元的创始资金来自两位美国教授，其中一位就是写出了《数字化生存》的尼葛洛庞帝。网站一开始没有内容,张朝阳就把《数字化生存》先放了上去。对于未来怎么赚钱,他也一点没有底,最初的想法是承揽网页制作业务。到12月,22.5万美元就花光了,张朝阳只好再向投资人求救,磨破嘴皮子好说歹说又拿到10万美元。1998年2月,张朝阳也跟丁磊一样想到了在中国"克隆"雅虎,他搞出了一个中文网页目录搜索的软件,连网站名字都模仿雅虎叫"搜狐"。跟当时英文不好的丁磊和王志东比,"海归派"的张朝阳有先天的国际优势,他以尼葛洛庞帝的弟子自居,在国内和海外媒体上频频露面。很快,他融到了英特尔和道琼斯的215万美元投资,10月,他以"中国代表"的角色被美国《时代周刊》评为"全球50位数字英雄"之一。就这样,这个陕西青年成了中国网络经济中的第一个英雄式人物。

丁磊、王志东和张朝阳的集体出现,宣告了中国互联网元年的到来。在这个创始时刻,我们已经看到了门户网站、搜索引擎以及风险投资等全新的商业概念。更有意义的是,这些网络公司从诞生的第一天起,就自觉地置身于全球化的背景之中,并有着清晰的产权结构,完全摆脱了过去10多年的所有制困扰。这是一个没有"制度原罪"的产业,是一次发生在阳光下的财富革命。

一家企业把自己的战略规划命名为"基本法",听上去是一件很奇怪的事情。做这件事的人就是后来被视为"企业家偶像"的任正非。

这一年,尽管任正非的华为已经是一家规模不小的企业,但是在企业界,它几乎没有什么知名度。1996年,中关村四通公司一位名叫李玉琢的副总裁打算跳槽到华为,四通总裁段永基问:"你准备到哪里去呢?"李玉琢说:"去华为。"段永基惊诧地说:"华为?没听说过,没什么名气吧?"

没有名气的华为在此时的电信行业却已经露出它锋利的钢爪。从20世纪90年代初开始,中国的电信市场复苏,随着程控技术的推广,全国电信网络面临一次全面的更新改造，这无疑是一个巨大的商业机遇。对于拥有自主程控交换技术的华为来说，这是千载难逢的机会。在这个行业里，诺基亚、爱立信等跨国公司具备绝对的竞争优势。任正非在起步之初，依靠"农村包围城市"的策略，从一些偏远的城镇电信局突破，迅速抢去了一块大公司们还没有来得及顾及的"蛋糕"。随之，华为与跨国公司们的正面战争便爆发了。由"农村"进入"城市"，华为遭遇了强大的竞争，很多中心城市和发达省份的电信部门不信任华为的产品。便是在这时，任正非想出了一个外国同行做梦也不会想到的方法：他游说各地电信局，由华为与电信职工集资成立合资企业。① 在华为的一份内部文件中，任正非如此阐述他的策略："通过建立利益共同体，达到巩固市场、拓展市场和占领市场之目的。利益关系代替买卖关系；以企业经营方式代替办事处直销方式；利用排他性，阻击竞争对手进入；以长远市场目标代替近期目标……"②

华为的合资模式率先在四川取得成功。1997年，四川电信管理局由

---

① 任正非与电信局成立合资企业的尝试最早开始于1993年。当时华为资金紧张，银行又不给予民营科技企业贷款，任正非便说服17个省市级电信局合资成立了一家名叫莫贝克的公司，后者出资3 900万元，任正非承诺每年给予33%的高额回报。这个细节与沈太福案相比照，又是一则"有人免费、有人死去"的案例。

② 与政府部门建立利益共同体的做法在当时很盛行，另一个著名的实践者是三株集团。1995年，吴炳新要求"各分公司在所在的省与卫生厅、工商局、医药管理局建立经济共同体关系"，其具体做法是，"跟他们搞合作搞联营，药政部门每个月都要搞宣传，你宣传我出经费。与工商，每年《广告法》的宣传我出钱，由他们去操办，劳务费等打进去，让基层卫生局做我们的代理商……"

工会出资，与华为公司组建四川华为公司。到年底，华为在该省的业务合同就从上一年的4 000万元猛增到5亿元，一下子涨了12倍。作为合资方，四川电信分到了25%的丰厚利润。四川模式当即产生了连锁效应，在一多年的时间里，华为先后与天津、上海、山东、浙江等省市组建了9家合资公司，其主要业务就是把华为的设备卖给合资的电信公司，这一模式让华为转眼之间成了各地电信局的"自家人"，自家人采购自家人的设备俨然成了最合理的事情。电信局的设备采购费用是由国家财政出的，而产生的利润则可以分一部分给内部的职工，这实在是让各地局长难以拒绝的好想法。对于华为来说，合资模式让它成为电信市场的垄断型供应商。在河北省，华为的业务从零一下子做到10亿元；在山东省，则从原来的2亿元销售额猛增到惊人的20亿元。从四通跳槽到华为的李玉琢出任过合资合作部的部长，是华为合资工程的主要操盘手。他回忆说，当时有的电信局甚至拆了其他公司的设备，改装华为的机器。在短短的一年多时间里，华为陡然做大，成为国内增长最快、暴利率最高的电信企业。1997年，华为的销售额实现41亿元，同比增长60%。

为了组建这些合资公司，任正非日夜奔波于全国。他个性内向，脾气暴烈，不喜与人交流，但是与电信部门的谈判却无往不利，其原因只有一个，那就是他开出的合作条件实在让人难以拒绝。在后来的很多年里，他一直拒绝接受任何采访，屏蔽了自己与传媒界的任何关系。而在电信行业，无论是省部级官员还是一个小县城里的局长，只要是能够给华为带来业务的，他都来者不拒，亲自接待。他说："我只见给我市场的人，因为他们是我的衣食父母。"对于竞争，他则说得更为直接："华为的核心竞争力，就是客户肯选择我们的产品而不是别人的。"

从一开始，华为的合资模式就受到同行的攻击，它被质疑是"不正当竞争"。任正非曾经试图在每一个省都组建合资公司。但是由于告状的国内外企业实在太多，到1999年之后，任正非被迫整编这些合资公司。但事实上，华为的市场目标已经实现，合资公司的使命已然完成，它成为全国电子企业中成长最快的黑马企业。

如果仅仅靠这种颇为可疑的商业模式，任正非和华为很可能并不会走得太远。在一个转型的时代，法制的滞后以及对灰色行为的宽容让无数企业家获得了超越式的成长和惊人的利益。而这中间隐藏着的种种毒素也同样让这些人无法从这种非正常的商业逻辑中挣脱出来。跟同时代的企业家相比，任正非的超人之处是，在从事不无争议的原始积累的同时，他也正在进行一场坚决的自我救赎。从三年前开始，他聘用中国人民大学教授吴春波等人为华为起草一个企业战略规划。它参照当时的《香港基本法》，很有想象力地被命名为《华为基本法》。任正非要求吴春波等学者弄清楚三个问题：华为是谁？华为从哪里来？华为要到哪里去？1997年3月27日，八易其稿、103条的《华为基本法》通过最后一次审稿。日后，它被认为是改革开放以来，中国企业制定的第一部企业管理大纲。

在《华为基本法》中的第一条，任正非就明确提出："华为的追求是在电子信息领域成为世界级领先企业。"为了实现这个目标，任正非十分严苛地设定了专业化的发展战略，"为了使华为成为世界一流的设备供应商，我们将永不进入信息服务业"。此外，《华为基本法》还确定了两条十分惊世骇俗的原则。一是实行员工持股制度，"普惠认同华为的模范员工，结成公司与员工的利益与命运共同体。将不断地使最有责任心与才能的人进入公司的中坚层"。作为企业的创始人，任正非大量稀释自己所拥有的股份。据他自己透露，"我在公司中占的股份微乎其微，只有1%左右。华为70%的管理层和员工拥有华为的股份"。二是在技术开发上近乎偏执地持续投入，任正非坚持将每年销售收入的10%用于科研开发，这在中国著名企业中是一个无人可及、无人敢及的高比例。

正是这些原则使得默默无闻的华为蜕变成一家前程远大的中国公司。

企业史人物 | 时代标本 |

如果要为这部 30 年的企业史选一个标本人物——只选一个,史玉柱可能是最典型的。他身上聚集了一个商业传奇的所有戏剧性要素:一个边城少年,毕业于名牌大学,身无分文地来到一个大都市,仅仅几年就成为全国青年的偶像,然后又迅速陷入绝境,接着竟又不可思议地再度复活,更让人惊叹的是他在两个以上的行业里取得了不可一世的成功。这是一个达尔文主义的信徒,他信奉"成功至上、生存第一"的信条,他的经历似乎在证明,"成功是一种了不起的除臭剂,它可以去除你过去所有的气味"。[①]

1997 年年底,史玉柱背负 2 亿元债务仓皇逃离伤心地珠海。他去爬珠穆朗玛峰,在半路上差点迷路冻死,他日后回忆说:"这条命都是白捡回来的,所以人一下子就放得特别开。"这是一个在事业和肉体上都"死"过一次的人,所以,他百无禁忌。下山后,史玉柱蜗居在江苏的江阴县,靠朋友借助的 50 万元图谋东山再起。他把脑黄金改名为脑白金,重新包装推出。这一次,他做对了很多事情:第一是稳扎稳打,打透一个市场再打下一个;第二是坚决不赊账,保证资金链的安全;第三就是继续广告轰炸的策略,他把几乎所有的钱和精力都放在促销上,让市场在短时间内爆发。他曾经专门到农村去调研,找老农民聊天,揣摩他们的心思。脑白金在县级和乡镇市场迅速走红。

任意夸大及渲染产品功能,以感性促销的方式打动消费者,这是史氏营销的秘诀。除了狂打广告外,他把所谓的"软文"武器发挥到了极致。"软文"是那种看上去像是新闻报道,实则是企业出钱刊登的广告文字,由于以"非广告"的形式出现,所以能够巧妙地规避《广告法》的限制,这是中国报业的一个怪胎。史玉柱亲手写了十多篇脑白金的"软文",他宣称脑白金是人类"长生不老"的最后秘密,美国人正疯狂抢购脑白金,

---

① 这是美国影星伊丽莎白·泰勒对好莱坞生存法则的解读。

它还跟克隆技术一样是20世纪"生命科学的两大盛会"。当美国宇宙飞船升空的时候，他则杜撰说宇航员们正是因为吃了脑白金才改善了睡眠。在一段时间里，国内众多的县市报纸上都出现过脑白金的整版"致歉信"。当一个市场久攻不下的时候，史玉柱就会策划一场"免费赠送"活动，然后就致歉说："由于低估了市民对脑白金的热忱，面对数以万计的市民到场，我们仅有的40余名（根据不同情况填写人数）维护秩序人员手足无措，加之烈日的蒸烤，最终导致现场失控，护栏挤倒，保安冲散，十余人挤丢鞋子，用于赠送的脑白金被哄抢，甚至出现近10人受伤（皮外伤）的悲剧。这是我们最为心痛和始料不及的。"接下来当然就是紧急送货以缓消费者之饥渴。那是一个非常感性和冲动的消费群体，没有人抵挡得住史玉柱式的广告诱惑。

由于广告与功能严重脱钩，所以，中国的保健品有各领风骚两三年的铁律，史玉柱是"天才"地打破了这一周期的唯一人物。他的办法是把脑白金的服用功能彻底"抽离"，而直接将之定义为"礼品"，"今年过节不收礼，收礼就收脑白金"的电视和报纸广告铺天盖地。这则广告连续多年被有关广告测评机构和媒体评选为"中国十大恶俗广告"之首，然而脑白金的销量却连年上升。史玉柱因此很不屑地说："评选广告的专家们唯美，讲创意，讲社会责任感，就是不讲能不能卖货，但是厂商只认销售额。"

到2001年，史玉柱仅仅用三年时间就把脑白金做成了中国最畅销的保健品。2月3日，史玉柱在上海报纸刊登广告，宣布向当年巨人大厦的债主们还款。他试图用这种方式宣告自己的新生，并重回中国商业主流。"还债新闻"引起轰动，他被中央电视台选为当年度的"CCTV中国经济年度人物"。不过，很多媒体仍然不能原谅他在脑白金推广中的种种行径，在此之前，脑白金已经因涉嫌改写产品说明、任意夸大功效以及违反《广告法》而在各地遭禁。2002年3月14日，《南方周末》在头版发表长篇报道《脑白金真相》，对脑白金中褪黑素的功用提出了学术质疑。文章列举大量事实，证明脑白金在各类广告和软文中提供的很多数据和事实都是伪造或片面的,记者最后写道,"脑白金和史玉柱的面孔就在我们面前,他们越来越模糊,我们找不到恰当的词汇形容他们"。据作者杨海鹏透露,史玉柱在此文发表的前一夜,专程飞赴广州,在《南方周末》编辑部坐到凌晨,多番辩解协商,报纸还是决定刊发。这则报道让史玉柱试图重返主流的信心遭到重创。而十分奇异的景象是,他原本以为此文一出,脑白金将跟当年的三株一样,从此灰飞烟灭,然而,市场的反应却意外的"坚挺",脑白金销量竟没有受到太大的冲击。史玉柱之"百毒不侵"让人惊叹。2003年12月,史玉柱以11.7亿港元的价格把脑白金出售给北京四通的段永基。一个有趣的细节是,段永基在发布收购新闻的时候,竟直言"脑白金什么都不是"。他说:"脑白金就其技术含量来说,什么都不是。但是,就这么个东西他能卖得这么好,而且持续6年,现在还在持续增长。真的白金卖出白金价,不是本事;而把不是白金的东西卖出了白金价,那才是真功夫。"当大学教授出身的段先生与曾经被视为"中国青年楷模"的史先生为了一个"什么都不是"的商品举杯相庆的时候,全中国的消费者唯有远远地默视而咬齿无言。

在把饱受争议的脑白金套现出手后,史玉柱转而推出复合维生素类产品黄金搭档。在黄金搭档的推广中,史玉柱把软文功力发挥得淋漓尽致,那些文本不但跟当年的脑白金一样极尽煽动和危言之能事,更诡异的是,它竟从来不刊登出品公司的名称,而是以"中国营养学会"的名义出现,譬如《中国营养学会声明黄金搭档:有功能无毒性》,几乎所有的读者都会以为,这是一家行业学术机构发布的信息。史玉柱要求所有的软文"尽量不含有活动预告、热线电话、销售地址、广告收视指南等项目。以防消费者一看就是广告,失去隐蔽特色。活动预告可以用热线、传单、条幅等形式预告,特殊需要打硬通栏广告"。史玉柱本人是这些软文的创作者,他的一位下属曾撰文透露,"也许是天才的通病,史总对员工的才能不够信任。为了撰写黄金搭档的广告文案,他曾连续两个星期每天工作到深夜——作为一个年销售额10亿元的大公司的掌舵人,史总的行为除了让人敬佩,还让人觉得可叹"。不出意外的是，黄金搭档果然再次复制史式成功。

史玉柱深知保健品是最不安全的行业，所以他从来没打算"终老此乡"。2002年8月，他收购青岛国货的法人股，成为第一大股东，并将上市公司名称改为青岛健特生物。健特是巨人（Giant）的英文译音，是脑白金的出品方，史玉柱此前一直隐身其后，只担任这家公司的"策略顾问"。数月后，他先后向北京华资银团公司和首钢总公司购买了1.68亿股的华夏银行股份，成为该行的第六大股东。2003年，他受让北京万通的1.43亿股民生银行股票，成为第八大股东。后来的几年，史玉柱不断增持华夏和民生两家银行的股票，随着资本市场的狂热和泡沫化，他从中获利十分丰厚。此时的史玉柱已非一般风浪所能击倒，在一次论坛上，他说："江湖当然险恶，不过已经险恶不到我的头上了。"

2004年，上海盛大游戏在纳斯达克上市，31岁的陈天桥成为中国首富。同在上海城的史玉柱大为心动，他突然决定转战网络游戏业，按他的说法，他原本就是IT中人，现在是"回归本业"。为了熟悉网络游戏，已经42岁的史玉柱通宵达旦地泡在游戏中，竟成了一个骨灰级的玩家。当时的网络游戏有两大主流趋势：一是陈天桥创造出的点卡销售模式，二是美国游戏业的3D浪潮，几乎所有中国游戏公司都在这两个方向寻求创新和突破。只有史玉柱一眼就看到了第三条道路，他一直深信"市场大于技术"，已经被很多公司抛弃的2D游戏却可能是一块刚刚肥沃起来的土地，所以他收编了一个被陈天桥抛弃了的团队，将一款不被人看好的、几乎没有任何技术优势的2D游戏定名为《征途》。接着，他又颠覆了陈天桥的赢利模式，跟当时的所有网络游戏不同的是，《征途》是一款免费游戏，只有玩家需要添置"装备"的时候才需要出钱。这好比两家游乐园，盛大要买门票才能进入，而《征途》则免费入内，只是玩游戏的时候才要掏钱。2005年4月，史玉柱在中国第一高楼上海金茂大厦召开新闻发布会，发布"2亿元豪赌网游"。就跟保健品行业发生的情景一样，当史玉柱出现在网游业的时候，一切顿时变得动荡不已，各类脑白金式的"软文"铺天盖地地出现在国内的各种报刊上,史玉柱第一个在中央电视台投放游戏广告,甚至宣称"玩游戏可以赚工资"。《征途》的玩家数急剧上升,网游的收费模式被彻底颠覆,陈天桥被迫宣布《传奇》游戏永远免费。2007年11月1日,由史玉柱控股的巨人网络在美国纽交所挂牌上市。招股书披露,2007年1月至6月,巨人网络营收总额为6.87亿元,同期净利润为5.12亿元,除了"暴利"二字无以形容,巨人网络市值高达50亿美元,超越盛大网络成为中国市值最大的网游厂商。

史玉柱的"征途"模式仍然遭到了极大的质疑。《征途》的典型玩家分为两种:一种是有钱人,花几万元人民币买一套虚拟装备可以连眼睛都不眨;另一类是穷人,没什么志气的穷学生或二三级小镇里无所事事的青年,钱虽不多,但每天有大把时间不知如何消磨,一听有免费游戏玩,甚至还可以从游戏中获取工资,趋之若鹜。财经作家许知远评论说,《征途》贩卖的是希望,那种对滥杀的权力欲、对金钱所带来的随心所欲的"希望",它像是现实社会推崇的赤裸裸的"社会达尔文主义"的情绪的扩大,每个游戏者都钟情于那种放纵的快感,并对此规则确信无疑。

史玉柱是这部企业史上最具争议性的人物。毫无疑问,他是这代企业家中市场直觉最好的人之一,他能迅速地找到行业爆发的时间点,并且以最为快捷和高效的方式获得成功,他因此被称为"史大仙",甚至得到很多高傲的同辈企业家的崇拜。他的起伏经历和永不言败的精神则在万千大学生中产生巨大共鸣,被视为创业偶像和精神领袖。而同时,他在营销手段上的恶俗和对人类贪婪的利诱,则受到重大的道德质疑。史玉柱自称是"中国最著名的失败者",因此,为了向世界证明自己,他甚至把这个目标自我崇高化,不择手段,最终蔑视社会的道德底线。这种商业成功,充满了野性的血腥、冷酷和道德麻木。史玉柱的身上,折射出这个商业年代所有的矛盾。

在纽交所上市之后,史玉柱对记者说:"退休前我只会干网游这一件事了。"他说这句话的时候,其他所有行业的中国企业家大概都悄悄地松了一口气。

第四部

1998—2002
在暴风雨中转折

1998 / 闯地雷阵

不管前面是地雷阵还是万丈深渊，
我都将一往无前，义无反顾，鞠躬尽瘁，死而后已。

——朱镕基，1998年

1998年3月19日，北京两会。清晨7点，香港凤凰卫视的主播吴小莉就早早地来到人民大会堂找位置，希望得到举手提问的机会。上午10时30分，新任国务院总理朱镕基率新政府成员走进记者招待会现场。主持人话音刚落，记者们的手臂就争先恐后地举起来。吴小莉多次举手，都未被会议主持人注意到。在这时，令人意想不到的事情发生了。朱总理在回答完几名记者的提问后，突然说："请你们照顾一下香港凤凰卫视的吴小莉小姐好吗？我非常喜欢她主持的节目。"朱镕基亲民、幽默的表现，让人耳目一新。香港股市当天上涨了三百多点。

吴小莉的问题是："外界称你是经济沙皇，你喜欢这个称呼吗？"朱镕基答："我不喜欢这个称呼。"

> "不管前面是地雷阵还是万丈深渊,我都将一往无前,义无反顾,鞠躬尽瘁,死而后已。"

1998年3月19日在九届全国人大一次会议记者招待会上,朱镕基刚刚当选为中华人民共和国国务院总理。

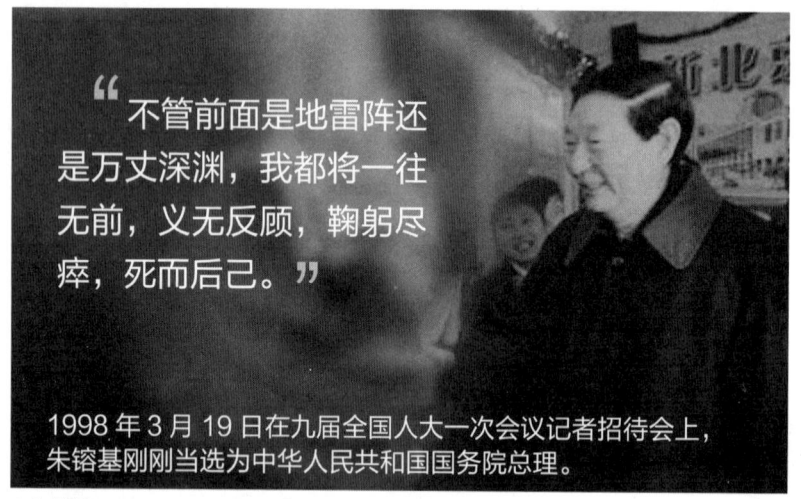

▲朱镕基

紧接着,他讲了一番慷慨激昂、日后常常被人品味的话。他说:"这次九届全国人大一次会议对我委以重任,我感到任务艰巨,怕辜负人民对我的期望。但是,不管前面是地雷阵还是万丈深渊,我都将一往无前,义无反顾,鞠躬尽瘁,死而后已。"[①] 闯"地雷阵"和"万丈深渊"的形容,将中国改革推向深入的艰巨性表露无遗。朱镕基将任满一届总理,他承诺在这4年内完成三件事情:一是力保人民币不贬值;二是激活经济,启动内需;三是用三年时间让国有企业摆脱困境。

力保人民币不贬值是当务之急。自上一年起,金融大鳄索罗斯袭遍

[①] 据凌志军的记录,在过去的两年里,针对国有企业改革的争论一直余音不绝,北京曾经出现过几封反对产权改革的《万言书》。朱镕基对改革前途的慷慨情怀第一次表露在公众面前,是1996年12月。他在北京观看话剧《商鞅》,商鞅以惊人的勇气掀起秦国的改革,终为顽固派羁绊,被车裂而死。据报纸描写,朱镕基为剧情所动,潸然泪下。

146　　　激荡三十年:中国企业1978—2008

东南亚，全无对手，接着他把目光瞄准了中国。中国作为亚洲地区最重要的经济大国，人民币如果"失陷"，将让已经陷入绝境的各国雪上加霜。1997年10月底，世界银行在香港举办年会，索罗斯、马来西亚总理马哈蒂尔、俄罗斯总理丘拜斯等都受邀与会，人民币是否贬值成为年会最敏感而重大的话题。世界银行专门为朱镕基举办了一个专场演讲会。在22日的演讲中，朱镕基郑重表示，"中国将坚持人民币不贬值的立场，承担稳定亚洲金融环境的历史责任"。此言一出，在场的亚洲各国领袖都松了一口气。《远东经济评论》说："中国第一次在全球性的经济危机中展现了经济大国的风范。"

战意正酣的索罗斯怎肯罢手。由于中国对国际资本实施了金融管制，所以他决定袭击与人民币关联度最高的港币。①

1998年1月，香港爆发禽流感，有18人感染，其中6人死亡，全港陷入一片恐慌，特区政府扑杀130万只鸡，疫情前后持续半年。就是在这样的动荡背景下，索罗斯对港币的阻击战在8月5日打响，国际炒家们一天之内抛售200多亿港元。香港金融管理局运用财政储备如数吸纳，将汇市强行稳定在1美元兑换7.75港元的水平上。第二天，炒家又抛售200亿港元，金融管理局再次咬紧牙关照单全收。其后6天，炒家继续疯狂出货，多空激战空前惨烈，恒生指数一路狂泄到6 600点，比一年前几乎下跌了10 000点，总市值蒸发2万亿港元。8月13日，香港政府在朱镕基

---

① 事实上，在过去的几年里，主流的欧美媒体都对香港回归的前途忧心忡忡。早在1995年6月26日，一向对中国颇为友好的美国《财富》杂志甚至出人意料地刊出一篇题为《香港已死》的报道。老资格的亚洲问题报道专家路易预言："回归后，英文重要性减弱；外国人纷纷离港；自由进一步受到威胁；香港国际商业及金融中心的地位消失，外资撤走……"这篇报道引发了强烈反响，一个"意外"的效果是，它引起了香港执政团队的长期警觉，财政司司长曾荫权把这篇报道装裱在一个镜框内，挂在自己的办公室里。十多年后，当选特首的他又把这个镜框带进入了特首官邸。他对记者说，"这是鞭策我不断前进的动力"。

总理的支持下,携巨额外汇基金进入股票市场和期货市场,与炒家直接对抗,并十分强悍地宣布将"不惜一切成本,一定要将8月的股指抬高600点"。量子基金也不示弱,索罗斯在《华尔街日报》上公然叫嚣:"港府必败。"当时的全球局势对索罗斯似乎更为有利,各地股市哀鸿一片,美国道琼斯股指连连重幅下挫,欧洲、拉美股市受此累,都相继下跌3%~8%。香港一役举世瞩目,如果恒生指数失守,港府的数百亿港元将付诸东流,反之,炒家们将损失20亿美元以上。时任香港特区财政司司长、后来当选第二任特首的曾荫权回忆说:"在决定政府入市干预的前一晚,我把同事们都遣散了,独自坐在办公室里,默默流下了眼泪。政府参与市场是个两难的决定。我既做了这决定,便要坚守原则、接受批评。我们的日子是十分艰难的。但我不相信我们香港市民会输。"

8月28日,多空双方到了决战之日。这一天是香港恒生指数期货8月合约的结算日,国际炒家们手里有大批期货单子到期必须出手。当日,炒家抛盘疯狂,港府照单全收,港市动荡如骇浪中的一叶扁舟,成交额创下日成交量的历史最高纪录。下午4点整,收市钟声响起,恒生指数和期货指数分别稳坐7 829点和7 851点,索罗斯集团一败涂地。曾荫权当晚宣布:在打击国际炒家、保卫香港股市和港币的战斗中,香港政府已经获胜。在两星期的托市行动中,中方投入资金1 637亿港元。张五常教授用他惯有的语气评论说:"做衍生工具交易的,没有一家背后有无穷资本支持。假如是那样,你就肯定赢,但也没人敢和你做对家。中国政府在金融大鳄阻击港币汇率时放话力挺,最后那些投机的炒家被吓跑了。"

为了捍卫人民币不贬值,朱镕基其实承担了空前的风险和压力。受金融风暴影响,一向形势不错的出口增长率出现下降,国内商品库存猛增,消费需求严重不振。6月,长江流域又遭受百年一遇的大洪水,29个省市受灾,死亡4 150人,直接经济损失2 551亿元人民币。当时,全球舆论几乎异口同声地宣称：人民币如果不贬值，中国经济将举步维艰。然而，朱镕基用自己的方式证明了中国经济的独立性和独特性。

在当时的局势下，欲扭转经济的下行趋势和消费过冷现状，唯一的出路是目光向内、启动内需。当时全国居民储蓄已高达5万亿元，只要把这部分消费能力释放出来，经济复苏或可迎刃而解。于是，朱镕基做出了一个重大的决策——催热房地产。在过去的几年里，为了防止通货膨胀，他一直对房地产市场有可能出现的投机行为颇为警惕，采取了抑制发展的政策，而如今在他看来，能够让老百姓大把大把地掏出钱来购买的商品，唯有房子了。1998年1月，地产业的标志性人物王石突然接到通知，让他从深圳速赴北京，有中央领导人想要接见他。当他赶到北京的时候，才知道那个人居然是朱镕基总理。王石后来回忆说，"朱总理向我询问了对房地产市场走势的看法"。日后看，这是一个很有意味的细节。

早从上年开始，国务院已经开始对房地产"松闸"。开春，国家计委和财政部取消建筑行业的48项"不合理收费"。4月28日，中国人民银行以"特急件"的方式将《个人住房担保贷款管理试行办法》发往各商业银行，宣布即日起执行：贷款期限最长可达20年，贷款额度最高可达房价的70%。7月份，又将原来的6%契税、3%典契税和6%赠予契税，合并为3%~5%的契税。这些措施已经逐渐在唤暖市场。到1998年7月，国务院做出重大决定，党政机关一律停止实行了40多年的实物分配福利房的做法，推行住房分配货币化。福利分房政策的取缔，让住房市场化的空间大大拓宽。几乎就在同时，国务院出台《关于进一步深化城镇住房制度改革加快住房建设的通知》，明确要求"加快建立和完善以经济适用住房为主的住房供应体系"。中国人民银行则颁布了《个人住房贷款管理办法》，规定了住房贷款有等额本息和等额本金两种还款方法，允许商业银行开展住房抵押贷款的服务。为了表示鼓励，央行还特意安排了规模为1 000亿元的住房贷款指导性计划。这一系列配套政策的出台，特别是允许住房抵押贷款和取消福利分房两大措施，直接刺激了房地产业的复苏，中国开始了长达十余年的地产热，无数财富故事在这个领域中演绎。由于房地产业有广泛的关联度，特别对钢铁、水泥等资源性行业有很大的带动性，因而也确实起到了复苏经济的作用。复旦大学教授张军日后评论说："这个政策是亚洲金融危机之后改善市场需求的转折点，其效应持续10年。消费信贷刺激了家庭的住房需求，而大规模的基础设施建设则释放着持续的投资品需求。大量的企业也就是在这之后开始进入投资扩张时期的。由于投资旺盛，整个经济对于上游基础部门的能源和原材料的需求保持了持续的增长，这为大量地处上游的国有企业提供了有利的市场环境。"

在1998年，政策的大拐弯对房地产消费的启动效应竟是那么明显。

上一年，"万通六兄弟"之一的潘石屹搞"单飞"，他买下位于北京东三环口的红星二锅头厂老厂址，想要开发一个名叫现代城的商住楼盘。他很有创意地想出了一个SOHO的新地产概念，意思是"小型办公，居家办公"，楼盘设计得也很时尚，是当时京城少有的简约风格。为了贷款，他想尽办法找到一家大型国有银行的当地支行行长，酒酣耳热间，行长对他说："我们有政策，规定不能与私人企业家见面。我们支行在1954年时给私人农户借钱去买驴，结果你知道怎样吗？他们没有还钱。"潘石屹听到这里也明白行长的态度了，一时头大如斗。楼市清淡，SOHO现代城推出后一直销售萎靡，潘石屹特意请来曾经创办过香港最大房地产代理公司利达行，并已

▲城市改建

转战北京楼市多年的邓智仁出任项目的总策划。邓智仁使尽了百般手段，SOHO现代城的广告和新闻日日见报，但是消费者的心就是热不起来。到1998年11月，邓智仁终于失去了耐心，跟潘石屹大吵一场后，心灰意冷地弃"城"而去。这个月，正是北京房地产销售的淡季，潘石屹在公司内部除了天天喊口号，也实在想不出什么新招来。就在这时，"风水"突然变了。从11月20日开始，现代城的销售嗖嗖地上去了，最高的一天，卖了17套，成交额一下子就是3 000万元。这离邓智仁弃现代城而去还不到20天。潘石屹们的好日子就这样凭空而降了。

在朱镕基提出的施政承诺中，"用三年时间让国有企业摆脱困境"是最让人觉得不可能完成的任务。这一年，财政部的新闻发言人曾在一次情况通报中公布了一个让人不无绝望的现实：国有企业不得不通过财务报表作假的方式来掩盖现实的窘境。该部对100家重点国有企业1997—1998年的年度会计报表进行了抽查，结果81%的企业存在资产不实和虚列利润的情况。发言人没有解释为什么会这样，不过，所有的人都知道为什么会这样。然而，出乎所有观察者意料的是，朱镕基竟如期兑现了他的承诺，他采用的办法就是"改革、改组、改造和加强管理"，而实施的战略就是坚决地"国退民进"。

最能体现朱镕基"国退"决心的事例发生在中国的胶卷产业。

就在发表"地雷阵"演讲的5天后，朱镕基签署了一个看上去很疯狂的计划，中国政府同意全球胶卷业的老大美国柯达公司对中国胶卷工业实施全行业收购。根据协议，中国胶卷业的7个企业将全部与柯达建立合资企业，柯达承诺投入10亿美元，并把世界一流的感光技术带到中国，这个轰动国际商业界的协议被称为"98协议"。

柯达的计划萌生于1994年。当年秋天，新上任的柯达总裁裴学德在杭州求见朱镕基，第一次提出这个动议。当时的柯达正陷入空前的灾难之中，这家因发明感光乳剂而百年不衰的老牌公司受到了日本富士的强力冲击。

▲朱镕基与裴学德

在欧美市场，柯达节节败退，背负了超过100亿美元的巨额债务。当裴学德上任的时候，他的新同事讲了一个正在柯达流传的黑色幽默：柯达与泰坦尼克号有何区别？答案是：泰坦尼克沉船的过程中有交响乐相伴。在中国市场上，柯达同样是一个落后者，富士占据着70%以上的市场份额，如果通过常规的市场竞争，柯达几无胜出的概率。

因此，当裴学德在风景秀丽的西子湖畔，突然对中方提出"全行业收购中国胶卷企业"的时候，在场的所有人都觉得荒诞不经，这是预先没有讨论过的话题，甚至连裴学德的高级随从们都是第一次听说。然而，只有朱镕基不觉得异想天开，因为在他心里，正盘算着另外一局棋。

如果说柯达的现状是焦头烂额的话，那么，中国胶卷业则算得上是走投无路了。与家电、饮料等行业一样，1978年之后的中国胶卷业改造也是从成套设备引进开始。从20世纪80年代初开始，各地政府争相立项，相继从柯达、富士和德国的爱克发引进了成套的彩色胶卷生产线，其中，厦门福达与柯达的引进项目投资15亿元，汕头公元与富士的项目费用更高达40亿元。在短短10年内，中国建成了7家胶卷工厂，成为世界上拥有胶卷企业最多的国家。国有企业的所有痼疾都在胶卷业集中地暴露出来：巨额的重复投资，缺乏技术消化能力，市场竞争乏术，机制僵化而管理混乱。到1993年前后，国内胶卷企业全数亏损，行业总负债超过100亿元。面对这样的局面，连治乱高手朱镕基都有点束手无策了。便是在这样的时刻，同样身处困境的裴学德指出了一条光明的道路。

裴学德的方案是诱人的："在中国政府改革国有企业的过程中，柯达将带来三样东西，一个是技术，一个是世界级的管理，一个是至少10亿美元的投资。"同时，裴学德的要求是排他性的："我们请求不要允许任何国外的竞争对手进入中国，因为我们要重组现有的老企业，而它们却可以从头开始建造新的工厂。"

柯达的构想无比巧妙地契合了中国政府对国有企业改造乏术的现实，这让朱镕基在第一时间就下决心冒险一试。他当即同意了裴学德的动议，并承诺亲自督办此事。

柯达方案从一开始就面临两大障碍：一是国内胶卷企业的反弹，二是日本富士的抵制。

将一个重要的产业全数转托于一家跨国企业，这在中国企业史上是一个闻所未闻的做法，且不说各企业早已有不同的合作伙伴，在利益上也是犬牙交错，在市场上矛盾重重，其实这一动议本身，就意味着民族胶卷产业的全军覆没。1996年前后，国内本土企业勃然兴起，振兴民族工业的呼声不绝于耳，柯达方案一时间面临搁浅。1997年3月，中方提出新方案，只将负债最大的福达和公元两厂拿出与柯达合资，并决心"集中精力支持河北乐凯的发展，使其具有竞争力"。

在这个过程中，朱镕基始终是全行业并购的支持者，他甚至因此被人骂成"卖国贼"。在一个视察场合，他说："有人说，国有比重下降，私营比重上升，会不会把社会主义变了……关键在于经济命脉，至于那些汉堡包、几个胶卷、头发夹子，你搞几个外资，有什么关系呢？"他所谓的"几个胶卷"，自然是针对柯达收购案而言的。

来自市场占领者日本富士的抵制则更是可想而知了，柯达动议明显带有行业垄断的意味，一旦定案，便毋庸置疑地意味着富士从中国市场的出局。然而，让人感到意外的是，它在中国竟找不到同情者。究其原因，则是因为多年的骄横。当年，汕头公元厂以40亿元的巨资从富士引进设备，1993年前后，公元厂发生经营危机，时任广东省省长朱森林带着公元厂的管理层飞赴日本，希望获得帮助。但是他们要与富士领导层会面的要求竟然遭到拒绝，日本人认为，公元厂危机是中国人的事，跟他们没有关系，朱森林一行在东京干等数日，结果是双手空空、悻悻而回。这个"拒见事件"很快在中国政界和企业界流传开来，让不少人咬牙切齿。因此，当富士试图抵制柯达案的时候，竟很难找到愿意为之出面的有力人士。①

1998年3月23日，裴学德在罗切斯特柯达总部宣布，柯达以10亿美元收购中国胶卷全行业的协议定局，华尔街的柯达股票应声大涨。在朱镕基的全力支持下，北京专门成立中央协调小组，由"两委三部"——国家计委、国家经贸委、化工部、轻工部和外经贸部组成，吴邦国副总理任协调小组组长，国家经贸委副主任李荣融具体协调。

在后来的5年里，柯达对收入囊中的企业进行了大手术。它对公元、福达和无锡阿尔梅三厂相继投入上亿美元进行改造，使之成为柯达的全球制造基地，对挽救无望的上海感光、天津感光和辽源胶片三厂则进行经济补偿，将之关停并转，三厂员工都按工龄长短获得了相应的安置费用——按工龄长短计算职工的遣散补偿，是当时流行的做法，一般是每年工龄获得的补偿为500~2 000元不等，据《跨越——柯达在中国》②一书作者袁卫东的调查，被遣散的一千多名上海感光厂职工获得的最高安置费为7万元。

在朱镕基看来，柯达的表现是让他满意的，因为它解决了国有企业改造的两大难题，即"钱从哪里来，人往哪里去"，尤其是后者。1999年4月13日，朱镕基访美期间在纽约美中贸易委员会的晚宴上说："我可以告

---

① 富士之后在中国的表现可以用一泻千里来形容，它在中国的市场份额被逐年蚕食。2002年，《中国经营报》披露，富士涉嫌大规模胶卷走私，有相当部分甚至与厦门"远华特大走私案"主犯赖昌星有关。富士对此沉默应对。同年11月，国家经贸委下发文件，认定由富士参股的珠海真科感光材料制作有限公司"未经审批和备案"，被勒令停产。至此，富士在中国的产销渠道均遭遏制。

② 《跨越——柯达在中国》一书已由中信出版社于2005年出版。——编者注

诉大家一个故事,就是当年我会见柯达公司的裴学德,请他的柯达公司到中国来合作的时候,我曾经被人称为卖国贼。但是,经过这两年柯达进入中国大量投资,促进了中国胶片工业发展,因此,那位叫我卖国贼的人已经在最近对我讲,他以前错了……我认为这种让步,对于中美两国都是有利的。"2002年,时任国家经贸委主任李荣融在接受美国《商业周刊》采访时称:"我有两个成功的案例。一是柯达公司重组我们的影像行业,这是一个双赢的案例,第二个例子是尼桑与东风汽车的全面合作。重组给我们最大的启示,就是下决心推进这样的重组。"

中国政府与柯达的"98协议"在2003年完成收官之笔。10月,柯达与一直以来对并购最为抵制的河北乐凯公司签约,以总价值1亿美元的现金、设备和技术,换取乐凯20%的股份。至此,中国胶卷工业的7家企业全数与柯达合资。在全球市场上被富士打得晕头转向的"黄色巨人"终于在中国找回了尊严。到2005年前后,柯达每年60亿美元的全球采购,有1/6来自中国,95%以上的柯达数码相机在中国生产。柯达还把全国9 200多家彩冲店中的2 000家改造成为数码影像店,打造了一张无比庞大的数码彩扩网络,把中国市场变成了柯达的全球第二大市场。

在30年的中国企业史中,由一家跨国公司对一个重要产业进行全行业性的并购,仅此一例。在1998年,面对局势萎靡的国有企业改造,朱镕基签下与柯达公司的合作协议,无疑是一个铤而走险的大手笔。

中国公司的变革如果按主题来分界的话,可以从1998年一切为二,此前的主题是经营机制的转变,此后则是产权的重组与清晰化。有区别的是,前者尽管成效甚微,不过,政策设计却是非常清晰的,而后者的改革,效果卓著但政策界定始终混沌不清。

"国退民进"运动从1997年开始试验,1998年大规模推广,一直到2003年进入尾声,它意味着20年来以机制转换和放权搞活为主题的国有企业改革运动的悄然终结,中国企业的所有制格局为之一改,从而也深远地影响着日后相当长时间的中国经济。2002年,一份《中国私营企业调查报告》显示,在过去的4年里,有25.7%被调查的私营企业是由国有和集体改制而来。在这些企业中,以东部地区所占的比重最大,为45.6%;改制前是国有企业的占25.3%,是乡镇集体企业的占74.7%;有60.6%的企业主是原来企业的负责人;在通过公有制企业改制而产生的私营企业主中,中共党员所占的比例高达50.66%。2003年,国资委透露,在实际操作中,绝大多数地方进行的国有资产"处置"很大程度上体现为全部退出,都是采用全部转让的方式处理地方国有资产,从1998年到2003年,国有及国有控股企业户数从23.8万户减少到15万户,减少了40%。

长达5年左右的"国退民进"从一开始就呈现出泛运动化和法制监管空缺的特点。

如同过去的很多年一样,"国退民进"被视为拥护改革的标准动作,各地官员纷纷表态支持。在1998年年初的报刊上,处处可见官员的高调表态,江西省省长舒圣佑提出"不求其纯,但求其佳,不要拘泥于比重问题而束缚自己"。湖北省省长蒋祝平说:"要全面摒弃那种把股份制同私有制联系在一起的传统观念,消除出售国有资产会导致国有资产流失的疑虑。"安徽省省长回良玉更是催促说:"现在是早改早主动,晚改就被动,不改没有出路。"最早搞农村土地承包责任制的安徽凤阳县更是在一年之内就把数百家集体企业全部卖给了私人,县委书记说,过去我们敢"包",打破了农村的"一大二公",现在我们敢"卖",打破城镇里的"一大二公",凤阳今后不再搞单一公有制的企业了。国有企业的退出速度和比例成了改革政绩考核的一个指标,很多城市将上百家企业一起"打包出售"以求其快。最轰动的新闻事件发生在2003年2月,西安市政府宣布一揽子出让600亿元的国有资产。

作为国有企业改革最重大的战略调整,"国退民进"一直没有形成一个全国性的法制化改革方案,这是本次改革最奇异的地方。各地依然按照"摸着石头过河"的思路,八仙过海,各显神通,于是出现了数十种产权量化出让的手法,其中最主要的方式包括以下几种。

• 管理层MBO——企业家被允许购买自己管理的企业股份,有的是全数出资购买,有的赠送部分比例的干股。

• 曲线MBO——管理层出资组建新的公司,然后与原有企业发生种种经营或资本重组关系,最终曲线获得股权。在这类案例中,最著名的是广东美的集团的改制。这是一家创办于1968年的乡镇集体所有制企业,1992年,改组为股份公司。美的私有化起步于1999年,开始的做法是在量化净资产的基础上,拿出一定比例折成股份,分给经营者。2000年12月,美的控股与一家叫美托投资的公司签订协议,前者将所持7 243.033 1万股法人股以每股3.00元的价格转让给后者(当时,粤美的每股净资产为4.07元),收购金额为2.17亿元。转让后,美托投资成为粤美的第一大股东,而这个公司是由美的集团的高层管理人员控股,其中董事长何享健一人拥有25%的股份。

• 员工持股——组建员工持股会,以全员持股的方式将企业的资产量化到位,其中管理层获得最大比例的股份。一向以敢于改革而闻名的深圳市就专门下发文件,要求市内国有企业全面推行"员工持股制度"。

• 引资量化——通过引进外来资金或上市的方式,对企业资产进行重组,切出一块由管理层持有。

• 增值量化——以现有净资产为基础,对今后的增值部分量化到人,逐渐加大私人的股权比例。这种方案的典范是TCL的改制。1997年4月,惠州的TCL集团率先进行了国有资产授权经营试点,惠州市政府与李东生团队签署了为期5年的放权经营协议。按照协议规定,TCL到1996年的3亿元资产全部划归惠州市政府所有,此后每年的净资产回报率不得低于10%;如果多增长10%~25%,管理层可获得其中的15%;多增长25%~40%,管理层可获得其中的30%;多增长40%以上,管理层可获得其中的45%。这一方案被认为是一个"十全之策",既保证了国有资产存量的保值增值,也为管理层的入股创造了空间。TCL接下来的产权变动情况是：1998年，李东生团队完成授权经营目标，通过增资，管理层和工会获得8.82%的股份；到2000年，股本结构为国有股62.59%，管理层和工会为37.41%；2002年，李东生通过引进战略投资者的方式，使国有股份减持到40.97%，至此，TCL集团由一个地方政府绝对控股的国有公司成为多元股权结构的公司；2004年1月，TCL集团上市，李东生持有5.59%股权，当时相当于12亿元的市值。

• 破产改制——先将企业破产，然后再出售给个人。常年在苏南地区工作的学者新望描述说，在高潮期，市县领导的桌面上摞满了企业申请破产的报告，批了"请依法予以破产"后，就转到法院，法院甚至来不及开庭就宣布破产。

这种种手法并无统一的法制依据，也没有必要的监管制度，因此出现了尘土飞扬的局面。一个叫张大典的银行会计师曾经总结过各地经营者在改制过程中发明的"增减手法"。

"增"就是增加负债，企业资产不变，使负债总额增加，原有各负债受偿率就会减少。具体手法有4种。一是虚设。即企业在改制之前，或以欠交或以未交名义，虚设应交未交项，或以应付为名，虚设应付款项，增加负债。某公司在破产之前，其资产评估为640万元，负债却高达6000多万元，其中2000多万元就是虚设的应交镇农工商总公司和镇财政所各类上交款项。二是妄增。即企业在改制之前，或以少交或以未报，或以应付未付为由，妄增应交和应付未付项；或以多报、多估破产清偿及其他费用的手段，妄增开支。三是少提。即企业预提费用中，少计提银行贷款利息和复息，直接使银行应收款利息被悬空逃废。四为宽评。即企业改制，对其负债进行评估时，即使是已经确认不需支付的或不需再上交的款项，也宽评或仍保留原额。负债的宽评与资产的低估，都是较为普遍的手段。

"减"就是想尽办法减少资产，具体的手法也有4种。一是转移。即企业在改制之前就将其资产或以"投资""抵债"等名义转移，或以分立形式将其有效资产划割到分立企业,即以所谓"剥离资产"的手段来悬空逃废债务。二是隐匿。即企业在改制之前或在资产盘存评估过程中,或以经营亏损,或以自然损耗为名义,或以低价变卖资产,或以隐藏实物的手段,扩大资产损失,以虚亏隐匿资产。三是掏空。即企业在改制之前或改制过程中,或以"帮扶""馈赠",或以陈年老账,或本是融资却偏说投资并亏损等原因,将其应收款项一笔勾销,掏空资产。四是低估。即企业改制在对资产进行评估时,或以变现困难,或以不能全额催收等理由,对其实物资产和应收款项有意低值评估。

没有人统计过,到底有多少国有和集体企业在转制的过程中采用过这些"增减手法",这是一个永远也没有答案的谜。国有资产的大释放在某种意义上确实成了一条制造千万富翁乃至亿万富翁的生产线,后来在各种财富榜上出现的富豪们相当一部分都是这场改革的最大获利者。因而,它被人称为"最后的盛宴"。

在一场没有底线和边界的财富游戏中,成王败寇,都在转瞬之间。这中间,有弹冠相庆的得意人,自然也有令人扼腕的失落客。

这年夏天,"饮料大王"李经纬把他的办公室从三水搬到了新建成的广州健力宝大厦。坐在38层宽敞、豪华的大办公室里,他可以俯瞰广州全景和终年绿意葱葱的越秀公园。这时候,公司形势十分喜人,上年实现了50亿元的销售额,健力宝入选国家工商总局宣布的第一批"中国驰名商标",在中国饮料协会公布的行业排名中,健力宝在产量、总产值、销售收入和税利4项均排名第一,它还被媒体评选为"90年代中国公众心目中的十大知名品牌"之一。然而,就在这样的时刻,李经纬的心情却好不起来。

从1994年——创业的第十个年头开始,李经纬就已经在考虑健力宝的产权归属问题。在三水,他享受了最高的"政治待遇"。在很多地方活动的仪式上,县委书记、县长坐中间,旁边坐的就是他,再下去才轮到政府的其他官员。但是,这种一时无二的尊崇和厚爱还是无法解开他内心那个产权之结。1997年,"国退民进"的舆论渐热,国有资本将从竞争性领域逐渐退出,经营者被允许以各种方式购买企业的资产。在李经纬看来,饮料行业无疑是百分之百的竞争性领域,将健力宝的产权清晰化完全符合中央政策。李经纬的方案是通过股票上市来实现股权激励。在李经纬的精心策划下,健力宝谋求在香港联交所上市。在此案中,包括了经营层的股权分配。然而,出乎他意料的是,就在上市方案行将通过的时候,三水政府以李经纬团队"没有香港暂居证,因而不得购买H股原始股票"为理由,拒绝批准这个方案。

在三水官员看来,健力宝的发展固然有李经纬的创始之功,但是与政府多年来的全力扶持也是分不开的,凭什么给你个人呢?况且,健力宝每年上缴的利税是三水财政的支柱,一旦私有化后,地方建设的"钱袋子"就不见了。还有一个理由是,李经纬哪来那么多钱买健力宝的股份,会不会有用公司的钱买公司股份的嫌疑?

政府的态度让李经纬极度失望,他一怒之下放弃上市,然后把健力宝总部搬到了广州。从此,矛盾浮出水面。在政府看来,总部迁址很可能就意味着税收的流失。从1998年开始,三水政府加大了对健力宝资金的掌控,集团每开发一种新产品都必须通过政府审批,经过政府的财政预算,然后划拨经费。知情者解释说,这是因为"三水非常警惕李经纬借开发新产品之名转移资产,因此几乎每一个新的招商引资项目,政府都要亲自审批,资金卡得紧,还主动要求替健力宝寻找合作对象"。

1999年,三水政府大换届,一些与李经纬有交情的老官员全数退休或换岗,一层因历史渊源而形成的温情脉脉的薄纱也最终被揭去,他的处境日益艰险。便在这一时刻,李经纬提出了第二套改制方案,由管理层自筹资金买下政府所持有的股份,李经纬开出的价格是4.5亿元,将在3年内分期付清。三水政府断然拒绝,理由据称是"风险很大,有用健力宝资金来买健力宝之嫌"。李经纬还不甘心,他接着聘请深圳一家咨询公司又设计出第三套方案,李经纬团队持股75%,三水政府再给李经纬个人5%

的股权奖励。这个方案也遭到政府方面的否决,理由依然是"担心经营层的钱来历不明"。

在这样的拉锯中,政府与管理层的关系近乎破裂,而企业效益也开始急速下滑。健力宝的经营业绩自1997年创造了54亿元的骄人纪录后,每年以5亿~8亿元的幅度锐减,上缴政府的利税也从1亿元降到两三千万元左右。

就这样,一家蒸蒸日上的企业因政府与经营者的产权博弈而变得前途莫测。

如果说,李经纬在产权清晰化的话语权争夺上招招被动的话,那么,华南的另一位明星企业家则显得更无能为力。

1998年12月,在没有任何预兆的情况下,科龙集团突然发布公告,潘宁辞去公司总裁职务。这时候的科龙正处在一个迅猛扩张的关键时刻,上年,科龙实现营业收入34亿元,利润6.6亿元,被香港《亚洲货币》杂志评为中国最佳管理公司和中国最佳投资者关系公司。在潘宁辞职的两个月前,科龙还刚刚收购了广东另一家陷入困境的家电企业华宝空调。根据很多当事人的回忆,潘宁对自己的"辞职"并无思想准备。在整个1998年,他一直在全国各地考察,他想收购成都一家军工厂的车间,将之改建成冰箱生产线,还到河北等省份洽谈建设北方生产基地的事宜。据这段时间与潘宁有数面之缘的北京大学教授周其仁观察,"潘宁下岗,其实他对此没有做好准备,在过去的一年多里,他一直四处奔波"。

后来发生的一连串惊人的事实表明,潘宁辞职,意味着地方政府对他的产权改革思路的坚决否定。在过去几年,潘宁一直试图说服政府把股份释放给管理层,他冒险新创科龙品牌也是其中的一个战略性步骤。1997年以来,市场竞争十分激烈的家电产业成为国有资产退出的领域,而惠州的TCL已经进行了产权改革试验,潘宁对改制的迫切性也越来越强烈。可是,他的突然辞职让科龙集团的产权改制走上了一条坎坷的道路。

辛苦创业14年、没有任何理由地被宣布"辞职",潘宁几乎没有做任何"反抗"或解释,他迅速做出了移民加拿大的决定,从此不问科龙事。为表示自己的彻底隐退,他与科龙约法三章:"不保留办公室,不拿科龙一分钱退休金,不要科龙一股股份。"他对媒体记者发表的最后一段讲话是:"现在退下来,我觉得非常荣幸。因为好多知名的企业家,有的升了官,有的没有后继力,还有的犯了错误,极个别的上了刑场。像我这样干到65岁的企业家,屈指可数。我光荣退休,确实好荣幸。"他对外宣称有6个"退休计划":学打高尔夫,学摄影,学开车,学太极拳,读点近代史,陪太太外游。一位科龙旧部曾记录了一个细节:老潘临别科龙时,曾"口占一绝"留赠部下做纪念:"服务乡企数十年,纵横家电愤争先。闯破禁区成骏业,寄语同仁掌霸鞭。"有人指出,诗中的"愤争先"一句有点别扭,是不是"奋争先"或"纷争先"的笔误,潘宁肃然地说,就是这个"愤",发愤图强的愤、悲愤的愤。

因产权变革而形成的政商博弈,让健力宝与科龙陷入了巨大的危机旋涡之中。在未来的几年内,围绕着这两家曾经创造过无数辉煌的企业将展开一场更为激烈的争夺战,最终,企业在多方利益群体的绞杀中奄奄一息。

1998年的中国企业界四处泛滥着悲喜难辨的亢奋。从中央决策层到思想界、企业家,每个人都感受到改革向深度推进的艰巨,同时,又对这场变革将把这个国家和自己的命运带向何方而有着莫名的亢奋与迷茫。在未来的几年里,人们日渐从"地雷阵"和"万丈深渊"的说法中咀嚼出更多、更复杂的意味来。也是在这一年,中国最大的家电企业海尔集团的年营业额接近200亿元,当记者问张瑞敏此刻的心情时,这位日渐深居简出的企业家说:"我现在的心里,每天还是8个字——战战兢兢,如履薄冰。"

企业史人物 | "烟王"是非 |

1998年,中国企业界最大的争议,是一个叫褚时健的企业家该不该被判处死刑。

褚时健是云南红塔烟草集团的董事长。红塔的前身是玉溪卷烟厂。早在1979年,这是云南省数千家默默无闻的小烟厂之一,固定资产1 065.65万元,生产设备全部是20世纪三四十年代的水平。云南烟草冠绝全国,其中又以玉溪为"云烟之乡"。褚时健当上厂长后,狠抓质量和营销,创出"红塔山""阿诗玛"等品牌,他还大量收购优质烟田,最大的一片有2 000亩。到80年代中期,玉溪厂已颇有名气,每年可上缴利税5亿元。

玉溪厂快速发展的时间是从1988年开始的。之前,中国所有的烟草价格都是计划控制的。这年7月,国家宣布对13种名烟放开价格,实行市场调节。13种名烟中,9种产自云南,褚时健的玉溪卷烟厂就争取到了4种。根据当时报纸报道,7月28日,烟价放开,红塔山的每包售价就从1.3元涨到3.9元,第二天又涨到5元。这一年,在全国上缴利税最多的前10家企业中,云南玉溪卷烟厂名列第五,经济效益跃居全国轻工行业之首,褚时健被授予全国劳动模范称号和五一劳动奖章。褚时健最"创新"的一个举措是,为了突破国家对烟厂的产量指标控制,他绕开有关政策,通过并购云南及其他省份小烟厂的方式充分放大自己的产能。日后来看,这是一条"灰色"的改革通道,它让国家对烟草生产总量的限制形同虚设。到20世纪90年代中期,玉溪卷烟厂年创利税达200亿元以上,占到云南财政收入的60%,相当

▲褚时健

于400多个农业县的财政收入总和，稳坐中国烟草业第一把交椅，并跃升为世界第五大烟草企业。在1997年，红塔山的无形资产为353亿元，在中国所有品牌中位居榜首。在褚时健任职的17年间，红塔集团总计纳税800亿元。一位中央领导在视察该企业时说："这不是卷烟厂，这简直就是印钞厂。"

1996年年底，中央纪委信访室接到匿名举报，遂对褚时健展开调查。12月28日，褚时健试图通过云南边陲河口边关出境，被边防检查站截获。第二年6月，褚时健因贪污罪名被拘捕。他对检察院预审人员坦白罪行："1995年7月份，新的总裁要来接任我，但没有明确谁来接替。我想，新总裁接任之后，我就得把签字权交出去了。我也辛苦了一辈子，不能就这样交签字权，我得为自己的将来想想，不能白苦。所以我决定私分了300多万美元，还对身边的人说，够了！这辈子都吃不完了。"据侦察，褚时健还在国外私设10亿元人民币和2500万美元的企业"小金库"，唯他签字方可动用。

褚时健对自己的贡献与收入之落差一直耿耿于怀。1990年，当选"全国优秀企业家"的他对记者抱怨说："上级规定企业厂长可拿工人奖励的1~3倍，但实际上，我们厂的领导层一直只拿工人奖励的平均数。就我个人而言，10年前的工资是92元，奖金是当时全厂最高的6元，再加上其他的总共月收入才110元。10年后的今天，厂子搞好了，我现在月收入有480多元，加上一些奖项，总共可达到1000元。"到1995年前后，褚时健的年薪加上云南省对他的奖励为30万元。他算了一笔账，红塔每给国家创造14万元利税，他自己只拿到1元钱的回报。

据检察系统的侦察，褚时健贪污的金额为700万元左右，其数额巨大，按律难逃死罪。然而，此案见报后，在企业界和媒体掀起轩然大波。几乎所有的人都对之报以同情，时值"国退民进"、产权改革的高潮期，人们均以为褚时健功勋卓著，其所得与贡献实在落差巨大，贪心大可原谅。有人据此总结出了一个"59岁现象"——其实被捕之际，褚时健的年纪为67岁,已属"超龄服役"——也就是,由于国有企业的当家人收入偏低,因此很可能造成他们在退休前大捞一把的现象。"59岁现象"被认为是制度造成的陷阱。

褚时健出事后,其妻子、妻妹、妻弟、外甥均被收审,女儿狱中自杀身亡,儿子远避国外,成了名副其实的"妻离子散、家破人亡"。对褚时健的同情与声援,成为一股很耐人寻味的势力。在1998年年初的两会上,10多位企业界和学界的人大代表与政协委员联名为褚时健"喊冤",呼吁"枪下留人"。一个听上去很能打动人的说法是:"一个为民族工业做出如此巨大贡献的国企领导,一年收入竟不如歌星登台唱一首歌!"

1999年1月,褚时健因为"有坦白立功表现"被判处无期徒刑。据当时的媒体报道,宣读判决书的时候,褚时健只是摇摇头,没有说话。

在后来的很多年里,褚时健一直不是作为"罪犯"而是一个"含冤蒙罪"的企业家形象出现在各种媒体上,很多企业家视之为崇拜的偶像。生产手机的波导集团董事长徐立华曾经如此表达对他的敬意:"真正的企业家是褚时健,那是中国天字号的企业家。中国哪一个企业家有超过褚时健的?没有!我认为中国的企业家最厉害的是褚时健。红塔山原来有句广告语,叫'山高人为峰',确实是这样。现在我们谁能望其项背?没有!"徐立华的观点被很多人所认同。还有一些舆论认为,褚时健的错误是"早生了几年"。一篇文章认为,"在近10年的国有企业成为上市公司的过程中,管理者成为千万富翁、亿万富翁的不在少数,褚时健为什么沦为阶下囚?若以贪污700万判处无期徒刑论,对褚时健的处罚是轻的。但是,有多少人知道,褚时健的结局曾经使多少国有企业负责人寒心!似乎应该重新回到制度上来"。"官逼民犯"是不是可以解释这一现象?企业家能力不能得到体现,只好去"偷"、去"抢"。然后,刑法等着你。

褚时健在监狱里并没有坐多久,2000年前后,他就以身体有病的原因被保外就医。他与妻子在云南哀牢山承包了2 000亩山地种植甜橙。一些企业家不远千里前去看望他,其中包括万科集团的王石。王石说:"虽然我认为他确实犯了罪,但这并不妨碍我对他作为一个企业家的尊敬。"《中国企业家》记者刘建强还记录了一个传闻,"政府给褚时健立了一个账户,里面存了几十万元钱,作为他看病的费用。没过多长时间,账户里的钱变成了几百万,都不知道是谁存进去的。"[1]

只有极少数人对"褚时健现象"提出过质疑。以无忌直言而出名的香港教授郎咸平评论说:"红塔集团的褚时健贪污,媒体对他百般同情,凭什么同情他?要不是国家不准民营企业做烟草,能有你褚时健的成就?企业做得好,功劳就是自己的,凭什么?国家不是给你待遇和荣誉了吗?"[2]

"褚时健现象"是一面镜子,照出了转型时期的中国商业界在法制观念和价值评判上的模糊、矛盾与迷茫。

---

[1] 刘建强,《寻找褚时健》,《中国企业家》,2005 年 02 期。
[2] 任田,《郎咸平:我的意见不能成为主流是国家悲哀》,《南方人物周刊》,2004 年第 7 期。

1999 / 庄家"恶之花"

国有企业的烂账，

以及邻国经济的萧瑟，

还有小姐们趋时的妆容，

这些不稳定的收据，

包围了我的浅水塘。

——翟永明：《潜水艇的悲伤》，1999年

1999年，一个令人百感交集的百年世纪终于走到了它的"末点"。人们记起四百多年前一个叫诺查丹玛斯的法国医生的那个预言："1999年7月，天空中太阳、月亮和九大行星将组成'十字架'形状，这时候，恐怖魔王从天而降，蒙古大王重新出现，战神以幸福的名义主宰世界……"这个不无恐怖的景象显然并不会出现。

这年是新中国成立50周年的大庆之年。美国《财富》杂志十分机敏地宣布，将把一年一度的《财富》年会放在中国上海举办。时间是国庆大典前的9

月底,这是国际知名传媒机构第一次把全球性年会选在中国举办。它的主题非常符合人们的想象——"让世界认识中国,让中国认识世界"。江泽民总书记已确定届时与会。

从宏观经济来看,中国的表现也让人充满期待。东南亚各国还没有从金融风暴的眩晕中清醒过来,俄罗斯经济再度爆发危机,南美的巴西也出现了严重的金融危机。在所有的发展中国家里,中国可谓"一枝独秀"。上年推出的各项刺激经济的措施逐渐见效,消费市场重新活跃,房地产市场的复苏对各个产业的拉动效应渐渐呈现出来,新一轮的经济高速增长周期到来了。

谁也没有想到,景气的喷发是从股市开始的。

5月19日,星期三。一个看上去不会发生任何新闻的平常日子,中国股市已经持续萎靡了七百多天。而在11天前,美国导弹还"误炸"中国驻南联盟大使馆,引发了一场惊人的外交事件,中美关系再度跌至冰点。[①]就是在这一天,沪深两市分别悄然上涨51点和129点,收于1 109点和2 662点。领涨的是带有网络概念的股票,如东方明珠、广电股份、深桑达等。这根平地升起的阳线起势突然,继而凌厉,一拉就是32天。这期间,央行宣布降息,《证券法》开始实施,一向谨慎的《人民日报》发表特约评论员文章,要求大家"坚定信心,规范发展,珍惜股市的大好局面"。向阳锣鼓声声敲,在不到两个月的时间里,上证综指一举冲到1 700点,涨幅超过50%。"5·19"行情自此形成。[②]

---

① 1999年3月24日,以美国为首的北约在未经联合国安理会授权的情况下,对南斯拉夫联盟实施了长达78天的轰炸,出动2.6万多架次飞机。5月8日凌晨(贝尔格莱德时间7日晚11时45分,北京时间8日凌晨5时45分),5枚战斧式巡航导弹袭击了中国驻南联盟大使馆,造成三名新闻记者死亡,20多名外交人员受伤。

② 这波行情将一直持续两年,到2001年6月14日达到最高点2 245.44点,随后掉头大挫,进入了长达4年的熊市之旅。

资本市场向来是宏观景气的"晴雨表",而在中国,这个"晴雨表"却常常投影在扭曲、诡异的哈哈镜里。在"5·19"行情中,涌现了几个令人难忘的大庄家。

吕梁似乎是第一个"预言"到了大行情的庄家。

有些人应该还记得这个名字曾经出现在1992年的"深圳认购证事件"中。当时他叫吕建新,是一个好奇而勤奋的文学青年,在那个事件中他写了一个长篇纪实报道《百万股民"炒"深圳》[①],是当时国内对深圳事件最生动的描述。也是在那次股民骚乱中,吕梁经受了股市的洗礼。他成了深交所里的常客,注意力便再也没有离开过。在深圳混的日子让吕梁天天都很亢奋,但是他却没有赚到多少钱,不久后他又回到了北京,跟在几个大散户后面炒股票,此外还不断地写股市评论文章。他的赚钱运气似乎不太好,一开始赚了上百万元,他又转去做期货,结果就砸进去了,玩了两年下来,竟欠下了上千万元的债务。不过,在股评方面他却表现出超人的天赋,早年的文学创作帮了他大忙,在文字粗劣、理念肤浅的股市评论中,他总能以充满激情和思辨的文字吸引人的注意力。他很早就看透了中国股市的灰暗,他曾写道:"由于上市公司质量的普遍低劣,使得股民根本无法选择到真正有价值的股票,这就给市场运作带来了极大的空间,中国股市在某种意义上是一个'故事会'。"他的很多观点深受证券投资界不少人的认同,他渐渐地在这个圈子里赢得了不小的名声。1996年起,吕梁索性搞起了一个K先生工作室,一边以K先生为笔名写股评,一边还指导人炒股票。至于为什么起这么一个怪名字,他的解释有两个:其一,股票的行情图又称K线图;其二,K是"king"的第一个字母,暗示他是"股评之王"。在这个"故事会"里浸淫多年,他一直在等待一次大显身手的机会。

1998年的秋天,K先生吕梁终于等来了他"命中注定"要遇到的那

[①] 吕梁,《百万股民"炒"深圳》,《中华工商时报》,1992年8月。

个人。一个叫朱焕良的股市大散户来找吕梁求救。这是一个早年在建筑工地上开大装卸车的"粗人",前些年靠倒腾股票赚了不少钱,竟成了上海和深圳股市上最早的亿万富翁之一。1996年前后,他看中了深圳一只叫康达尔(股票代号0048)的股票。它原本是深圳宝安区的养鸡公司,香港的活鸡市场大半是靠它供应的,业务稳定而效益尚可,1994年上市后不温不火。朱大户在二级市场上悄悄购进康达尔的股票,小半年下来居然囤积了数千万股,占到康达尔流通盘的90%,朱大户为此花了两个亿,其中一大半是他全部的家当,还有一小半是高息拆借来的。正当朱大户想卷起袖子大炒康达尔的时候,1997年,香港突遭"禽流感"袭击,全岛杀鸡禁鸡,康达尔业务全线瘫痪。它的股价自然也坐上了滑梯,从最高的每股15.40元猛跌到每股7元多,跌幅超过50%。朱大户的两亿元全部深陷在里面动弹不得。他沮丧地跟人说:"在1997年,除了那些被杀的鸡,我大概是全深圳最不幸的了。"

两个负债累累的人和一只"瘟鸡股票",就这样走到了一起。吕梁同意与朱焕良联手坐庄,他靠自己在股市中的名气和15%的融资中介费,在三个月内融进了4个亿。接着就开始自倒自炒康达尔,一位名叫庞博的操盘手日后描述说:"吕梁的指令下达得很细,细到从早晨的开盘价到多少钱中盘倒仓,在哪几家营业部倒仓多少。为了操作隐蔽,倒仓不能太快,也不能慢,拉升时要注意日涨幅不超过7%~8%,要维持图形好看,生怕别人发现,把股票做上去。"与此同时,吕梁在报刊上频频发表文章,为股市的回暖大声唱好,顺带着拼命推销已经完成"重大重组"的康达尔。正在这样的时刻,两年来如懒熊瘫地的股市真的突然雄起了。"5·19"行情,让吕梁的"中国第一股评家"声誉达到了顶峰。在一切都那么羸弱和灰色的资本市场上,人们太需要一个让多方取胜的预言家,并乐于相信这样的预言家。有了飙升的大势做掩护,吕梁拉抬康达尔股价的行动变得肆无忌惮,股价一路上扬,从接手时的每股7元多,到7月已经跃至每股40元。到年底,康达尔在深市涨幅最大的前20只股票中名列17，全年涨幅111%，全然一只高科技大牛股的形象。12月，经深圳市工商局批准，康达尔更名为中科创业。

为了操纵股价和玩更大的游戏，吕梁先后与国内20多个省市的120家证券营业部达成了融资关系，后者为了抢夺让人眼馋的交易量和中介代理费用，疯狂地为中科四处找钱，先后融资超过了惊人的54亿元。就这样，围绕着中科创业形成了一条罪恶的庞大利益链。日后吕梁承认："那些融资协议如果拿出来，连见证并签了字的律师都是要进监狱的。"可是，几乎所有参与其中的人都决意铤而走险，视法律为无物。这些人都学识渊博，精通法律条文，个个看上去道貌岸然，堪称这个商业社会中的精英，可是在巨大利益的诱惑下，所有人都放弃了自己的职业道德底线。① 在这个意义上，吕梁之得逞，是中国金融界的一个耻辱。

如果说，吕梁是这年冒出来的"庄家新贵"的话，那么，从新疆走出来的唐万新则是一个更显赫的"标本"。有趣的是，唐万新的发家也是在7年前的那次"认购证事件"②。当时，28岁的他花钱一下请了5 000人从乌鲁木齐坐火车到深圳排队领取认购抽签表，这些人每人一条小木凳，

---

① 吕梁们玩弄股价到了多么随心所欲的地步，下面的故事可以做注脚：2000年2月18日，吕梁新婚大喜。前一天，他对手下一个最得力的操盘手开玩笑地说："你能送我一份特别点儿的礼物吗？"那人心领神会地嘻嘻一笑。18日当天，中科创业的收盘价恰好停在了72.88元。神奇的操盘手用自己的方式给老板送上一份别人看来不可思议的礼物。

② 股票认购证，是赋予权证持有人一个权利，以行权价在特定期限内购买相关股票的权利。股票认购证，最早出现在1992年的上海，当时上海证券交易所成立后的1年多时间内，"老八股"在唱独角戏，且因股票供不应求，形成了粥少僧多的有价无市局面，因此市场扩容成了当务之急。新股超额利润的魔力，吸引了数以百万的中国人对新股的疯狂抢购。哪里发行新股哪里就爆发一次排山倒海的抢购狂潮。到1992年8月，当深圳发售新股抽签表时，一百多万股民汇聚深圳，展开了一场惊心动魄的抢购战，最后酿成了让人痛心而又回味无穷的深圳"8·10"事件。

排队一天领50元劳务费，一排就是三天，领到的抽签表换成原始股，让唐万新大赚了一笔。从此，唐万新迷上了"来钱最快"的股市。他和大哥唐万里等人注册成立了新疆德隆实业公司，专门从事资本市场的股票运作。他们在新疆、陕西等西北诸省大量收购国有企业的原始股和内部职工股，要么将之倒卖给新疆的金融机构，要么等到上市后甩卖套现。有一次，他们以1 000万元的价格受让"西北轴承"的1 000万法人股，数月后出手净赚3 000万元。如果说，股票倒卖让唐万新初窥资本市场殿堂的话，那么，他在国债市场的试水则让德隆完成了真正意义上的原始积累。从20世纪90年代初开始，财政部出台了国债承购包销政策，在相当多的年份里，大部分国债都是由数十家证券中介机构包销的。数年累积，渐渐地便形成了一个非官方的国债流通市场，而武汉的国债场外交易所是当时规模最大、交易最活跃的一个平台。1994年，唐万新通过国债回购业务，先后违规融资3亿元。那是一个疯狂的年代，善于发现和胆大包天让一代人迅速暴富。

跟那些鼹鼠般的庄家们不同的是，年轻的唐万新有自己的商业理想。在他看来，全球的产业结构正在发生一次巨大的衍变，中国无疑是其中最重要的一环。很多传统产业都存在迅猛放大的机遇，但是由于体制及观念的落后，绝大多数中国企业的规模偏小、投资分散，没有竞争力。因此，通过资本经营的方式，将之进行优化整合、盘活存量，将是中国式经济腾飞的希望所在。唐万新的理念与比他年长24岁的南德集团牟其中非常相似，在当时颇得很多经济学家的青睐，认为是资本经营的"最高境界"。跟只善于夸夸其谈的牟前辈不同的是，

▲唐万新

唐万新真的进行了大胆的尝试。①

　　唐万新的第一步是收购企业。被张维迎和梁定邦等人诟病过的股权分置制度为庄家们的灰色运作提供了肥沃的"土壤"。由于所有的国有上市公司都握有一部分没有流通的法人股,对其猎获的成本远远低于从二级市场的股民手中一点一点地吸取。所以,无数庄家便瞄准了各地上市公司的国有资产主管机构,从它们的手中收购法人股,这样的交易成本自然较低,而且不会受到任何的监管。在某种意义上,正是中国股市这种独一无二的股权架构给了投机客们以空间。唐万新便是通过购买法人股的方式,先后成为新疆屯河、沈阳合金和湘火炬三家上市公司的第一大股东,组成了德隆系所谓的"三驾马车"。

　　唐万新的第二步便是按自己的商业理念对这三家老牌的国有企业实施战略重组。在外界看来,这种重组似乎非常宏大而迷人。以湘火炬为例,这家企业原本只是一家生产火花塞的老企业。唐万新提出"大汽配"战略,先是收购了美国最大刹车系统进口商 MAT 公司及其9家在华合资企业75%的股权,从而获得了美国汽车零部件进口市场的一定份额,然后控股陕西一家汽车齿轮企业,成为该行业的国内龙头企业。紧接着湘火炬接连发布公告,与东风汽车、陕汽集团、重汽集团等发生各种重组、合资行为。到2004年,湘火炬拥有50多家子公司,成为中国齿轮、火花塞、军用越野车三个行业的最大规模企业,同时还是空调压缩机第二大生产厂家、汽车刹车系统的最大出口商等。新疆屯河原本是新疆建设兵团旗下的水泥工厂,唐万新将之向"红色产业"转型,先后收购和新建了9家番茄酱加工厂,一度成为全球第二大番茄酱生产商之一。沈阳合金原本是一家镍合金专业制造企业,每年只有四千多万的销售收入,德隆入主后,连续

---

① 唐万新是这部企业史上继牟其中之后最著名的"资本经营大师"。两人不但在战略理念上颇为神似,甚至在其他方面也有几点惊人的相似:他们的祖籍都是重庆万县;他们都属"龙",相差整整24岁;他们后来都在武汉受审定罪,并被关在当地的监狱里。

第四部　1998—2002　在暴风雨中转折　　173

收购了苏州、上海、陕西等地的多家电动工具制造企业，使之成为全国最大的专业生产商和出口商。唐万新对自己的整合理念自视极高，认为是"天下第一"的企业战略。一些经济学家也颇为赞赏，与唐家兄弟有过密切交往的经济学家钟朋荣便认为，"到目前为止，中国的民营企业家还很少有人能做到他们这样的高度"。

德隆要完成这一系列的并购，需要大量的资金，钱从哪里来？那就要靠坐庄炒作。德隆的坐庄技巧其实非常简捷，唐万新通过不断地释放利好消息和整合重组概念，将股价一步一步地抬高，然后从中倒手牟利。从1996年起，德隆旗下的"三驾马车"就撒开双蹄，股价日日上涨，到"5·19"行情来临，德隆系更是"好风凭借力，送我上青云"，在中国股市上一路狂奔，创下让千万股民瞠目的飙涨纪录。到2001年3月，人们看到的事实是：湘火炬经过三次转配股，1股变成4.7股，经复权后计算，每股股价从7.6元涨到85元，涨幅1 100%；沈阳合金股份经过4次转配股，复权后的股价从每股12元涨到186元，涨幅1 500%；新疆屯河也经数次送配股，复权后的股价为每股127元，涨幅1 100%。一个庄家控制的3只股票，5年之内全数狂涨10倍以上，举国顾盼，再无一人，德隆因此创下"天下第一庄"的显赫名号。在相当长的时间里，"股不在优，有德则名；价不畏高，有隆就灵"，几乎成了中国股民想要赚钱的不二法门。根据精通财务分析的香港教授郎咸平的计算，到2001年3月，德隆庄家从这种坐庄活动中总计获利52亿元。

唐氏战略在商业逻辑上最大的漏洞是，传统产业的赢利能力并不可能在短期内爆发，其对金融板块的反哺能力十分弱小，在效益最好的年份，"三驾马车"的净利润之和也不过2.4亿元，远远算不上是"效益奇迹"。因此，实业整合出现的绩效并不能够支持金融扩张所需的资本流量。而为了让德隆系的股价维持在一个高位上，唐万新不得不另外去构筑一个昂贵而隐秘的融资平台。

一方面，他不断在资本市场上发布让人眼花缭乱的并购公告，夸大实业整合的绩效，以此作为稳定和抬高股价的炒作手段，另一方面，德隆创办和控制了多家信托金融机构，同时在银行、证券、金融租赁、保险、基金等多个领域，通过种种合法或非法的方式开展委托理财业务。日后的调查表明，德隆通过这些手段共融资250亿元。这种灰色及不规范的运作模式，让德隆渐渐演变成了一头规模惊人而又无比危险的金融怪兽。根据计算，德隆每年用于维持高股价的费用需10亿元，用于融资支付的利息需30亿元，也就是说，起码有40亿元的资金才能保证德隆系的年度正常运作。这是一个让人不寒而栗的数字，其融资成本之高，让这个游戏从一开始就注定了惨败的命运。

为了找资金，德隆几乎已经到了竭尽全力的地步。在唐万新的部署下，德隆将全国年销售收入在5 000万元以上的18 732家企业作为重点客户，按地域分配给旗下众多的证券金融机构，以地毯搜索的方式进行开发。当某企业需要一种综合金融服务时，与德隆有业务代理或股权纽带关系的银行、信托公司、证券公司、租赁公司、保险公司就会分别找上门去，以不同金融机构的名义却又是协作的方式展开服务。它们以委托理财的名义跟企业签订合同，这种合同都有两份：一份是供监管部门检查时用的，一份"补充合同"则注明德隆承诺的保底收益，是保密的。一般而言，德隆提供的保底收益为3%~12%，后来随着资金链的紧张，最高时上涨到了18%。为了"工作便利"，德隆还专门设计了一本《金融产品手册》，它是活页式的，"需要用到哪家金融公司出面，对方需要哪种金融服务，我们都可以随时替换"。

就这样，唐万新走上了一条无比凶险的不归路。这是一个勇猛的赌徒，孔子所谓的"暴虎冯河，死而无悔者"就是指这样的人。他有一句自创的格言是："但凡拿我们的生命去赌的，一定是最精彩的。"他别无爱好，只喜打猎，经常开着一辆丰田越野车，游猎新疆各地，据说越是凶猛的猎物当前，他越是莫名兴奋。他在新疆裕民县有一个农庄，会议室里挂了一块大匾，上书四字曰："唯我独尊"。

德隆的那些"真实的谎言"要到5年后才会被揭穿，在1999年的股市狂热中，它显得是那么的光芒照人。8月，德隆宣布以1 000万美元购进俄罗斯太平洋舰队的旗舰、不久前退役的明斯克号航空母舰，把它拉到广州进行封闭式大规模修整与改造。它被停泊在深圳大鹏湾的沙头角，成为世界上第一座以航母为主体的主题公园。这条新闻轰动一时，也是从此以后，德隆以中国民营企业的"航空母舰"自居，它宣布将在5年内"成为一家世界性的大公司，进入全球500强"。

在中国资本市场上，庄家这朵"恶之花"是一个制度性的产物。

首先，那些素质羸弱、因"解困"而上市的国有企业是庄家得以存活的第一要素。这些企业上市不久便再度陷入困境，因此沦为"壳资源"——"砧板上的肉"。其次，非流通股的存在让庄家能够以非常低廉和灰色的手段轻易控制那些企业。最后，监管机制的不成熟更是让所有无法无天的炒作手法满天飞。在相当长的时间里，中国股市最流行的名词是"题材"，你只要敢于想象、胆大妄为，就可能成就一番"事业"。在这样一个放纵的年代，金钱的诱惑以及资本的放大效应，让无数人心甘情愿地放弃所有的准则，中国股市因此成为最没有道德底线的野蛮地带。根据斯坦福大学刘遵义教授的研究，1999年和2000年前后，中国股市的股票年换手率达到400%，平均持股时间仅为3个月左右；而同期，美国纽约证券交易所的股票年换手率为86%，平均持股时间为1.2年；新加坡证券交易所的股票年换手率

▲庄家

为30.2%，平均持股时间达3年。资本市场浓重的投机色彩直接造成上市公司行为的扭曲，使中国股市的融资功能极度萎缩，基本上丧失了实业型公司借此壮大的可能性。

在1999年的股市，还活跃着几个知识分子出身、天资无比聪慧的青年庄家，他们所表现出来的"动物凶猛"让人难忘。

在这年的股市上，号称"中国第一文化概念股"的诚成文化的股价扶摇直上，它的当家人是有"神童"之誉的刘波。1964年出生的刘波早慧，14岁就考入武汉大学中文系，4年后，进入湖南中医研究院拿到了硕士文凭，后又成为北大哲学系的博士生，师从著名文化大师季羡林学习东方哲学。之后，他便开始了自己的儒商生涯。刘波平日好穿对襟青布衫，"能穿布鞋的时候绝不穿皮鞋"，他的总裁办公室满架皆书，一室斯文。他还在北京长期包租了一幢据说是东北军阀张作霖旧宅的四合院，在这里，常常夜宴宾客，大有名士风范。在很多报章上，他都被视为"新儒商"的典范人物。

刘波的第一桶金就与文化有关——他策划和出版了123册的《传世藏书》。这套书由他的导师、国学大师季羡林主编，据称该书共3万多卷，计2.76亿字，累计厚度为10余米，"它汇集了国内外上千名资深专家学者，历时6年才完成"。刘波开办诚成文化公司，据说一共印了1万套，市场售价高达每套6.8万元，这一下子为诚成公司增出了数亿元的"资产评估值"。刘波还把《传世藏书》的"发行代售费"转给了建设银行，由订书者到建行交款，并由平安保险、太平洋保险做担保。由此一转，即便该书没有卖出一套，都由银行替他买了单，因而诚成文化的账面利润十分可观。就这样，靠《传世藏书》这个"镇山之宝"，诚成文化在股市上自我炒作，十分风光。1999年12月，在股市行情大好的背景下，它发出了三个"重大的投资重组"公告。一是画了一个金光四射的"大饼"，诚成与湖南大学共同组建"岳麓书院文化教育产业（集团）有限公司"，投资建设"千年学府论坛""出版发行中心""学生公寓城""湖南大学实验学校"等项目。据称,这些项目建成后,诚成文化将成为中国最大的教育投资公司。二是玩弄了一把电子商务的新概念,它宣布成立北京人文时空网络公司,由传统的图书出版社转入新兴的网络产业,宣布要建成"全球最大的华人网上书店",成为中国的亚马逊[①]。三是"自倒自买",凭空造出数千万元利润,诚成文化宣布以旗下一家全资子公司"长印文化娱乐公司"的股权与第一大股东海南诚成企业集团有限公司的《传世藏书》进行资产置换,由此形成5 600万元的"投资收益"。刘波这种"画饼造利润"的做法实在太过露骨,引起业界的嘲讽和抨击,但是这并不妨碍诚成文化的股价一再涨停。

跟刘波惊人相似的是,比他大三岁的宋朝弟也是靠一本书打天下的。宋朝弟同样是一个苦读出身的高才生,他本科读的是中国科技大学现代物理系,研究生考进了著名的清华大学激光物理专业。1991年,宋朝弟创办科利华电脑有限公司,在清华大学西门外的一隅专做教育软件,同年推出"CSC校长办公系统"。宋朝弟天资聪慧,专业能力强,他是第一个用卖保健品的方式来卖软件的人。1994年科利华在北京军事博物馆举行的万人测试活动轰动一时,宋朝弟因此被评为1994年"中国计算机产业十大风云人物"。1997年1月,科利华被美国《商业周刊》誉为中国软件市场的"决定性力量"之一。学物理出身的宋朝弟自谓是"科技知识分子出身的新儒商",他提出了"量子理论"和"大跃进理论"。这两个理论认为,任何市场都不是一步一步开拓的,而是可以跳跃的。"信息时代,不能再局限于牛顿力学的思维模式——因为A,所以B,应当学会用量子思维去创造奇迹。"

1999年1月,宋朝弟用他的量子思维好好地"跳跃"了一回。他突然开始叫卖一本《学习的革命》的外版书。他宣布:"学习的时代到

[①] 从事网络图书业务的亚马逊公司是当时美国最受资本追捧的网站,35岁的贝佐斯被选为1999年《时代周刊》的年度风云人物,为史上第四年轻的当选人。

了！我们下决心要让全中国有1 000万人去读《学习的革命》，让1 000万人认识到自己在观念和方法上有问题！"科利华宣布将在100天里滚动式投入1个亿大做广告。为此他还请出著名导演谢晋在中央台当代言人，请复旦大学校长、科学家谢希德作序推介。这种近乎疯狂的卖书大运动在当时几乎没有人看得懂，一股澎湃的舆论热潮不由分说地把科利华和宋朝弟推到了新闻的聚光灯下。事后证明，在举国皆狂的同时，发动者宋朝弟可能是最清醒的一个，因为在卖书的同时，他完成了两大商业任务。

其一是顺着"学习"的热浪，他把科利华的学习软件和校长办公系统卖到了全中国的小学、中学和大学。其二则更为隐秘，在推广《学习的革命》之前，科利华已对上海股市上一个"垃圾股"阿城钢铁不断吸筹（股票代码600799）。随着《学习的革命》的狂炒以及中央台广告的投放，有关科利华即将收购阿城钢铁的消息则在股市上喧嚣尘上，该股票连拉涨停，股价在40日内足足涨了3倍。宋朝弟在投机性极强的中国股市上一击得手。他日后得意地向媒体承认，"卖《学习的革命》就是收购战略中的关键一步棋"。2000年，在《福布斯》中国内地50名富豪中，宋朝弟名列第十，IT界第一。

尽管智商颇高的刘、宋两人的空手游戏已经玩得很是漂亮，不过，跟年纪与他们相近的绍兴农家子弟宋如华相比，他们还算不上1999年最大的"高科技玩家"。

宋如华1962年出生在浙江绍兴县的一个小山村，家境贫寒，7岁丧母，考上大学之前还没有看到过飞机的模样。在大学读书的时候，他给自己定过一个"八不原则"："一不出国，二不经商，三不抽烟，四不喝酒，五不唱歌，六不跳舞，七不看电影，八不逛公园"。就凭着一股苦读劲儿，他以优异成绩毕业并留校任教，因教学认真，他被破格晋升为副教授，并被授予全校唯一的"机电部青年教书育人特等奖"。1992年，受邓小平南方谈话的热浪感召，宋如华下海创办托普电子科技发展公司，托普的英文是"top"，是"顶峰、顶尖、卓越"的意思。宋如华对同伴说，"我们要做就做最顶尖的，我们的目标是比尔·盖茨"。

刚开始经商的时候，宋如华曾经骑着三轮车在成都城里四处倒卖电脑，所以他后来自豪地说："我是全中国唯一骑过三轮车的大学教授。"4年后，他靠出售税务软件赚了不少钱。1996年秋天，他参加了科技部组织的印度考察团。在"南亚硅谷"班加罗尔，他看到了大批软件公司的集群和崛起。回国后，他对同事们说，"我们要搞一个西部软件园"。

他先是跑到成都附近的郫县红光镇，此地在"大跃进"时闻名全国，是四川省第一个"亩产超千斤"的"放卫星公社"，1958年3月16日，毛泽东曾亲自视察，一时成为全国学习的典型。1997年3月，宋如华在这里选中了一片100亩大小的菜花田，竖起一块"西部软件园"的大木牌子。就这样，在将近40年后，"绍兴师爷"宋如华在红光镇又放出一颗"大卫星"。恐怕连宋如华自己也没有想到，他的这颗"卫星"居然有如此的耀眼光芒。就在托普开了一个小型的新闻发布会后，热烈的掌声就从四面八方汹涌而来。当时，全国各省市正掀起一个信息化建设的高潮。年初，四川省将信息产业列为重点发展的"第一产业"，然而各市县却罕有拿得出手的项目。宋如华的"西部软件园"刚一宣布，顿时就让人眼睛一亮——软件公司的集群、产业化的发展理念、"西部"概念的提升——哪里去找一个更让人兴奋的宏伟概念？地方政府一下子就嗅出了其中的"政绩气息"，不支持托普简直就是跟自己过不去。而中央的部委也表现出前所未有的热情，在经济发展整体滞后、一向不被重视的西部地区突然冒出一个"信息产业集约发展的典型"，哪有不扶持的道理。就在宋如华把木牌竖在菜花田里的两个月后，西部软件园就被列入全国四大"首批国家级火炬计划软件产业基地"之一。

几乎是在一夜之间，托普成为中国西部最响亮的高科技企业，各项扶持政策、税收优惠政策和社会荣誉接踵而至。一个尚在空中的"西部软件园"让宋如华茅塞顿开,他突然发现,中国商业的游戏规则实在是非常神奇,有时候,你辛辛苦苦做好一个产品,不如在某个夜晚喊出一个新概念,财富的聚与散往往随着大势的摇摆而动。他意识到,财富钟摆已经摇到了自己的面前,此时不及时伸手,将遗恨终生。他对同伴们引用美国管理学家汤姆·彼得斯的全球畅销书《追求卓越》[1]中的一句话说,"如果你不相信我们正在开启大时代,你一定是个白痴"。为了支持托普,四川省省长亲自牵线,把一家上市不久便陷入困境的上市公司——四川自贡市长征机床股份有限公司当作"壳资源"送给了宋如华。跟当时很多国有上市公司一样,川长征在1995年上市后,仅一年多后就报亏损,每股权益从上市时的0.26元降为0.01元。宋如华把收购川长征演绎成了一出高潮迭起、充满血腥气息的资本大戏。它被认定为中国民营科技企业"借壳上市"第一例,赫然是一个足金百分之百的炒作题材。宋如华更不断抛出新概念,一会儿是"托普将进入国家100强企业之列、成为中国三大软件研发基地之一",一会儿又宣布将把川长征做成"中国信息产业第一股"。于是,在股市庄家和传媒的推波助澜下,一家奄奄一息的机床工厂顿时披上一件金光闪闪的"高科技外衣",让人不可小觑。与此同时,宋如华适时地组建了证券部,它被设在托普公司总部的顶楼,一般员工均不得进入。就在他的翻云覆雨之下,股价一日三涨,扶摇直上。在宣布收购的1997年12月,川长征的股价为每股6元上下,到第二年的4月13日,股价已创下24.58元的历史新高,涨幅达400%,市盈率近1 900倍。宋如华在高层会上得意地宣布,"我们今年赚了两个亿"。这个早年淳朴好学的青年教授也自此彻底转型,从实业家变成了资本大玩家。

也就是在1999年,宋如华决定借着西部软件园的轰动效应,把软件园模式"复制"到全中国去。他的方式极其强势而让人难以拒绝:与地方

---

[1] 《追求卓越》中文版已由中信出版社于2007年出版。——编者注

政府洽谈，宣称将投入1亿元以上的资金，在当地建设一个宏大的软件园，承诺在若干年内引进上百家软件公司，使之成为该省或该地区最大的高科技园区。8月，托普宣布投资1亿元，在鞍山修建东北软件园。仅一个月后，宋如华在自己的家乡浙江省绍兴市落下第二枚棋子。以后，江苏常州、南京、无锡，浙江嘉兴、金华、台州，山东威海以及上海南汇等，一个接一个的托普软件园相继开建。每到一地，当地政府最高领导必莅临开园仪式，众多媒体热烈报道，托普俨然成为点燃各地高科技产业热情的"火神"。到2002年前后，托普在全国数十个省市开建了27个软件园，平均不到两个月新建一个，占用土地超过1.2万亩。宋如华靠一个"软件园概念"，竟成为企业界最大的"IT地主"。

此刻的宋如华已沉迷在资本游戏中不能自拔。在他看来，商业其实是一个供人任意玩弄的"金钱木偶剧"。还是在1999年，向来对新事物颇为好奇的宋如华发现互联网热浪正席卷而来，他自然不该旁观。年初，他以12万美元的代价买到了www.chinese.com的域名。很显然，这是一个顶级域名，谁都能掂量出其中蕴藏的商业可能性。很快，托普宣布投资6亿元建设面向全球华人的"炎黄在线"。宋如华狠砸广告，一时间，全国的各类报纸上都刊出了炎黄在线的"红色风暴"，广告词只有很醒目的一句："让我们一起搞大"。

其实，宋如华始终没有搞明白，炎黄在线到底该"搞大"什么，网站

▲刘波 　　　　　▲宋朝弟 　　　　　▲宋如华

一开始被定位为"横跨全世界五大洲的华人聚集社区",接着转型为"全球华人商业网站",然后又宣告将成为"零售行业的解决方案专家"。就在热闹的概念炒作下,宋如华又悄然找到了一个"壳资源"。它是江苏省常州市一家叫金狮股份的自行车制造工厂,企业上市两年后效益急剧滑坡。并购之前,宋如华一行到工厂考察,看到的是齐腰高的荒草,一派破败景象。随行人员开玩笑地说:"今后的金狮股份会有两高,一是股价高,二是茅草高。"果如其言,2000年9月,托普集团成为金狮股份的第一大股东,股票随之更名为"炎黄在线",成为中国股市上第一家以网站名称命名的上市公司,股价由此持续攀升,从最初的每股不到10元一直涨至每股33.18元的高位。在互联网领域失去的巨额广告费和商业自尊,宋如华从资本市场上一把抢了回来。[①]

以上三人均以高学历青年才俊的身份亮相商界,其清新风采自然与先前草莽出身的乡镇企业家们颇有不同。而且,他们都以"儒商"自居,风流倜傥,让人寄托无限期盼。然而,在一个放纵的资本游戏中他们相继沉沦了。他们遵奉的信仰似乎来自早年美国华尔街的那句名言——"把自己变成野兽,也就摆脱了做人的痛苦"。他们三人各自的行径或误于"乌托邦",或迹近欺世,在商业伎俩上则表现得鲜廉寡耻和毫无商业道德。及其劣迹败露,在公众舆论层面造成了不小的混乱,有人甚至用

[①] 刘波、宋朝弟和宋如华三人均以海外流亡结束了他们在中国的商业传奇。2003年9月,因实业巨亏和涉嫌金融诈骗,刘波逃亡日本,身后留下40亿元的贷款包袱和漫天的漫骂追讨声。宋朝弟收购阿城钢铁后,无力拯救而陷入泥潭。2003年8月,科利华爆出公司拖欠员工工资的丑闻,公司总部员工散尽,宋朝弟不知所终。2005年12月,科利华退市,主业营收为零。宋如华的托普集团曾膨胀到150家子公司,集团总资产号称100亿元。2002年,媒体曝光托普软件园均为空壳,有的培训中心被承包成了旅馆,园里的小河段做了鱼塘。2004年3月,宋如华以2元的价格出让所持托普股份,仓皇出走美国。

"企业家＝知识分子＋流氓"这样的公式来为这些企业家"定型"。[①]

诺贝尔经济学奖得主约瑟夫·斯蒂格利茨在《喧嚣的九十年代》[②]一书中曾经讲过一句意味深长的话，他说："毁灭的种子是什么？第一个就是繁荣自身。"此言几乎应验于所有的商业领域。发生在1999年中国股市的所有"非理性繁荣"，都将在日后经受考验，然而在当时，人们对此毫无察觉。在那一年，与股市狂飙互为呼应的另一个同样具有泡沫特征的是互联网经济的兴起。

互联网的龙卷风是从大洋彼岸的美国无比强劲地刮过来的。主要以互联网公司股票构成的纳斯达克综合指数从1991年4月的500点一路上涨，到1998年7月跨越了2 000点大关，之后猛然走出一波痛快淋漓的跨年大行情，在1999年12月逼近5 000点，市场的繁荣把人们对互联网的热情推到了沸腾的高度。美国战略家加里·哈默尔像先知一样地宣称，"当下正是改写游戏规则的千载良机"。他在5年前出版的《竞争大未来》[③]一书中描述过的景象正在成为现实：随着互联网时代的到来，放松管制、全球化、私有化以及新技术正在使产业边界变得毫无意义，国与国竞争、企业之间竞争的假设边界已经变得模糊不清，任何商业体的生存疆域显得动荡

---

① 在过去30年的中国企业家群体中，有三个很独特而耐人寻味的人文情结，一个是"毛泽东情结"，一个是"红顶商人"情结，还有一个便是"儒商情结"。这些情结的弥漫，一方面诱发了公众对企业家群体不切实际的期望，另一方面也让企业家自身陷入了自恋式的道德迷局之中。一个很突出的现象是，凡是"儒商"涌现最多的地方，往往是那些最热门灰色、最有暴利倾向的行业。《中国经营报》的记者曾发现了一个秘密：中国的地产巨头几乎都自诩为儒商，而京城地产界更是"理念人人有，儒商遍地走"。

② [美]约瑟夫·斯蒂格利茨著，张明等译，《喧嚣的九十年代》，北京：中国金融出版社，2005年版。

③ 加里·哈默尔、C.K·普拉哈拉德著，《竞争大未来》，1994年首次出版，1998年昆仑出版社引进出版中文版，王振西译。

而不可测。

所有人都宁愿相信哈默尔是对的。在互联网诞生之前的所有产业中，后发的中国公司都已经没有了"创造未知"的可能性，在每一个制造业领域，我们都处在产业的末端，以能源消耗、环境破坏、劳动力价格低廉为特征的

▲河南乡村标语：企业上网生意兴旺

"世界工厂"的命运从一开始就冰冷地设定在中国发展的道路前方。只有在互联网的世界里，中国公司找到了打破疆域和重建游戏规则的可能性，这种可能性尽管极其微小，但是它确实存在。

1999年1月13日的《中华工商时报》公布了当时国内的十大商业网站，分别是新浪、163电子邮局、搜狐、网易、国中网、人民日报网站、上海热线、ChinaByte、首都在线和雅虎中国。从当选网站的类型可见，它们都是新闻和资讯类的门户网站，几乎都没有赢利模式，评选机构的标准是，"访问量是最重要的，其次是内容，然后是美观"。

排名第一的新浪网当然最受关注。当时，互联网在新闻报道中的快速反应已经让传统媒体望尘莫及。网站总编辑陈彤回忆说："很长一段时间里，我们都是孤独的，因为没有第二家能赶上我们。新浪网的新闻编辑每时每刻都处在一级战备状态，24小时值班成了固定制度。"这在突发新闻时效性上占绝对优势。5月，当中国驻南联盟大使馆被炸事件发生时，新浪在事发半小时后就发布了这条惊人的新闻。这对于报纸或电视媒体来说，简直是一项不可能完成的任务。

作为新浪创始人，王志东当时最迫切的愿望是谋求上市。他选中知名

的跨国投资集团摩根士丹利为合作伙伴。事实上,即使像摩根士丹利这样的大投行也对互联网了解甚少,更别说是中国的互联网公司了,他们唯一知道的是,这肯定是一笔能赚大钱的生意。凤凰卫视的主持人曾子墨小姐当时正就职于摩根士丹利,她回忆说,在跟新浪接触之前,很多高层对这些新生事物都一知半解,浏览过新浪网站的更是极少数。但是,为了表现出公司上上下下都对高科技和互联网无比精通,领导们特意在会前10分钟找来该项目的负责人,好好恶补了一番。他们不仅记住了像"点击率"和"ICP"(网络内容服务商)这样拗

▲纳斯达克欢迎新浪上市

口的专业词汇,还终于搞清楚了新浪并非销售玩具的公司。在谈判中,当新浪团队提到未来的战略方向是建设"门户网站"时,摩根士丹利的一位高层低下头,掩住嘴,悄悄地问坐在身边的项目负责人:"我一直认为新浪是家网络公司,他们要个门干吗?"

尽管没有搞清楚门户与门的区别,但他们对新浪的热情却好像与日俱增。为了提高新浪在美国资本市场的知名度,摩根士丹利还特意邀请了华尔街最传奇的科技股分析师、有"女魔法师"之称的玛丽·米克(Mary Meeker)造访新浪,没有想到的是"女魔法师"在听王志东激情演讲的时候居然打起了瞌睡。2000年4月13日,新浪在纳斯达克股票市场正式挂牌交易,融资6 000万美元。7月5日,网易登陆纳斯达克,

7天后，搜狐快速跟进。至此，中国三大门户网站均在纳斯达克挂牌上市。①

在1999年的中国互联网世界，有两个成长的方向。其一就是以新浪、网易和搜狐为代表的、炙手可热的"门户"一族，它们的潜在价值已经被明显放大。其二就是电子商务一族，这些人的努力在当时显得非常另类和可笑，不过，他们将在六七年后成为另一条主流。在这群人中，除了刘波、宋如华等庄家想靠网上书店和电子商务概念在股市上大圈钱之外，另一些默默无闻的人已经脚踏实地地干了起来。

这年开春，已经在互联网世界里"流浪"了好一阵子的马云终于找到了正确的道路。他从北京回到家乡杭州，在城郊湖畔花园的家里创办了一家名叫阿里巴巴的电子商务网站。公司成立的那一天，家里的墙壁突然渗水了，他对大家说："我出去找点材料。"过一会儿，他抱了一大卷旧报纸回来，然后大家一起把它们贴在墙上，就这样开始了公司的第一天。

阿里巴巴的注册资本是50万元，当时总共18个人，包括马云和他的太太，每人的月薪是500元。马云对全体员工发表开业演讲："我们要办的是一家B2B（企业对企业）的电子商务公司，我们的目标有三个。"马云的演讲很能煽动人："第一，我们要建立一家生存80年的公司。"

大家一边鼓掌，一边想，"反正能不能生存80年，我们可能谁也看不到"。

"第二，我们要建设一家为中国中小企业服务的电子商务公司。"大家

---

① 第一家在纳斯达克上市的中国网络概念股不是新浪，而是由香港人叶克勇创办的中华网。叶克勇于1995年抢注www.china.com。1999年7月14日，中华网抢先上市，融资9 600万美元。中华网除了收购过几家国内网络公司之外，并无重大作为，然而它却靠"中国概念"在美国股市大受追捧。1999年11月，中美达成WTO准入协议，中华网股价一天之内飙涨75%，其股价一度被推高到令人咂舌的每股300美元，公司市值50多亿美元，相当于电信制造业巨头爱立信当时的市值。2007年，中华网股价徘徊在5~10美元之间。

鼓掌，在这一点上谁也没有疑问。

"第三，我们要建成世界上最大的电子商务公司，要进入全球网站排名前十位。"大家你看我、我看你，每个人的心里都在犯嘀咕，"这个目标太具体化了，就凭我们这几杆枪？"

马云后来回忆说，他搞电子商务，从那一天起就铁了心。他做对的事情是，阿里巴巴网站设在了民营企业最为活跃的浙江省，这里以及沿海的江苏、广东一带有数以十万的、以外贸为生的中小型制造工厂，阿里巴巴为它们提供了一个免费的信息发布平台。

▲《福布斯》封面上的马云

而当时，"中国制造"刚刚发力，没有外贸经验和客户资源的众多中小工厂根本找不到合适的营销渠道，阿里巴巴几乎成了它们唯一的选择。连马云自己也没有料到的是，阿里巴巴上线不到半年，就被美国《福布斯》杂志瞄上了。根据在线监测显示，这家不知名的中国网站竟是当时全球最活跃的电子商务网站。《福布斯》派出记者来到杭州，终于在那个叫湖畔花园的住宅小区里找到了这家小公司。2000年7月，这家权威的财经杂志第一次选用中国企业家作为封面人物，身材瘦削的马云穿着一件超大的蓝花格子衬衫，卷着袖子握着拳，一脸阳光地朝世界欢笑。他的这件不合身的衬衫也是拍照当天向人借来的。阿里巴巴被评为全球最佳B2B站点，名列综合类第一名。《福布斯》介绍说："阿里巴巴自1999年3月10日成立以来，已汇聚了全球25万商人会员。每天新增会员数达到1 400人，新增供求信息超过2 000条，是全球领先的网上交易市场和商人社区。"

几乎就在马云回到杭州创业的同时，4个来自不同行业的好朋友聚在上海的鹭鹭餐厅也打算投身电子商务。沈南鹏是德意志银行亚太区的总裁，梁建章是甲骨文中国区的咨询总监，季琦创办过上海协成科技公司，范敏是上海旅行社总经理和新亚酒店管理公司副总经理。他们当时提出了三个创业方向：网上书店、建材超市和网上机票及酒店服务。经过一番面红耳赤的争吵后，都是旅游迷的他们选中了第三方案。6月，瞄准旅游业的携程网诞生了，它后来成为中国最大的在线旅游服务商。2月，1971年出生的马化腾开发了一个基于Internet的即时通信网络工具——腾讯即时通信，它的功能跟两年前微软公司推出的MSN颇为近似。马化腾为他的腾讯设计了一个很可爱的小企鹅图形，还给它起了一个名字叫OICQ（一年后更名为QQ）。这些改进让后来的QQ像是一个活泼的邻家小朋友。马化腾在用户使用习惯、服务和技术处理上都采用了最贴近国内用户需求的方案，QQ的下载用户迅猛增多。4年后，腾讯成为中国互联网世界里最具黏连力的公司。

▲马化腾

11月，当过多年个体书商的李国庆和他的海归妻子俞渝联手创办了从事网络图书销售的当当网，夫妻俩的职务是"联合总裁"。李国庆在国内出版界历练多年，俞渝则在美国有丰富的企业兼并和金融领域的经验，当当网的模式完全是照着亚马逊复制的，同时，它还建成了全国唯一的动态、时时更新的书目数据库。

也是在11月，1973年出生的陈天桥向人借了50万元创办上海盛大网络发展有限公司。出生于浙江省新昌县的陈天桥从小是个乖孩子，大学读的是复旦大学经济系，18岁就入了党，获得过"上海市学生干部标兵"称号，毕业后分配到国营大企业陆家嘴集团，三年时间当上了董事长的秘书。他决定辞职创业的时候，单位刚刚要分房子。他后来回忆说："走之前有人留我，说小陈，我们这里快要分房子了，你等拿了房子再走。当时我毕业才三四年，就有房子分给我，应该说是很幸运的了。但我想，难道我这辈子，自己还挣不了一套房子？"丢掉一套房子的陈天桥想搞的是当时还云里雾里的网络游戏。他的公司只有6个人，其中还包括新婚两个月的妻子和他的胞弟，他们在浦东一套三室一厅的办公房开发出了"中国第一个图形化网络虚拟社区游戏"，可是它并不受欢迎，陈天桥的前途似乎有点暗淡。他不会想到的是，两年后他将代理韩国大型网络游戏《传奇》，这个游戏让盛大成为中国最赚钱的游戏公司，再过三年，也就是2004年5月，盛大网络将在纳斯达克上市，高峰市值曾达35亿美元，创业5年的他将以90亿元人民币的身家成为中国的新首富。

9月27日，美国《财富》杂志的财富年会在上海举办，年会的主题是"中国：未来50年"，它既有展望未来的意味，又应和了新中国成立50周年的喜庆气氛。三百多名跨国公司领导人赶来参会，其中有60多位世界500强企业的总裁，包括"全球第一CEO（首席执行官）"之称的美国通用电气的杰克·韦尔奇。浦东国际机场一天之间降落了40多架最先进的私人飞机，其中有理光公司董事长罗伯特·里奇的"FAL900"，还有通用汽车总裁理查德·瓦格纳的"湾流5号"，这是前所未有的豪华景象。美联社记者在报道中写道："一切都是那么令人兴奋，时间、地点和议题都是。那感觉就好像是超级碗（美国职业橄榄球总决赛，全美收视率最高的体育节目）现场，人们正在见证一场经典比赛。"在过去的两年里，中国经济不但经受住了索罗斯和亚洲金融风暴的冲击，而且保持了稳健的增长，这实在让世界非常惊奇，CEO们都想到中国来眼见为实。美国前国务卿、20多年前与周恩来一起破冰中美关系的基辛格则从历史的角度为中国喝彩，他说："美国历史只有200年，而中国有5 000年，中国人相信他们的历史至少有4 800年不需要美国参与。"这样风趣的语言当然引来所有人的拊掌欢笑。

江泽民总书记亲自与会，并在开幕式的晚宴上演讲。他说："今晚我们所在的上海浦东陆家嘴地区，6年前还是一些简陋的住宅和农田，如今已是高楼林立、生机盎然的金融贸易区。五十多年前，我到上海读大学，对旧中国的贫困落后和国势衰败有着深刻感受。正是在那个时候，我立志献身于建立独立、自由、民主、统一和富强的新中国的伟业，并一直奋斗到今天。"江泽民的演讲无疑感染了所有的参会者。财富年会是上海承办的最高规格的国际会议。从1990年确定浦东开发战略以来，这座当年远东第一大都市的面貌日新月异，到1999年，内环和外环高架，杨浦、南浦和卢浦大桥，地铁二号钱，浦东机场，世纪大道，浦东大道和中国第一高楼金茂大厦等一系列大工程都已经或者接近完工。此次年会的举办，意味着上海又重新回到了全球重要金融中心的行列。后来的数据显示，在年会之后的一年多时间里，跨国公司落户上海的速度骤然加快，有超过70家名列世界500强的公司在这里投资、设立地区总部或者研发机构。

跟好奇、务实的跨国公司领导人相比，与会的二百多位中国企业家则表现得更加亢奋。毕竟这是第一次国际性的商业盛宴，对很多人来说，一张入场券便似乎意味着一张全球化的门票。

就在8月期的《财富》杂志上，一年一度的世界500强企业评选公布，中国有5家企业上榜，它们是中石化、中国工商银行、中国银行、中化公司和中粮集团，均是清一色的国字号垄断型企业。于是，是否有更多的中国企业能够在最短的时间里进入500强榜单，成了本土企业家们最津津乐道的话题。海尔集团的张瑞敏作为中国公司的唯一代表在大会上发言，雄心勃勃地阐述了他的国际化思路。三九集团的赵新先等则在接受采访时都提出了振兴民族产业和进入500强的时间表，他们把年会看成了一个宣誓的舞台。韦尔奇在回到美国后对记者说，"我看到的中国企业家大多像是在演戏"。北京的《中国企业家》杂志则评论说："到上海出席论坛的500大巨头，很难理解中国企业家对跻身500强的那种宗教般的情怀。在美国，能否进入500强可能影响公司股票走向及经理薪金，而对中国企业来说，

500强情结包含了企业家的人生价值与民族责任。"

这样的评论尽管中肯却得不到太多的回应，因为世纪末的中国实在激荡着太多的憧憬。11月15日，一张真正的全球化"门票"终于预售成功了，这一天，中国与美国正式达成协议，后者表示支持中国进入WTO（世界贸易组织）。

从1982年以特邀观察员身份参加关贸总协定组织（WTO的前身）的部长级会议，到1986年7月正式提出复关申请，在长达10多年的时间里，中国一直努力申请加入这个国际性的经济合作组织。而维护本国利益的美国一直是最大的障碍。早在1997年，中国已经完成了除美国之外所有重要的多边谈判，中美谈判却几经波折。1999年4月8日，美国提出一份苛刻的中国加入WTO后的市场开放清单，遭到朱镕基总理的拒绝。他对香港记者说："我只能说尽快，愈快愈好，但我也不着急。"

谈判在5月似乎陷入了绝境。这个月的8日，美国导弹轰炸中国驻南联盟大使馆，三名媒体记者死亡。北京的大学生走上街头，在美国驻华大使馆前点起蜡烛，为死难者守夜，转而冲向他们心中能代表美国的跨国公司，麦当劳被迫关门歇业一天，IBM大楼的玻璃被石头击中了，微软大中华区总裁罗迈克紧张地在公司向员工发出安慰邮件，称"如果有必要，公司可以关门，职员可以回家避难"。学生们的情绪很微妙，北京大学计算机系在学校贴出标语——"抵制美国货，计算机除外"，而更多的学生在白天游行结束后，晚上又到灯下复习托福。反美的情绪还十分快捷地投射在商业上，已经是全国最大饮料企业的杭州娃哈哈不久前刚刚推出碳酸饮料非常可乐，"误炸事件"发生后，宗庆后当即制作了一条粗糙而及时的爱国广告片，三枚美制导弹呼啸袭来，由非常可乐化身的中国导弹升空迎战，配音是铿锵有力的男高音："非常可乐，中国人自己的可乐"，据称它很是起到了促销的作用。互联网观察家方兴东则在这年夏天出版了《起来——挑战微软霸权》①一书。他指责微软"破坏了市场的公正性",是"披着神圣的知识产权外衣"的侵略者,这位清华大学的博士写道:"正如北约的三枚导弹从不同角度袭向中国驻南使馆一样,微软在中国全方位的行动也让我们措手不及。"就在反美情绪如此高涨的同时,美国又与日本公布了以亚洲周边国家为假想敌的新《日美防卫合作指针》。

种种迹象表明,中美关系再度如走钢丝绳。就在很多国际舆论已经对中美 WTO 谈判十分失望的时候,协议却戏剧性地达成了。也许所有伟大的时刻都充满了戏剧性。一百多年来,中国人一直试图以积极、平等的角色融入全球经济的大家庭,在 20 世纪的最后一个年份,我们终于握到了这张"入场券"。

---

① 方兴东著,《起来——挑战微软霸权》,北京:中华工商联合出版社,1999 年版。

企业史人物 | 胡润造榜 |

胡润的本名是 Rupert Hoogewerf，是一个出生于 1970 年的英国人。从 1999 年起，他在中国推出"富豪榜"，每到年终必在中国掀起一阵不大不小的波澜。

胡润到中国是 1990 年，他作为一个进修生到中国人民大学学习了一段时间的中文。1997 年 9 月，在全球五大会计师事务所之一的安达信工作了一段时间后，胡润又回到了中国。他在上海滩上混日子，东闯西突地搞不出个名堂，很苦恼，便向家乡的老爸诉苦。老头子一语惊醒梦中人：你有没有搞明白，在中国，在上海，你是谁？胡润说，从那时开始，他知道只有出名，让自己成为一个"谁"，那才会有机会。于是，他想到发挥自己的会计师才能，为中国富人做一个排行榜的主意。早在 1995 年 2 月，《福布斯》曾经搞出过一个中国富豪榜，之后就因难以操作而中断。1999 年，胡润炮制出来的一份十分粗糙的排行榜出来了。他给《金融时报》《泰晤士报》《经济学人》《财富》《商业周刊》《福布斯》等专业财经媒体各发了份传真，他写道："我是一名安达信公司的会计师，在工作之余做了这份'中国内地 50 强'。10 月 1 日，中国就要成立 50 周年了，如果把成功以拥有财富的多寡来定义的话，那么这 50 人就是中国内地最成功的人，他们的故事能让我们了解新中国 50 年的历史。如果贵刊有兴趣的话，请和我联系。"结果，以创造"金钱名利场"为己任的《福布斯》表示了兴趣，并将之放上了《福布斯》全球版的封面。就这样，胡润出名了。

名单刚一问世，质疑、谴责之声便铺天盖地而来。一些上榜的企业家要和胡润对簿公堂，没有上榜的富豪也要"讨个说法"，甚至有媒体说，这是一份十分"好笑"的名单，资料不准确、关注范围狭窄、计算方法错误，甚至这种做法本身都暴露出了无数问题。《中国企业家》主编牛文文曾在一篇题为《一段眼花缭乱的财路》[①]的文章中有过一段十分生动的叙述：忽然到了秋天，我们的老朋友胡润来电话，说新一年的《福布斯》中国富豪榜几天后就要出炉了，这回不再是50人，而要扩编到100人，可能是一下子扩得太猛了，还差几个凑不满100人，问我能不能给他帮忙推荐几个人。下夜班回家的深夜，我一手把方向盘，一手拿手机，胡乱说了几个自认为很新锐而胡润可能不知道的名字。几天后《福布斯》中国富豪榜出来了，我现想现卖给他的那12个名字，有4个人赫然列在前12名，其中欧亚农业的杨斌高居第二！

可是，无论如何，胡润因此成了一个让人又爱又恨的角色，几乎所有的中国顶级富豪都生怕他遗漏了自己，可是当自己真的出现在排行榜上的时候，却又避之唯恐不及。便是在这样的舆论聚焦中，胡润一夜之间暴得大名。他出没在各种媒体之上，他对某一位企业家的些许点评都能成为财经或八卦新闻的发酵源。他上中央台《实话实说》节目时，主持人崔永元用当年毛泽东写白求恩的语调介绍他："胡润，一位英国小伙子，不远万里来到中国，做了一个中国人本来不知道的百富榜，把中国富人推向了世界，让世界了解了中国……"

到这时，胡润和他的排行榜已经构成了一个十分有趣的商业人文现象：对财富的追逐和关注，使排行榜备受瞩目，而原始积累的灰色、排名的不科学乃至相当多人的仇富情结，则造成了观念及商业运作层面的混乱，以至每次排行榜公布，便会有税务机构前去上榜富豪的公司查税，而往往又是一查一个准儿。那些因上榜而突然曝光的顶级富豪，尤其是排在前十位的，则常常在传媒的追踪下突然显露出不该有的"尾巴"来，如仰融、杨斌、顾雏军等，都是靠富豪榜出名的，可又是在传媒的高度关注中或塌或萎，令人寒意顿生。在某种意义上，胡润的百富榜竟像极了七八年前中央台的"标王"，一夜成名靠的是它，百劫不返也是因为它，甚至有

[①] 牛文文，《一段眼花缭乱的财路》，《知识经济》，2002年02期。

人称之为"囚徒榜"或者"杀猪榜"。

胡润对自己在中国商业界所造成的轰动颇有几分得意。在一次访谈中，他直截了当地说："《福布斯》排行榜是我的一个工具。如果是一个中国人，或者中国机构来做这个排行榜，都会被骂死。但是，我恰巧是一个英国人，还有一本美国杂志，我们来做，就顺利一点。"胡润的这个说法无疑是真实的，这位30岁出头的英国青年以他的大胆和鲁莽意外地打开了一扇"窥视的天窗"。

胡润是靠排行榜与《福布斯》搭上关系的，他从来就没有做过这家美国老牌财经杂志的正式编辑，他一直是以"中国地区首席调研员"的身份开展活动的。当胡润在中国真的闹到了风生水起，《福布斯》便有点手忙脚乱了。2002年11月，《福布斯》总编史蒂夫·福布斯来南京参加"世界资本论坛"，可能连他自己也没想到，在论坛期间他竟会成了众多记者围堵的"明星"。史蒂夫明显感受到了胡润排行榜在中国的巨大影响力，以及排行榜带来的正面以及负面的效应。很快，《福布斯》与胡润解约。

不过，这时候的胡润羽翼已丰。他很快推出以自己的名字命名的"胡润百富榜"，他已经完全地融入了富有中国特色的财富游戏中，并且显得那么如鱼得水。他相继搞出了一大堆子榜单，诸如房地产富豪榜、慈善家榜、IT富豪榜、金融富豪榜、钢铁富豪榜以及奢侈品榜等，甚至专门为温州做了一个温州富豪榜。他还出了一本叫《百富》的直投杂志。

这些不无混乱和刺激的排行榜持续地出炉，胡

▲胡润

润认为自己已经越来越接近事实的真相了。随着资料和数据的增多，以及工作方法的日趋完善，胡润有信心搞出一个真正意义上的排行榜。同时，在这样的过程中，这位聪慧而勤奋的英国青年也对中国有了新的理解，跨国际的视角使他得出了很多不为人注意的"财富细节"。譬如，他观察到，中国的富豪中最多的是房地产商，2003年则多了很多与农业，也就是说与土地有关的新富。与IT行业有关的只有四五个人，而在美国，前10名富豪中至少有5名是出身IT。在全美400富豪中，美国人数最多的是做娱乐媒体的，而中国只有一个人。胡润"百富俱乐部"的门槛，在1999年是600万美元，2002年就上涨到了8 000万美元，到2007年，前十位的底线已经上升到330亿美元。这些中国富豪的平均年龄从来没有超过45岁，其中能说流利英文的不到2%，而这些富豪的孩子们能说英文的，竟占到了50%以上……这些有趣的数据，如果没有排行榜和多角度比较是无法得出的。胡润是一个细心人，他把排行榜当事业做了下去。此外，他还很热衷主办各种各样珠光宝气的party（聚会）。在这些秀场里，除了富豪就是美女、洋酒、珠宝和豪华轿车，胡润知道奢侈的意义就是把金钱浪费给别人看，他也愿意创造这样的机会。

平时，胡润喜欢穿休闲服，外面是一件浅黄的外套，围着一条黑灰相间的格子围巾，这让人们想起了塞林格对英国绅士的一个描述："他们要么夹着一把雨伞，要么叼着一根烟斗，要么，就不分季节地披着一条格子相间的围巾。"胡润说话的样子很专注，很注意对方的感受，并时不时地用稍有夸张的表情来对你的言谈做出反应。他不但中文好得出奇，而且对汉文化的了解更是让人意外。有一次，他反问前来采访的中国记者："中国历史上的第一次工业文明是出现在什么时候？"就在记者们迟疑不决的时候，他得意地说："那不就是在宋朝嘛，四大发明。"

2000 / 曙光后的冬天

> 总有一种力量它让我们泪流满面。
> ——沈颢：《南方周末》，新年发刊词，2000年

2000年1月1日，在中国大地上，新千年的第一缕曙光照射在浙江省温岭市一个叫石塘的临海小镇上。新华社记者用抒情而充满寓意的笔调描写道："渔灯点点，在海港洒下粼粼波光，渔民敲响大鼓，鼓声震撼黎明前的黑暗。海天之间，由浅黄而橘黄，转眼腾起万道光芒，映红长空，彩霞满天。"记者接着又很现实地计算说，第一缕曙光为无名小镇石塘带来了1.2亿元的商机。

这种不无浪漫而无比务实的笔调体现了那个时期的公众价值观。相对地，全国发行量最大的周刊《南方周末》则在新年发刊词中用一种更为坚定而煽情的笔调说：

"这是新年的第一天……阳光打在你的脸上，温暖留在我们心里。有一种力量，正从你的指尖悄悄

袭来，有一种关怀，正从你的眼中轻轻放出。在这个时刻，我们无言以对，唯有祝福：让无力者有力，让悲观者前行，让往前走的继续走，让幸福的人儿更幸福；而我们，则不停为你加油。

"我们不停为你加油。因为你的希望就是我们的希望，因为你的苦难就是我们的苦难。我们看着你举起锄头，我们看着你舞动镰刀，我们看着你挥汗如雨，我们看着你谷满粮仓。我们看着你流离失所，我们看着你痛哭流涕，我们看着你中流击水，我们看着你重建家园。我们看着你无奈下岗，我们看着你咬紧牙关，我们看着你风雨度过，我们看着你笑逐颜开……我们看着你，我们不停为你加油，因为我们就是你们的一部分。

"总有一种力量它让我们泪流满面，总有一种力量它让我们抖擞精神，总有一种力量它驱使我们不断寻求'正义、爱心、良知'。这种力量来自你，来自你们中间的每一个人。"

由30岁的传媒人沈颢执笔的这篇发刊词在中国知识分子和大学生中传诵一时。人们联想起整整100年前的一个暗夜，27岁的维新派领袖梁启超在赴日本流亡的海船上写下的那篇《少年中国说》，"造成今日之老大中国者，则中国老朽之冤业也；制出将来之少年中国者，则中国少年之责任也……纵有千古，横有八荒，前途似海，来日方长。美哉，我少年中国，与天不老！壮哉，我中国少年，与国无疆！"梁氏研墨为文之际，正是诸国列强瓜分中国的绝望时刻，而百年以降的今日，中华民族的伟大复兴终于成了一个令人血脉贲张的事实。

一种巨大的百年感慨让无数中国人心旌荡漾、情不能禁。

这是新世纪的第一年，整个世界都在重新想象中国。

亚洲最资深的政治家、77岁的李光耀出版了自传《李光耀回忆录》[①]。

---

① ［新加坡］李光耀，《李光耀回忆录：1965—2000》，北京：外文出版社，2001年版。

他深情地回忆了22年前与邓小平的那段交往，继而预言："中国有可能实现其到2050年成为现代化经济大国的目标，它将以一个平等和负责任的伙伴姿态参与世界贸易和金融活动，以及成为世界重要成员中的一员。如果它不转移教育和经济两大发展中心，中国很有可能成为世界第二大贸易国。这就是中国50年的一个构想——现代化、自信和负责任的大国。"

从年轻的沈颢到年迈的李光耀，谁也不能否认，中国以短短20多年的时间让世界重新认识了自己，发生在这里的每一个变化都让人惊奇。不过，也许只有生活在这里的人们才真正能够体会到，在这场伟大的经济运动中所伴生的失落、痛苦与彷徨。

这年6月1日，新一届世界博览会在德国汉诺威举办。著名人文作家余秋雨为凤凰电视台做一档《欧洲之旅》的节目，刚刚途经此城，他专程去了中国馆参观。他看到很多人在场馆门口排队，由于中国经济的崛起，中国馆成为博览会最受欢迎的场馆之一。但是，"中国馆找不到主题，更没有一个构思，门外照例是长城照片和京剧脸谱，里面除了有一个简单的三峡工程模型外，稍有印象的只有两点，一是幻想中的中国人登上月球的模型，二是以一个针灸穴位人体模型为中心的中医介绍。这实在是草率得太离谱了，不知在骄阳下排着长队的各国观众，看了做何感想"。

这样的景象让余秋雨感到很郁闷，他十分警觉地写道："各国都以异样的真诚争先恐后地向世人承诺，自己将在新世纪投入革新创造，相比之下，中国馆的差距是整体上的。展览做成这样有点偶然，而这种偶然背后却隐伏着一种文化精神生态上的必然。"

余秋雨的忧虑如一团纷乱的中国蚕丝，千头万绪，不知从何解起。

这年4月，一直高傲地一路上飙的美国纳斯达克股市在毫无预兆的情形下突然掉头下挫，综合指数在半年内从最高的5 132点跌去四成，8.5万亿美元的公司市值蒸发，这个数值超过了除美国之外世界上任何国家的年收入。仅美国在线—时代华纳一家公司就损失了1 000亿美元的账面资产，在10年前，世界上还没有任何一家公司的市值能够超过这个数目。几乎所有知名的互联网公司都遭遇重挫，思科的市值从5 792亿美元下降到1 642亿美元，雅虎从937亿美元下跌到97亿美元，亚马逊则从228亿美元下跌到42亿美元。经济学家斯蒂格利茨用不无暗淡的语调写道："泡沫破裂了，经济陷入了衰退，这种结果的发生是无法避免的——建立在虚假根基之上的喧嚣的90年代，最终将走向终结。"

随着全球互联网泡沫的大破裂，在美国上市的几家中国公司也不能幸免，新浪的股价跌到每股1.06美元的低点，搜狐跌至每股60美分，网易则更惨，它的股价一度只有每股53美分。稚嫩的中国互联网经济早早地进入了"幻灭的低谷"。日后来看，这也许是一段必经的苦痛，初冒的嫩芽唯有经历一番寒霜的考验方能成熟。

纵观天下局势，纳斯达克的崩塌对中国经济的现实影响并不大，反倒让我们有了水落石出、一枝独秀的表演机会。[1]

这年，对中国经济来说是一个好年景。在即将加入WTO的利好推动下，从年初开始，宏观经济景气就明显上扬，国内生产总值超过8.9万亿元，比上年增长8%，企业经济效益有所改善。最让人意外和振奋的景象是，一向萎靡不振的国有企业居然表现最为抢眼，它们的数量大为减少，效益却飞速提高，全年共实现两千多亿元的利润，同比增长140%，创下20世纪90年代以来盈利水平的最高纪录。这一切，当然是"国退民进"的战略调整所带来的。

从两年多前开始的这项改革一直在坚定而不无忙乱中进行着。正如我们在之前已经描述过的，由于中央政府一直没有出台产权清晰化改革的具体方案，所以各地的民营化试验呈现出各显神通的状态。而在那些国资垄

---

[1] 经济学家樊纲在接受中央电视台采访时谈到，开始于2000年的国际经济衰退，主要是因为IT泡沫的破裂，而中国因为是一个后发国家，我们的IT产业还没有真正和世界同步，因此受到的打击和冲突比较小。从这个意义上可以认为，中国有点儿幸运。

▲ 火拼加油站

断的领域，变革也同样在进行中，不过表现出来的方式却不太一样。9月的《中国企业家》上描述了三种变化。一是大规模整体海外上市，中国电信、中国联通、中国石油等先后在纽约或中国香港成功上市，一向保守的国有公司集体"闯海"，绝不仅是个普通境外融资问题，这其中包含了主动变革的巨大决心和痛苦抉择。二是基于打破垄断、增强竞争的大跨度拆分重组，在世人对电信等行业的一片指责声中，"寡头"们不动声色地对自己举起了手术刀。中国电信一分为五，中国石油、石化重新分家，中国民航酝酿重组，中国有色金属集团就地解散，中国五大军工集团五分为十，几乎所有的老牌国有公司都在"分家"。三是国有公司的企业家群体浮出水面，初显企业家本色。作为上市和重组的两大变革的直接操作者，这个一贯低调求稳的群体被推上浪尖，他们身上的企业家潜质得到前所未有的激发和展现。国际媒体也同样观察到了这种变化，《华尔街日报》亚洲版在一篇述评中认为，这些垄断企业的新行动，表明中国的经济模式正在发生重大的改变。

石油石化行业的变局是对上述判断的最好例证。2000年，全中国最紧俏的商品是加油站，在一些地方，它的价格一年内狂涨了三四倍。加油站抢手，不是因为它特别赚钱，而是因为有人在哄抢。

石油行业是国民经济的支柱行业，根据WTO的规则，中国一旦加入该组织后，将在一两年内将成品油进口关税降至6%，3年内放开零售，5年内放开批发。为了应对这种势必出现的竞争态势，1998年，一直处于独家垄断的中国石油石化行业进行了一次大重组，组建了中国石油、中国石化两大集团公司。按当时的规划，两大企业切分了全国的油田资源和炼油企业资产,在业务上则实行以长江为界的"划江而治"。这种方案看上去既形成了上下游一体化的企业格局,又避免了面对面的业务竞争。

两大石油集团组建后,立即展开了对加油站的争夺。在它们的决策人看来,只要能够在跨国石油巨头闯进中国之前,将所有的加油站收入囊中,那自然就可形成一道"马其诺防线",至少有了谈条件的空间。2000年,中石化率先宣布在5年内斥资251亿元用于收购加油站(实际上,到2003年年末这笔费用就超过了400亿),中石油随即提出了非常相似的收购计划。根据"划江而治"的原则,两大企业应当在各自的地盘上收购,可是,这条约定很快就被突破,全国各地的加油站顿时成了哄抢的对象。在当时,经济发达的沿海城市兴建一个加油站的成本约为60万元到100万元不等。在收购大战中,因两大巨头竞买导致出售价格水涨船高,一些热门的站点一年之内涨了3~4倍。据《南方周末》的报道,两家不计成本的抢夺抬高了价格成本。在四川,收购一家加油站的费用大约在200万~800万元不等,而在深圳、广州,一般都在1 000万~1 500万元。在福建省石狮市,为一间位居要津的中型加油站,中石化和中石油争夺了十几个回合。到2000年年底,中石化宣布在全国范围内新增加了9 000多座加油站,也就是说每天收购将近30家,使整个集团加油站的总数达到25 000多座。中石油则新增加油站4 530多座,加油站总数达到11 350多座。之后三年,全国8万家加油站大多被两大公司猎获,民营资本几乎全数退出。①

---

① 这种排挤战略一直在进行中,民营加油站的成品油货源主要是当地的中石化和中石油,如想从其他渠道进油,它们没有批发经营权,得不到许可。2007年,全球油价持续上涨,中石化和中石油采取了"停批保零"的策略,只保证直销和本系统内的直属加油站和加盟站的零售供油,对民营加油站停止了批发业务,这直接导致大量民营加油站闹"油荒"。8月,国家发改委下发通知,要求两大石油公司对系统内外成品油经营企业要一视同仁。于是,两大公司推出了"价格双轨制","低价油"专供其直属加油站,"高价油"则用于对外批发。

除了把现有的加油站收入囊中之外，中石油和中石化还以国家利益的名义实施了两大垄断性战略。

一是获得了新建站点的垄断资格。2001年6月，国家经贸委等三部委下发《关于严格控制新建加油站问题的通知》，明确规定今后各地新建加油站将统一由中石化和中石油两大集团负责。这个严控政策曾经引起了地方政府的不满，就在通知下发20天后，浙江省嘉兴市就发出了一个政府批文，批准在当地新建24座加油站，其中18座是由两大集团以外的投资商建设。此批文当即引起石油主管部门的反弹，引发了一场不大不小的争吵。媒体的分析一针见血：在经贸委的通知之前，各地都有建设加油站的权限，而"严控"之后，税收主要归了中央，地方少了一块财源，自然会有反弹。

二是对民营油田进行大规模、强制性的收编和排斥。20世纪90年代中后期，民营资本已经渗透到石油开采领域，在陕西、新疆以及吉林等地，民营业主通过"联合经营、承包开发"的方式从事采油业。这些油田都是开采成本较高、规模甚小的小型油井，有的甚至是国营油田弃而不采的"废弃油井"。这些私营业主的存在被认为是扰乱石油市场秩序和制造环境污染的源头。于是，收编和整顿成为一个战略性的措施。《中国企业家》披露过一个很能说明实际情况的事例。位于新疆库车县的依奇克里克油田是中国首片废弃的整装油田，从1958年起，经过近30年的开采，共打井286口，累计生产原油90余万吨。由于油田原油产量逐渐减少，近于枯竭，被中石油塔里木油田分公司认定不具备工业开采价值，归为"废油井"。1998年，中石油撤出依奇克里克油田，很快，一家叫金禾的民营企业进入油田，它与地方政府达成合作意向，在近300口废弃油井采油，每年竟可出油4万吨左右。金禾在"废油井"采出油来，让中石油颇为不悦，塔里木油田分公司多次向自治区政府反映，状告库车县政府与金禾公司的合作是越权经营油气资源开发行为，违背了《中华人民共和国矿产资源法》，侵犯了中石油的探矿权。跟发生在嘉兴的加油站事件一样，石油公司对油田的垄断同样引起了地方利益的反弹。2002年7月，中石油向国家经贸委递交报告，反对陕西省政府提出的将陕北私营油田进行省内重组的方案。报告称陕北地区的私营以及县级钻采公司乱开滥采，伙同私营的油老板抢占中石油下属的开采面积达9 000多平方公里的油田，双方10年间多次发生纠纷，引发150多起群体冲突事件，导致多人伤亡。而陕西省经贸委也向国家经贸委递交了报告，辩称当地的石油开发已经走上了科学、规范、有序的轨道，以当地的石油公司、现代中国的第一个油田——延长油田为主体的地方石油企业有能力合理开发油田。陕西省的报告还称，中石油利用国家资源管理机制和自身便利条件，抢先登记了陕北地区的绝大部分石油资源，甚至将延长油田的地块又登记到自己名下，造成资源闲置，没有进行实质性开发。报告说，离开了石油，陕北的地方财政将重新陷入困境。

在实现了对油田资源和销售渠道的双重控制之后，中国的两大石油公司则加快了海外上市的步伐以及与全球寡头石油公司的合作。

2000年4月，中石油在香港H股上市。10月18日，中石化在香港、纽约和伦敦三地证券交易所上市，2001年7月继而在国内A股市场成功发行28亿A股，成为中国股市上最大的蓝筹股。据透露，在股票发行前，中石化高层曾三次拜会香港的华人首富、和黄集团主席李嘉诚，后者"被诚意感动"，当即决定购买1亿美元的中石化H股股票。中石化股票的发行价在当时引起过一场争议，该公司发行167亿股H股的时候，价格为每股1.6港元，而发行A股的时候则定价为每股4.22元，A股是H股的2.48倍，这种内外有别的做法引起股民很大的争议。在上市过程中，中石油和中石化的海外战略投资者都是以定向募集的方式进行的，除了香港的李嘉诚家族、美国"股神"巴菲特以及高盛投资之外，还有全球最重要的石油巨头，其中，埃克森美孚、壳牌以及英国石油公司（BP）集团一起成为中石化的战略投资者。三家购买中石化全球发售股票的一半，BP还以战略伙伴身份斥资6.2亿美元购买约35亿股中石油股票，占当时流通股的近

20%。据财经观察家叶檀的计算，到2007年3月，中石化H股的价格为每股6.3港元，相当于为海外投资人创造了100亿美元的财富。在某种意义上，这些海外投资人成为分享中国改革成果的最大获利者之一。[①]

在资本上形成血缘关系后，那些跨国石油公司相继取得了进入中国成品油市场的资格。BP集团获准分别与中石油和中石化在广东省和浙江省合资各建立500座加油站，埃克森美孚和壳牌获准分别与中石化在广东省和江苏省合资各建500座加油站。此后，BP与中国石油签订了在福建设立800座合资加油站的协议，而中石化也与埃克森美孚签订了在福建设立600座加油站的协议。

正是经过这一系列十分强势、有计划而高效率的战略调整，两大国有石油公司焕然一新，日后随着全球能源价格的持续上扬，它们相继成为"中国最赚钱的企业"。发生在石化领域的这场令人炫目的大变局十分生动地体现了垄断领域发生的两个变革逻辑：第一个是"以国家的名义垄断，以市场的身份盈利"，在资源性行业内形成国企之间的"内竞争格局"，民营资本被全部排斥在游戏之外；第二个是在垄断前提下加快资本化运作以及与寡头式跨国资本的结合。这样的"中国故事"发生在所有国有资本控制的垄断行业，它将在2003年受到挑战，然后又在2004年得到坚实的巩固。

专制带来效率，垄断产生效益。其实从一开始，人们就对垄断行业的暴利现象提出了质疑。最早成为靶子的是跟每户家庭有关的电信公司。

1999年，中国电信实现收入2 295亿元，年度增长25%。有专家对电信的收费制度提出了疑问。根据当时电信收费的规定，消费者拨打电话，不足3分钟的都要按3分钟来交费，有人计算了一下，电信公司每

[①] 到2007年10月，巴菲特出售所持全部中石油股份，总获利35.5亿美元，约合277亿港元。

年因此多收的费用高达266亿元。在舆论的压力下,电信部门召开了一次资费听证会,中央电视台专门进行了拍摄播出。在媒体记者咄咄逼人的提问下,电信官员不耐烦地回答说:"实在没有精力向大家解释调整详情。"

这年3月,浙江大学107位教授联名致信政府和媒体,对电信公司的另一项收费制度——"计时收费从对方接听电话开始"提出投诉。联名信的发起人郑强教授说,我们有很多打通但没人接听的电话,都是自己挂断的,却被电信局收了费。他们提供了厚厚一叠话费清单,在一张共有50次长途通话记录的清单上,短于30秒的通话情况共出现5次。还有一页明细单,23个电话中"超短时长话"出现了10次。细心的教授们还专门做了一个测试,他们拨打了多次"振铃"但其实并未接通的长途电话,结果在电信局打印的长话明细单上都被收了费。郑教授简单算了一笔账,杭州有200多万电话用户,按每月打一次这种没有接听的长话计,被收取的振铃费便达120万元,一年就是1 000多万元。教授们希望,对那些不明不白多付的钱要给个"说法"。

杭州电信局跟12名教授代表进行了对话。面对自己当年的老师,电信局人士给出的解释是:"造成超短时收费,有可能是对方线路上有传真机、录音电话、服务器等,也可能对方手滑,电话刚拿起来就掉了,杭州电信肯定没问题。"对话不欢而散,一位教授戏嘲说:"我们这些人中有计算机专家、自动控制专家,也有通信系统专家,为什么学生给出的答案不是我们教给他们的呢?"

资费调整和"振铃新闻"都热闹一时,最后还是不了了之。电信公司的价格松动最后还是靠市场竞争来推动的。

2000年12月,为了扶持日渐衰落的铁路交通部门,国务院批准铁道部成立中国铁道通信信息有限责任公司,特许它开展固定电话通信业务。铁通一成立,开门第一招就是宣布电话的初装费为600元。在过去的几年里,电话初装费一直是电信公司利润最稳定和丰厚的一块,在消费者的多年呼吁下,这笔费用从 5 500 元降到了 1 250 元,却再不肯往下降。这次铁通冲了进来,战略自然要调整,中国电信迅速做出反应,宣布取消初装费。铁通想从"垄断之碗"中大抢一把的算盘落了空,反倒意外给了全中国的消费者实惠。

如果说对垄断行业的战略重组颇见成效的话,那么如何对国有企业进行有效管理仍然是一件让人头痛的事情。于是,一些很有点"黑色幽默"的新闻层出不穷。①

这年 6 月,国家工商总局突然出台了一个政策,宣布国有企业如果要做广告,其投放金额必须控制在企业销售收入税前比例的 2%。这条"禁令"据称是为了防止国有企业乱投广告,浪费国家财产。这两年,中国消费品市场的广告巨星是东北一家叫哈药集团的国有药厂。在 1999 年之前它还是一家名不见经传的中型药厂,其总资产不过 1 亿元,每年的科研开发费用也从没有超过 250 万元。可是从这年开始,它突然实施广告轰炸战略,1999 年砸下 7 亿元,2000 年的头 5 个月接着砸下 5.7 亿元,一举成为中国第一广告大户。哈药的知名度和销售额也急剧上升,在它的示范效应下,各地的国有药厂、电器厂纷纷打起了广告战。"广告限额令"一下,企业顿时乱作一团,仅仅半年多,工商局只好再做补充条款,宣布制药、食品、日化和家电企业这些最有广告投放冲动的行业可以把广告投放比例提高到 8%。很快,这条"限额令"再也没有人提及了。

比广告限额更荒唐的政策当然还有。为了防止国有药店互相竞争抢生意,一些地方的药监部门专门出台了一项政策,规定"500 米范围内不准开设第二家零售药店",北京大学教授周其仁有点哭笑不得地提问说:"政府怎么保证得了 500 米以上就是合理布局? 它就是 50 米内开 5 家店,是

---

① 国企重组获得成效的另外一个原因是倾斜性的税收优惠。据《中国财政年鉴》(2001 年)的数据,从 1985 年至 2000 年,国家财政税收总额从 2 040.79 亿元增至 12 581.51 亿元,年均增长 12.89%,同期国有企业的所得税从 595.84 亿元增至 827.41 亿元,年均仅增长 2.21%,远远低于税收总额的增长速度。

赚是赔自有药店经营者承担后果,何须要政府劳神呢?"周教授的设问很有力,不过还是有人提出反诘:"如果那些国有药店亏损了,还不是要政府来给它们擦屁股?"两个问题,又把延续了20多年的矛盾扯到了体制上。

药监部门的这种监管思路看上去很可笑,然而,其内在的逻辑却十分清晰,那就是要防止垄断或半垄断行业内,国有企业之间的互相"砍杀",对管制者来说,手心手背都是肉,竞争的结果就是国有资产的流失,最优的状态当然是"友谊第一,比赛第二"。发生在航空业的故事就很有典型性。

自20世纪90年代以来,各地建航空公司的热情大涨,先后冒出来大大小小34家国有航空公司,成为全球航空公司数目最多的国家。这些公司为了抢夺客源,纷纷开展打折竞销。据称在1998年一年,各大航空公司共让利了50亿元,到1999年年初,全行业陷入亏损。民航总局终于忍无可忍,它以"竞相打折的做法导致巨额国有资产流失,必须要制止"为理由,于这一年的2月下达"禁折令",严令各公司一律不得再打折。此令一出舆论哗然,纷纷指责民航总局置行业利益于消费者之上,靠行政手腕干扰市场竞争。不过,"禁折令"的成效却立竿见影,仅半年后,民航总局就宣布全行业6个月实现扭亏,累计实现盈利2.6亿元,同比减亏4.7亿元,也就是说,靠不打折挽回了7亿元的国有资产。可是,"禁折令"无法改变航空业已然出现的竞争格局。没过多久,各航空公司为了抢生意把明折变成暗折,渐渐又回到了原来的状态,民航总局三令五申却挡不住商业规律的步伐,到2001年上半年,全行业又报出20亿元的亏损。就在国有航空公司内战不止的同时,一些民营业主已经悄悄进来了。上海的春秋国旅是一家从事旅游业务的私人公司,从1994年起它就成了这个行业的全国老大,飞行员出身的董事长王正华从1997年开始进入航空包机业务,他倚仗自己有旅行团的业务资源,大胆包下一些中小航空公司的飞机,其票价当然大大低于同航线的国有公司。为了规避禁折政策,王正华有意模糊价格，他把旅客的导游费、住宿费和飞机票等费用都打包在一起。主管当局尽管非常气恼，却对他无计可施。后来他承认说："其实我们的内部定价是非常低的，比如上海到厦门的机票价就比火车硬卧票价还要低。"①②

除了发生在垄断行业的重组事件之外，这年，中国企业界最具爆炸性的新闻有三条：一是厦门远华走私案告破，二是彩电业初次出现全行业亏损，三是基金业黑幕被曝光。

远华大案被认为是新中国成立以来最大的一起经济犯罪案件。11月8日，中纪委、监察部向社会通报了这起特大走私案的查处情况。

主犯赖昌星，1958年出生于晋江市青阳镇。晋江是改革开放早期商品流通最活跃、走私最为猖獗的地区之一。跟当地的很多商人一样，赖昌星小学没有毕业就下海经商。他靠办纺织配件厂起家，后来又办了服装厂、雨伞厂和印刷厂等。从1994年起，他在厦门构建了一个规模庞大、组织严密的"走私王国"。经查明，1996—1999年上半年，赖昌星在厦门关区走私进口成品油450多万吨、植物油45万余吨、香烟300多万箱、汽车3 588辆，以及大量西药原料、化工原料、纺织原料、电子机械等货物，价值高达人民币530亿元，偷逃税款人民币300亿元。

如此巨额的走私活动若无官员协助断无可能，远华案发之后，赖昌星

---

① 第一个从事支线航空承包业务的民营企业家是温州的王均瑶，1991年7月，25岁的王均瑶承包了长沙到温州的包机航线，他因此被称为"胆大包天"。2004年11月，王均瑶病故，公司由其胞弟王均金接掌。2005年6月，均瑶集团获准成立吉祥航空。

② "禁折新闻"一直到2006年还在发生。这年的11月，春秋航空推出从北京到济南的"一元特价机票"，济南市物价局对此开出一张15万元的罚单，并且禁止了春秋航空上海到济南的航线。其执法依据是民航总局于2004年4月出台的机票"限折令"：国内航线机票价格在规定的基准价基础上，上浮不得超过25%，下浮不得超过45%。事实上，一些国内航空公司以及进入国内的外资航空公司也纷纷推出了突破这一规则的促销票价，却没有一家被罚。

拉拢官员的种种手法都被曝光。为讨好公安部副部长、全国打击走私工作领导小组副组长李纪周，赖昌星向他在美国的女儿一次性汇款50万美元，还为李纪周妻子的公司送去100万元人民币。他出资160多万元为厦门市副市长蓝甫在澳大利亚上学的儿子购买别墅，还出1 000多万元替厦门海关关长杨前线包养情妇，并在香港、厦门购买别墅供其姘居。远华在厦门市湖里区华光路有一座外表平常的7层砖红色小楼，当地人称为"红楼"。赖昌星将之装潢豪华，内设包房、桑拿、KTV等娱乐设施，专门用来招待各路官员，厦门多名市委副书记、副市长及银行行长是红楼的常客。

在赖昌星的拉拢下，厦门市的很多政府部门相继"沦陷"。厦门海关几乎就是为赖家所开，远华有专门的中转点"海鑫堆场"，货物从港口直接拉到堆场后，海关人员先是圈定要查验的集装箱箱号，走私分子则立即根据集装箱号单，将装有香烟、汽车等高税率的走私货物集装箱掏空，再填进事先准备好的木浆、聚丙烯等低税率且与报关品名相符的货

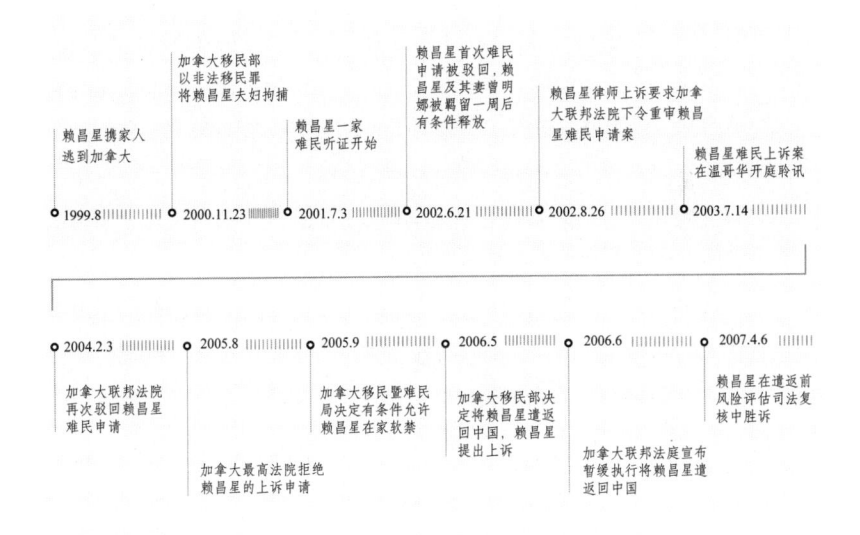

1999.8	2000.11.23	2001.7.3	2002.6.21	2002.8.26	2003.7.14
赖昌星携家人逃到加拿大	加拿大移民部以非法移民罪将赖昌星夫妇拘捕	赖昌星一家难民听证开始	赖昌星首次难民申请被驳回，赖昌星及其妻曾明娜被羁留一周后有条件释放	赖昌星律师上诉要求加拿大联邦法院下令重审赖昌星难民申请案	赖昌星难民上诉案在温哥华开庭聆讯

2004.2.3	2005.8	2005.9	2006.5	2006.6	2007.4.6
加拿大联邦法院再次驳回赖昌星难民申请	加拿大最高法院拒绝赖昌星的上诉申请	加拿大移民暨难民局决定有条件允许赖昌星在家软禁	加拿大移民部决定将赖昌星遣返回中国，赖昌星提出上诉	加拿大联邦法庭宣布暂缓执行将赖昌星遣返回中国	赖昌星在遣返前风险评估司法复核中胜诉

▲赖昌星案始末

第四部　1998—2002　在暴风雨中转折

物，办妥手续交付海关查验。经过如此一番"倒柜"，走私物品就顺利入关。厦门商检局为远华提供虚假的"鉴定证明"，使走私货物"合法化"。福建一些地方公安机关为走私汽车非法办理汽车罚没证明，使几千辆走私汽车流入国内市场。一些金融机构向远华提供大量贷款，仅交通银行厦门市分行就先后违规开出25笔信用证，总金额达3 841万美元。

远华案被中央通报的时候，赖昌星已于上年8月潜逃到加拿大。2001年，远华案公审，三百多人被起诉定罪，其中厦门海关关长杨前线被判处死刑，公安部副部长李纪周、厦门市委原副书记刘丰、张宗绪、副市长蓝甫等均被判死缓或无期徒刑。[①] 远华案震惊国内外，它展现了中国政府全力打击走私的决心和行动，而在民间，人们则从一个侧面目睹了官商勾结的阴暗一面。2001年8月，为了警示全民，有关部门在赖昌星的"红楼"举办《查处厦门特大走私案展览》。在短短50多天时间里，近20万人、1 300多个团体参观了"红楼展"，它成为厦门最热门的"景点"。人们在这里看到赖昌星腐蚀官员的桑拿按摩房、歌舞厅以及礼品储存室等，以及他训练打手的"搏击厅"，在一层还摆放着4辆赖昌星从香港花巨资拍卖得来的国家领导人乘坐过的防弹轿车及赖家子弟买给一位当红女歌星的红色保时捷跑车。这个展览进行了将近两个月，"红楼"宣布被"永久关闭"。

一度无限风光的中国彩电业陷入全行业亏损，这是很多人难以理解的现实，其因果由来实在跟企业家们的战略思考有关。

自从1995年以来靠价格战击退跨国公司之后，国内的几大巨头没有在核心技术的创新上动脑筋，而是继续实施低价策略和玩弄"概念创新"。1998年年底，行业老大、四川长虹的倪润峰突然想出一个奇招，他试图通过控制核心部件的方式来一举击溃所有对手。在彩电制造中，彩色显像管

---

① 赖昌星出逃后，于2011年7月23日被遣返回国。2012年5月18日，赖昌星被判处无期徒刑，并处没收个人全部财产，赖昌星未提出上诉。

占总成本的70%。倪润峰秘密地与国内八大彩管厂签订了垄断供货协议，将国产76%的21英寸、63%的25英寸和几乎所有29英寸及29英寸以上大屏幕的彩管共计300万只收归长虹。这个釜底抽薪式的消息一被披露，当即引起轩然大波，长虹股票大涨，业内同行一时陷入绝望般的恐慌。他们纷纷上告信息产业部，主管部门也对长虹的这种做法颇有微词。1999年4月，长虹在南京再次宣布大幅降价，幅度在10%~20%，其他彩电公司被迫迎战跟进。在一次行业会议上，康佳的陈伟荣怒斥说："长虹的做法是逼着大家一起跳楼。"陈伟荣的大学同窗、创维的黄宏生劝导倪润峰说："一个健康的生态环境，应该是先有森林，后有大树。"后者则霸气十足地回答说："我的观点是，先有大树，后有森林。"

这一仗杀得是天昏地暗、空前惨烈，但是清扫战场时谁也没有想到，最大的输家竟然是挑起事端的四川长虹。倪润峰的封喉一招看上去既狠又准，但是老谋深算的他却漏算了两件事情：一是彩管公司的信用，它们多年来受品牌制造商的压榨，此次乾坤颠倒，成了争抢的香饽饽，怎肯错过百年一遇的发财机会，于是纷纷加大产能，有钱便是客，暗地里向其他彩电企业大量供货；二是华南地区的走私彩管因此火爆。这两条灰色渠道的存在，让掏出真金白银巨资囤积彩管的倪润峰看上去像是一个最大的"傻瓜"。长虹背上了沉重的财务压力，但是"断源战略"宣告失效，价格战自然也无法收到决定性的成果。经此一役，长虹元气大伤。2000年5月，倪润峰被撤换下台。南方的TCL乘机发力，于2001年成为新的彩电业盟主。

事端制造者长虹失利，彩电市场的价格战却已经一发而不可收拾。自倪润峰下台后的一年里，各大厂家先后发动了6轮降价战，彩电价格一降再降，好比军阀混战，终于杀到所有的参与者都丢盔卸甲。第二个战败的是与长虹、创维和TCL并称"四大家族"之一的康佳，由于价格陡降，康佳不堪再战，2000年，公司宣布亏损近8亿元，陈伟荣辞职出走。

对陈伟荣的离去，同学黄宏生十分伤感，他对记者说："现在做彩电真的没有意思，一台电视机的平均利润不到10元钱，因此卖彩电还不如

▲彩电论斤卖

卖白菜赚得多。"把彩电与白菜放在一起比喻,是黄宏生的即兴之言,但是这种耻辱性的新闻真的很快发生了。2001年8月,武汉媒体报道,该市汉阳商场和21世纪购物中心推出了"按斤论两卖彩电"的促销活动。商场内的长虹、康佳、海信、海尔、TCL、金星、乐华、熊猫等10多种品牌的几款29英寸彩电分别摆在商场营业大厅,彩电上插着"1公斤30元"的醒目标签,顾客里三层、外三层地抢购着。一台29英寸的彩电包装盒标着净重52.5公斤,论斤算来,仅售1575元,比原价又降了近300元。商场负责人称,"论斤卖彩电"乃厂商变招,这些彩电都是新近出厂的一线品牌机,质量绝对可靠。据报道,"这一招还挺灵,彩电论斤卖以来,日均销售彩电400台左右,销售量较以往成倍增长"。

这样的彩电业无疑已走进了死胡同,价格战带来了双重危机:一是财务危机,巨大的库存、越来越多的应收账款正在侵蚀着所有的企业;另一个是创新危机,没有力量投入研发,当然也没有机会分享高技术的利润。2000年,全国彩电企业生产近3000万台,库存累计600万台,首次出现了全行业的亏损。据信息产业部的官员透露,彩电价格战使整个行业的实际损失起码达200亿元。与之形成鲜明对比的是,洋彩电销售额和利润率呈强势反弹趋势,市场占有率从过去的10%左右,一举跃升到30%以上。在高价位市场上,国产彩电更是彻底失去控制权。5年前的辉煌战果,几乎被挥霍一空。①

10月,《财经》杂志刊登封面调查《基金黑幕》②,将中国股市中一个刚刚诞生的光鲜神话一下子刺破了。

自上年以来的牛市行情还在持续中,庄家们的表现仍然无比凶猛和肆无忌惮。就在人们开始对此颇为厌恶的时候,公众舆论开始传播这样一个理念:有一股健康而稳定的力量存在,那就是刚刚兴起的基金公司。跟那些贪婪的私人庄家不同,基金公司正以科学、负责及可持续的专业精神成为资本市场上值得信赖的势力。1998年以来,每一批基金来到市场,无不承载着监管层的厚爱和舆论的褒扬,更被视为引入西方成熟市场经验、培育机构投资者的重要举措。与这部企业史上所有令人炫目的神话一样,它很快被证明是一个新的谎言。

刺破神话的是一个叫赵瑜纲的无名小卒。他是上海证券交易所监察部的研究人员,为了对基金管理的现状做一个例行的调研,他以1999年8月9日到2000年4月28日为区间,对国内10家基金管理公司旗下的22个证券投资基金进行了追踪,将它们在上海证券市场上大宗股票交易的汇总记录细致分析,写出了《基金行为分析》和《基金风格及其评价》两份报告。就是在这两份报告中,赵瑜纲披露了投资基金大量的违规、违法操作事实。报告是在5月份形成的,很快就以非正式的方式流传到了社会上。当《财经》记者找到赵瑜纲的时候,他正垂头丧气,甚至有点后悔

---

① 发生在彩电业的技术空心化现象,在家电业普遍存在。格力电器的朱江洪讲述过一个故事:2000年前后,格力与海尔、春兰竞标重庆一家体育馆的中央空调项目,而其实这三家中国最重要的空调企业都没有能力制造这种空调。为了显示自己的能力,他们都不约而同地向拥有该技术的日本三菱公司询价。最终格力中标,朱江洪把三菱空调买回后拆了商标,再自降100万元出售。朱江洪赴日向三菱购买这项技术,当场就遭到拒绝。三菱为此项技术研究了16年,不愿让中国人用钱就买走。

② 胡舒立,《基金黑幕》,《财经》杂志,2000年10月号。

自己搞的这件事。就在6月27日，交易所监察部给了他一个严重警告处分，理由是"未经批准，擅自将工作中知悉的内部信息外泄他人"，违反了《上海证券交易所保密工作条例》。

在主编胡舒立的坚持下，《财经》以选编的方式刊发了赵瑜纲的报告，这篇题为《基金黑幕》的长篇文章对中国基金市场提出了6个方面的重大疑问。第一是稳定市场的作用未被证明。定量分析显示，基金在大盘处于下跌期中，一般借高位反弹减仓；而上升期中，则一直处于显著的减仓过程中。因此，"发展证券投资基金，究竟为谁服务的问题，可能目前还不十分明确"。第二是基金"对倒"制造虚假成交量。所谓"对倒"是指某股票处于弱势时，即使割肉出售也未必有人买，做鬼的办法就是自己做托，这是庄家建仓和炒作题材时惯用的伎俩，基金坐庄也"按例操作"。根据赵瑜纲的调查，大部分基金都有过"对倒"行为。第三是利用"倒仓"操纵市场。"倒仓"是指甲、乙双方通过事先约定的价格、数量和时间，在市场上进行交易。基金公司利用旗下拥有多只基金的条件，常常互相倒仓，既解决了先上市基金的流动问题，又不影响甚至可以提高净值。第四是质疑基金的独立性。报告认为，"从基金双向倒仓时的肆无忌惮看，人们很难相信在机制上并未独立运作的基金与其股东和发起人之间没有更严重的违法联手坐庄行为"。《财经》记者还描写了一个在市场口口相传的景象："在热气腾腾的桑拿浴房中，谈判的双方'坦诚相见'"，没有录音或者泄密的可能，希望基金接盘的机构开出价码，"每接我一股，我给你个人一块钱"。第五是肆意玩弄"净值游戏"。报告破解了之前人们的一个误解，以为股价在高位下跌且无量，就把庄家也给套住了。其实，在很多情况下并非如此。因为如果庄家在上升的阶段反复洗盘，即经常高抛低吸，做阶段性的赢利，而且时间足够长，到了最后，它的成本已经极低。此时，即使股价暴跌，它仍有一倍甚至几倍的利润。第六则是"投资组合公告"的信息误导愈演愈烈。[①]

[①] 赵瑜纲调研的10家基金管理公司分别是：博时、华安、嘉实、南方、华夏、长盛、鹏华、国泰、大成和富国。

此文一出，顿时掀起千层巨浪。先是财大气粗的基金公司勃然大怒。10月16日，被点名的10家基金管理公司联合发表声明，指斥《基金黑幕》一文以耸人听闻的形式刊发颇多不实之词和偏颇之论，它们说："中国的基金公司已经是国内监管最严格、制度最完善、透明度最高的投资机构之一。《基金黑幕》依据的资料数据采样不准确，研究方法不科学，对基金的交易行为的判断与事实严重不符。该报告的作者和《财经》严重违背了新闻客观、公正的职业操守，对中国基金业两年来的试点成果给予全盘否定，是可忍孰不可忍。"10家基金公司因此强烈表示要追究作者和媒体的诽谤责任。被质疑职业操守的胡舒立毫不退缩，她当即在三家证券报上发表声明，称《基金黑幕》资料具有正当来源和可靠依据，符合客观、公正的职业原则。 被夹在中间最难受的人是高西庆，这位12年前满怀激情地回国筹建中国资本市场的华尔街律师此时已经身居高位，任中国证监会主席。他公开表态说："证券市场经过一定阶段的发展形成的特定市场文化，不是一夜之间就可以改变的。其实这一现象（指基金灰色操作现象）与市场发育水平有关，可能不全是基金管理公司本身的问题，不可能一蹴而就，必须在发展中解决。"而在私下里，他对基金公司说："人家要是报道错了，你去告她。如果没错，就没什么可说的了……"

▲吴敬琏

如果这场"口水官司"仅仅局限在对基金的学术批判上，它可能只是一个"茶杯里的风波"，谁也没有想到的是，一位重量级的经济学家突然卷了进来，而他的矛头直指中国股市。

这个主动出击的学者是时年70岁高龄的吴敬琏。在10家基金管理公司发表联合声明的半个月后,吴敬琏挺身而出。在接受中央电视台《经济半小时》和《南方周末》的采访时,他对基金事件发表了自己的看法,而在此前,经济学界全部噤声。外表谦和温润的吴教授此次语出惊人,他直接将股市比喻成了"赌场"。他说:"有的外国人说,中国的股市很像一个赌场,而且很不规范。赌场里面也有规矩,比如你不能看别人的牌。而我们的股市里,有些人可以看别人的牌,可以作弊,可以搞诈骗。坐庄炒作、操纵股价可以说是登峰造极。现在中国市场上操纵股价的一类是中介机构;一类是上市公司的某些知情人,即有内幕消息的人;还有一类就是资金的供给者,可以是银行,也可以是其他的资金供给者。他们共同密谋以后就低价吸纳。炒作的办法大概有两种:一种是关联机构互相炒作、互相买卖,买卖非常频繁,把价格炒上去。另外一种就是由有关的上市公司放出利好消息,然后把股价拉升上去。当它们发现有中小投资者或局外的大投资人跟进的时候,就偷偷地跑掉,把后来跟进的人套住,这时股价就不断地往下跌。"[①]在对庄家和基金进行猛烈的抨击后,吴敬琏的矛头进而直指中国资本市场的定位。他批评道:"不要把股市变成寻租场,由于管理层把股票市场定位为为国有企业融资服务和向国有企业倾斜的融资工具,使获得上市特权的公司得以靠高溢价发行从流通股持有者手中圈钱,从而使股市变成了一个巨大的'寻租场',因此必须否定'股市为国企融资服务'的方针和'政府托市、企业圈钱'的做法。"[②]

吴敬琏的勇敢和率直让他的声望达到了顶峰。12月,中央电视台第一次评选"CCTV中国经济年度人物"。在10位当选人中,吴敬琏以唯一学者的身份入选,在网络票选中他遥遥领先,排在"人气排行榜"首位。

[①②] 这是2001年1月12日,经济学家吴敬琏在上海就庄家操纵股价的问题接受中央电视台记者采访时,对中国股市当前状况提出的严厉批评。紧接着1月14日晚,《经济半小时》栏目组把这段采访编辑成《吴敬琏评说"庄家"》专题在节目播出,这一节目的播出时间与揭开打击股市"黑手"的大幕正好重合。

在获奖者专访中,主持人问白发苍苍的吴敬琏:"我们曾经把冰心老人称作是'中国文坛的良心',那么现在也有人把您称作是'中国经济界的良心'。在今天的中国社会中,'经济'这两个字无处不在。大家都在讲钱,都在讲创造财富和赢利,'良心'这两个字有什么用处?"后者答道:"中国老话就有:君子爱财,取之有道。市场经济它需要一个人和人之间的信任关系,没有这样一种信任关系,如果靠尔虞我诈是发展不到现在的市场经济的。"在专访的最后,主持人颇有感慨地说:"旧的一年过去,好在我们把良心留下了。我们也许不需要诺贝尔经济学奖,但我们需要敢讲真话、讲实话的经济学家。"与吴敬琏相似,在本次基金揭黑中表现坚定的《财经》主编胡舒立也声名大噪。2001年7月,她入选美国《商业周刊》评选出的50位"亚洲之星"之一,对她的评语是:"这是中国证券界最危险的女人。"

由"基金黑幕"到"股市赌场",好比一张桌子失火殃及了整幢房子。吴敬琏的出击鼓励了与他一样有良知的经济学者,那些在股市上横行一时的庄家开始受到惩罚。10月底,中央财经大学的女研究员刘姝威撰写《应立即停止对蓝田股份发放贷款》[①]一文,明确指出大热门股蓝田股份已经成为一个空壳,建议银行尽快收回所有贷款。这篇仅有600字的呼吁书,顿时掀起轩然大波。如果说吴敬琏的批评是宏观式的,那么外表柔弱而毫无知名度的刘姝威则直接把矛头对准了一个具体而强悍的敌人。来自湖北省的蓝田股份是股市上一只老牌的、以"生态农业"为题材的绩优股,自1996年发行上市以后,它在财务数字上一直保持着神奇的增长速度,总资产规模在4年里连着翻番增长了10倍,历年年报的业绩都在每股0.60元以上,最高达到1.15元,即使遭遇了1998年特大洪灾以后,每股收益也达到了不可思议的0.81元,创造了中国农业企业罕见的"蓝田神话",被称作"中国农业第一股"。根据刘姝威的研究,蓝田股份的所谓辉煌业绩

---

① 刘姝威,《应立即停止对蓝田股份发放贷款》,《金融内参》,2001年10月26日。

都是谎言，全是靠虚假会计报表伪造出来的。

刘姝威的呼吁书一出，理所当然地引来蓝田股份的强烈反击，公司当即将她告上法庭，湖北省洪湖市中级人民法院以"侵害蓝田公司名誉"为名通知她马上到庭听审，她的家中隔几天就会冲进一批不同身份的人，要求她"公开道歉、消除影响，否则后果自负"。连刊登刘姝威短文的那家杂志也赶紧发表声明撇清干系，宣称"文章纯属个人观点，不代表本编辑部"。刘姝威向有关机构报告，亦得不到任何回音。后来她不无悲情地回忆说："此时我已经变成了一个强大势力集团的对立面，只有以死相拼了。"所幸的是，有良知的财经媒体站到了她的一边，中央电视台《经济半小时》《财经》等媒体记者纷赴蓝田股份所在的洪湖市瞿家湾镇，他们拍摄和记录了看到的现场："蓝田工业园里杂草丛生，大部分车间都是铁将军把门。很难想象这就是蓝田公司生产野莲汁、野藕汁的部分设备，水管已经生锈，阀门、压力表也是锈迹斑斑，装化学原料的玻璃瓶不知道已经放了多长时间，流出来的汁液已经泛黄。"他们得到的财务报表显示，"蓝田的巨额收入从会计角度无法最终确认，蓝田的业绩真假无从辨别"。事实呈现在阳光下，撒谎者却肆无忌惮地横行天下，这便是资本游戏台面下的黑暗。随着新闻舆论的参与，相关银行相继停止了对蓝田股份的贷款，2002年1月，蓝田董事长保田因"涉嫌提供虚假财务信息"被拘传接受调查。在几个月里日夜失眠的刘姝威"侥幸"胜出。在2002年度的"CCTV中国经济年度人物"评选中，她成为继吴敬琏之后当选的第二位学者。在发表获奖感言时，她说了一句话："集体失语是一个民族的悲哀。"

除了蓝田股份，另一个遭到报应的是上年最活跃的大庄家——中科创业的吕梁。

吕梁之败完全是信心崩溃所导致的。在他的肆意炒作下，中科创业已经创下连续22个月股价持续上涨的奇迹。便是在这样的时候，那个与他联手坐庄的朱焕良沉不住气了，他开始暗地里出货套现，然后雇了几条小快艇把数十箱现金偷运出国境，其数目应该在11亿元人民币左右。到年底风声日紧，那些跟着吕梁做"老鼠仓"的人也有点慌了，于是不断抛出股票。这些蛛丝马迹很快被外界察觉，普通股民本来就对高位的股价颇为敏感，稍有风吹草动立即就会诱发大规模的出逃，于是，建在一片谎言之上的中科神话陡然倒塌。中科创业的股价崩盘是从12月25日开始的，在度过了一个吉祥无比的平安夜之后，高傲了将近两年的股价在圣诞节这天突然高空栽葱，一头摔在了跌停板上。更可怕的是，这一跌停就是一连9个，股价从每股33.59元一路下跌到每股11.71元，50亿元市值旦夕之间烟消云散。中科创业的崩塌迅速波及中科系的其他成员，中西药业、岁宝热电等均上演跳水惨剧，股价数日之内腰斩一半。

这是一场预言中的失败。吕梁故事的尾声是这样的：2000年的最后一个夜晚，他打电话约见媒体记者，声称自己正写作自述，将把真相全部大白于天下。据他说，参与中科炒作的机构多达四百多家，都"非常的有名"。全中国的媒体都屏声息气地期待他揭开那只神秘的"黑暗之盒"，吕梁会是一个说出真相的"伟大的叛徒"吗？开年后的2月3日，吕梁被北京警方在家中抓获，9日，被监视居住的他突然神秘失踪，从此再无音讯。据称，"那天他披着军大衣潜离，消失在初春亚运村川流不息的人流中"。他的结局大概有三种：至今潜藏在国内的某个地方，出逃到国外的某个地方，被人谋杀在地球的某个地方。无论死活，那个文学青年吕新建、股评家吕梁和庄家K先生都不会，或者没有机会说出所有的秘密了。

企业史人物 ｜ 霸王宿命 ｜

倪润峰主政时的长虹曾经无比炫目。巅峰的1998年，其销售额占到当时中国第一人口大省四川省国内生产总值的15%，一厂之兴衰直接关系到巴蜀经济。在中国家电业，倪润峰睥睨天下，以风格强悍闻名，素有"霸王"之称。每次家电巨子聚会，长虹都因血腥的低价竞争被围攻炮轰，实施囤积彩管战略后，他更成了行业内人人痛恨的"公敌"。每当此时，倪润峰均肃容以对。然而，如此枭雄级的强人却在体制变革上柔弱得像一根苇草。1999年前后，TCL、创维及康佳等华南彩电公司纷纷来长虹挖人，绵阳长虹总部的大门口有一家长虹大酒店，这些公司便在这里长驻人员，凡是长虹的技术骨干均以3倍乃至更高的价格挖走。倪润峰目睹此景却束手无策、无可奈何，有用的人留不住，不要的人却开不走。他曾经很坦率地对《中国经济时报》的记者说："长虹是四川山沟沟里的一个老牌军工企业，人事关系盘根错节，十分复杂。这跟沿海地区的企业不一样，所以，哪怕是辞退一个人，都有可能牵涉十几个甚至一二百个人，难度相当大。"[①] 在任职董事长期间，倪润峰的年薪为20万元，还有2.6万股长虹股票，这些所得与李东生的12亿身价相比实在是小巫见大巫。

痛感国有体制之落后，倪润峰遂下定决心要搞产权改革。在一次接受记者的访谈中，他毫不避讳地说："目前政策很明确，因为彩电是竞争性产品，未来国有股会逐步退出，让长虹成为民营企业。"根据他的构想，国有股减持及实行管理层的MBO是长虹的必走之路。然而，作为一家中西部地区的最大家电企业，又带有军工背景，长虹的"高贵"身世及显赫战绩反倒成了其转制的最大阻碍，种种产权变革方案似乎都不适合长虹。在这样的拉锯与争论中，倪润峰数次坦言"绵阳当地政府对企业关心过多，有些不该政府关心的也关心"。他甚至还提出了"迁都"的想法，想

---

① 童辰，《倪润峰回顾15年》，《中国经济时报》，2000年6月12日。

把长虹总部搬离绵阳,甚至迁出四川省。渐渐地,他成了国有大股东眼中的另类。1996—1998年,长虹集团曾经连续三年蝉联全国电子企业百强之首,1999年,桂冠失手,2000年,跌到第5位,也是在这一年,倪润峰悍然发动的彩管囤积战失利,他被迫宣布辞职。然而富有戏剧性的是,仅仅过了8个月,已经57岁的倪润峰居然重新回炉,再次披甲出任董事长。当时很多媒体认为这次不寻常的复辟意味着倪润峰的改制方案已经得到了政府的认可,长虹民营化已离曙光不远。倪润峰复出后,当即提出"产权清晰、权责明确、政企分开、管理科学"的目标,将长虹集团从产权上一分为二。其中,四川长虹电子集团公司是上市公司四川长虹电器股份有限公司的母公司和最大股东,持有53.62%的股份,拥有绝对控股权。两公司都是独立法人,集团不干涉股份公司日常运营,两家共用长虹品牌。根据倪润峰的描述:"组织结构调整完成后,集团公司主要立足公司长远战略方向,研究部署投资项目、培育新的经济增长点。股份公司以现有业务,按照上市公司规范运作的要求,保持运作的独立性,以为股东创造最大价值为最高目标。"[①] 将集团与上市公司的职能剥离,是所有大型国有企业进行产权改革必经的第一步,其后的步骤就应该是对上市公司的股权进行改造,然而,倪润峰走到这里,就寸步难行了。接下来发生的资金风波,让长虹改制变成了一场大雾中的阴谋。

倪润峰复出后,开始进军海外市场,合作对象是美国一家名叫APEX的华人公司。创办人叫季龙粉,是江苏省常州市金坛县人,早年务农做工,后赴美读书经商,1992年他将美国的废金属回收销往国内,颇赚了一笔钱,稍有积累后就办了一家叫APEX的公司。APEX的主业就是把中国低价的DVD(数字视频光盘)播放机销往美国市场,2001年,APEX的DVD进了沃尔玛,第二年超过索尼成为美国第一大DVD供应商。美

[①] 黄勇,《倪润峰操刀分长虹 新任领导闪亮登场》,《商务早报》,2000年6月9日。

国《时代周刊》在 2002 年载文称，季龙粉是下一代最具有全球影响力的 15 位商人之一。APEX 之崛起，秘诀有二：一是中国商品的廉价，售价一般只有其他品牌的一半；二则是季龙粉以拖欠货款为能事，跟国内企业做生意时，他一开始往往要货很多、付款及时，等到取得信任、货量大增之后，他便突然耍赖拒付。APEX 先后拖欠宏图高科 DVD 货款 2.15 亿元人民币，拖欠天大天财 DVD 货款 3 562 万元，拖欠中国五矿货款 2 200 万美元。就是这样一个劣迹斑斑的商人，成了长虹彩电出口的经销商。重掌大权的倪润峰亲赴美国考察，与季龙粉定下合作战略。

后来发生的情节扑朔迷离。2002 年，长虹彩电出口 7.6 亿美元，其中季龙粉代理 7 亿美元，APEX 因此成为全美彩电的第五大供应商，长虹则高调宣布海外战略获重大成功，境外业务增长 660%，占彩电总销售收入的 44%。2003 年，长虹彩电出口 8 亿美元，季龙粉代理 6 亿美元。奇怪的事情是，一车车的彩电运出去却没能换回一把把的美元，季龙粉总以质量或货未收到为借口，拒付或拖欠货款。其实，双方签订了规范的出口合同，接货 90 天内 APEX 必须付款。据报道，长虹的海外营销部发现业务风险，曾下令不准发货，但神通广大的季龙粉总能说服高层继续发货。2003 年年底，长虹专门派出高管赴美与 APEX 交涉，但季龙粉撇下这些人，杀回绵阳会晤高层。结果，2004 年年初，长虹又发了 3 000 多万美元的货给季龙粉，几乎与此同时，两位负责 APEX 项目的经理均在劳动合同期满时同时离开了长虹。就在这段时间，长虹的应收款黑洞受到了财经媒体的广泛关注，有关倪润峰的各种传闻满天飞。2004 年 6 月 29 日，长虹公关部对外宣称："我们从没有听说董事长要离职的消息，就在前一天他还与美国微软全球副总裁在成都签署了战略合作协议。"仅仅 9 天后，四川省政府突然宣布免去倪润峰在长虹的一切职务，转聘为省政府经济顾问，理由为"到了 60 周岁的退休年龄"，彼时，倪润峰本人正在北京开会。半年后，长虹集团在 2004 年年报中承认，海外业务亏损 36.81 亿元，长虹神话顿时破灭。

长虹在海外业务上的资金黑洞耐人寻味。实际上,在过去很多年的经营管理中,倪润峰对资金的控制十分严苛有效。2001年,倪润峰曾经算过一笔账,"过去15年中,长虹的销售总额为840个亿,但呆账坏账,按当时的价格,就1亿多一点。有些还收回了,那就还有7 500万。按工厂成本算,那就是5 000万。库存有一些,但有个正常库存和超正常库存,超正常库存应该有个100来万"。那么,如此重视资金流的倪润峰为什么在APEX业务中大失风范?其中蹊跷,给人留下巨大的想象空间。财务专家郎咸平教授在一份长虹案例分析报告中披露,"倪润峰在退隐期间曾到美国访问,复出后就与APEX签下合作协议,安排自己的女儿在APEX公司担任董事。倪润峰的女儿曾任中华数据广播公司高级管理人员,2003年,APEX以3亿港元现金受让香港上市公司中华数据广播大股东54.06%的股份"。[①] 郎咸平还发现了一个异常的投资运作现象,"从2000年开始,长虹搞了一个高达10亿的代客理财,代客理财应该计提跌价准备,但是长虹没有按照程序计提短期投资跌价准备。长虹对此的解释是,这些应收账款都在一年之内,根据经验都可以在第二年收回。根据长虹的报表,我们发现他2000年有99.92%的一年期应收账款、2001年有99.80%、2002年有99.76%都不计提,而这些应收账款从来没有收回来过"。[②] 郎咸平推演认定,"长虹为什么要储备这么多的可计提资产呢?我认为只有一个结论:倪润峰是想等到MBO时机成熟,一起计提,使长虹成本上升,造成企业亏损假象,股价下跌,企业净资产下降,他可以低价收购"。[③] 著名咨询师赵民在评说长虹现象时曾分析道,像长虹这样的由地方政府控制的大型公司,其真正战略决策者在企业外部,这一客观事实决定了它们的失足是必然的。

在中国企业史上,国有企业的经营者们是非常独特而值得研究的群

[①②③] 郎咸平,《非常不幸的是这个故事是真实的》,《IT时代周刊》,2006年18期。

体，他们身陷僵化的体制，肩负一个几乎"不可能的任务"，却在用毕生的精力和智慧试图将自己管理的企业带入市场化的轨道。倪润峰与张瑞敏、柳传志、潘宁等人，均是靠市场开拓而崛起的企业家，他们的企业尽管属于国家或集体，实则都十分弱小或陈旧，全凭其企业家的创新精神，披荆斩棘，终成一时之翘楚。然而，这些新型国有企业家都面临共同的困扰，体制、产权、决策监督、企业成就与个人利益，这些话题如一个个庞大而难解的谜团让这些国字号的当家人日日苦恼。少数先知先觉者及侥幸者逃出了藩篱，大多数成了变革的牺牲者和试验品。在中国商业界，国有企业的经营者应该是个人素质最为优异、责任心也相当强的一群，然而客观地说，在过去的30年里，除了垄断性产业之外，鲜有真正的成功者，而且也无法总结出带有普遍性的成功定律。"家电霸王"倪润峰正是深陷这个巨大的"宿命"，左冲右突，阳谋阴谋使尽，终于不得摆脱。

2001 / 入世与出局

我们还太嫩，
我们公司经过十年的顺利发展没有经历过挫折，
不经过挫折，
就不知道如何走向正确道路。
磨难是一笔财富，
而我们没有经过磨难，这是我们最大的弱点。
　　　　　　——任正非：《华为的冬天》，2001年

　　发生在中国股市的激烈辩论以及蓝田、中科创业式的丑闻，在今后的几年里还将此起彼伏地上演，一直到2004年的夏天才会有一个阶段性的了结。①

---

① 事实上，从2001年开始，以吕梁崩盘为标志，资本市场上的庄家们已经陷入苦战。三年后倒塌的中国"最大民营企业"德隆集团董事长唐万新后来承认，"2001年之后，我每天的工作就是在处理危机"。企业界对流行多年的"资本经营"也开始提出质疑，因一连串成功并购而当选2001年"CCTV中国经济年度人物"的华润集团总裁宁高宁在获奖演说中出人意料地说道："中国企业界在过去制造了很多很有害的词，'资本运营'这个词是其中之最。你在所有的成功企业特别是西方的成功企业词典里，找不到'资本运营'这个词。"

现在，让我们再次回到宏大的时代叙述中。天才的英国女小说家弗吉尼亚·伍尔夫（1882—1941）曾经讲过一句很神秘的话，她说："1910年的12月，或在此前后，人性发生了变化。"西方文学史家据此将这一年份视为现代主义文学时代的开端。在当代史上，2001年便是一个发生了"本质变化"的年份。

在后来的很多年里，当历史学家叙述21世纪的时候，他们往往会以2001年9月11日作为起点。这几乎是一个没有预兆的日子。美国东部时间上午8点45分，一架波音767在飞离波士顿洛根国际机场不久后就被劫持，撞上纽约曼哈顿的标志性建筑——世贸中心的北楼，18分钟后，第二架飞机撞上南楼，曾经是"世界第一高楼"的世贸中心在烟雾中轰然倒塌。9点45分，接着又有飞机被劫持后撞向五角大楼一角，此次连环袭击造成3 025人死亡。"9·11"事件让美国陷入了极度恐慌，同时也引起了全世界的空前震惊。来自阿富汗的恐怖主义组织"基地组织"和它的领导人本·拉登宣布对这一事件负责。一个月后，美国随即发动了阿富汗战争，到2005年，美国再次以反对恐怖主义为由发动了伊拉克战争。

"9·11"事件彻底改变了人们，特别是美国人对世界的基本判断。《新闻周刊》把"9·11"事件看作是一个纯真年代结束的标志。在过去的10年里，随着苏联的解体和东欧诸国的变色，人们已经从"冷战"铁幕中走出，一个新的以全球商业主义为核心、以经济发展为主旋律的国际秩序开始形成。每个国家都在适应这个新的现实，一些过去为自身古代文明而骄傲的国家现在争当"新兴市场"，过去超级大国的峰会甚至联合国大会的风光都让位给每年在瑞士举办的达沃斯世界经济论坛。推动历史的力量似乎不再是战争、意识形态和权力政治，而是经济、资本和技术。然而，"9·11"事件的发生突然打断了这一切，本·拉登以极端的方式宣告了一种新战争形式的诞生——恐怖战，恐怖组织成为一支非国家却对国际安全产生重大影响的力量。全球的政治格局重陷混乱，至今混沌未解。世界银行在该年度《世界发展报告》中说："当意识形态的战争刚刚告一段落之后，东西方再次以宗教见解的分歧展开了对峙，这对于全球经济的影响将是更为深远的。"

如果说，"9·11"事件改变了美国对世界的态度的话，那么，也是在2001年发生的安然事件和世界通信公司丑闻则让人们对美国公司的监管制度产生了质疑。安然是全球最大的能源公司，在《财富》杂志公布的2000年世界500强排名中名列第七，全年销售额超过1 000亿美元。这家公司一直是华尔街竞相追捧的宠儿，它连续4年当

▲冒烟的世贸大楼

选为"美国最具创新精神的公司"，安然股票是所有的证券评级机构都强力推荐的绩优股，每股股价高达70多美元，并且仍然呈上升之势。可是，就在这年年初，它被发现存在财务报告作假的嫌疑。它的高管层一直在悄悄地抛出手中的股票套现，而全球五大会计师事务所之一的安达信公司也深度参与到作假事件之中。到8月份，猜测被证实，安然股价大跌，到12月2日，安然不得不申请破产保护，安达信受牵累被迫放弃在美国的全部审计业务，并最终被肢解。与安然事件几乎同时发作的还有美国世通公司的财务丑闻，这家全美第二大长途电信公司被发现在过去的两年里通过虚构营业收入、夸大利润等手法欺骗投资人。到2002年7月，深陷造假账风波的世通公司以不堪负债300亿美元而申请破产保护，成为美国有史以来最大的一宗公司破产案。

这就是2001年的美国。"9·11"事件、安然和世通丑闻以及余波未平

的纳斯达克股灾,让这个全球第一大国的外交政治及国内经济突然变得动荡不已。也就在同时,在遥远的中国却呈现出截然不同的一番景象。[①]这里也正发生着几件重大的、影响深远的事情,不过却要喜庆和光亮得多。

这年7月13日,北京时间22点整,万众瞩目的2008年奥运会举办城市终于在莫斯科国际奥委会第112次全会中揭晓。中国的北京、加拿大的多伦多、法国的巴黎和土耳其的伊斯坦布尔进入了最后的角逐。在一片寂静之中,奥委会主席萨马兰奇宣布最终的当选城市,他只用雄浑的声音说了一个词:BEIJING!数千里之外的华夏大地顿时一片沸腾、烟花满天。北京宣布计划投入2 800亿元用于基础设施和场馆建设。中国社科院预测,在今后几年内奥运经济将使中国的国内生产总值增加0.5个百分点,一直到2008年,奥运会一直是中国宏观景气持续上扬的重要投资拉动和心理期盼因素之一。

10月7日,中国男子足球队在沈阳五里河球场以1∶0战胜阿曼队,历史性地冲进了世界杯决赛圈。那又是一个无比欢腾的不眠之夜,足球是"中国第一体育运动",男足出线实现了国人呐喊多年的"冲出亚洲,走向世界"的梦想,被认为是中国崛起的象征性事件之一。

11月10日,又是一个历史性的时刻。这天下午,在卡塔尔首都多哈举办的世界贸易组织第四届部长级会议上,与会国家以全体协商一致的方式,审议并通过了中国加入世贸组织的决定。中国外经贸部部长石广生代表中国政府在议定书上签字。12月11日,中国正式成为世界贸易组织成员,世贸组织总干事穆尔对新华社记者说:"宣布中国加入世界贸易组织,是我一生最荣耀的时刻。"

申奥成功、男足出线、加入世贸组织,这一连串的大喜事齐齐挤到了

[①] 在这年的美国商业界,唯一值得骄傲的事件是苹果公司的乔布斯推出了举世惊艳的iPod网络音乐播放器,它很快成为继日本索尼的Walkman(随身音乐播放器)之后最受媒体垂青的新产品之一,在之后的6年时间里为公司股东增加了900亿美元的财富。

2001年，令中国人在新世纪伊始就赫然有一种"大起"的感觉、一种前所未有的兴奋、幸福和满足感。也正因为如此，"2001是中国年"的说法不胫而走。

就在中国加入世界贸易组织的前后，预言中国的未来与走向成为全球经济圈最热门的话题。日本通产省在一份白皮书中首次提到，中国已成为"世界的工厂"，在彩电、洗衣机、冰箱、空调、微波炉、摩托车等产品中，"中国制造"均已在世界市场份额中名列第一。经济学家进而认为，中国公司将像20世纪80年代的日本一样，开始征服全球的旅程。与此相关，"中国威胁论"也悄然兴起。

▲中国"入世"

当然，跟上述观点完全不同的声音也出现了。一些学者预测，随着市场的日渐开放和跨国资本的蜂拥而来，早已摇摇欲坠的国有经济体制将不堪一击，那些老迈和缺乏活力的国有企业将很快被逐出市场，这将影响中国经济的宏观稳定和持续发展。一个名叫章家敦的美国华裔律师还出版了《中国即将崩溃》[①]一书，声称中国经济繁荣是虚假的，在加入世界贸易组织后的强劲冲击下，中国的现行政治和经济制度最多只能坚持5年。投资银行所罗门美邦则预言，中国加入世界贸易组织的前5年将会出现4 000万人

[①] 2001年7月，美国华裔律师章家敦在美国出版《中国即将崩溃》一书，2002年3月，该书中文译本在台湾出版。

失业，严重的就业压力将迟早把这个国家压垮。与此近似的论点还认为，中国以高投入、低产出为特征的经济增长模式和建立在廉价劳动力和巨大的能源消耗基础上的发展模式，正在步入死胡同，中国保持了近20年的高速增长将难以为继。

若干年后的事实将证明，上述的所有预言都没有"自我实现"，中国的经济和企业成长，仍在按自己的逻辑曲折前行，而与那些过于乐观或悲观的猜想无关。自1991年费正清去世之后，西方主流世界再没有出现第二个客观而清醒地了解中国的观察家。英国《金融时报》中文网主编张力奋写道："20世纪90年代后，中国经济活力的一个标志是，几乎每隔几年，中外经济学家们就不得不换一套思路，采用新的语言或概念，来描述分析中国新的经济现象。中国经济的命运，正是在这些框架与概念的转换中，慢慢脱胎换骨，与国际游戏规则的共同语言日益投机，渐而接轨上路。"[①] 秋季，《纽约时报》采访《不确定的年代》作者、曾担任美国经济学会会长的约翰·肯尼斯·加尔布雷斯（John Kenneth Galbraith），请他谈谈未来的中美关系。94岁的加尔布雷斯刚刚从另一个正在崛起的东方国家印度归来，他用敬畏的口吻说："在那里，我一半的知识是错的，另一半是没有用的。"对于中国，他说："我们对中国的很多预言都仅仅是一己的猜想。"

WTO对中国的影响是一个持续而漫长的过程，在渐进式变革的中国，从来没有一种变化是旦夕生成的。事实上，开始于1998年的"国退民进"便是应对这一变局的重大战略决策，国有资本集团的进退及重组无一不是根据WTO的市场开放时间表来制定的。对于另外一个利益集团——跨国公司而言，中国加入WTO也同样意味着战略的重大调整。它在三个层面

---

① 张力奋，《在大国的门槛上》，《金融时报》与FT中文网文章精选集《中国经济之变》，2007年3月。

上发生的变化是显著的。

一是跨国公司的行业选择出现了微妙的转变，它们开始从竞争性领域进入垄断或准垄断领域。美国麻省理工学院黄亚生教授曾经发现了一个很独特的"中国特例"。一般而言，跨国公司进入发展中国家，往往会选择资源性的、与政府关联紧密、资本投入较大的领域，如能源、金融、电信等，然而它们在中国的战略却全然不同。在改革开放的前、中期，进入中国的跨国企业绝大多数是在完全竞争市场领域，获得最大成功的是生产饮料的可口可乐和生产洗发水的宝洁，以及家电业的日本公司。很多欧美经济学家对此颇为不解。黄亚生的解释是：首先，跨国公司在一开始都从人口的数量上来想象中国市场，而国内企业又都不堪一击；其次，这些外国人还不知道如何跟计划体制中的政府官员建立关系，也不知道如何通过影响中央政策来博取利益。十多年之后，情形发生了根本性的变化，特别是2002年之后，黄亚生发现的这个"规律"便失效了。在消费品领域跟中国新兴公司杀得难解难分的跨国企业——譬如在家电领域，如果不是本土企业犯下致命的错误，跨国品牌很可能全军覆没——开始转入资源性行业，它们获得了优先的投资合作权。最有说服力的案例是通用电气的战略转变，这家在1992年就进入中国的大公司一直发展很不顺利，它生产的灯泡无法跟乡镇企业竞争，即使是"全球第一CEO"韦尔奇也对此徒呼奈何。2001年，在临退休前，当有记者问及他对中国市场的看法时，韦尔奇说："我10年来一直往那儿跑，而我每次到那儿，都会笑话自己上次来时知道得那么少。那个地方这么大、这么复杂。我搞不懂，真的搞不懂。这也许是我要退休的原因——该由别人把它搞懂。"通用电气在中国的转机发生在他的继任者伊梅尔特手上，他将投资重点从民用产品转移到了技术含量更高的基础工程上，通用电气的工业照明、医疗设备、燃气轮机、风机、水电发电设备、飞机发动机、工业性集团的电力输送等项目投资都在中国获得了很好的回报，这些领域绝大多数是民营资本的禁入地带。

二是跨国公司的金融性投资大大增加。2001年之前，在中国获得成功并广为人知的全是实业投资型企业。随着中国经济的持续增长,被称为"门口的野蛮人"的国际金融资本开始跃跃欲试。然而,由于中国汇率制度的独立性,它们很难找到切入的机会。1998年,索罗斯的量子基金对香港的狙击被证明是一次失败的试验。中国加入WTO之后,金融市场的开放被排上了时间表,各大跨国金融机构明显加快了对中国的业务布局。就在2001年前后,汇丰、花旗、友邦、渣打等银行相继把地区总部从新加坡或香港迁到了上海。之前已经暗中布局的金融投资公司也开始浮出水面。这年10月,创刊不久的《经济观察报》披露一条新闻:早在6年前,摩根士丹利就与中国建设银行等组建了"迄今为止本土唯一和最优秀的一家合资投资银行——中国国际金融公司(中金公司)",并持有35%的股份。① 过去几年里,几乎所有的大型国有垄断企业的资本重组都与中金有关,它分别为中国电信、中国石油以及中国联通、中国移动在国际资本市场共融资190.8亿美元,协助中国电信以93亿美元收购江苏、福建、河南及海南四省移动通信资产,作为联席主承销商,为中国电信增发股票募集资金20亿美元,还为国家电力公司和中国长江三峡工程开发总公司发行50亿元人民币的企业债券。这些业务为中金赢得了2000年亚太地区新股发行业务方面排名第一的荣誉。2001年10月,中国首次允许外资介入不良资产处置,在第一次招标会上,摩根士丹利独家获得价值108亿元人民币的资产包,这些不良资产分布在全国18个省市,涉及地产、纺织、冶金、医药等行业的254个公司和工厂,其中绝大多数为国有企业。很显然,这些不良资产是"国退民进"战略产生的剩余价值。《经济观察报》记者写道:"摩根士丹利分享中国企业海内外融资的巨大利润的同时,也遭到无数同行的羡慕和嫉妒……为什么是摩根士丹利?为什么是35%?据见证

---

① 成立于1995年的中金公司,是中国第一家提供投资银行服务的国际金融机构,注册资本1亿美元。其股东及所持股份的比例分别为:中国建设银行,占42.5%;摩根士丹利公司,占35%;中国经济技术投资担保公司,占7.5%;新加坡政府投资公司,占7.5%;名力集团,占7.5%。

过当年合资全过程的人回忆，中国资本市场的准入并没有法律的硬性限制性规定，实质性的门槛在于政策审批'红线'。像当年大多数合资企业一样，只不过资本市场的开放更敏感、更谨慎一些。也许是合资方更努力、更积极一些吧。过来人也并不能说出个子丑寅卯来。"①

三是跨国企业的独资化趋势越来越明显。在过去的很多年里，外资办厂都要在国内有一个合资的伙伴，譬如可口可乐、百事可乐在各地的灌装厂都必须与国营粮油公司合资，宝洁的合作对象则被规定为地方国营的日化工厂。如今这个限制逐渐取消，一些已经合资的跨国企业自以为立足已稳，于是便通过各种手法逼退中方的投资人。这年冬天，日本松下向媒体证实，"在中国设立的50家松下合资企业都将谋求独资"。生产手机的美国摩托罗拉公司也做出了这样的决策。9月，摩托罗拉第一次把全球董事会选在北京举行，它在中国的投资占其总投资额的9%，而获得的回报却达到总利润的17%。董事会决定在未来5年内对中国的投资增加到100亿美元，同时，董事们认定"独资是中国入世后合资公司的一个自然选择"。当时该公司在中国的最大合资企业是浙江的东方通信，美方向中方董事长施继兴提出，要么中方出让股份，要么美方退出合资。施继兴选择了第二方案，摩托罗拉随即退出并停止了一切技术支持。独资行动更为坚决并不惜与中方"兵戎相见"的还有百事可乐。百事当时在中国已经设立了15家合资灌装厂，这年9月，百事（中国）投资有限公司在山东成立独资公司，宣布将青岛划为自己的势力范围，而此前百事已经在山东成立了合资工厂，两家百事公司针对青岛市场展开了价格战，一时间让外界看得一头雾水。百事还试图逼退四川成都的中方合作者，在谈判不合的情况下，美方宣布大幅提高浓缩液价格，并不批准四川百事生产更多牌子的饮料。美方的强势和野蛮引起了中方合资灌装厂的集体反抗和抵制。2002年3月，美方宣布解聘"抵制联盟"的领头人、上海百事中方总经理陈秋芳。

---

① 刘乾坤，《摩根的中国之旅》，《经济观察报》，2001年10月16日。

7月，15家灌装厂中的14家在成都召开新闻发布会，联合指责百事公司。一个月后，美国百事可乐公司以审计不成为由，向瑞典斯德哥尔摩商会仲裁法院提出与成都的中方合作者解除合作的请求，此案被称为"中国加入WTO第一仲裁案"。瑞典法庭最终以不构成根本违约的"不配合检查"和"跨区销售"，裁决终止商标许可合同和浓缩液供应协议，百事完胜。我国《合同法》主起草人梁慧星教授认为，"百事仲裁风波"实质是跨国资本趁中国加入WTO之际，利用中国法律和管理出现真空，加速进行掠夺性扩张。这一风波还有一个值得记录的后续细节是，时隔5年后的2006年4月，曾经参与本案并力主向瑞典法庭仲裁的中国国际贸易仲裁委员会委员王生长因涉嫌经济问题被捕。新华社在报道中认定，"王生长私分国有财产并涉嫌受贿，其在百事仲裁风波中所发挥的作用遭受质疑"。百事中国公司对此"不予评论"。①

在跨国资本不断渗透、国有资本强势重组的同时，"第三力量"民营资本看上去像一个棋局之外的旁观者。在这30年的中国企业史上，不同性质的资本之间的博弈一直是困扰和推进中国经济起伏的主要因素。随着中国加入WTO，三大资本集团的博弈格局发生了根本性的变化，两大强势资本在利益分配和重组上达成了新的共识，在众多的竞争性市场获得极大成功的民营资本则越来越被边缘化了。只有极少数的人获得了象征性的成功。这一年，至少有三个人在一向不对民营资本开放的领域取得了突破。

---

① 可口可乐与百事可乐在中国的合资模式很值得研究。自可口可乐率先进入中国之后，碳酸饮料的外商投资是由中央政府直接审批，从建立多少家灌装厂、在什么地方设厂到浓缩液供应价格等都由政府决定。1993年前后，轻工总会还分别与可口可乐、百事可乐签订了共同发展饮料备忘录，要求"两乐"在建立灌装厂的同时，必须改造国内原有名牌饮料生产企业。"两乐"建立的合资企业，必须生产至少30%的国产品牌饮料。这种合资模式导致中外双方矛盾重重。2001年之后，碳酸饮料市场被放开，"两乐"相继实施坚决的独资行动。

第一个是著名的四川刘家兄弟的老三刘永好。

5月，刘永好宣布持有民生银行7.98%的股份，成为第一大股东。因为在金融领域的丰厚斩获，刘家兄弟在年底的《福布斯》中国富豪榜上重返"首富"宝座。民生银行创建于改革气氛空前浓烈的1996年。在当时的全国工商联主席、老资格的金融专家经叔平的倡议下，国务院批准成立了第一家全国性股份制商业银行——民生银行。经叔平出任董事长，发起的股东中包括几个加入全国工商联的知名民营企业家，其中，出任副主席的刘永好出资865万元成为第一批股东单位。就这样，在国有银行全面垄断的金融领域，民生银行背靠半官方色彩的全国工商联得以出世，它固然弱小，却是唯一试验性质的、产权清晰的商业银行。在后来几年里，宏观形势动荡，民生银行效益起伏颇大，股东几进几出。眼光远大的刘永好却坚持不懈地收购着民生银行的股份，其持股比例悄然上升。2000年11月，民生银行获准在上海证交所挂牌上市，其独特身份引来资本市场的追捧，申购新股冻结资金超过4 000亿元，创下当时的全国纪录。刘家兄弟当年靠养鹌鹑起家，靠生产饲料致富，如今又因特殊机缘曲折进入金融领域，自然引来人们无穷的羡慕与猜想。与刘永好一样，同为全国工商联副主席（或常委）、靠民生银行的改革效应而进入金融领域的民营企业家还有东方集团的张宏伟和泛海集团的卢志强等人。在2001年的《福布斯》中国富豪榜上，刘永好和他的家族赫然排名榜首，张、卢则分列第24位和第36位。

如果说刘永好等人是因"改革示范"而巧入垄断之局的话，那么，吴鹰和他的小灵通则得益于国有垄断企业之间的内战。同样是在这年的《福布斯》富豪榜上，吴鹰名列第19位。

20世纪90年代中期之后，随着手机的普及，移动通信产业空前兴旺，而控制这个市场的是两大移动服务商——中国移动和中国联通，它们赚得盆满钵满，相对而言，过去的行业老大中国电信则因为只能从事固定电话业务而无法分到一杯羹。就在这样的时候，曾经在著名的美国贝尔实验室工作过的中国留学生吴鹰看到了切入的商机。他把一项由日本人发明的PHS（流动市话）无线技术引入了中国。这种技术可利用已有的固定电话网、以无线接入的方式提供无线通信服务。它最大的弱点是信号很差，有时候在房屋内甚至收听不畅，因此在发明地日本，这是一个被放弃的边缘性技术。可是在中国，它却成了中国电信的"救命稻草"，因为有了这个技术，就可以曲线进入移动电信市场，而两大移动服务商高昂的通话服务费用，无疑为中国电信的进入提供了巨大的利益空间。

吴鹰成立的UT斯达康公司成了PHS项目的设备供应商，他为这款手机起名叫"小灵通"。1997年12月，第一个"小灵通"无线市话试点在浙江省余杭市开通。当地消费者被告知，小灵通的通话费是3分钟0.2元，而中国移动或中国联通的GSM手机是1分钟0.5元，价差7.5倍，再加上小灵通接来电不收费，同样一通电话，小灵通和GSM之间价差在10倍左右。仅仅3个月，余杭的小灵通用户数就赶上了移动和联通用户的总和。小灵通很快在浙江全境普及，并迅速被中国电信视为分抢移动业务的"唯一法宝"。

就这样，一项边缘技术意外地在中国引爆了一场垄断企业之间的电信大战。中国电信在全国上百个城市同时推广小灵通，而各地的移动服务商则一面狙击小灵通的进入，一面不断紧急上告信息产业部。后者左右为难，一会儿宣布"小灵通是落后的技术，在全国范围内要限制发展"，一会儿又宣称"经过调查，小灵通是固定电话的补充和延伸，有条件地允许中国电信从事该业务"。最轰动一时的新闻发生在

▲小灵通

2000年甘肃省兰州市，兰州电信给小灵通放了一个"6"字头的局号，而兰州的中国移动公司不承认这个"没有经过信息产业部批准的号码"，拒绝让它进入移动网。而一向牛气的兰州电信一气之下干脆断了整个移动网与电信固定网的联系，使几十万用户在数十小时内手机与固定电话无法联系，因此酿成了一起让人啼笑皆非的重大事故。到2001年，除了北京、上海等极少数大城市外，小灵通业务全线开通，用户超过6 000万。

中国电信对小灵通的强势推广，自然让设备供应商UT斯达康获得惊人的成长。2000年3月3日，UT斯达康公司在美国上市。在此后的连续17个季度里，公司绘出了一道完美的成长曲线，其业绩表现超过了华尔街的预期，即使是在纳斯达克股灾期间，它的股价也从来没有低于每股20美元，是表现最为优异的中国股。2002年，UT斯达康市值高达260亿元。一脸切·格瓦拉式络腮胡子的吴鹰被视为传奇式的CEO，他被评为"中国十大新锐人物"和"2001年中国十大最具人气企业家"，美国《商业周刊》还曾将他选为拯救亚洲金融危机的"亚洲50位明星"之一。[①]

第三个值得记录的人是李书福，这个草根型的企业家意外地拿到了第一张民营企业造车许可证。

这年11月9日，国家经贸委发布了第六批《车辆生产企业及产品公告》，一款名为"吉利JL6360"的陌生车型榜上有名。在汽车史上，这是一件"破天荒"的事件，因为吉利的出现意味着民营资本造汽车第一次得到了政府的正式首肯。它被解读成中国加入WTO后的重大产业开放新闻。不过，这一天距离跨国资本被允许进入中国汽车业已经过去了整整23年。

---

① UT斯达康的衰落同样源于垄断行业的变局。2005年，中国电信决定减少在小灵通上的投资，储备资金准备未来的3G网络建设，UT斯达康的收入当年锐减30%。吴鹰做出向IPTV（互动电视）业务转型的决策，IPTV又关联到两大垄断利益集团——电信与广电的利益分割，吴鹰显然想靠游走其间再次"复制"小灵通的奇迹，可惜他这次没能成功。2005年，UT斯达康报亏，市值缩水九成，并被纳斯达克警告"摘牌"。2007年6月1日，吴鹰黯然离职。

吉利汽车的主人是38岁的浙江台州人李书福,他造汽车有三个"先天不足":只有1亿元左右的自有资金,没有任何汽车业的经验和积累,没有得到任何的政府支持。但就是这么一个门外莽汉,最终撬开了死死关闭着的铁门。

1982年,高中毕业的李书福向父亲要了120元买了一架照相机,在台州街头巷尾为路人拍照赚钱。这是一个血液里流淌着豪赌基因的人。他曾回忆说:"小时候我赌过钱,比方说赢了1块钱,全放下,变4块了,全放下,变8块了,再全放下,变16块。有些人赢了1块钱,就收回5毛,他赢的钱明显比我少得多。但我这种弄法,可能最后一次全没有了,一分也不剩。"[①] 就如同他描述的,后来的20多年里,李书福每次都把他赚的钱"全放下",赌到一个行业里。他拍照赚了点钱,一年后就去开了一家照相馆,再多赚了点钱,一年后就去办了一个冰箱配件厂,又赚到钱了,两年后他索性办起了一家名叫北极花的冰箱厂。冰箱厂竟然还是很赚钱,他很快成了当地有名的千万富翁。可就在这时,发生了1989年的宏观调控,政治气氛空前紧张,私营经济遭遇寒流,一些业主纷纷把工厂上缴给了"集体"。李书福一紧张,也把车间、库存、土地连同工厂的存折都交了出去,他带了上千万元的现金跑到深圳大学去"进修"了。

躲过了一阵风头后,李书福又回到台州继续"放下"。1993年,他决心要造摩托车。当时沿海农村已经富裕起来,摩托车不仅成为年轻人追逐时髦的标志,还是货物短途运输最好的工具。李书福一点也没有做摩托车的经验,不过,他天生就是绕开红灯走的天才。没有技术,就四处挖人;没有图纸,就拆了别人的车子依葫芦画瓢。最要紧的是没有许可证,他跑到北京机械部的摩托车管理处,愣头愣脑地问:"我们想生产摩托车,是不是你这里批的?"被问的官员反问他:"你知道国家产业政策不?"李书福答:"报纸上登过。"官员笑了,"看见了不就行了嘛,你还来干什么

---

① 郑作时著,《汽车"疯子"李书福》,北京:中信出版社,2007年版。

呢?"李书福摸摸头皮不知道怎么回答了。第一次"跑'部'"[①]就碰壁,不过还是没有难住李书福,他很快找到一家濒临倒闭的国有摩托车厂,花钱"买"了一张许可证。李书福在摩托车上的成功源于他的"仿制才能"。当时台湾的光阳公司刚刚生产出一款踏板式摩托车,很受女性骑士的欢迎,李书福当即把它引了进来,成了大陆第一家生产该款摩托车的厂家。

吉利摩托车的成功,让李书福成了一个真正意义上的企业家。1997年,这个不安分的台州人突发奇想,宣布要造汽车。当时中国的汽车产业可用8个字来形容:"暴利可期,布局已成"。宏观来看,亚洲金融风暴后,中央政府试图启动内需市场,汽车与房地产成了新的消费热点。从这一年起,家用轿车的拥有量连年翻番。众多专家纷纷预言,中国的家用轿车时代已经到来了。与此相关的是,汽车行业的暴利现象已昭然若揭。有人将中国与美国的轿车价格进行比较,同等性能的大众甲壳虫,中国的售价是美国的3.36倍,别克的售价比是2.36倍,丰田花冠的售价比是2.80倍。让人吃惊的暴利,无疑意味着汽车行业有着巨大的成长空间。就产业现状来看,却是一派让人莫名感慨的景象。在1978年国门洞开之时,跨国汽车公司就被获准涉足中国汽车制造业,德国大众、美国通用、法国标致、日本丰田、三菱及日产等纷纷选点设厂,中国民族汽车产业原有的红旗牌及上海牌相继被巧妙地消灭。新华社记者、知名汽车观察家李安定曾用"百病缠身"来形容国内的汽车工业:投资分散,开发能力差,生产成本高,销售服务体系近乎原始。他断言,如果汽车业不能通过巨额资金的筹集来完成结构调整和重组,全军覆没绝非危言耸听。在这种大环境中,李书福贸然闯入,自是无人喝彩。

李书福当时拥有的资金是1亿元左右,他大了胆子对外宣称"投入5亿元",可是,即使是5亿元这个"大数字",在汽车业界听来也是很可

[①] 即"跑'部'前进":中国商业界的一个特有名词,指企业到北京各部委去争取批文,"前进"一词语带双关。

笑的。与李书福同省的另一个著名民营企业家万向集团的鲁冠球当时也有造车梦想,他在汽车配件业已浸淫30年,一直渴望打通产业环节,造出中国轿车。在萧山家中,他常年把一张汽车风景画挂在醒目的墙壁上,日日视之,夜夜思之。当听说名不见经传的台州李书福要造汽车时,他大吃一惊,然后很老实地说:"造车一要政府许可支持,二要上百亿元的资金,万向还没有准备好。"李书福也没有准备好,不过,他觉得造汽车很容易。在一次采访中,他轻描淡写地说:"汽车不就是摩托车再加两个轮子吗?"事实上,他也正是用造摩托车的方式来造汽车。跟以往一样,他先选中了一个仿制的对象,那就是当时国内销售最好的低价轿车天津夏利,设计师是厂里几个手艺高超的钣金工,第一批轿车是用手工一榔头一榔头地敲打出来的,它的正式图纸在投入批量生产的几年后才被专业人员补齐。

民营企业造车最大的障碍还是政府许可,李书福依然寻求"变通"。让人难以置信的是,他的汽车许可证来自四川德阳的一家监狱。该监狱下属有一家汽车厂,李书福注资取得了70%的股权,然后取了一个跟全球最大飞机制造商美国波音完全类似的厂名——四川波音汽车制造有限公司。

厂名叫波音,车型像夏利,车价仅如一辆高档丰田摩托车,1998年8月8日,李书福造出的第一款汽车"吉利豪情"正式下线。他摆宴100桌,向全国官员及经销商发出700张请柬,结果只来了一个浙江省的副省长,90多桌菜肴受到冷落。

李书福长相敦厚,塌鼻细眼,十足的草根气质。在一开始,他就被媒体渲染成了一个"符号",一个堂·吉诃德似的、随时有可能被强大体制吞没的悲情英雄,而李书福本人似乎也十分"配合"这样的形象塑造,他是一个天生的本色演员。有一年,他参加一个颁奖晚会,电视台直播,轮到获奖人李书福上台了,他走路的动作明显放慢,好像是电影里的慢动作。主持人很好奇,问他为什么会这样,他一脸茫然地说,是他们(导演)让我走得慢一点的。此言一出,满场莞尔。李书福的草根与看似木讷为他赢得了国内传媒的同情与好感。然而,在汽车界他却展现出赌性十足与杀气冲天的性情。吉利豪情一面市，就以超低的价格掀起了一场血雨腥风。当时中国的轿车定价大多在每辆10万元以上，最便宜的天津夏利售价每辆近9万元，而吉利豪情的价格仅为每辆5.8万元。有媒体询问："消费者都在问，每辆5.8万元的轿车能

▲李书福和他的吉利车

开吗？"李书福听到这个问题很高兴，他反问记者："那就是说，如果能开，消费者就都肯买吗？"吉利的入局让汽车业界头痛不已。在之前，各厂家的日子非常红火，轿车价格坚挺而上扬。"豪情"一出现，像一只土制的秤砣把上扬的涨价箭头一把拉下。李书福的竞争战略就只有很简单的一条："做中国最便宜的轿车。"为了应战，天津夏利被迫降价，它每降一次，吉利必应声下降，杀到最后，夏利开出每辆3.18万元的"跳水价"，李书福马上挂牌每辆2.99万元。此价一出，舆论顿时哗然，业界一片寂静。

李书福在市场上如蛟龙翻江，在政府面前却战战兢兢。他的那张从监狱工厂转来的许可证不但来路可疑，而且按严格规定只能生产卡车和两厢汽车。吉利要做大，一定要一个合法正式的"准生证"，这成为李书福必须解决的头等大事。根据国家的汽车产业政策，所有的资源及政策都将向一汽、二汽及上汽三大国有汽车集团集中，吉利获合法准生的概率非常渺茫。1999年，主管工业的国务院副总理曾培炎到台州调研，专程去吉利视察。李书福当面请命："请允许民营企业大胆尝试，允许民营企业家做轿车梦。"讲到激越处，李书福说："如果失败的话，请给我一次失败的机会吧。"斯言慷慨，闻者无不动容。

第四部 1998—2002 在暴风雨中转折

一直到2001年的春夏之交,李书福的"求败呼声"还是没有得到回应。7月份,国家经贸委公布最新一期《车辆生产企业及产品公告》(以下简称《公告》),吉利上报的两款新车还是被刷了下来。根据中国与WTO达成的入世协议,汽车制造业将有6年的保护期,在这期间,进口关税逐级下降,进口配额将彻底取消,最后到2006年7月1日,进口关税将降到整车为25%、零部件为10%的目标税率。6年中,所有国有及跨国汽车公司必将完成重大的投资及重组战略,如果吉利连"准生证"都拿不到,就更谈不上参与竞争了。《中国企业家》在一篇题为《生死李书福》的封面报道中写道:"对那次《公告》,李书福寄托了太多太多的期望。但是,当别人在《公告》刊出当天告诉他,吉利被排除在目录之外时,他甚至没有勇气自己拿起那张刊登《公告》的报纸,找寻吉利的踪影……9月,一个宁静的夜晚,走在北京亚运村的街道上,李书福仰望只有一钩残月的夜空,吁叹一声。"[1]

就在这篇报道刊登的一个多月后,11月9日,有关部门突然增发一批汽车许可公告,"吉利JL6360"竟赫然在榜。第二天,中国在多哈会议上被正式批准加入世界贸易组织。这两条新闻几乎同时出现在各大媒体上,"中国入世"与"李书福入局"的巧合,自然引起国内外舆论的一番热烈解读。每个人都喜欢这样的联想,从政府、传媒、专家、普通公众到李书福。

刘永好、吴鹰及李书福的"另类式成功"各有因缘际会,也生动展现出在利益重新调整的混沌格局中,市场与垄断之间犬牙交错的渗透、妥协与博弈。那些意外闯进垄断或半垄断领域的企业家们从此开始了一段获利颇丰却前途莫测的商业旅途,他们的成功带有很多机会主义的色彩,因而也充满了不确定性。

总体而言,2001年是令人亢奋的。对于绝大多数中国人来说,WTO

---

[1] 李炜华,《生死李书福》,《中国企业家》,2001年第10期。

似乎是一道漂亮的彩虹门,当那一天到来的时候,举国上下竟有大松了一口气的意味。事实上,并不是所有的人都确切地知道WTO到底是怎么一回事,即使是最优秀的企业家们也没有看清那些正在发生的剧烈演变。其中最让人大跌眼镜的是,已经成为全国房地产业领军人物的万科集团王石信誓旦旦地预言,加入WTO之后,房价将下跌15%。后来发生的事实让他的这个预言成了一个笑谈。

在这个剑舞笙歌的年份,仍然有低迷的行业存在,那就是受纳斯达克股灾和美国经济影响的互联网产业。那些意气风发的IT英雄们正遭遇他们职业生涯中的第一股大寒流。

看上去麻烦最大的是网易的丁磊。8月31日,网易宣布对上年的财务报表进行修正,净亏损从之前公布的1 730万美元上升到2 040万美元。4天后,纳斯达克以财务报表存在疑点为理由宣布网易股票被停止交易,网易也随即宣布丁磊辞去公司董事长和CEO的职务,改任谁也没有听说过的"首席架构设计师(CTO)"。与此同时,有传言认为网易很可能因为这个"丑闻"被摘牌,而一家香港网络公司则在接受道琼斯新闻专线采访时表示,它将收购陷入困境的网易。丁磊后来回忆说:"其实那段时间很迷茫,连卖掉网易的心都有过。不卖的原因也不是说我不卖,而是我们财务审计出了问题,人家不肯买了。"他向好朋友、广东步步高集团的段永平请教出售网易的问题,段永平反问他:"你卖了公司干吗?"丁磊说:"我卖了公司有钱再开一家公司。"段永平笑了:"你现在不就在做一家公司,为什么不做好呢?"听了这话以后,丁磊如大梦初醒。决心重新来过的丁磊尝试让网易转型,他宣布投资开发网络游戏《大话西游》,同时与移动电信商大力开发短信业务。丁磊的冒险证明他是中国互联网产业中直觉最好的企业家之一,这种人能够在第一时间发现一个行业的钱到底"藏"在哪里。网易在2001年又亏掉了2亿元,不过,能快速带来现金流的网络游戏和短信业务最终还是拯救了这个30岁的年轻人。

阿里巴巴的马云没有像丁磊那样风光过,所以他的焦虑会少一点,不

▲第一届"西湖论剑",网络巨头在西湖边的合影

过,阿里巴巴在那一年也是焦头烂额。在此前,美国著名投行高盛和由传奇的日本投资人孙正义领导的软银公司已经先后对阿里巴巴投资2 500万美元。腰缠万金的马云把总部迁到了上海,还同时在美国、英国、日本和中国香港分设子公司,他提出要设立一个遍及全球的公司架构,把"红旗插遍全世界"。他还在2000年9月在杭州举办了中国互联网产业的第一次行业峰会"西湖论剑"。当时的互联网界英豪辈出,谁也不服气谁,从来没有人能够把他们招在一起开个会。马云知道靠自己的声望遍发英雄帖没有几个人会来,于是,他巧妙地请来武侠小说大师金庸亲自坐坛。王峻涛、王志东和丁磊都是十足痴迷的金庸"粉丝",竟纷纷应允与会,这很是让东道主马云过了一把"盟主"瘾。

可是,随着互联网寒流的袭来,马云的全球化布局显得大而不当,电子商务的赢利模式没有找到,烧掉的钱却越来越多。在这样的时刻,马云好像突然醒了过来,他迅速做出回归中国和回归浙江的战略,相继关闭境外公司,遣散外籍员工,把总部又迁回了家乡杭州。当时,很多人劝他像丁磊一样转型。当时阿里巴巴的网商用户已经超过400万家，无论是做短信和网络游戏都很有条件。可是，马云还是铁了心要在电子商务里一条道走到黑。日后，走出危机的马云用一贯的戏谑口吻说："2001年以前，我们能生存下来的首要原因是我对于技术一无所知。"其实他的成功证明了一条商业铁律，那就是"所有的成功都是抵抗诱惑的结果"。这年冬天，他飞赴日本东京向孙正义汇报公司情况。那些日子，孙正义正处在一生中最黑暗的时刻，他是世界上最大的互联网投资家，在过去几年里投资了全球150家互联网公司，软银公司所持上市互联网公司股份曾经占全球股市市值的8%。孙正义一度超过比尔·盖茨成为全球首富，而此刻他的资产已经缩水95%，投资的上百家互联网公司乱成一团，大家都不知道未来的出路在哪里。那天，前来汇报的各国CEO愁眉苦脸地一个接一个地进去出来。轮到马云了，当他简短地讲完阿里巴巴的境况后，孙正义幽幽地说："今天前来汇报的CEO，所说的话都与我当年投资他们时说的不一样了，只有你还在说当年说过的话。"回到杭州后，马云对外界宣布，明年阿里巴巴将赚钱，媒体问，赢利目标是多少？他爽快地答，1块钱。

网易的转型与阿里巴巴的坚持，显示了中国第一代互联网企业家在重大危机面前的应对智慧。相对而言，发生在中国第一门户网站新浪公司的风波，则让人们看到了另外一种残酷。

6月1日，王志东在位于北京万泉庄小学的办公区接受《南方周末》记者信海光的采访。那些日子他的心情很好，因为妻子兼创业伙伴刘冰怀孕了，据查还是一对龙凤胎。他兴致勃勃地谈论新浪在产业低谷中的抗风险能力，还不无得意地透露说，他在创业之初就把这个便宜地段租了10年之久，可以比其他网络公司节省很多开支。接受完采访，他随即飞赴美国参加董事会。两天后，刘冰挺着大肚子去机场接他，随口问："董事会开得怎么样？"王志东答："我不干了。"6月4日，一条新闻出现在新浪网主页的显著位置："首席执行官王志东已经因个人原因辞职，同时，他还辞去了新浪网总裁与董事会董事的职务。新浪网董事会指派现任运营官茅道临接任执行官。"正在写稿的信海光急忙给新浪网总编辑陈彤打电话求证，陈彤说："我也是昨夜才知道。"再给王志东的妻子打电话，刘冰说："你随便猜吧。"

在全国媒体乱纷纷地"猜"了20天之后，一个戏剧性的场面出现了。6月25日早上9时，王志东身着带有新浪标志的蓝色衬衫，挂着新浪员工胸卡，笑容满面地走下红色的马自达私车，走进万泉庄小学的办公室"上班"。他的身后，是一群闻讯蜂拥而至的记者。王志东在随后举行的新闻发布会上宣称，"我没主动辞职，我没有签过有关的文件，他们是突然袭击，他们没给我解释的机会。我不知道理由。我现在在法律意义上依然是新浪的法人代表，对新浪负法律责任。我很负责任地说，我绝不会以所谓的个人兴趣为名，逃离一线的战友。"王志东的这个行动把新浪董事会的内部矛盾全数暴露出来。

几乎所有的舆论都倒向王志东，这位33岁的年轻人是新浪网的缔造者，董事会里的每一个董事都是他亲手开门迎进来的，现在，这些人却联起手来以"个人原因"将他扫地出门，在情谊为重的东方商业伦理中，这简直是"天理难容"了。不过，在"资本"看来，却有另外一种事实。新浪自2000年4月上市以来，股价已经从最高的每股55美元跌到了每股1.60美元。打开新浪股价走势图，看到的是一幅惨不忍睹的情景。新浪的股东们先后投入了1.6亿美元，投资的成本均价为每股4美元，如果不能遏制持续的下跌，所有人都将血本无归。在股东们看来，身为CEO的王志东在这种跌势面前无所作为，甚至并未表现得打算有所作为。因此换掉他，是一个顺理成章的决策。《财经》杂志在评论中说："无论对新浪还是对王志东，创业人的去职都是一件感情痛苦的事情……它将证明，在互联网浪潮中引进中国的，不仅有外国的资金与技术，还有与之相伴的成熟市场规则；它将毫无疑问地成为一个经典案例，证明资本的权利，亦证明企业家的理性。"[1]

---

[1] 胡舒立、王烁，《王志东沉没》，《财经》，2001年7月号。

《财经》的评论符合日后事件发展的走向。资本没有因为王志东的反抗而妥协，王志东也很快从过激的情绪宣泄中回过神来。在时隔戏剧性的"上班风波"一个月后，他宣布创办新的公司。几年后，他在参加东方卫视的谈话节目《头脑风暴》时说："一个人摔倒了，就要马上爬起来，否则，不摔死也会被人踩死。"

在2001年的互联网寒冬期，出局和落寞的不止王志东一人。8月，创办中国第一家B2C公司MY8848的著名网络人、因写作第一篇网络帖子《金州不相信眼泪》而闻名的"老榕"王峻涛辞去董事长职务。他对媒体说："辞职就是一种业务重启，需要换一种方式做事业。王志东就重启了，现在我也需要重新启动一下。"他很快也创办了新的公司。10月，中国最大的网络文学网站"榕树下"以很低廉的价格出售给德国传媒巨头贝塔斯曼公司。一开始，贝塔斯曼的开价是1 000万元人民币。谈判中场休息时，贝塔斯曼的代表偶然碰到"榕树下"所租办公楼的物管人员，得悉这家公司已拖欠好几个月的水电费未交。回到谈判桌上，开价一下子降到了100万元人民币，创办人朱威廉被迫接受。

12月，因开发出中文Linux软件而颇受市场追捧的深圳蓝点公司被低价出售。1999年，4位25岁的年轻人在一家咖啡屋里创办了这家公司，它的中文Linux软件一度占到全国市场80%的份额，在美国三板OTCBB市场上市的蓝点股票市值曾高达4亿美元。由一文不名到市值4亿美元，4个年轻人只用了6个月的时间，然而仅一年后，竟又奇迹般地回到了起点，蓝点的股价从每股22美元陡缩到每股0.035美元，深圳一家汽车配件公司以100万元人民币的出价成了它的新主人。

这是一段狼狈不堪的青春岁月。互联网经济曾经无比痛快淋漓地颠覆了过去的公司发展和财富积累模式，而在它降临人世10年之后，永恒的商业规律却以十分残忍和直白的方式告诉所有渴望成功的人们，跟以往的每一个故事一样，所有的成长都必须经历煎熬和历练，日后的辉煌将证明，危机是最好的老师，所有的苦难都是值得的。

这年 7 月的美国《连线》杂志刊登了一个数据："在 1984 年的全美十大个人计算机软件公司中，微软排名第二，到 2001 年，微软跃升第一，而当年的其他 9 家公司在排名中都消失了。"报道人颇为感慨地写道："也许我们应该对什么是好公司进行重新定义。"同样的公司沉浮也发生在中国的新经济企业中。有数据显示，北京中关村科技园从 1995 年到 2001 年的 6 年间，规模最大的前 20% 企业中只有 1/3 生存下来，活下来的企业中，只有 1/5 仍然居于前 20% 之列。

成长的烦恼弥漫在整个商业界。这年，全美最畅销的商业图书是吉姆·柯林斯出版的《从优秀到卓越》，其讨论的主题便与此有关。7 年前，柯林斯因写出了《基业长青》而成为当代最重要的商业思想家之一。在新著中，他对 1965 年以来《财富》杂志历年 500 强排名中的每一家公司（共 1 400 多家）逐一分析，从而得出了一些让人意外的结论。柯林斯发现，公司实现从优秀到卓越的转变，跟从事的行业是否在潮流之中没有关系，事实上，即使是一个从事传统行业的企业，即使它最初默默无闻，它也可能变得卓越。他得出的其他结论还包括："技术以及技术推动的变革，实际上并不能激发从优秀到卓越的跨越"，"合并和收购在推动公司跨越过程中并没有起到任何作用"，"革命性的跨越，不一定需要革命性的过程"，"卓越并非环境的产物，在很大程度上，它是一种慎重决策的结果"。这些观念对于曾经狂飙突进、如今深陷互联网泡沫的企业家来说，无疑是令人震惊的，它让人们重新思考成长的路径和真实意义。柯林斯还描述了创造卓越型企业的"第五级领导"："他们往往不会站在前台锋芒毕露，成为媒体的宠儿、谈论自己的理念或成为社会名流。他们大多像外星人，沉默内敛、不爱出风头，甚至有点害羞，谦逊为怀的个人特质和不屈不挠的专业精神齐集于一身。他们深藏在团队后面，协调着团队的交响乐。"这样的形象描述让性喜张扬的互联网新贵们相形见绌。①

---

① ［美］吉姆·柯林斯著，俞利军译，《从优秀到卓越》，北京：中信出版社，2006 年版。

在中国，人们也开始认真地咀嚼柯林斯的思想，有一位企业家的表现让人似乎看到了"第五级领导"的影子。

这年1月，华为的任正非在《华为报》上发表了一篇6 000多字的长文《华为的冬天》。在过去的2000年，华为的销售额飙升到220亿元，盈利高居全国电子百强之首。不过他已经清楚地预感到了网络经济泡沫破裂后对电信市场的连累，这位一向忧虑而极度低调的企业家在开篇就问他的员工："公司所有员工是否考虑过，如果有一天，公司销售额下滑、利润下滑甚至会破产，我们怎么办？我们公司的太平时间太长了，在和平时期升的官太多了，这也许就是我们的灾难。泰坦尼克号也是在一片欢呼声中出的海。而且我相信，这一天一定会到来。"任正非继而用不无耸动而尖利的笔调写道："现在是春天吧，但冬天已经不远了，我们在春天与夏天要念着冬天的问题。IT业的冬天对别的公司来说不一定是冬天，而对华为可能是冬天。华为的冬天可能来得更冷一些。我们还太嫩，我们公司经过十年的顺利发展没有经历过挫折，不经过挫折，就不知道如何走向正确道路。磨难是一笔财富，而我们没有经过磨难，这是我们最大的弱点。我们完全没有适应不发展的心理准备与技能准备。"

在企业史上，任正非不是第一个写检讨和自省文字的企业家，沈阳飞龙的姜伟、山东三株的吴炳新等人都曾在企业危机爆发的时候有过同样的举措，不过，任正非却是第一个在企业还处在高速成长时期就发出"红色警报"的人。他的警告见到了成效，2001年的全球电信产业果然出现惊天大滑坡，华为的全球对手美国思科业务严重下滑，全年仅报废的库存就高达22亿美元，思科股票大跌，被迫裁员8 500人，董事长钱伯斯把自己的底薪降到1美元。在这样的逆境中，及时调整、"穿上了过冬棉衣"的华为却完成了255亿元的销售额，实现利润27亿元。

正是在2001年的惊涛骇浪中，23年前那个忐忑不安的解放军代表、14年前那个潦倒的创业者任正非完成了从优秀到卓越的跨越。

2002 / 中国制造

在飞临中国第50次以后,
我现在成了中国经济繁荣论的最积极的鼓吹者。
——大前研一,2002年

《经济学人》在1979年做出的那个预言终于在23年后变成了现实。①2002年年初,美国零售业巨子沃尔玛决定把它的亚洲采购中心从中国香港搬到深圳的罗湖区,中国区总裁张嘉声对记者说:"我们找到了最大的卖家。"在不久前《财富》公布的世界500强企业中,沃尔玛以2 198亿美元营业收入名列第一,这也是历史上服务业公司第一次成为500强的老大。沃尔玛本年度在中国的采购商品总额为120亿美元,相当于中国与俄罗斯之间的贸易总额。根

---

① 这家老牌的英国杂志在1979年3月做出大胆分析:尽管从眼前看,中国需要大量的进口,这将刺激工业发达国家的生产,但是长远而言,"洪水猛兽般的中国出口品会成为必然"。见本书1979年章。

据《纽约时报》专栏作家托马斯·弗里德曼的计算,"沃尔玛若是一个国家,将成为中国第六大商品输出国和第八大贸易伙伴"。

开始于1998年前后的"中国制造"浪潮在这一年活力四射,物美价廉的中国商品终于向全世界发威。在5月份举办的韩日世界杯足球赛上,中国足球队颗粒无收,中国商品却出尽风头。江苏扬州的玩具工厂制造了30万只世界杯吉祥物,浙江义乌的服饰公司生产了225万面球迷呐喊旗和数十万件"球迷假发",福建的工厂则提供了上百万件球迷服、护腕及足球袜等。中国国家统计局在8月16日的一次新闻发布会上宣称,中国经济的比较优势仍然在制造业,过去20年的经济增长主要依靠制造业的成长,制造业增加值占国内生产总值比重基本维持在40%左右。

北京长城企业战略研究所在一份题为《中国科技发展报告》的综合报告勾勒了"中国制造"的轮廓:初步估计,我国已有上百种制造产品的产量在世界上居首位。自1990年起,中国内地吸收投资2 300亿美元,占亚洲总额的45%,其中制造业是最重要的投资领域,中国已成为世界第四大生产国,"中国制造"正在世界范围内崛起。在区域结构上,"中国制造"形成了环渤海湾、长江三角洲、珠江三角洲三大世界级的制造中心。三大区域的人口总数占全国总人口的35.45%,国土面积不到全国的10%,却创造了57%的国内生产总值和66%的工业总产值;而在对外贸易方面更是占据全国85%以上的份额,外资的利用也接近全国利用外资的八成。在出口企业群体中,小型企业在数量上占据绝对优势;产值方面,大型企业和小型企业则相差无几。报告分析认为:"国有大型企业能够更好体现制造业规模化生产的优势,但上升空间有限;而小型企业中,新兴的民营制造企业代表制造业新生力量,近年发展迅速,是'中国制造'崛起的主要推动力量,也是今后发展的主要动力。"

也是从这年开始,一个真实的笑话开始以各种版本流传起来:很多人出国旅游买回一大堆纪念品和时髦的商品,回到家里后扒开商标一看,都是"Made in China"(中国制造)。这种让人哭笑不得的笑话背后,却洋溢着一种特别的自豪。《中国经营报》在一篇述评中写道："中国制造是2002年的某一夜冒出来的新名词，或者说它是一个老词，但在2002年被一下子激活，并赋予了新意：在世界经济发展萎靡不振的前提下，中国经济欣欣向荣，由于全球经济一体化和比较优势等多种原因，使世界越来越感到了中国的存在和力量。"该报继而用十分骄傲的口吻说："正如大国的兴衰印证的是制造业的兴衰一样，从曾经的日不落帝国大不列颠到当今全球唯一的超级大国美利坚，从挑起两次世界大战的德国到创造东亚奇迹的日本，无一例外。即使是后来的东亚'四小龙'，也莫不以制造业为发展的开路先锋。如今，世界经济一体化的浪潮，把制造业这个机会涌到了中国的门前。"①

这样的评论铿锵有力，不过却只观察到了事实的一半，中国公众及舆论对"中国制造"的深度认识还有待时日。事实上，从一开始，"中国制造"的全部优势就在于价格的低廉。广东格兰仕是全球最大的生产微波炉的专业工厂，它的厂区绵延3公里。到2002年，格兰仕的产量突破1 200万台，占到全球市场份额的1/3。主管营销的副总裁俞尧昌在媒体上撰文说："我们的唯一秘诀就是将劳动力低廉的优势发挥到极致。"他讲述了一个打败国外企业的故事：微波炉重要的上游零部件是变压器，日本产品的价格是20多美元，欧美的企业是30多美元，在日货冲击面前，欧美企业痛苦不已。格兰仕就和美国企业谈判：把机器拿给我做，按美方现在的产量我一台给你8美元。美国人很痛快地就把生产线搬过来了。由于格兰仕员工工资很低，而且工人可以24小时"三班倒"，因此一周里，只有一至两天为美国人生产，其余时间几乎在享用免费的晚餐，所以，格兰仕横扫国内市场。在国际上，它的低价战略很快把变压器也逼成了日本人的鸡肋。格兰仕又去找日本人谈判：我每台给你5美元，你把生产线也租赁给我吧。就这样，多国的生产线汇集顺德，格兰仕因此奠定了"微波炉世界

---

① 刘海燕，《理解中国制造》，《中国经营报》，2002年12月30日。

工厂"的龙头地位。

如果说格兰仕的故事很生动地说明了"中国制造"在成本上的优势来源，那么芭比娃娃的故事则能显示中国商品在价值链上的地位。"芭比"是迪士尼公司最热销的儿童品牌玩具，每年在全球120个国家销售，其最主要的制造基地在中国。一个在北美市场零售价为20美元的芭比娃娃，中国工厂的离岸价为1美元，这1美元里包括了制造商和渠道商的成本、利润以及各项税收。

中国在外贸和内需两大市场的"双引擎"启动，让宏观经济展现出多年未见的繁荣景象，亚洲金融风暴的阴霾已经散去，加入WTO后的"中国产业崩溃论"也不攻自破，连一向对中国经济不甚看好的人士也不得不改变观点。日本管理学家大前研一曾经是"中国崩盘论"的提出者之一，在这年新出版的《中国冲击》(*China Impact*)一书中，他承认："在飞临中国第50次以后，我现在成了中国经济繁荣论的最积极的鼓吹者。未来10年，世界最重要的课题就是如何与一个强大的中国相处。"日本前首相桥本龙太郎在这年访问中国时，对中央电视台记者说："说实话，我特别羡慕你们，日本迟迟不能解决通货膨胀的经济问题，而中国经济却能够连续几年保持8%以上的增长，我除了羡慕，还是羡慕。"

任何人读了下面的数据都会像桥本龙太郎一样羡慕中国：2002年，3万家外商投资企业在中国落户，吸引外资500亿美元，比上年增长14%；全年的国内民间投资增长幅度达到18%，是上年增速的两倍，在浙江、广东等省份，民间投资占到全省社会投资总额的60%；外贸出口的增长超过20%。根据世界银行的统计，中国的人均国民生产总值已达到960美元，逼近1 000美元，这标志着"中国社会已经走过温饱阶段，初步实现了小康"。在这年，中国被越来越多的溢美之词包围，诺贝尔经济学奖得主斯蒂格利茨说："中国可以被称为整个世界经济发展的一个模式或者范例。"《华尔街日报》的评论是："中国正在成为亚洲最重要的政治力量。"《经济学人》杂志则用数据说话："在1995—2002年的全球增长中，美国只贡献了 20%，而中国的比例是 25%。"

在宏观经济阳光明媚的同时，企业界却发生了一连串令人惊心动魄的公司风波——李经纬被赶出健力宝，顾雏军得手科龙，仰融出走华晨，春兰改制搁浅。这些发生在 2002 年的事件看上去情节各有曲折，内幕云缠雾绕，而其实质都与实施了 4 年多的产权清晰化运动有关。

以产权变革为主要手段的"国退民进"战略进入了最后的"收官期"，最重要的原因是第二年年初将进行中央及省市各级政府的换届，而国有企业的扭亏比例显然是最重要的考核指标之一。因此，尽快将陷入亏损困境的国有及集体企业出售成为一个具有政治和经济双重意义的改革任务。到年底，工作的成效是显著的，江苏的苏南及浙江的绍兴和宁波，原本是东南沿海最著名的集体经济地带，如今，民营企业的比重都已超过了 90%，数以十万的集体经济经营者一夜之间变身为千万乃至亿万富豪。然而，就在这股进退浪潮中，一些地方政府与企业家对企业产权的处置发生了分歧，政商博弈直接导致了致命的危机。

1 月 9 日，健力宝的李经纬与三水市市长冷冷地相向而坐。自 1998 年以来，他们已经因健力宝产权的分歧而势同水火。上年 7 月，市政府为健力宝召开了转制工作联席会议，市委、市政府领导全数到齐，与会的官员依次表态，结果 90% 的人主张卖掉健力宝，并且不能卖给李经纬团队。

在一开始，新加坡第一食品公司险些成为健力宝的新主人。在那次关键性的联席会议后的第三个月，李经纬被通知去参加一个晚宴。就在宴席上，一个名叫魏成辉的新加坡商人被介绍给了李经纬，市长开宗明义地说，政府已选中魏先生的公司来购买健力宝。李经纬闻言，如惊雷轰顶，愤懑之情可以想见。第二天，在内部的工作餐上，他突然失去控制地说出了粗话："他妈的，市里要卖股，我一点都不知道，就只通知我一起吃个饭。"更让他不堪的是，政府拒绝以 4.5 亿元的价格将健力宝卖给他的团队，却接受了新加坡人 3.8 亿元的开价，而在草签的协议中，号称"中国第一饮料品牌"的健力宝商标的评估价值居然为零。

李经纬无法理解为什么政府宁可把企业卖给素不相识的外国公司，也不卖给一手将企业创建起来、为此呕心沥血了一辈子而且还愿意出更高价格的自己。在他的幕后策动下，国内媒体闻风而动，一时间"健力宝被无情贱卖""中国第一民族品牌旗帜被砍"等舆论铺天盖地，其间夹杂的激动情绪显然让三水政府难以招架，而健力宝则一方面向外宣称，愿以4.5亿元的价格"赎身"健力宝。李经纬的对抗姿态和汹涌而来的舆论攻势，把本来就缺少公关应对能力的三水政府逼到了一个万分尴尬的墙角。一位官员后来大为光火地说："媒体的提前介入打乱了我们的计划，使我们完全陷入被动的地步。"新加坡方案很快就流产了，而三水政府也找不到合适的"国内买家"。就这样，市长与李经纬再次开会对话。在社会舆论上颇占上风的李经纬以指斥的口吻问市长："为什么完全抛开健力宝创业团队，一意要将健力宝对外出售，为什么不让我们买回来?!"市长当即表态："要买可以，我给你们一个星期的时间。"

眼看着峰回路转，谁也没有想到就在这一周里，冒出来一个28岁的资本庄家张海。他提出按李经纬的出价收购，而出面的公司将是一家名叫浙江国际投资信托公司（浙江国投）的国有企业。正憋着一肚子气的三水官员如遇旷世知音，1月14日，就在承诺"一周内筹足钱就卖给经营团队"的第六天，正在四处筹措资金的李经纬突然被紧急召到市政府。他的屁股还没有坐到椅子上，市长就开口通知他："这事已经定了，我们现在决定把健力宝卖给浙江国投。"第二天，在三水的健力宝山庄，一场仓促筹备的签约仪式在众目睽睽下举行了。三水市政府向浙江国投转让健力宝75%的股份，作价3.38亿元。在仪式上，功败垂成的李经纬如一匹被弃的老马，默默地坐在会场的一角，一脸难掩的落寞神情。第二天，他"含泪仰天，不发一语"的照片被刊登在国内所有的新闻网站和财经媒体上，观者无不为之动容。此照堪称30年企业史上最悲情的一张企业家照片。

李经纬的噩运还没有到头。在签约仪式后的第九天，他在家中突发

第四部　1998—2002　在暴风雨中转折　　257

▲李经纬

脑溢血,亲属急拨120送广州空军医院急救,医生立即为李经纬施行脑内血肿碎吸排空术,把脑内的积血全部抽出。自此,他再没有离开过病房。举国之内,对他的同情之声四起。10月中旬,病榻上的李经纬收到一纸通知,广东省第九届人大常委会第三十七次会议通过决定,以涉嫌贪污为罪名罢免了他的全国人民代表大会代表职务。检察院的立案案由是:"身为受国家机关委托管理、经营国有财产的人员,无视国家法律,伙同他人利用职务之便,以购买人寿保险的形式,侵吞国有财产331.88万元。"李经纬团队中的4位副总裁中的三人相继被双规、拘捕,一人"出逃"国外。

至此,扑朔迷离、一波三折的健力宝产权交易事件,以李经纬的涉嫌犯罪而尘埃落定。无论如何,没有人愿意去同情一个贪污犯。健力宝自此元气大伤,2004年,张海因经营不善被免职,企业一度濒临停产。2007年,健力宝再度易主给台湾统一集团,当年的"中国第一饮料企业"此时已沦为二流公司。让人难解的是,李经纬一直以戴罪之身被"限制居住"在医院中,检察院从未对其正式提起诉讼。

客观而言,在健力宝风波中,地方政府并没有搞垮企业的意图,官员们放弃李经纬团队,选择"宁与外客,不与家人"的策略,主要有两个原因:一是担心经营层上下其手,难以控制;二是为了避嫌,害怕承担国有资产流失的责任。"国退民进"在各地实施过程中,始终只有战略而没有具体的法规依据,确实存在私相授受的现象,有很多企业通过暗箱操作的方式实现了产权的私有化。因此,有些政府官员害怕承担相关责任,出于避嫌考虑，宁可把企业卖给人际关系较为单纯的外来者。正是在这种"制度缺陷"的前提下，对现有经营者的强势排除，与对外来力量的盲目信托，形成了鲜明的对比，实业家们被无情地阻挡在他们开创的事业殿堂之外，所谓的资本掮客则得以轻易地从小门从容进出。在与这些娴熟的"门外的野蛮人"的过招中，地方政府表现出了易于轻信和不善博弈的稚嫩。我们看到了中国公司改革最令人哭笑不得的景象。

如果说，地方官员在健力宝风波中展现了猜疑和意气用事的一面，那么同样发生在华南的科龙事件则透露出另外的一种介入思路。这年1月，一个叫顾雏军的人突然成为科龙的新主人。

自从1998年年底，创办人潘宁以"莫须有"的理由突然"辞职"之后，这家中国家电业最具高科技特质、效益最好的企业从此陷入了神秘的动荡之中。潘宁离去后，接替他的是多年助手王国端。王国端就任一年半后又宣布"辞职"，容桂镇镇长徐铁峰拍马上阵，亲自出任科龙总裁。在开放之风颇盛的华南地区，由镇政府正职官员转任辖内最大企业总裁，此前并无先例。此人事更迭激起一片惊呼，或许也是从这种非同寻常的举动中，媒体嗅出了科龙事件的戏剧性。2000年，科龙报亏6.78亿元。对于这家已经8年稳居中国冰箱行业老大的明星公司而言，巨额亏损无疑是向市场投掷了一颗大炸弹，市场对此的反应几乎可以用"骇人听闻"来形容。

根据公开的解释，科龙亏损是经营不善所造成的。可是，从1997年开始，科龙的赢利能力每年都保持在6亿元以上。1999年，净利润为6.3亿元，冰箱产量达到创纪录的265万台，实现销售总额58亿元。但是，这样的科龙怎么会在来年掉头亏掉将近7亿元，一来一去将近14亿元的反差如何说得清楚？从财务的角度分析，科龙亏损有三种可能性。

第一种可能是，市场突发重大恶性事件，销售急剧萎缩，因运营成本过大，造成巨额亏空。事实上，这种状况在当时并没有发生。第二种可能是，应收款过大，巨大的呆坏账，形成财务黑洞。曾全面主管科龙营销的屈云波披露说："2000年我上任时，科龙拖欠广告费2亿多元。我来之前，科龙的最高应收账款是12个亿，我刚上任时是七八个亿。而到我2001年年底离去时，广告费只剩下几千万了，账面上还有2个亿的应收账款，应在正常范围之内。"如果是这样，也就是说，尽管在2000年前后公司的应收款项惊人，最终却并没有形成坏账。

最后一种可能就是，大股东有转移资产的嫌疑。在潘宁创建科龙品牌之后，其上级一直存在着一个"容声集团"，它是科龙电器的大股东，受政府委托管理集体资产。尽管科龙先后在香港和深圳上市，成为一家公众公司，但是真正握有资产权的容声集团始终隐身其后。科龙与大股东之间的资产状况究竟如何，外界尽管存在种种猜测，但是从来没有得到过清晰的交代。有专家大胆地推测：国有股东在否决了潘宁的改制方案后，采取了"转移资产"的方式从科龙电器退出，在短短三年的时间里，科龙电器被彻底"掏空"和"消耗而空"。[①]

2001年10月31日，全国各大媒体的财经记者在毫无预兆的情形下得到一条消息：一家名不见经传的格林柯尔公司成为制冷家电龙头企业科龙的第一大股东。格林柯尔以5.6亿元收购科龙电器20.6%的股权（后来这个金额降至3.48亿元）。

顾雏军是一个经历很可疑的企业家。他30岁时曾经"发明"了一套以自己名字命名的"顾氏"热力循环理论，号称能够生产节能型空调，潘宁还曾专门派人探询此技术的可行性。1991年，他在惠州办了一家空调工

[①] 营销专家屈云波曾于2000—2001年期间担任科龙集团营销副总裁，他在离开后对所了解的科龙实情一直三缄其口，一直到2005年8月，在接受《经济观察报》记者采访时，他才言辞闪烁地说："由头一年赚7个亿（实际上是6.3亿元）到第二年亏7个亿（实际是6.78亿元），这引起大家很大的关注，一来一回可是14个亿啊。除非是特殊情况，要不就是在专门制造亏损。"他还说："我可以把亏损这种事变成好事，把领导层的不断更换这种坏事变成好事，但我没有能力把偷钱这种坏事变成好事。"

厂,广告自称是"目前世界上耗电最省的家用空调器",后来被技术监督局认定质量不合格,硬是把厂子给查封了。然后他接着在天津新建了一家无氟制冷剂工厂,名字是"格林柯尔"。2000年,格林柯尔在香港创业板上市。上市第一年,格林柯尔就宣布实现利润2.69亿元,营业收入在过去三年里增长了3 300倍,名列香港创业板赢利第一。在2001年的年报中,公司宣布实现营业收入5.16亿元,毛利4.1亿元,净利润3.4亿元,以严谨的财务分析著称的《财经》杂志宣称,"其收入简直是一个无法达到的数字"。《21世纪经济报道》则爆料,格林柯尔的所谓业绩来自大量的虚假合同,"它的故事的核心就是到处签虚假订单,假订单多得可以用麻袋装"。就是这么一个环绕着众多灰色光环的企业家走进了大雾中的科龙。据《顾雏军调查》[①]作者陈磊引用一位曾任科龙电器董事会秘书的知情人的话,顾雏军与政府谈判的重要筹码,正是科龙电器与母公司容声集团之间藏于账面之下的大量关联交易,"顾雏军向政府表示,如果让他收购,容声集团欠科龙的钱,就可以不用还了"。

  顾雏军后来也详细地回忆了收购科龙前后的情形:"2001年9月27日签约的时候,我们只知道可能亏损1个亿,到11月底,告诉我们亏损可能超过6亿元。当时我们大吃一惊,而签的协议已经公告,这种情况下,我们回去开了一个会,最后得出的结论,科龙的成本控制是有大问题的,如果做得很严格,赢利是有可能的。我2002年1月进入科龙,3月份的时候审计报告出来,科龙竟亏损15亿元,开始报告是18亿元,我们担心那么大的亏损会让债权银行失去信心,就决定通过购并收回了3个亿。大概有半年到8个月的时间,银行对科龙都是只收不贷。"

  在顾雏军接手后的2002年4月,科龙电器按惯例公布年报,尽管市场对其业绩表现不抱幻想,可是听到的数据还是让人从凳子上跳了起来:在上年度亏损6亿多元的基础上,公司年度继续报亏15.55亿元,两年连

[①] 陈磊著,《顾雏军调查》,广州:广东人民出版社,2006年版。

续亏掉 22 亿元,创下中国家电上市公司之最。由这些数据和回忆,可以得出一个结论:顾雏军得到的科龙是一具已经被掏空的虚弱躯体。在顾雏军入主之后,科龙出现过短暂的复兴,但很快,随着顾雏军展开疯狂的购并风暴,科龙资金再度被大量挪用。2005 年,科龙出现 36.93 亿元的巨额亏损,一举刷新了当年度内地上市公司亏损纪录;牵涉 93 宗诉讼官司,数目之多也创下近年来内地上市公司涉案之最,公司的净资产则为 –10.90 亿元。一家曾经最被看好的家电企业在隐晦的产权游戏中成了牺牲品。与潘宁有过交往的北京大学周其仁教授发表评论认为:"不是科龙改制才给了格林柯尔机会,而恰恰是因为它没有及时改制。科龙的主要教训就是潘宁时代没有及时发起并完成产权改革,否则顾雏军就没有入主的机会。"他在一篇题为《可惜了,科龙》的专栏文章中写道:"读科龙的报道,被一个问题折磨:要是还由创业老总潘宁那一代人领导,科龙至于落到今天这步田地吗?知道历史不容假设,可忍不住就要那样想……科龙的结局似乎是时也,运也,命也。欲哭无泪。"[1]

这些产权丑闻在各地此起彼伏地引爆,在当时让人看得眼花缭乱。一个值得记取的事实是,在大面积的产权改制过程中,出现了"小企业易改,大企业难改,无名企业易改,知名企业难改,亏损企业易改,赢利企业难改"的景象,于是,一些赢利能力强的知名大企业的产权变革便成了难中之难。年初,一度高调操作的"春兰改制"正式宣告搁浅。

春兰改制有很强的标本意义。春兰的前身是江苏泰州一家濒临破产的县办集体企业——泰州冷气设备厂,1985 年,其资产为 280 万元,负债 550 万元,净资产值为负。在陶建幸的经营下,春兰在空调市场上异军突起,到 1994 年,春兰成为中国最大空调生产基地、世界空调七强之一。2000 年,春兰的资产规模达到 120 亿元,净资产 80 亿元,成为中国家电

---

[1] 周其仁,《可惜了,科龙》,《商界(中国商业评论)》,2006 年第 01 期。

业的翘楚。陶建幸因此与四川长虹的倪润峰一起当选中共十五届中央候补委员，他同时还进入党政机关，出任中共泰州市委常委。

2000年10月，在产权改革声浪渐起、"苏南模式"开始大规模转型的背景下，春兰董事会发出公告，宣布在不涉及国有资产的前提下，春兰集团公司从近50亿元的集体资产中切割25%，用现金按1∶1的比例向经营层和万余名员工进行量化配股。陶建幸认为，春兰改制符合中央政策，因此高调推行，引来舆论广泛而热烈的关注。他看上去已经考虑到了种种可能存在的隐患，比如，改制方案明确规定，公司不得以包括担保、资助、借款等在内的任何形式帮助任何人购买公司股份。为了解决技术性问题，工商银行、建设银行江苏省分行和春兰方面达成协议，两家银行以股票质押方式向春兰全体员工提供90%的贷款。为了"避嫌"，陶建幸还拒绝接受其他人提出的管理层控大股的建议，而是实行"普惠制"，这也意味着他主动放弃了价值超过数亿元的股份。他对《三联生活周刊》的记者说："有关部门考虑过给我春兰集团的10%股份，但我拒绝了。在春兰拼死拼活干，真的不是为多赚钱。给我7个亿，我干什么花呀？在我心里，春兰似乎是自己的。金钱对我的驱动力为零。"①

▲陶建幸

陶建幸的自信和高调，意外地让自己成了舆论讨论的焦点。有人计算说，春兰改制将一夜之间造就上千个

---

① 余勇，《春兰改制分家产其中奥妙知多少》，《三联生活周刊》，2000年第24期。

百万富翁、上百个千万富翁以及数个亿万富翁,陶建幸本人的财富自然成了最大的聚焦。改制前,他的月薪为3 500元,而根据改制方案,他估算可得5 000万元(股)左右。于是,种种质疑追踪而来,第一个质疑是,"春兰到底姓啥?"有人设问道:"春兰的国有股份所占比重为75%,按照春兰的方案,在员工购买股份时还将以1∶1的比例配给职工分红权(干股),那么这部分分红权从何而来?是否意味着国有股东放弃其分红权利而让出了一块?这是否存在着国有资产流失的问题?"第二个质疑是,"陶建幸凭什么?"一个大型国有企业的经营者、一个享受显赫政治地位的改革人物,一夜之间"摇身"变成亿万富翁,跟传统的价值判断实在存在很大的认知落差。最后一个更大的质疑是,"春兰效应将带来什么?"有人评论说:"当前中国贫富差距正在拉大,其中最主要的表现之一,是一些经营者在国有企业的产权改制过程中,实现了财富的迅速膨胀。如果转制成功,陶建幸便可能成为中国国有企业改革的先锋和财富的标兵。春兰集团的举动向世人显示:干国有企业照样可以成为富翁。春兰改制完成之后,中国可能出现一波国有企业大规模的产权制度改革。像青岛海尔的张瑞敏、青岛海信的周厚健、四川长虹的倪润锋都可能成为中国21世纪历史上的第一批资本家。"

这都是一些很难正面回答的质疑,在某种意义上,它几乎触及了企业改革中一直被隐晦回避的制度和道德底线。陶建幸的高调让春兰改制意外地陷入了一场十分敏感的大争论中。有的人把春兰改制视为"国内大型国有企业中,数量级最高的一次突破性变革",《21世纪经济报道》的记者写道:"春兰改制,全中国都凝神屏气地关注着这件事。"而另外的意见则直指"陶建幸用几十天时间就把春兰给'分'了"。有媒体采访江苏省主管工业的副省长陈必亭,陈必亭很有技巧地回答称:"我个人对此表示支持。"而中央有关部门官员则称,国家并未制定可以这样做的相应政策。一个叫张涌的经济观察者评论说:"春兰改制尽管从经济理论上讲,似乎并无不妥之处,但所影响到的人数之多、钱数之多前所未见,这样的量化,实在吓人一跳。"

"吓人一跳"的结果是,春兰改制"见光而夭"。事实上,在春兰改制新闻公之于世的时候,其员工持股计划已基本完成。但是,在巨大的舆论压力下,改制戛然而止,春兰方案被递交到中央政府讨论,要对其进行否决几乎不需要太多理由。2001年年初,陶建幸被告知"这个方案还存在着法律上的障碍,需要进行更科学、更严密、更合理的论证和计算,需要经济学家和法学家的集体会诊"。到2002年,此方案无疾而终。自以为好局抵定的陶建幸用力过度,棋落盘碎,空余一地叹息。

春兰改制的叫停,在产权清晰化运动中是一个标志性的事件。此后,那些与它情况非常类似的大型企业,如海尔、长虹及海信等的改制方案都被一一搁置。

在这场产权运动中,"可惜了"的显然不只李经纬、潘宁和陶建幸。由于没有制度上的保障和规范,几乎所有企业的产权变革都变成了一场巨大的冒险,是与非、合法与非法往往没有清晰的界线,企业家的命运突然变得无比的凶险和莫测起来。就在这年,中国乳业的两个传奇人物都在自己创办的企业中展开了产权上的探索,而其命运的差异让人在多年后仍然唏嘘不已。

10月8日的《人民日报》刊登了一篇改革人物特写《郑俊怀:造民族品牌》。文章评价这位刚刚当选党的十六大代表的企业家说:"从郑俊怀利到伊利至今,近20年过去了,现已52岁的郑俊怀把最好的年华贡献给了一个企业,用心血和胆识打造出了'伊利'这一中国乳业的品牌。"1983年,伊利只是呼和浩特市政府属下一个年利税仅4.7万元的回民食品厂。在郑俊怀的经营下,伊利抓住了中国纯奶市场的发展机遇,建成了当时国内最大的乳制品企业。1996年,伊利成为内蒙古最早上市的企业之一,2002年,销售收入达到了40亿元。早在1999年,郑俊怀就试图进行产权改革,在直接谋求产权清晰化不可能的前提下,他跟当时的很多人一样选择了曲线MBO的道路。他和伊利的20多名主管出资成立了一家"华世商贸公司",相继收购了一些国有企业所持的伊利法人股。由于郑俊怀团队并没有太多的现金,因此在收购中便采取了灰色的做法。有一次,郑俊怀将伊利公司的150万元资金辗转至华世公司,用这笔钱去购买伊利法人股,不久后,又将这笔钱悄悄归还。还有一次,为了一笔1 500万元的伊利股份,他授意一家与伊利有密切业务往来的牛奶场向银行贷款,供华世购买伊利的股票,然后,华世又以所购法人股做质押,从银行获得贷款归还给牛奶场,随后牛奶场将此款归还银行。这种"空手套白狼"的做法几乎在当年是一种被普遍使用的"MBO方式"。郑俊怀的做法看上去非常顺利,并似乎得到了地方政府的默许。到这年,呼和浩特市国有资产管理局将所持有的国家股全部划拨到市财政局名下,并将其中的500万股有偿转让给郑俊怀团队投资的公司——此时,华世商贸已经改名为启元投资,后者一跃成为伊利股份的第二大股东。

就当郑俊怀试图曲线获取伊利的同时,他的一个老部下牛根生则选择了另外一种方式。比郑俊怀小4岁的牛根生曾跟郑俊怀一起打拼天下,他是一个苦孩子,出生一个月就被贫困之极的父母以50元的价钱卖给了别人,他从小随养父在大草原上放牛,后来进回民食品厂当了一名洗瓶工,靠苦干升到车间主任,1992年得到郑俊怀赏识,担任主管经营的副总经理。牛根生做市场有特别的狠劲,而且很会体恤人心。此人读书不多,却天生懂得"财散人聚,财聚人散"的道理。有一年,郑俊怀发奖金让他购买一辆高档轿车,他一转身就把这笔钱分拆成几辆低档车分给了部下。由于他分管伊利的市场营销与广告宣传,因此在媒体上表现得十分活跃,外界一度"只知老牛不识郑"。1998年,郑、牛关系急速恶化,后者突然被免职,理由是"莫须有"。第二年,牛根生就带着几个旧部筹集1 000万元资金创办蒙牛。他后来回忆说:"当时在呼和浩特的一个居民区里租了一间小平房作为办公室,一共只有53平方米,月租金二百多元。蒙牛成立的时候,没有奶源，没有厂房，没有市场，可以说是一无所有。在全国乳制品企业中的排名是第 1 116 位。"牛根生有的是多年来在市场经营中积累下来的人脉和经验。当时，全球最大的软包装供应商利乐公司在中国推广"利乐枕"（那时候，国内牛奶包装主要采用"利乐砖"和"巴氏奶"），并愿意免费向牛奶工厂提供生产设备，伊利等大企业都不愿冒险，唯有没钱买生产线的牛根生敢于一试，不料想竟大获成功。到 2001 年年底，蒙牛销售收入已突破 7.24 亿元，成为国内第四大乳制品企业。

2002 年，几乎跟郑俊怀搞曲线 MBO 同一时间，牛根生也进行了股权上的创新。6 月，摩根士丹利、鼎晖投资、英联投资三家国际机构宣布投资 6 000 万美元入股蒙牛。三家投资商在投资的同时，还提出一个苛刻的"对赌协议"：未来三年，如果蒙牛每年每股盈利复合增长率低于 50%，以牛根生为首的管理层要向三家外资股东赔上 7 830 万股股票，或者以等值现金代价支付；如果管理层可以完成上述指标，三家外资股东会将 7 800 万股股票赠予牛根生团队。牛根生"求钱若渴"，再度冒险签字。①

郑、牛两人的命运在此处走上了不同方向。2004 年 6 月，郑俊怀被举报"侵吞国有资产"，曲线 MBO 的做法原本就游走在法律的灰色地带，郑俊怀有口难辩。在法庭之上，郑俊怀称，"所为一切均是为了解决管理层持股的来源问题，至今不明白我的行为已经犯法"。而审判此案的包头市中级人民法院副院长对媒体说："其实，华世商贸公司的股东如果是伊利整个管理层，如果他们挪用的资金，经过了伊利董事会集体研究同意批准就没有问题。"记者问："多大的范围是整个管理层？如果董事会集体通

---

① "对赌协议"，准确地说是《股东协议》中的 Valuation Adjustment Mechanism（估值调整机制）条款，该条款的最大风险在于，如果达不到约定目标，管理层将失去对蒙牛的控股权。由于蒙牛的业绩表现"超出预期"，2005 年 4 月 6 日，三家外资投资者提前终止该条款，代价是向蒙牛管理层支付 598.7644 万美元的可换股票据。牛根生有惊无险地保住了控股权。

▲郑俊怀和牛根生

过,就能挪用资金了吗?"法院人士莫衷一是。最终,郑俊怀以挪用公款罪被判有期徒刑6年。

牛根生则成了一个幸运儿。又是一个时间上的巧合,2004年6月10日,就在郑俊怀被举报的同一个月,蒙牛在香港联交所挂牌上市,共募集资金13.74亿港元,牛根生以1.35亿美元的身价进入当年的《福布斯》"中国富豪榜"。

在未来相当长时期内,对于企业产权改革的讨论将成为中国公众社会及政商学界观点分歧最严重的经济话题。其中有两个重要的争议焦点,一是如何看待"国有和集体资产的严重流失",二是如何看待国有或集体企业的经营者"赎买"。这场关于流失的争论从1998年就隐约开始了,将在2004年出现十分火爆的激辩场面。

以香港教授郎咸平为代表的观点认为,"国退民进"是一场分食国有资产的盛宴,其间出现了"掌勺者私分大锅饭"的现象,改革的策略出现了严重的过失与扭曲。而北京大学的张维迎教授和同样来自香港的张五常教授则不以为然,他们认为,尽管改制中存在种种灰色行为,但是改革总体的方向和积极效应是不容怀疑的。张五常的观点更为直接,他辩论道:"不可能完全没有这种事情,可是总是要慢慢改良的。你想把那么多人全部杀掉,你杀不了那么多人的。改革过程中,有些事情是无可避免的,是需要改进，但你不要因为有这种事情就说这个国家不行。怎么可以避免呢？这个国企我把它买过来，我拿过来的手段未必很正确，但是我把赔钱的国企变成赚钱的企业，这对中国的经济整体来说不是一件坏事。"比张教授更为激进的观点是所谓的"冰棒理论"。一些专家认为国有资产就像太阳下的冰棒，如果不把它"吃掉"，那么它也会完全融化掉、浪费掉。这样的论调显然很难拿到阳光下来讨论，郑俊怀是做冰棒起家的，他就栽倒在"冰棒理论"上。

这年，在中国人的政治生活中，最重要的新闻是中国共产党第十六次代表大会的召开。在11月15日举行的一中全会上，胡锦涛当选为中央委员会总书记。很多外电评论说，十六大清除了经济改革中最后的意识形态障碍。昔日的争论，如今都变成了常识，国内的主要问题已经变得越来越细微和复杂，这些问题无关乎哲学和意识形态的基本冲突，却关系到实现共同目标的途径和手段。

12月3日，在摩纳哥蒙特卡洛举行的国际展览局第132次代表大会上，中国上海在与其他4个申办城市的激烈角逐中一路领先，最终以54票的大比数赢得了2010年世博会的主办权。这是中国继北京成功申办奥运会之后，另一个重大的国际性胜利。世博会将在上海举办半年，预计吸引6 000万人观展。无疑，这成为继北京奥运会之后，中国经济将在未来数年内持续成长的又一个醒目的指标。

这一年，中国出口国外的最大"单宗商品"，是一个叫姚明的篮球运动员。这位身高2.26米的亚洲小巨人以选秀冠军的身份到美国职业篮球联盟（NBA）打球。有人替他算账，如果他在NBA打球打到38岁，可以有2.7亿~2.9亿美元的收入，这还不包括他获得的场外赞助、广告等巨额收入。仅这一价值按当时的国际商品价值来换算，就相当于中国出口了102万吨大米或46万吨钢材，或239万台电视机，或630万辆自行车，或98万吨原油，或6 489万米丝绸。

在上海，最时尚而热闹的地方是"新天地"。它位于闹市中心的淮海中路附近。过去的几年里，一个叫罗康瑞的香港商人将两千多户老居民迁走，却把他们的老宅留下来，改造成形形色色的西餐馆、咖啡馆、酒吧、时装店和画廊。这是一个被掏空了的、半世笙箫的老上海。最具时尚气质的画家陈逸飞在这里开出了他的"逸飞之家"，将他刚刚完成的雕塑作品《上海少女》摆在了这里。这是一件两米多高的青铜雕塑，一个身材细高、扭身顾盼的盘发少女，穿着无袖旗袍，坡跟尖头拖凉鞋，右手执扇，左手手指钩着一个鸟笼。少女的眼神中有上海少女特有的娇嗲、时尚和空虚。夜幕降临，各种肤色的青年男女沿着灰砖路面行走在狭窄的弄堂，两边是百年斑驳的石库门旧屋，举目全是英文招牌的弄堂、民国时代的美人月历牌和缠绵悱恻的周璇歌声，擦肩而过的半是碧眼金发的西洋男女。在新天地的东南角有一幢两层老宅，在五光十色的夜景中它显得无比沉静和庄重。80年前，13个年轻人在这里集会，宣布了中国共产党的成立。"中老年人感到它很怀旧，年轻人感到它很时尚，外国人感到它很'中国'，中国人感到它很洋气。"媒体用这种充满了错觉感的文字介绍此地。

　　就在罗康瑞的"新天地"一夜喧腾的同时，在北京，一个叫洪晃的女文化人看中了京城东北角一片灰暗的大厂房。那是一家创办于20世纪50年代初的老国营工厂——华北无线电器材联合厂，因为是军工厂，所以还有一个神秘的番号——798。① 当年在这里工作的工人都十分自豪，"谁要是问我在哪儿工作，我都说是军工厂，其他一概保密"。从20世纪90年代初开始，798跟所有的国有企业一样日薄西山，这个红极一时的大院企业陷于半停产状态，工厂一半以上的工人下岗分流，大多数生产车间停止运行，在职人员从近两万人递减到不足4 000人，工厂实在没活干，

---

① 华北无线电联合器材厂，下属706厂、707厂、718厂、797厂、798厂及751厂等，798是其中的一个工厂。

只好靠出租闲置厂房和卖地皮来赚钱。

2002年，洪晃突然瞄上了它。洪晃是民国政治家章士钊的外孙女、共和国前外交部部长乔冠华的女儿，一向有"红门痞女"之称。她看中798独特的国营工厂气息——衰败、僵硬、

▲上海新天地和北京798

与商业气质格格不入，于是在这里以极便宜的价格租了一个车间，当作自己的艺术工作室。跟她一起看中798的，还有做艺术网站的美国人罗伯特，他租下了120平方米的回民食堂，改造成前店后公司的模样。在洪晃和罗伯特的鼓吹与示范下，一些前卫艺术家也先后喜欢上了这里宽敞的空间和低廉的租金，纷纷租下一些厂房作为工作室或展示空间，798艺术家群体的"雪球"就这样滚了起来。美国《时代周刊》将这里评为最有文化标志性的22个城市艺术中心之一，《纽约时报》甚至将之与纽约当代艺术家聚集区SOHO并论，就这样，一个濒临死亡的国营工厂突然摇身变成了北京城最具时尚气质的地方。798厂区内的所有车间、厂房甚至斑驳的机床、生产线等都被保留了下来，它们像一堆被摘去灵魂的躯体，艺术家们用各自的表现手法将之彻底地"波普化"。曾经萦绕在此40多年的劳动热情、革命纪律和政治崇拜突然被凝固，并呈现出一种很夸张和怪异的神情。到2004年，这里已经聚集了二百多家、来自十几个国家的文化机构和个人工作室，北京市政府决定将这里列为"优秀近现代建筑"进行保留。很多年后，当全中国的老牌国营工厂都已经被拆迁一空之后，798作为仅有的幸

存者被留存下来。当然，这是一种谁也没有预料到的方式。

  这年，国内最火的电影是冯小刚导演的《大腕》，这是一部尽情嘲笑新兴暴富阶层的贺岁喜剧片。戏中角色一本正经地说："什么叫成功人士你知道吗？成功人士就是买什么东西，都买最贵的，不买最好的，所以，我们做房地产的口号就是：不求最好，但求最贵。"每当演到这里，影厅里必然会爆发出阵阵发泄式的笑声。9月23日的美国《时代周刊》刊登了一篇题为《可怜的过剩》的中国特稿，作者哈拿·比奇（Hannah Beech）指名道姓地描述了几位中国富豪的生活，其文字之戏谑竟跟《大腕》有异曲同工之妙："这些人建造奢华俗气的仿白宫办公室、仿洛可可式别墅；在郊区建造别墅却不敢打开豪华吊灯（因为害怕导致穷困的邻居家里跳闸）；他们的妻子忍受着丈夫的无数情人，备感孤独，只能以养昂贵的宠物、上庙烧香和多生孩子打发生命；他们往最昂贵的葡萄酒里倒雪碧，像喝水一样地咕嘟嘟往下灌，吃的是煎鳗鱼、焖海藻和炖蚝……充分享受着穷奢极欲的每一分钟。"这幅栩栩如生的、可怜的中国暴发户的素描迅速在网上传播，给被采访者带来了无尽的烦恼。它似乎印证了美国商业作家康尼夫在《大狗：富人的物种起源》中写过的那句话："超乎想象的财富是任何人都难以适应的。财富是违反自然的，有钱人的行为往往表现出彻底的适应不良。"[①] 很显然，日渐扩大的贫富差距正在诱发一个很危险的社会病，中国人民大学的一次民意调查显示，60%的被调查者认为，富人是通过不合法手段发财的。评论家们由此提及法国作家巴尔扎克的那句格言，"每一笔巨大财富的背后都存在犯罪"。还有人将《福布斯》评选出的中国前50个富豪与国家税务局公布的"私营企业纳税50强"名单进行了一个比较，结果发现重合的名字只有4个。于是，关于"富人逃税"的话题被讨论了很长一段时间。

---

  ① ［美］理查德·康尼夫著，王小飞、李娜译，《大狗：富人的物种起源》，北京：新世界出版社，2004年版。

富有戏剧性的是，被当作"过街老鼠"抓出来的不是《福布斯》富豪榜上的衮衮诸公，而是娱乐界的一个"大姐大"。这年夏天，自称"亿万富姐"的著名影星刘晓庆因涉嫌偷漏税而被拘捕。刘晓庆是20世纪80年代中国知名度最高的女演员，她以个性泼辣和敢为敢言而闻名，流传最广的刘氏名言是"做人难，做女人更难，做名女人难上加难"。在一本题为《我的自白录》的书中，刘晓庆说："其实，我已拥有26家甚至还要多的企业，这些企业投资总需求量已超过50个亿。我通过各种方法融资，从海外引入资金，与国内外有经验、有实力的集团合作，在银行借，同时，投入自己拥有的钱。"① 如此招摇显富，自然引来很大的关注。当"富人逃税"的舆论日渐汹涌之际，她便成了最"适当"的靶子。据税务机构调查，她创办的晓庆文化艺术有限责任公司自1996年以来采取不列或少列收入、多列支出、虚假申报等多种手段，偷漏税款1 458.3万元。"刘晓庆税案"成为2002年度兼具娱乐和商业丑闻两大特性的爆炸性新闻。年底，由国家税务总局办公厅、《中国税务报》和搜狐网联手评选出的"2002年十大税务新闻"中，此案名列第一。不过，后来发生的事实则比电影的情节还幽默。2004年4月，北京市朝阳区人民法院对此案做出判决，刘晓庆的妹夫靖军以偷税罪被判刑三年，而刘晓庆本人未被起诉，她已在半年前被取保出狱，并拍摄了一部很搞笑的古装电视连续剧《永乐英雄儿女》。

---

① 刘晓庆著，《我的自白录：从电影明星到亿万富姐儿》，上海：上海文艺出版社，1995年版。

企业史人物 | 仰融悲情 |

2002年5月,中国汽车业的传奇人物仰融赴美不归。他的出走是众多政商博弈破局中很典型的一例。

10年前,通过长袖善舞的资本组合,仰融成功策划沈阳金杯在美国纽约证券交易所上市,成为中国企业海外上市第一例(相关内容见本书上部1991年部分)。华晨上市让仰融一战成名,他很快意识到,无意中踏入的汽车行业也许是中国最具成长性的领域。从1995年起,仰融以大股东的身份接管了金杯客车的管理权,把精力逐渐转移到经营工作上。当时的汽车行业因多年的垄断经营,各大汽车厂家均裹足不前,无心战斗,业内"行规"重重,暮气十足。当仰融真正进入之后,这位大局观十分清晰和敏锐的战略家很快成了一个让人头痛的"颠覆者"。

金杯公司的主打产品是海狮牌小客车。在这个市场中,长春一汽的解放牌面包车是当之无愧的"小霸王",风头正劲。仰融把全公司最精干的研发人员全部召集起来,专门针对"小解放"开发出一款低成本的海狮新车型。在这期间发生过一段可见仰融性情的逸事:仰融曾去长春拜访一汽董事长耿昭杰,耿昭杰傲慢待之,仰不忿。海狮新车型设计出来后,仰融卷着图纸再找耿昭杰,说:"我这个车一卖,你的小解放肯定就不行了。但是我开发这个车呢,也肯定要亏本。我一个月生产500台,一年打个折就是5 000台,你每台车给我1万元,总共5 000万元,我把这个型号的许可证卖给你。这个情况,我是通报给你了,如果你不同意,

▲仰融

激荡三十年:中国企业1978—2008

我就按我的方式干了。"耿昭杰从来没有见过这种人,以为他一定疯了。新海狮进入市场之后,因其造型新颖、价格低廉、营销手段灵活而深受中小城镇用户的欢迎。仅一年后,一汽的小解放就由盈利转入亏损,又两年,被迫退出了竞争。

从1997年年底起,仰融就开始筹划引进德国技术和设备,打造一条年产10万辆的国产轿车生产线。他提出,"要制造拥有百分之百知识产权的中国轿车"。此言一出,业内领袖纷纷摇头。

仰融造轿车,并不像别的企业家那样,按部就班,拾阶而上。他是中国首屈一指的资本运营大师,其胸怀、格局当然非常人可比。他在自主品牌的打造上实行的是双轨并行的战略,一方面,通过委托设计、自身滚动积累的方式培育核心研发能力。华晨出资1亿元,与清华大学联合成立了清华大学汽车工程开发研究院,仰融出任理事长。另一方面,打破常规的合作模式,在中国加入WTO的大氛围中,与世界级别的汽车公司寻求不同形式和内容的合作。他先后与宝马、通用、丰田等5家国际大汽车公司开展了广泛的合作,仰融得意地称之为"五朵金花"。

在"金花"们的簇拥下,自主产权的轿车研发便不再是闭门造车。除了围绕汽车构筑产业和资本平台之外,仰融还频频出手,涉足其他领域。在他的强势运作下,华晨如大章鱼般地伸展出众多的触角。到2001年前后,仰融打造出一个市值高达246亿元之巨的华晨系,旗下有5家上市公司,系内各种关联公司158家,其中控股138家。华晨拥有8条汽车生产线,十多家汽车整车和部件工厂,在中国汽车行业形成了一个前所未有的"金融—实业"交融结合的体系。2000年12月,第一代中华轿车在沈阳下线。在隆重的下线仪式上,仰融兴奋地手举一幅"中华第一车"的书法向到场的嘉宾和记者展示自己的梦想,他宣称,"到2006年,中国汽车业滩头阵地上唯一敢和外国企业叫板的,是我华晨"。这一刻的仰融,俨然一个民族汽车拯救者。

2001年3月,沈阳政界发生大地震,市长慕绥新、常务副市长马向

第四部 1998—2002 在暴风雨中转折

东因贪腐而被拘,案情涉及广泛,全市的重要涉案官员达122名,是为"慕马大案"。作为沈阳市最知名的大企业,华晨与政府有十分密切的互动,现任首脑的落马自然会影响到仰融的战略思考。正是在这个敏感时刻,他开始与英国著名汽车公司罗孚商谈,规划南下新建汽车基地。

罗孚是一家拥有一百多年历史的老厂,由于成长缓慢,近年来亏损连连,正急切地在全球范围内寻找买家。仰融提出的合作方式包括:合资后罗孚的所有产品都搬到中国生产;保持罗孚英国研发中心和欧洲销售体系的存在,每年在中国生产的产品中,出口欧洲的用罗孚品牌,在中国和亚太区销售的打中华品牌;罗孚帮助华晨完成发动机的升级换代,并在发动机上打上"中华"商标。

这是一个让人充满憧憬的大型合资项目,它是中国企业家第一次以整合者和拯救者的角色出现在国际主流商业舞台上。进入21世纪之后,崛起的中国开始在全球经济竞争中展现出更为强势的力量,一些快速成长中的大公司都在试图通过购并与合作的方式进行跨国发展和实现产业升级。华晨与罗孚的合资应该是最早和最让人期待的项目之一,与日后的联想并购IBM的PC(个人计算机)事业部、TCL收购汤姆逊彩电等相比,仰融所表现出的魄力和雄心似乎更大。如果此次合资成功,中国汽车行业的版图将全部改写,甚至连成长航线都可能赫然改道。其意义之大,绝不亚于10年前的华晨美国上市。在相关协议都签署确定之后,仰融做出了一个让他懊悔终生的决定。这位优秀的战略构架师的算计招招精准,环环紧扣,所有的要素都已齐备。可惜,他偏偏漏算了一个似乎很不重要的一点:东北方面的心态。

在辽宁省和沈阳市政府看来,仰融这次是想"乘乱溜走"了。一位投资银行的分析师认为,"站在辽宁省、沈阳市的角度看,仰融的做法如同掏空金杯汽车,让金杯汽车为他在外省的项目输血"。

政府与仰融的谈判细节从来没有公开,不过其沟通的结果众所周知。政府方面希望仰融把罗孚项目放在辽宁的大连或沈阳,仰融则坚持在宁波建厂。显然,这是无法让政府满意的答复,就这样,矛盾突然在2001年的秋天激化了。

矛盾的焦点聚集在华晨的产权归属上。在仰融看来,从金杯到华晨,企业之壮大多是他的功劳。10年前为了上市戴"红帽子",现在是摘掉的时候了。他说:"企业不能长期这样股权结构混乱不清,历史问题要有所了结,要奠定这个企业未来竞争力的基础。而且这帮管理层跟了我10年,我应该对他们有所交代。我天天为股民考虑,为什么我不能为我的管理者、我的班组长考虑?"为此,他设计并构筑了一个"资本的迷宫"。华晨系的一百多家企业资产关系盘根错节、互为关联,其复杂程度让人叹为观止,全天下真正弄得清楚的就他一人。而政府认为,华晨绝对不是仰融的华晨。根据10年前的股权设计,中国金融教育发展基金会才是公司的真正所有者,而基金会无疑是国有资产的代表者。在过去那么长的时间里,无论是政府还是仰融,都小心翼翼地回避谈论基金会的资产性质,但是它就好像一个大厦的基石,默默地埋伏在那里,一旦动摇,天崩地裂。

拉锯式的谈判在2002年春节后破裂。3月,辽宁省委派工作小组进驻沈阳华晨,全面清查、核查、接收华晨资产。双方撕破脸皮,决裂无可挽回。5月,仰融飞到山西五台山拜佛祈福,随后以旅游护照悄然赴美不归。

仰融与政府的恩怨官司差点打到了国际法庭上。10月14日,仰融以侵占资产和行政侵权为由,向北京市高级人民法院起诉中国金融教育发展基金会和财政部,其直接诉讼争议标的达20亿元,成为新中国成立以来涉案金额最大的产权纠纷案。4天后,辽宁省检察院当即以涉嫌经济犯罪发出全国通缉令,正式批捕仰融。11月,北京法院认定仰融的起诉"无可诉性",暂不受理。仰融转而在百慕大起诉华晨中国汽车,在美国联邦哥伦比亚地区法院起诉辽宁省政府,最后均因"不在管辖权内"而告败。

至此,"拯救者"仰融完败谢幕。仰融离去后,罗孚并购案随即流产,

第四部 1998—2002 在暴风雨中转折

曾经豪情万丈的华晨日渐衰落。① 跟政府的直接对抗，造成企业的被伤害与自己的出局，仰融本人也对当年的那段公案有新的反思。2005年8月，仰融接受媒体越洋采访时说："我真没有想到，把项目放在宁波会惹出这么多事……要是放在大连，可能什么事都没有。"

---

① 2005年，上海的上汽集团和江苏南京的南汽集团最终"分割并购"罗孚，其中，上汽买到了代表罗孚核心知识产权的罗孚25型、75型轿车的知识产权；南汽以5 300万英镑收购罗孚的实物资产，其中包括MG和Austin品牌、位于长桥的生产线、发动机业务及相关资产。

第五部

2003—2008
大国梦想成真

2003 / 重型化运动

中国真牛。

——北京王府井百货大楼店员标语，2003年

2003年3月5日，朱镕基在第十届全国人民代表大会第一次会议上做完政府工作报告，在经久不息的掌声中，宣布从此退出政坛。接替他的是时年61岁的中央政治局常委、国务院副总理温家宝。

自1991年临危受命赴京出任主管经济的副总理，到1998年正式接任总理，朱镕基用专业和强势的方式全面改造了中国经济，在他的任内，宏观经济一直安全地行走在"三八线"内，即通货膨胀不超过3%，国内生产总值增长始终高于8%。正是这种持续的高速成长让中国在动荡的世纪交替年代保持了"风景这边独好"的繁荣景象。他通过"分灶吃饭"，彻底改变了中央与地方的财政收入格局，进一步加强了中央集权的能力。他在国有企业的改造上更是取得了出人意料的成效，在"抓大放小"和

"国退民进"战略的坚决推行中,一向萎靡的国有资本集团获得了近乎脱胎换骨般的改观。1998年,当他宣布将在任内完成对大中型国有企业的改造任务时,国内外舆论一片质疑,而最终的事实却证明他用自己的方式兑现了承诺。就在出任总理的第一次新闻发布会上,他曾在回答凤凰卫视记者吴小莉的提问时,有过"不管前面是地雷阵还是万丈深渊,我都将一往无前,义无反顾,鞠躬尽瘁,死而后已"的慷慨之言,感动全国。人们均以为总理是针对改革推进之艰难而言的,如今思之,却恍然有新的感悟,其实,彼时的决策人也对改革的前途充满了巨大的莫测感。在30年的企业变革史上,朱镕基是继邓小平之后最具影响力的政治人物之一,如果说邓小平以开放的胸襟决定了中国变革的方向,那么,朱镕基则完成了路径的选择。在今后10年乃至更长的时期,中国企业一直走在他设定好的变革逻辑中。

就在他做完政府工作报告的第二天,《南方周末》以整整24版的篇幅出版了朱镕基专辑,向人们描述了一个尽职、强势、充满忧患意识、有时还略显悲情无奈的中国总理。朱镕基在任内巡视各地时,一向秉持"不题词、不剪彩、不受礼"的"三不"原则,实在推托不过,就只写"朱镕基"三字而已。他仅有的几次"破戒",均可见其内心的忧虑。

1998年10月7日,出任总理不久的朱镕基去中央电视台视察,在当时国内批评之声最尖锐和最具影响力的《焦点访谈》栏目组,他题字"舆论监督,群众喉舌,政府镜鉴,改革尖兵",并称"我也接受你们的监督"。他说:"这四句话不是临时想出来的,是昨天想了一个晚上的,以至于血压都升高了。"

2001年4月16日,朱镕基视察上海国家会计学院时,为该校题写校训:"不做假账"。同年10月29日,视察北京国家会计学院再题字:"诚信为本,操守为重,遵循准则,不做假账"。他要求学院去做一个调查:"我最关心的是这些学员做不做假账,你可以对学员做一个不记名的调查,发一个卷子,让他打钩:一个是严重做假账的,一个是稍微做点儿假账的,一个是不做假账的。你做一个调查看看,得出一个百分比。调查要确实不记名。"

2002年5月,朱镕基在杭州参观新修复的清末"红顶商人"胡雪岩故居,一路行走,一路感慨。出乎地方官员意外,他主动要求题字曰:"胡雪岩故居,见雕梁砖刻,重楼叠嶂。极江南园林之妙,尽吴越文化之巧。富埒王侯,财倾半壁。古云,富不过三代,以红顶商人之老谋深算,竟不过十载。骄奢淫靡,忘乎所以,有以致之,可不戒乎"。

就在朱镕基卸任之际,中国社会和宏观经济突然遭到一场十分意外的严峻考验。

3月6日,也就是朱镕基做政府工作报告的第二天,北京市接报第一例非典病例,一个叫SARS的"幽灵"侵入中国。这是一种传染性很强、可能导致猝然死亡的严重急性肺炎,更可怕的是,它的病原尚未确定,所以被称为"非典型肺炎"。[①]它飞速蔓延,从广东到香港再到北京、上海,几乎每天都有死亡的病例出现。到4月28日,仅北京市就确诊病例1 199人,疑似病例1 275人,死亡59人,卫生部部长张文康

▲抗击"非典"

[①] 世界卫生组织当时称其为严重急性呼吸综合征(Severe Acute Respiratory Syndrome),简称"SARS"。2002年11月16日,广东佛山发现第一起非典病例。2003年2月3日至14日广东发病进入高峰。

和北京市委副书记孟学农因防治不力被免职。一时间,抗击非典成为举国上下的头等大事。因为这种病毒的传染性非常强,所以一旦发现一个疑似病例,当即就要进行大面积的整体隔离。2003年的上半年,全中国正常的生活和商业活动被全部打乱,每一家企业都在惊恐中度过一个又一个难熬的日子。与非典的作战一直到6月24日才总算告一段落,这一天,世界卫生组织宣布解除对北京的旅游警告。在王府井百货大楼门前,一位售货员高兴地贴出一张庆祝标语,上面只有4个字:"中国真牛"。

真正"牛"的事情还正在发生中。让世界非常吃惊的是,尽管遭遇如此猝不及防的灾难,2003年度的中国经济增长竟然没有受到太大的影响。从数据上看,前两个季度的经济受疫情冲击,增长速度下滑到6.7%,而到第三季度很快就实现了强劲的反弹,到年底,国内生产总值的增长率达到9.1%,不仅高于前一年,甚至是"1997年以来增长最快的年份"。旅游、航空、餐饮及文化娱乐等服务业受到了一定的影响,药品、食品、纺织、电信等产业则得到了意外的商机。这年,国内生产总值迈上了11万亿元的台阶,人均国内生产总值超过了1 000美元,财政收入突破2万亿元,中国仍然是世界上经济增长最快的国家之一。英国《金融时报》的首席经济评论员马丁·沃尔夫对中国的这种强大后劲表达了颇为吃惊的敬意,他在年终的专栏中引用了拿破仑那句200年前的名言:"中国是一只沉睡的雄狮,一旦它醒来,整个世界都会为之颤抖。"紧接着他写道:"不久前,世界还是轻轻松松,不在意拿破仑的上述警告。但现在,中国正在震撼世界。"[①]

沃尔夫惊讶的是,中国经济不可遏制的成长态势到底是靠什么支撑的?答案来自两个方面:一是"中国制造"的外贸强劲拉动,二是以房地产为龙头的内需市场的旺盛。

[①] 马丁·沃尔夫著,江洁译,《世界应心平气和地对待醒来的中国》,英国《金融时报》,2003年11月13日。

中国的外向型企业继续扮演成长的主力角色。国务院发展研究中心的专家发现，全国的进出口总额占国内生产总值总量的比重已经超过50%，这说明外需在经济增长中起到了举足轻重的作用。[①] 根据美国科尔尼企业咨询公司的统计，"中国制造"正在世界大行其道，从LG到三菱，从通用电气到东芝，从西门子到伊莱克斯，从飞利浦到惠而浦，从诺基亚到摩托罗拉，从戴尔到IBM，从迪士尼到Mattel（美泰），从耐克到GAP（盖璞）……当今世界几乎所有的名牌都有在中国生产的产品。科尔尼的数据显示，"中国制造"已在集装箱、家电、电子玩具等领域的上百个产品市场以第一的份额傲视全球，其中，集装箱为90%，DVD播放机为80%，玩具为75%，礼品为70%，体育用品为65%，自行车为60%，微波炉为50%，彩电和冰箱都为30%。它因而断定说，"中国制造"将迅速取代"日美制造"、"欧洲制造"而成为新世纪制造业的代名词。

在外贸无比热闹的同时，国内市场的房地产热浪则成为拉动内需的第一动力。自1998年房产政策解冻之后，市场回暖渐成必然之势，首先升温的是私人资本最为雄厚的浙江及珠三角地区，继而蔓延到上海。房产成为投资的新热点，这年，一个很古怪的名词突然爆热媒体——"温州炒房团"。从年初开始，沿海一些城市的新开发楼盘里，出现了一群又一群的温州人，他们举着"温州购房团"的小木牌，像买菜一样地买进中意的房

[①] 美国杜克大学高柏教授对中国与日本的外向型经济模式进行了对比，他发现，在与国际市场接轨方面，日本模式坚决发展本国的品牌，而中国模式则完全是为全球价值链服务；在技术创新方面，中国更多地依靠引进外资带来的生产技术，日本注重的则是以独立的知识产权为主的研发发明；在国内生产总值对贸易的依赖程度上，日本在最高的时候也没有超过30%，而中国在2004年就已经超过了65%；在能源利用方面，日本一直是全球的节能楷模，而中国在2004年却使用了当年世界1/3的钢铁与水泥，创造了大约相当于6%的世界国内生产总值。他因此认为，中国模式在外部条件发生重大变化时的生存能力肯定要比日本弱。高柏没有考虑到的一个要素是，跟日本相比，中国有庞大的内需潜在市场，它可能成为危机爆发时，中国产品的一个巨大的缓冲地带。

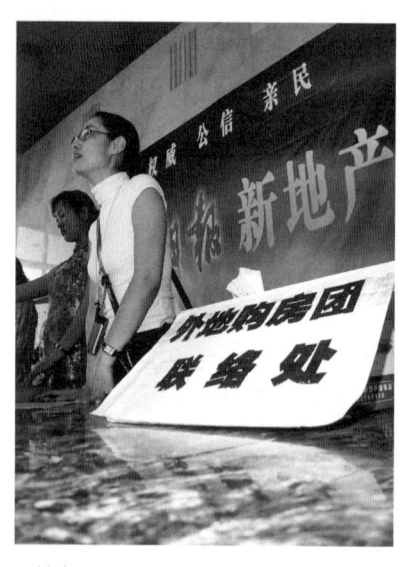

子。9月22日，上海的《东方早报》刊文《温州千亿民资全国炒楼 30亿资金流入上海》，记者称，"10万温州人在全国各地炒楼，动用民间资金约1 000亿元。温州约有8万多人在全国购置房产，其中至少90%以上是炒楼。保守估计，炒楼群体在7万人以上，以企业白领、政府官员家属及公司负责人为主……温州全民在炒房。按照回报率15%计算，1 000亿元投资可净产出150亿元，这比任何一个产业都要赚钱，可谓'温州第一产业'"。据称，炒房团还把全国房产市场分成四级：一级市场是北京、上海、深圳、杭州等，房价5 500元/平方米以上；二级市场为东部沿海地区，如大连、烟台、南京、苏州、福州等，房价4 000~5 500元/平方米；三级市场为东西部结合地带的省城，或西部经济发达城市，如呼和浩特、武汉、长沙、合肥、南昌、乌鲁木齐等，房价2 500~4 000元/平方米；四级市场为位置比较特殊的省会周边城市，如广西桂林、安徽黄山等一些地级城市，房价1 000~2 500元/平方米。在温州的炒房大军中，除了握有游资的小商人外，也不乏成名人物，因"胆大包天"而闻名的王均瑶是第一个转战地产的企业家。2002年年初，他出手3.5亿元买进上海商业繁华地段徐家汇一带的一幢总面积为8万平方米的"烂尾楼"，稍事装修后在2003年转手出售，竟进账10.5亿元，地产暴利让人咂舌。上海"烂尾楼"形成于1997年前后。20世纪90年代初，浦东开发启动后，引发了一轮房产投资热，然而到1997年亚洲金融风暴后，沪上房市迅速低迷，形成了一批建而未成的"烂尾楼"。到2003年，上海尚有烂尾楼130多处，项

目总规模近500万平方米,它们大多成为先觉的浙江商人及香港商人的囊中之物。"炒房团"现象被曝光后,国内舆论褒贬不一。温州人对商业变幻的敏感与快速反应实在令人赞叹,同时,也有人炮轰"炒房团"是各地房价日涨的"罪魁祸首"。

对"炒房团"的挞伐,事实上预示着中国房地产的暴涨时代已经来临。跟20世纪70年代的日本及中国香港和台湾一样,在经济高速成长的通道里,最具景气特质的地产业必定会成为成长最快也最暴利的集中之地,房地产将成为孕育中国新生代富豪最肥沃的土壤,也是30年里最为放纵和充满罪恶感的行业。在2003年的《福布斯》"中国内地百名富豪榜"上,人们十分惊愕地看到,以房地产为业务(或涉及房地产)的富豪多达40人。前十大富豪中,房地产商(或涉及房地产的)占了6人。相比较,当年度《福布斯》"全球百名富豪榜"中,以房地产为资产来源(或涉及房地产)的为7人,前10位中无一人靠房地产起家。北京师范大学金融研究中心教授钟伟如此分析地产业当时的状况:在供地方面,政府在20世纪90年代改革了供地政策,政府通过出让国有土地收取土地出让金;在征地方面,各级政府仍然沿用计划经济的办法低价甚至强行征地。左手通过权力低价征地,右手仍然是通过权力在以"市场化"的方法出让土地,其实质就是"卖你的地,挣我的钱;征得越狠,挣得越多"。粗略估计,在2002—2004年的3年中,全国土地出让金收入累计达9 100多亿元,征地卖地已成为地方政府最为重要的"财政支柱",它们也成为房价逐高的最主要的推手。被征土地的收益分配,依次是房地产开发企业、地方政府、村级组织和农民。

"中国制造"与地产热,直接营造出一个内外俱旺、无比繁荣的经济景象。与此伴生出现的,便是对上游能源的空前饥渴。2003年以来,各种原材料及能源因紧缺而价格一路飞涨。

最突出的表现是电荒。这年夏季之后,全国各省市爆发缺电危机,

▲ 限电通知

上海、广东、江苏、浙江等用电大省，甚至包括煤炭资源丰富的山西省，均不断出现拉闸限电的尴尬。据国家电监会提供的数字，这年全国电力需求增长14%，为25年来用电增幅最快的一年。由于钢铁、化肥、水泥等重点耗煤行业持续发展，致使煤炭消耗量快速增长，带动全国用电负荷和用电量攀升。"电荒"出现的原因有两个：一是经济的快速成长，二是煤电两大垄断行业的多年扯皮。一直以来，煤电实行的是计划调拨式的供应方式，每年年初，由国家有关部门组织煤炭、铁路和电力部门专门举行一个煤炭订货会，签订一年的电煤购销合同，然后按"计划"实施。在这种政策安排下，有"电老虎"之称的电力部门一直高高在上，向来是效益最好的垄断企业之一，而煤炭企业则颇感不平，因为每年的计划购销价都低于市场价。于是，发生在计划体制年代的那些故事一再上演，煤炭企业与电力部门年年吵架，同时，把大量煤炭出售给计划外的民营企业。而电力部门为了"保证"自己的效益，宁可少要煤，也不肯提价。这种扯皮直接导致电力建设投资占全国基建投资比例逐步下滑，由"八五"时期（1991—1995年）的12.09%降到"九五"时期（1996—2000年）的10.4%，到2002年仅为7.17%，已落后于国内生产总值的增长幅度。在2003年年初的全国煤炭订货会上，国家有关部门为了保护煤炭公司利益，宣布取消电煤指导价，希望通过市场化的手段平抑两大部门之间的利益不平衡。不料此举引起电力部门的强烈反弹，各省电力公司串联抵制，拒绝购煤，订货会上居然无法确定本年度的电煤价格。正是在这样的情形下,"电荒"出现了。

为了应对危机,各地纷纷频出奇招:除了错峰、避峰、拉闸限电等计划用电方案外,各省市均对高耗能产业限制用电或部分停电。广东省政府决定,一旦出现紧急情况将高价进口煤炭,缓解供需紧张压力。四川省规定,从12月至次年4月,实施煤电价格联动机制,即电煤、烟煤每吨涨5元,无烟煤每吨上浮10元,电价每千瓦时涨2.9厘。中小企业众多的浙江、江苏省被迫对企业实行"开二停一"、"开五停二"甚至"开三停四"的用电计划。这是1978年之后从未出现过的局面,很多工厂叫苦不迭,一些县市的商场到了晚上只能点起蜡烛接待顾客。"电荒"甚至已影响到民生,8月,素有"不夜城"美誉的上海外滩关闭了大部分景观灯光,为了节约用电,市政府号召市民将空调温度调高一度。从11月开始,湖南全省开始拉闸限电。省会长沙过去几乎无人问津的蜡烛和应急灯出现脱销。12月,华中电网供应给浙江的电量从原先的每天70万千瓦降低到15万千瓦,杭州被迫于12月1日拉电,38条线路断电,殃及几十万城区居民。同一日,广东省宣布对月用电量超过300千瓦的居民增收费用。

受"电荒"带动,原本就已供应紧张的各种原材料更是乘势上涨,水泥、钢铁价格到了"一月三价"的地步。在长江三角洲一带甚至流传着一种新"五个一"的说法:"生产一吨钢只需投资一千万元,一百万吨的产量只需一年建成,一年就可收回投资。"这种疯狂的投入产出效率,听起来近乎传奇。利益驱动投资,便是在种种主客观因素的推动下,2003年的中国经济和产业结构发生了一个十分重大的转型——从轻型化向重型化的跃迁。

北京大学教授、以竭力推动股份制改革而有"厉股份"之称的厉以宁教授是最早观察到这一现象的经济学家之一。他在年初撰文认为,自20世纪90年代中期以来,在经历了轻工业的高速发展之后,中国的"二次重工化"初露端倪。这里面既有"由轻到重"的客观规律起作用,又体现了产业发展本身对设备更新改造的巨大需求，因此，"从政府到企业，都应该在战略布局和技术创新等方面顺应这一趋势"。为厉教授的观察提供支持的最好佐证，是大量聚集在上游资源型领域里的国有垄断企业的全面复苏。在能源紧缺的大背景下，几家欢喜几家愁，愁的是下游的众多民营制造工厂，欢喜的自然是上游的垄断企业。这年，大型国有垄断企业利润大涨。2002年，国有企业实现利润3 786亿元，这在几年前是一个不可想象的成绩单。要知道，在1998年，国企盈利仅为213亿元，4年增长18倍，增速实在骇人。而且，这样的景象才刚刚开头。到2003年，利润数据进而冲到了4 769亿元。在未来的几年里，国企利润仍将每年以超过30%的惊人速度递增。有人做了一个统计，在2003年，仅中石油、中石化、中海油、宝钢集团、中国移动、中国联通、中国电信这7家公司实现的利润，就占到了全部中央企业利润的70%，其中6家是国家垄断的石油石化和电信行业，仅3家石油企业通过涨价就凭空得到了300多亿元的利润。

效益大涨、活力复苏为国有企业的整合营造了前所未有的大好氛围。3月，国务院做出重大决策，宣布成立国有资产管理委员会，集合了原中央企业工委、财政部、国家经贸委、国家计委等部委对国有企业的管理职能，接手管理总量17.84万亿元的国有资产、15.9万家国有及国有工商控股企业，其中，国资委直接管理的中央直属企业为196家，是为"中央军"，且绝大多数为"国退民进"后的垄断型企业。国资委主任李荣融宣称，国资委的目标是到2010年，将"中央军"调整和重组到80~100家，其中30~50家具有国际竞争力。国资委是一个权力高度集中、兼有多种行政及市场管理职能的机构，之前还从未有一个部门被赋予过如此众多的权力，其中包括：任命和撤销或提名国有企业负责人，制订国有企业重组计划，国有资产的分割、合并或撤销，帮助国有企业发债融资，决定国有股的转让，执行国有企业整体的报酬分配指导原则，并负责国有资产的保值和增值。国资委成立的第二个月，就实施了第一次央企重组，中国药材集团被成建制地并入中国医药集团，由此组成了中国最大的医药集团。7月

10日，国资委召开成立以来的第一次"家庭会议"。在本次会议上，五对中央大企业的合并案集体浮出水面：中煤建设集团公司被并入中国中煤能源集团公司，中国科学器材进出口总公司被并入中国生物技术集团，中国食品发酵工业研究院被并入中国轻工集团公司，中国药材集团公司被并入中国医药集团总公司，中国华轻实业公司被并入中国工艺美术（集团）公司。李荣融与一百多位企业老总一一签订了业绩考核合同。国资委对这些大企业的管理显然参照了杰克·韦尔奇的"第一第二"战略。李荣融说："国家给三年时间，必须成为各行业的前三名，自己找对象，达不到的就要调整，不是你调就是我调。"国资委的强势出现，表明中央政府对国有资产的新型管理制度终于成型，自1978年以来的"机制放活、体制创新"两大改革主题宣告完成。一个不太为人关注的相关新闻是，就在国资委成立的3月份，在中国企业改革史上发挥过重要作用的国务院体改办被撤销，其人员并入国家发展和改革委员会。[①]

国资委的成立及相关政策的出台，表明在决策人士心目中已经形成了一个"理想"中的企业格局：靠"轻小集加"起家的民营企业在产业下游的完全竞争领域获得生存和发展的空间，而大型国有企业则全盘控制上游的若干垄断型行业，如此"楚河汉界，泾渭分明"。然而，现实的世界却不可能这样"计划"。就在"第二次重工业化"成为共识的同时，在经济学界引发了一场争论，争论的焦点在于重型化的路径到底该如何选择。以厉以宁为代表的一派观点认为，在经济结构向重型化转化的过程中，政府应发挥调整主体的作用，因为其财政收入、政绩考核决定了政府必然要搞产值大、税收高的重型工业，同时，政府也有能力发展重型工业，因为它

---

① 体改部门的变迁：1982年5月，五届全国人大决定设立国家经济体制改革委员会，列入国务院部委序列，成为指导全国企业改革的最重要的政府部门。1998年3月，体改委降级为"国务院经济体制改革办公室"。同时，虚设一个国家体改委，由总理兼主任，有关部长任委员。2003年3月，随着国资委的成立，国务院体改办被正式撤销。

拥有土地和贷款权这两个最大资源。以吴敬琏为代表的学者则认为,产业结构调整应该发挥市场的力量,允许民营资本进入,现在政府在那里纷纷投资、纷纷参与是不对的。与学界的争论相呼应的是,2003年的中国民营企业出现了一场如火如荼的"重型化运动"。

这年3月,41岁的戴国芳站在长江南岸的长堤上,用带着浓重苏南口音的普通话对前来采访的记者说:"铁本要在三年内超过宝钢,五年内追上浦项。"他说这话的时候,兴奋得像一个已经把奖杯抢到怀里的大孩子。宝钢、浦项分别是中国和韩国最大的两家钢铁厂,分列全球第五和第三。只有小学文化水平的戴国芳计划在长江边上建造一个年产840万吨的大钢铁厂。

这是一个从蒿草丛里长出来的苦孩子,他出生在江苏省常州市一个叫溇南村的小村庄里。12岁那年,因家里实在太贫穷,只好辍学去谋生,第一份工作就是捡废铜烂铁。他在商业上似乎有特别的天赋,在稍稍积攒了一点钱后,他就去买了一台压块的机器,将收来的碎铁压成铁块,可以卖出更高的价钱。

▲戴国芳

1996年,戴国芳注册成立江苏铁本铸钢有限公司,注册资本200万元。"铁本"之意,以铁起家,不离本业。到2000年前后,铁本的厂区面积扩大到了270亩,拥有1 000多名工人,在当年度的《新财富》"中国400富人榜"上,他名列第376位,估算身家为2.2亿元。

近年来,随着宏观经济的持续高速增长,钢铁价格普遍持续上涨。铁本厂的门口,来自全国各地的大卡车每天排成长龙,等候提货,这样的景象天天出现。按戴国芳的估算,中国的这股钢铁热起码还可以延续5~6

年，他决定新建一个更大的钢铁厂。铁本的新建计划得到了常州市政府的热情支持。常州与苏州、无锡并称"苏锡常"，但大型企业却是一条短腿。谁都知道，钢铁是一个大投入、大产出的产业，铁本的梦想一下子变成了常州的梦想。在常州的很多官员看来，戴国芳是一个值得信赖和托付的人。他面容消瘦，沉默寡言，平生没有任何爱好，只是整天窝在工厂里，和技术人员共同切磋。他是当地出了名的"五不"老板，不坐高级轿车，不进娱乐场所，不大吃大喝，不赌博，甚至不住高级宾馆，平日生活十分俭朴，家中所有积蓄都投到了工厂里，父亲和继母一直在乡下种菜为农。他的一家住在钢铁厂里一栋简陋的小房子里，房屋的一面墙被大卡车撞了一个口子，他也没有在意。他常年开的车子是一辆抵债来的桑塔纳2000，即使成了富人榜上的亿万富翁，他也不改节俭本色。

起初，戴国芳的设想并没有后来那样宏大。他提出的规划是建一个比现有产能大一倍多一点的新厂，然而，在官方人士的热情推动下，铁本项目一改再改，日渐膨胀。在短短的6个月里，项目规模从一开始的200多万吨级，最后被定在840万吨，规模占地从2 000亩攀升到9 379亩，工程概算为天文数字般的106亿元。在那个时候，铁本的固定资产为12亿元，净资产6.7亿元。以这样的资本规模要启动一个超百亿元的项目，无疑是"小马拉大车"。戴国芳对下属说："地方上这么支持，上哪儿找这么好的机遇？"也正是确认了政府支持的信息后，当地银行对铁本大胆放贷，铁本于是一下子获得了43.99亿元的银行授信。

一家民营企业要启动一个投资上百亿元、占地近万亩的钢铁项目，是很难得到中央有关部门的批准的。中国经济改革，向来有"闯关"的传统，即所谓"看见绿灯快快行，看见红灯绕开行"。很多改革便是在这种闯关中得以成功实施，在日后流传为美谈，也有不少在这个过程中黯然落马，成为违法的典型。这种改革发展与制度设计的落差，成为贯穿中国企业史的一个灰色现象。常州人在铁本项目上，也尝试了"闯关"手段，铁本的840万吨项目被拆分成7个子项目和1个码头项目分别上报，铁本相应成立了7家徒有其名的"中外合资公司"。在建设用地的权证审批上，用地被"化整为零"，切分成14个土地报批申请。项目所在的常州高新区经济发展局在一天内，就火速批准了所有的基建项目。戴国芳日后在看守所里对前来采访的记者说："当时的所有手续都是政府去搞的，我们也没有去过问这些事……当政府说可以动了，我们就开工了。"①

跟几乎所有的领域一样，民营钢铁企业一直有成本上的优势，民企炼铁成本比国企要低60~90元/吨，炼钢成本低60~150元/吨，成品低100~300元/吨。因而，戴国芳说："就像家里造房子一样，你去买一套现成的房子，它贵得很，我们自己去买材料建，它就能便宜50%吧。我们搞一个高炉只要3亿多元，而人家要7个亿乃至8个亿。"② 为了形成长远的成本优势，戴国芳还与澳大利亚的一家公司达成了长期的铁矿石供应协议，比市场价格便宜很多。

在2003年，戴国芳显然不是唯一一个进入钢铁业的民营企业家。当他在长江边做钢铁大梦的时候，上海复星的郭广昌也正谋划在浙江宁波建一个钢铁厂。1967年出生的郭广昌毕业于复旦大学哲学系，是国内民营企业中的少壮派。他于1992年创办复星，最初的业务只是为上海的一家房地产公司做销售和市场推广代理，两年后复星推出了自己开发的房地产项目，在上海房产的高温时代获得爆发性增长。其后，复星相继进入医药、金融、零售等领域，并在证券市场上翻云覆雨，构筑了中国股市上赫赫有名的"复星系"。在2002年的《福布斯》中国富豪榜上，郭广昌名列第九，更让人瞩目的是，他的头上顶着一大串"光环"：第九届全国政协委员、第十届全国人大代表、全国工商联常委，"上海市十大杰出青年"、上海市浙商商会会长。复星进入钢铁业的时间是2001年。该年7月，复星

---

①② 杨国民、李雅萍，《"铁本"项目是这样上马的》，《经济日报》，2004年5月9日。

初试身手，出资3.5亿元收购唐山建龙30%的股份，两年后，又与老牌的民营钢铁企业南京钢铁集团联合组建南京钢铁联合有限公司，复星系实际控股60%，并同时控股上市公司南钢股份，这一年，南钢股份实现净利润4.89亿元。正是在获利不凡的诱因下，郭广昌下注宁波，投资12亿美元，建一个年产600万吨的钢铁工厂。

7月，两度当选"中国首富"的四川刘氏家族的刘永行在包头宣布，东方希望集团将在这里投资100亿元建设百万吨级的铝电一体化项目。刘永行说，他为进入重工业已经准备了8年。

刘家兄弟在饲料行业称王之后，就对垄断行业表现出浓厚兴趣。老四刘永好通过参股民生银行顺利地进入了门阀森严的金融业，老二刘永行则对重工业情有独钟。他的判断很简单，"目前中国重工业的主要力量是国企和外资，一般的民营企业因资本门槛进不去，如果东方希望介入重工业，可以发挥经营管理中既有的'快、省、好'特点，很快建立起低成本、高效率的竞争优势"。从1998年起，刘永行一直在寻找一个合适的项目，他对台湾石化大王、台塑集团创始人王永庆很是崇拜，甚至冒出过一个有点疯魔和可笑的想法："我要去跨国公司，特别是华人的重工业企业里去打工！我不要工资，义务服务三年，全心全意地为它做事。如果我为王永庆当三年助手的话，我一定可以做自己的大产业。"①听者暗自发笑，而刘永行不觉得自己在开玩笑，他还真的通过一些中介人士，请他们帮助联系过王永庆。

到2002年时，刘永行逐渐形成了铝电一体化的想法，他是这样盘算的：因为铝是高耗能的，只有把铝和电力结合起来做，才能争取到更大的产业空间，而中国的电力供应系统是众所周知的低效率，如果自己做电，

---

① 李岷、牛文文、刘亚洲，《刘永行：为了一个"重"字头的诞生》，《中国企业家》，2004年04期。

不但能供应铝生产，还能卖出去。让刘永行兴奋的是，铝电产业链甚至可以和饲料业嫁接：电不能直接支撑饲料，但是发电产生的大量蒸汽可以二次利用，如果做热电联产，正好可以支撑饲料的原材料——赖氨酸的生产，发电的剩余蒸汽甚至还可以将生产赖氨酸产生的废水全部浓缩掉，成为微量元素添加剂，将之注入牛羊饲料里，既达到环保目的，又降低了饲料成本。就这样，刘永行形成了"铝电复合—电热联产—赖氨酸—饲料"生产的庞大产业链。就在包头项目开工前，他已经在山东聊城投资7.5亿元生产铝锭和铝业深加工，同时还在河南省三门峡启动了投资总额为45亿元的年产105万吨的氧化铝工程。这一系列组合式投资表明这位"饲料大王"成为中国"铝业大王"的雄心。在包头项目开工后不久，刘永行又利用他在民营企业中的号召力，在北京召集国内知名的13家民营企业开会，提议合组一家投资公司，目的是出国探矿，去海外投资氧化铝厂，万向集团的鲁冠球亦派出代表北上与会。刘永行用自己的行动证明重工业的前景，他说："我做饲料20多年，如今才不过30多亿元的产值。我的两个铝厂到2008年就应该达到115万吨产量，如果按现在1.6万元的价格，就是接近200亿的产值。"两相对比，与会者都兴奋地感觉到了何谓"重工业"。

事实上，就在刘永行一脚踏进铝业的时候，国内电解铝产能大幅扩张，对氧化铝的需求水涨船高。在2003年，全国对氧化铝的需求超过1 100万吨，国产氧化铝产量只能满足一半需求，半数以上都是通过中铝集团和中国五矿集团进口，而且前者还控制了国内100%的氧化铝生产。这样一种供需状况，使得国内氧化铝价格由上年年中的1 300元/吨快速升至3 700元/吨。据刘永行的计算，每吨氧化铝的成本为1 000多元，高度垄断使中铝集团的暴利超过了300%。就在很多人祝贺刘永行冲进了一个"好行业"的时候，他却担忧起来，因为，"太赚钱的行业，往往不是我们的行业"。果然，东方希望的突进很快引来垄断者中铝集团的不悦，中铝董事长郭声锟明确表示："一不反对，二不评论，但是我们表示遗憾。"刘永行后来对媒体承认:"在中铝的示意下,沈阳和贵阳两个铝镁设计院相继停止了对三门峡项目的设计工作。"

向来思维缜密的刘永行不可能没有全盘考虑所有的风险和胜算。55岁的他显然深知这次选择的分量,"一旦失误的话,几十年的积累就前功尽弃,所以必须一步成功"。因此,他从一开始就表现得非常谨慎和低调,东方希望的20多亿元启动资金没有一分钱是从银行贷款的,包头工程的开工仪式非常简单,除了一位与刘永行私交甚好的《南风窗》记者外,没有其他媒体被邀请到场。

在民营经济最为活跃的浙江省,则出现了一场轰轰烈烈的"民企造车运动"。浙江向来是汽车配件制造的基地,受同乡李书福获得"准生证"的新闻刺激,一大群与李书福类似的企业家纷纷燃起了制造整车的冲动。这一年,造车新闻层出不穷:浙江中誉集团联手东风注册成立武汉中誉汽车有限公司;浙江铁牛实业有限公司出手重组汽配类上市公司ST金马;宁波华翔集团通过受让股份,持60%的股份收购了河北中兴汽车制造公司;制造空调的奥克斯集团收购沈阳双马汽车95%的股权,并宣布在5年内将斥资80亿元进军汽车产业;金华青年集团与贵州航空工业(集团)有限公司签订合作协议,入主贵州云雀;连靠传呼机和手机起家的宁波波导集团也宣布将投资40亿元建设轿车基地。

到9月底,发改委先后收到了浙江40余家民营企业要求取得整车生产目录的申请。据当时浙江省工商联的调查统计:浙江已经进入汽车整车制造业的企业有28家,范围涉及轿车、皮卡、商务车和客车,其中汽车生产厂5家,占全国的4%,生产改装车的企业14家,占全国的2.7%。浙江民企"造车如同赶集"的现象引起了中央的关注。10月,国家发改委、国家税务总局等五部委赴浙江多个城市进行汽车产业调研,最后得出的结论是,"浙江民企造车并没有过热,没有太严重的问题"。

在全国范围内,造车的热浪也颇为壮观。在广东,全国最大的小家电制造商美的集团受让湖南三湘客车集团有限公司的股权；全球最大的镍电池制造商比亚迪集团收购西安秦川汽车有限责任公司77%的股权；在重庆，生产摩托车的力帆集团先后收购重庆客车厂和重庆特种汽车公司，重组成立重庆力帆重客商用汽车制造有限公司；另一家摩托车企业重庆隆鑫则收购成都山鹿汽车有限公司，进入客运车市场；在河北，保定的长城汽车集团于这年12月在香港主板正式挂牌，发行1.14亿股H股，募集资金15.16亿港元，成为首家在港上市的民营汽车企业；在江苏，已经得手科龙的顾雏军宣布收购扬州亚星集团所持有的60.67%国家股，从而成为亚星客车第一大股东……

即使是在国有资本最为强势的石油领域，也出现了民营资本的试水者。这年，一家叫天发石油的民营企业获得商务部颁发的全国成品油和原油进口牌照，成为唯一同时拥有两个牌照的民营石油企业。天发的创办人龚家龙很早就涉足石油行业，他先是在海南和湖北等地倒卖石油，1988年左右，收购了两个石油液化气库，随后，成立了海南龙海石油液化气公司荆州储运站。1996年，天发石油在深交所上市，募集3亿元资金，当时天发石油拥有一座加油站和三个液化气站。接下来的几年，中石化与中石油强势崛起，垄断气息日浓，民营业者空间渐窄，龚家龙再无作为。一直到2002年之后，随着油价的不断上升，石油已经越来越成为一个公众话题。每一次原油价格上升或者国内成品油价格调整都会引发大众媒体持续的关注和报道。舆论不断要求放开市场和打破石油垄断。精明的龚家龙趁势而上，在争取到商务部的两张牌照后，他进一步大胆地提出了筹建民营石油行业协会的建议。他试图仿效民生银行的成功先例，依靠全国工商联的背景，在石油领域打开一条通道。在他的四处游说下，全国工商联同意组建石油商会，共有50多家企业成为首批会员，龚家龙则成为首任会长。他因此被称为"民营石油第一人"，有的媒体甚至给他贴上了"挑战垄断的石油斗士"的标签。龚家龙对外高调宣布要成立一个"石油产业基金"，希望能够集聚百亿元资金，到海外寻找油源。在接受记者采访时，龚家龙宣称，由于没有油源，民营企业拥有的加油站通常是从中石油、中石化手中以更高的价格买油，在油荒的时候，甚至根本就拿不到油，这使民营油企的生存倍加艰难。他说："我们最想做的第一件事情是把中国将近4万多个分散的加油站联合起来。"

从钢铁到铝业、从汽车到石化，民营企业在2003年发动的这场"重型化运动"，在很多年后仍然让人津津乐道，市场的车轮似乎正在碾向坚硬的垄断地带。在过去的30年里，中国民营资本力量在1987年和1996年先后有过两次突破所有制藩篱的努力而未能成功，那么，2003年的这次"重型化运动"则是第三次，也是实力最为强大的集体冲锋。针对这一活跃景象，《中国企业家》杂志在年底的一篇评论中不无感慨地写道："当民企的升级和中国的新型工业化正在适时对接，民营'企业家精神'和民营资本一并注入中国的重工业中时，人们不再怀疑，耕耘在重工业领域的民营企业在未来数年内将刷新中国民营企业的最强阵营；这轮以市场化力量为主要发动机的新工业运动将托生出中国第一批不是官员出身、不被政府任免、只以市场论功过的重工业巨头。"这段评论在日后读来，恍若前世梦语。

与发生在商业界的这场运动相呼应的是，经济思想界也正在进行着深刻的反思。当年那个因写作《中国向何处去》而坐牢的"红卫兵"杨曦光如今已成为著名的经济学家杨小凯，他提出的"后发劣势"理论引起了广泛的讨论。他认为，落后国家由于发展比较迟，所以有很多东西可以模仿发达国家。模仿有两种形式：一种是模仿制度，另一种是模仿技术和工业化模式。由于模仿的空间很大，所以可以在制度不够完善的条件下，通过对技术和管理模式的模仿，取得发达国家必须在一定制度下才能取得的成就。特别是，模仿技术比较容易，模仿制度比较困难，因为要改革制度会触犯一些既得利益，因此落后国家会倾向于技术模仿。杨小凯进而警告说："但是，落后国家虽然可以在短期内取得非常好的发展，但是会给长期的发展留下许多隐患,甚至长期发展可能失败。这种短期的成功,可能又是'对后起者的诅咒',它用技术模仿代替制度改革将产生很高的长期代价。譬如,政府垄断银行业、保险业、汽车制造业、电信业,并用模仿新技术和资本主义的管理方法来代替制度改革,这是中国的后发劣势。这种后发劣势的最重要弊病并不是国有企业效率低,而是将国家机会主义制度化,政府既当裁判,又当球员。在这种制度下,国有企业效率越高,越不利于长期经济发展。"在解决方案方面,杨小凯并不主张立即就搞国有企业私有化。他认为:"这个东西不能搞得太快、太早,我主张吸取台湾的经验,搞自由化,就是对私人企业不歧视。我们中国大陆现在包括银行、证券在内的30多个行业不准私人经营,还有20多个行业限制私人经营,这些都与WTO的原则不相符合,迟早要去掉的。所以只需搞自由化而不必搞私有化。台湾自由化搞得差不多了,才搞大企业的私有化,这是成功的。私有化涉及产权的大的变动,短期内一般会使效率下降,所以应该慎重,而且应该掌握时机。但是自由化是可以提早搞的。这里讲的自由化不是指自由价格,而是实行自动注册制,让私人经营所有行业。"杨小凯的这些分析和主张与吴敬琏11年前就已经提出的"制度大于技术"的改革观念如出一辙,无非杨小凯的论调在此时显出更紧要的迫切性。

在对"后发劣势"进行反思的同时,还有人提出要警惕"拉美化"。在12月的"2003中国企业领袖年会"上,一些经济学家和民营企业家讨论了这个话题。他们认为:"在欢迎巨大外资的同时,中国所有的民营企业家应该有一丝悲哀,因为捆住了私人企业的手脚才使得外资大规模进入。"华裔经济学家、美国麻省理工学院黄亚生教授的观点最为鲜明,他说:"我们看中国经济主体的时候,发现真正主导中国经济主体的不是中国的企业。中国对外资的依赖正在造成'拉美化'。"由全国并购研究中心出版的《中国产业地图》似乎印证了他的观点,中国每个已开放产业的前5名都由外资公司控制。① 在中国28个主要产业的三资企业中,外资在21个产业中拥有多数资产控制权。一个叫张文中的民营企业家在一篇题为《对拉美化说不》的文章中写道:"从巴西乃至整个拉美的发展经验可以看出,通过引进外资虽然可以获得短时间的经济繁荣,但无限制的、过度的开放给国家发展带来的危害却是根本的、长久的。事实上,我国的外资渗透程度已然十分严重,如再不警醒,恐难避免重蹈拉美化的覆辙。我国外资存量所占国内生产总值的比重已大大高于其他亚洲国家,甚至多出日本30多倍。我国的外来直接投资(FDI)占社会固定资产投资总额的比例已然是世界主要经济体中最高的之一。"②

这些声音,既有对中国企业前景的理性思考,当然也掺杂了一些利益集团的诉求。它们十分清晰地呈现出这样的事实:在经历了20多年的蓬勃发展后,巨大利益包裹着的那层意识形态的"外衣"已经悄然不见,三大资本集团——国有资本、跨国资本与民营资本之间的激烈博弈已经成了中国公司成长最重要而显著的特征。

就跟过去的那些年一样,互联网在中国经济中仍然是一个"另类",这里没有管制,没有禁区,没有秩序,当然对国内生产总值的贡献也是微不足道。不过在这年,它却以一种十分戏剧化的方式引起了普通国人的热切关注,因为在这个领域中,突然冒出了一个年轻的"中国首富"。

当上"首富"的是前两年还有点意兴阑珊的网易丁磊,这个自称"跌倒了也要抓一把沙子在手里"的宁波青年终于熬出了头。从2002年第二季度起,网易首次实现净盈利,网易股票开始领涨纳斯达克。2002年,网易成为纳斯达克3 600多家上市公司中表现最优异的股票,全球著名的财经通讯社彭博社评论说,"其成长性可以称为纳斯达克第一股"。2003年

---

① 全国并购研究中心,《中国产业地图》,北京:中国经济出版社,2007年版。
② 张文中,《对拉美化说不》,《中国企业家》,2004年06期。

10月10日，网易股价升至每股70.27美元的历史高点，比年初股价攀升了617%，比2001年9月1日的历史低点攀升了108倍。丁磊的纸面财富也超过了50亿元人民币，他成为第一个靠互联网做成"中国第一富豪"的创业者，这个事实第一次让互联网的财富价值以数字的方式被清晰而准确地呈现出来。这是一种与上一代财富人物截然不同的创富方式，当时商业界最耀眼的明星企业家们，如柳传志、张瑞敏等都已经创业将近20年，然而论到财富积累，都无法与年轻的丁磊同日而语，即使是具有红色资本背景的荣智健也用十余年的时间才完成了这一财富聚集的过程，而丁磊从50万元初创网易到攀上首富宝座不过短短6年。很显然，这是一个具有标志意义的事件，它宣告年轻的互联网创业者们成为名副其实的商业主流力量，财富积累的"利基"真的已经陡然转移。

网易名列三大门户网站之一，不过要提及的是，它的盈利增长竟与门户没有一点关系。事实上，靠广告收入为盈利来源的门户网站在2003年前后已经走向中衰，网易的成功正在于丁磊的率先反叛。他找到了两个新的业务：一是短信业务，二是网络游戏。短信业务靠的是通信垄断企业的"施舍"，随着手机的普及，移动短信业务突然爆炸，靠用户增加就已经赚到手软的中国移动和中国联通两大公司尚无暇开发这个业务，于是网易就成了短信内容的重要提供商。根据当时的协议，用户通过网易发送一条收费为1元的短信，移动公司分走0.2元，网易可得0.8元。在2002年，中国移动发送的短信约为750亿条，其中，网易等服务商代理的短信比例约占到20%，显然，这是一块让人垂涎的大蛋糕。除此之外，丁磊还把重点放在网络游戏上，他推出了一款《大话西游》的大型网络角色扮演游戏，它迅速为网易带来了滚滚财源。丁磊大难不死，在而立之年经历了一次职业上的大磨难，后来他在一所大学演讲时说道："在30岁之前，我最大的收获并不是赚到了两三个亿，而是有过一段亏掉了两三个亿的经历。"

以网易的咸鱼翻身为标志，互联网经济在经历了两年多的沉寂之后，又重回到了井喷的时代，新浪、搜狐相继实现盈利。一些在日后将主宰中国网络经济的重要力量也在这年雏形乍现。

在电子商务领域,马云的阿里巴巴呈现出一骑绝尘的态势。年初的非典事件让这家企业经历了一次奇异的考验,阿里巴巴一位参加广交会的女员工被发现有感染非典的嫌疑,全公司五百多名员工立刻被宣布"居家隔离",公司的正常运作被全部打断,大家只能在家里上网工作。4年后,马云仍然心有余悸地认为,"我觉得非典期间是我们最大的挑战"。不过,出乎他意料的是,非典竟是中国电子商务猛然觉醒的转折点,由于正常的商务往来和会展交易被彻底打断,很多企业只能靠互联网来维持联系和寻找商机,阿里巴巴的流量大增。上年,马云设想出了一个有偿服务的"诚信通"业务,推出之后一直没有起色,业务部门使出了吃奶的力气,一周也只能签下几单合同。非典之后,情况顿时大为改观,在亏损黑暗中苦苦摸索的阿里巴巴突然看到了黑暗中的光明。

在搜索引擎领域,全球霸主谷歌搜索遭到一个中国天才青年的狙击。这年,一家叫百度的中国公司在第三方评测中首次超越谷歌搜索,成为中国网民首选的搜索引擎。三年前,1968年出生的山西青年李彦宏放弃博士学位从硅谷回到北京中关村,创建百度,公司名称源自南宋词人辛弃疾的那句凄美的千古绝唱:"众里寻他千百度,蓦然回首,那人却在灯火阑珊处。"而百度的战略也绝对是中国式的,它不断推出富有特色的中文类别搜索服务,看上去像一棵从黄土地里长出来的苗木,相比较,高高在上的谷歌搜索则更像是从美国移植过来的一个盆景。2001年10月,李彦宏推出了全新的搜索服务"搜索引擎竞价排名",把赢利来源直接对准了广大中小企业,它们只要付出几百元的推广预付金,就能让自己的网页更容易被搜索到,这种界乎于点击广告与电子商务之间的服务让百度一下子撞开了盈利的大门。

跟丁磊、马云或李彦宏的创业故事相比,曾经是校园诗人的江南春则更有传奇色彩。1973年出生的江南春在大学三年级的时候,就跟人合伙办起了一家广告公司,这是一个精力极其旺盛、喜欢当推销员又爱好写点分

▲李彦宏　　　　　　▲江南春和他的楼宇广告

段抒情文字的年轻人，他平时只睡4个小时，每天穿梭在上海的各个写字楼里寻找客户。这年1月，他一脸倦怠地挤在一个写字楼的电梯厅里傻等，身边是同样无聊而表情麻木的上班白领，就在这个时刻，灵感突然如天使一般从半空降下，击中江南春。他盯着两部电梯之间的白墙忽然想到，"是不是可以在这里装一台播广告的电视机呢？"5月，分众传媒成立，江南春在两年时间里，把2万台电视播放器挂进了全国45个大中城市的电梯厅，而成熟的IT技术让他解决了即时更新广告内容的难题。

互联网就是这样一个造就传奇的地方，这里好比是一个激情四射的大窑，烈火之中，偶然必然每每天人交战，绝美陶瓷时时惊艳出世。

企业史人物 ｜ 大午集资 ｜

当孙大午已经成为千万富翁之后，有一次，他带着一群客人在企业园区里参观。不远处，一个衣衫朴素的八旬老人很吃力地背着一个大竹箩在捡废旧物品，而在一间简易的平房里，一个白发苍苍的老婆婆烧着捡来的柴火，在一口大铁锅里做着农家饭。孙大午不动声色地介绍说："他们是我的爹和娘，"闻者均大惊失色。这是一个很另类的企业家。2003年，他因非法集资被捕，引起舆论很大的讨论，是为轰动一时的"孙大午事件"。

孙大午出生在河北省徐水县，一个普普通通的华北县城，在20世纪50年代末这个小县城因首先在全国刮起"浮夸风"而闻名一时。孙大午的家境极为贫寒，父母以捡破烂为生。他小时候上学买不起学习用品，父亲在茅厕里捡来别人用过的厕纸，裁下干净的边角做成练习簿，供他习字。孙大午16岁参军，复员后做过县农行的人事股股长。1985年开始，孙大午的妻子承包了老家村西北边的一片坟地，开始尝试养殖业。三年后他辞职下海，逐渐从养殖发展到开饲料厂，到2000年前后，大午农牧集团已经拥有16个厂和一所学校，其最辉煌时候年产值过亿元。自幼贫寒的孙大午对贫穷者有天然的感情，他是一个坚定的"人民公社"信仰者，大午集团与其说是一个企业，倒不如说是一个"乌托邦"的试验区，这里有工厂、公园、学校、医院，承载着1 600名职工的全部生活。他将这种模式称为"互为劳动"：饲料可以养鸡、养猪，鸡粪、猪粪又可以制造沼气，沼气可以用来孵化；工人可以带动商店、饭店

▲孙大午

等第三产业的发展,医院、学校不但满足了工人和附近村民的需求,同时还创造了新的劳动空间。在大午医院里,职工和村民每月只用1元,就能享受合作医疗,做一次包括B超、验血等在内的全套检查,只要10元钱。孙大午在大午集团的门口贴了一副自拟的对联:"安得淳风化淋雨,遍沐人间共和年"。他这样谈论自己的公司梦想:"我有一个梦,就是建一个大午城,一座世外桃源,人们很祥和地生活在一起,这个愿望正在实现。"从这些表述与实践中,可以非常生动地看到当年人民公社的某种影子。身为千万富翁,孙大午自己却过着犬儒主义式的生活。他没有专车,住在矮小的平房内,甚至没有几件像样的衣服,他的父母依旧靠捡破烂为生。他在日常生活中很"抠门",人称"孙大抠"。

孙大午办企业,最头痛的事情是无处贷款。他尽管曾在银行工作过,但是求贷仍然很难。他后来透露说:"好企业根本贷不出款来,怎么贷呢?大约要10%~15%的回扣。"满脑子理想主义的孙大午也曾经为了贷款弯过一次腰。有一年,大午集团要投资1 000亩的葡萄园,需要贷款600万。当时,有人即劝孙大午走走后门,孙大午被说服了,给当地信用社的领导送去了1万元。但是,1万元没办成事,孙大午很气愤,非要将这1万元要回来,最后要回了6 000元。从此之后,他与信用社彻底绝缘。为了自救,从1995年开始,孙大午从亲戚那里筹钱,由大午集团出具借据,承诺给以一定的利息。这种模式后来拷贝给了大午的员工,在大午1 300名员工中,共有900余名员工把钱借给,或者说存给了大午集团。这些员工的亲戚又带来了1 000家储户,然后户户相传,储户逐渐扩大到了附近的几个村庄,最终逐渐形成了4 600户的规模。孙大午给这种融资模式起了个新名字,叫作"金融互助社"。有媒体记者描述互助社的运作情况是这样的:大午集团设有专门的业务人员,他们在附近的村庄销售大午公司的产品,同时身兼"吸储"任务,哪家有钱要存了,可以直接找到他们。当地政府因此质疑这些人为大午集团设置了10余个"吸储点"。大午集团留给储户的凭证,是统一的借据。存款分为两类,活期的没有利息,定期的给予3.3%的年利息,不扣除利息税,这近乎当时存款基准利率的2倍。而且不论存钱多少,他们都接受,最多的一单存款达到了40余万元,最少的不到千元。在大午集团所在的郎五庄,几乎家家都把钱存在大午集团,这些钱可以随时取出来,有的人家半夜生病急需用钱都可以在半夜取得到。从1996年到2003年的8年中,储户和大午集团没有发生过信用纠纷。2003年5月27日,孙大午被捕,罪名是"非法吸收公众存款"。

一个需要交代的全国性背景是,2000年之后,国有银行进行商业化改造,一向被认为运营成本甚高、营利性较差的乡镇市场被大面积地放弃。在过去的很多年里,农业银行和工商银行承担着扶贫贷款和小额担保贷款等服务业务,具有一定的社会性和"公共性"。然而,随着银行分理点的收缩,广大乡村成了金融的盲点。2002年3月,《京华时报》在一篇题为《商业银行丢下穷包袱》的报道中透露,从1999年起,四大国有商业银行开始进行大规模的机构撤并工作,共撤并了三万多家网点和分支机构。退出欠发达地区、集中优势资源进占大中城市和经济发达地区,成为四大银行整合资源的一致行动。[1] 中央金融工委研究室研究员钱小安博士认为,"四大银行撤并机构的举措符合银行改革方向,符合效率原则,有利于金融服务的集中化"。在孙大午被捕的2003年,全国非国有企业体系,包括乡镇企业、个体私营企业和"三资"企业的短期贷款只占银行全部贷款的14.4%;中小企业股票、公司债券发行等直接融资只占全部直接融资的1.3%;全国三百多万户私营企业获得银行信贷支持的仅占10%。融资渠道窄、贷款困难已严重制约了民营企业的发展壮大。便是在这样的背景下,民间性的"地下钱庄"再度复活,孙大午事件正凸显出了现实的严酷与尴尬。

关于民间融资的合法性争议,从20世纪80年代的温州"地下钱庄"

---

[1] 王胜忠、熊昌发、李利明,《商业银行丢下穷包袱》,《京华时报》,2002年3月6日第15版。

开始就一直争论不休，到孙大午案仍然是众说纷纭。有律师认为："大午集团的集资没有非法占有，没有挥霍浪费，而是主要把钱用来建设了大午中学，造福乡里。而且这种借款行为是限于与公司有相互信赖关系的工人和乡亲，具有特定的范围，而不是不特定的一般社会大众。因此，应该是合法的民间借贷行为。"清华大学的商法研究者施天涛教授则认定，孙大午的这种行为"应该属于违法"，因为"不论是否造成什么危害，这都是不可以做的事情"。老资格的经济学家茅于轼为孙大午案四处奔波，他将之称为"没有受害人的非法集资"。他撰文说，孙大午表面上违反了我国金融管制的规定，但实际上，非但没有使任何人受损，倒是有许多人得益，这样的社会行为如果算是犯罪，就要质疑制度本身是不是有修订的必要。

在媒体的广泛报道下，孙大午案成为2003年度最轰动的商业事件之一。10月31日，联想集团的柳传志看了中央电视台的专题节目后，以个人名义发去了一份带有慰问意味的传真，他写道："希望你在这个时刻一定要稳住阵脚，不要因此乱了方寸。我在当年创业时也遇到了许多的困难，但是都挺过来了。只要你保持你的这种奋斗精神，就一定能渡过难关。"作为一个具有公众影响力的商业领袖，柳传志做了他自认为应该做的事情。11月，在孙大午被羁押近半年后，徐水地方法院以"非法吸收公众存款罪"罪名成立，判处孙大午有期徒刑3年，缓刑4年。释放当日，中央电视台派记者前往跟踪采访。在家门口，85岁的老娘抱着49岁的儿子老泪纵横，孙大午笑言安慰。转身，有部下告知，入狱期间，他收养的两个孤儿，因交不起学费差点被赶出校园。闻听这事，孙大午顿时眼圈一红，对着电视镜头，掏纸抹泪。

2004 / 表面的胜利

> 做得好,一步登天;做不好,打入地狱!
> ——柳传志,2004年

宏观调控的警笛是在2003年12月鸣响的,大闸则在第二年的4月正式拉下。

从20世纪80年代初以来,中国历次宏观调控都有相同的"规律",那就是:经济过热造成能源的紧缺,引发激烈的争夺,于是中央政府通过行政手段对不同所有制企业进行调控和再分配。而在这种调控和再分配中,国有企业、跨国企业以及民营企业获得的政策待遇"等级"不同。这种现象几乎每隔三到五年就会出现一次,形成了30年来的经济周期。2004年的宏观调控显然也没有偏离这样的政策逻辑。中央政府进行宏观调控的依据是,宏观经济出现了令人担忧的过热景象,特别是在重化工业领域,投资增长速度到了非控制不可的地步。资料显示,2002年,全国钢铁行业的投资总额为710亿元，比上年增长45.9%，2003年，这个数字达到了1 329亿元，投资增长96%。与钢铁行业类似，电解铝的投资增长了92.9%，水泥投资增长了121.9%。宏观投资过热，渐成决策层的共识。2003年年底，警笛终于鸣响。12月23日，国务院办公厅下发[2003]103号文，即《国务院办公厅转发发展改革委等部门关于制止钢铁电解铝水泥行业盲目投资若干意见的通知》，要求各地运用多种手段，迅速遏制盲目投资、低水平重复建设的势头。第二年的1月，国办再发文件，《国务院办公厅关于开展贯彻落实中央经济工作会议精神情况专项检查的通知》。2月4日，国务院专门举行关于严格控制部分行业过度投资的电视电话会议，明确要求对钢铁、电解铝、水泥三大行业进行清理检查。国务院随即组织来自审计署、发改委、财政部、国土资源部、建设部、农业部、商务部、人民银行等部门的人员，组成8个督查组分赴各地清查。清查重点便是那些进入三大行业、盲目投资的民营企业。

  首先受到冲击的是刘永行的电解铝项目。在2003年11月底，就传出消息称，东方集团的包头项目和三门峡项目都已被勒令中止。国家发改委工业司冶金处的官员对记者说："它们很多审批手续不齐全，违反了国家有关法律，国家相关部门已叫停了东方希望在包头的电解铝项目，三门峡氧化铝工程是为包头提供上游产品的项目，目前也已停工接受审查。"

  跟历次宏观调控一样，总有一些人会成为倒霉的"祭旗者"，我们已经记录过"傻子瓜子"年广久、"温州八大王"、郑乐芬等，现在这份名单上又要增加一个名字，他就是正在长江边大干快上的戴国芳。富有戏剧性的是，戴国芳进入"暴风眼"是一起意外事件。

  这年2月初，几个新华社记者在江苏搞调研。他们的调研题目是各地兴建高尔夫球场和大学城的占地问题。在南京的采访中，一位专家无意中说了一句，"常州有个企业在长江边建钢厂"。言者无心，听者有意，记者们直觉地认为，建钢厂肯定需要大量土地，或许也有非法占地的问题。他们电询国土资源部，得到的回复是该部并不清楚这个项目。于是，记者们转头到了常州，一路沿江寻找到了钢厂工地。2月9日，一篇题为《三千亩土地未征先用，环保评审未批先行》的内参材料递到了中央高层。不久后，国家发改委、国土资源部和环保总局派出调查组赶赴常州。

在宏观调控的背景下，铁本的问题很快从毁田占地变成了违规建设。处在事件旋涡中的戴国芳开始变得焦躁不安，他自己也不清楚，事情怎么会变得越来越糟糕。那些日子他整天在工地上奔波，根据他的预算，到5月底，钢厂的第一座高炉就可建成，马上可以投入生产，到那时"生米就煮成熟饭"了。他对手下人说："这么大的项目，建成就建成了，最多是罚款，不可能拆掉。"然而，事态远比他想象中的要严重得多。自上年12月的国务院通知下发后，各地的重化工业项目投资并没有降温的趋势。根据国家统计局的数据，全国第一季度的固定资产投资仍然同比增长了43%，创下20世纪90年代中期以来的最高增长率，其中钢铁行业的投资增幅更是高达骇人的107%。此时，有非法占地、违规建设等多项重大嫌疑的铁本项目浮出水面，成了一个最合适，也是最典型的惩戒对象。

面对声势浩大的调查，从来没有应付过大场面的戴国芳方寸大乱。他和他的谋士们"天真"地认为，铁本的问题也许花钱能够摆平。于是，他向上级呈递了一份"自查报告"，内称，"我公司在接受国家有关部门调查违规投资、违规用地事项时，进行了自我财务检查，发现了经营过程中的违法问题——自2000年公司设立开始，我公司从常州物资回收公司及武进物资再生有限公司收购废旧钢铁价值十几亿元，其中有虚开发票近2亿元，抵扣税额近2 000万元……法定代表人戴国芳疏于管理应承担相关的责任。"这份为了"花钱消灾"的自查报告，是戴国芳为挽救铁本而做的最后努力，他将抵扣税款迅速补交至当地的国税局。出乎他预料的是，正是这份自查报告在两年后成了检察院最有力的指控证据。

3月20日，遭到巨大压力的常州市组成了铁本项目清理工作领导小组，紧急下达了停工令。月底，国务院领导抵达苏州，常州市委书记、市长被召去汇报铁本项目及其所引发的问题。4月初，一个由九部委组成的专项检查组赶赴常州，对铁本项目进行全面检查。这是自1991年的温州"柳市事件"后，中央部委第二次针对一个地方项目进行空前的联手行动。19日，戴国芳和他的妻子、岳父等10人被警方带走，原因是"涉嫌偷税漏税，且数目可能很巨大"。

4月28日，九部委在国务院常务会议上汇报查处情况，将其定性为："这是一起典型的地方政府及有关部门严重失职违规、企业涉嫌违法犯罪的重大案件。"第二天，新华社向全国播发通稿，列举了联合调查组认定的铁本五大问题：当地政府及有关部门严重违反国家有关法律法规，越权分22次将投资高达105.9亿元的项目分拆审批；违规审批征用土地6 541亩，违规组织实施征地拆迁；铁本公司通过提供虚假财务报表骗取银行信用和贷款，挪用银行流动资金贷款20多亿元用于固定资产投资；有关金融机构严重违反国家固定资产贷款审贷和现金管理规定；铁本公司大量偷税漏税。

针对铁本事件的行政处理亦史无前例，8名政府领导和银行官员受到严厉的惩处。其中，常州市委书记范燕青被处以党内严重警告；常州市人大常委会副主任顾黑郎被罢免，并给予留党察看处分；扬中市委书记宦祥保被撤职；江苏省国土资源厅副厅长王明详、省发改委副主任秦雁江、中国银行常州分行行长王建国等被撤职或责令辞职。戴国芳的家产8万元被查封。

铁本公司被高调处理，是2004年度宏观调控的一个标志性事件。《人民日报》在题为《坚决维护宏观调控政令畅通》的社论中，以强硬的口吻写道："国务院责成江苏省和有关部门对这一案件涉及的有关责任人做出严肃处理，是严格依法行政，维护宏观调控政令畅通的重要举措。"社论同时要求："各地方各部门不折不扣地贯彻落实中央确定的宏观调控措施，当前特别要把住信贷投放和土地供给两个闸门，有效控制投资规模。认真清理在建项目,严格控制新上项目,坚决克服相互攀比、盲目追求速度的倾向。"这篇社论,将铁本在此次宏观调控中的角色表露无遗。铁本事件被认为是本轮调控的分水岭,此后,众多民营企业在钢铁、电解铝及水泥等行业的投资项目纷纷搁浅。①

雷霆万钧的宏观调控,同时还向房地产开刀。地产热直接拉动生产资料价格的大幅上扬,而不断上涨的房价,已造成大量普通居民买不起房,民怨已渐成沸腾之势。3月到5月之间,国务院推出了一系列严厉的调控措施,包括:控制货币发行量和贷款规模;严格土地管理,坚决制止乱占耕地;认真清理和整顿在建和新建的项目;在全国范围内开展节约资源的活动。其一系列文件和举措如一道道"金牌"接踵而出:3月25日,推出再贷款浮息制度;4月25日,央行提高银行存款准备金率0.5个百分点;4月27日,央行以十分罕见的电话通知的方式要求各商业银行暂停"突击放款";4月29日,国务院办公厅颁发"严格土地管理"通知;4月30日,温家宝总理发表"推进银行改革是整个金融改革的当务之急"的讲话;5月1日,银监会宣布"进一步加强贷款风险管理"的7项措施。与此同时,国内各大报刊纷纷发表言论,对房地产的过热进行反思甚至情绪性的猛烈声讨……

这一连串紧缩政策的组合拳出击和强大的舆论营造,不仅改变了投资者的收益预期和消费者购房的价格预期,而且改变了政府对房地产发展的支持理念和支持方式,从而直接导致了购买力的迅速下降和楼市成交量的急速萎缩。房地产的冬天突然降临。

随着宏观经济的骤然趋冷,一个几乎没有悬念的伴生事实就是股票市

---

① 2006年3月28日,在戴国芳被羁押两年之后,铁本案在常州市中级法院开庭。戴国芳被控罪名为"虚开抵扣税款发票罪",检察院的指控证据均来自那份自查报告,当初板上钉钉的"五宗罪"无一被指控。

场的雪崩。4月3日,就在风雨飘摇之中,号称"中国最大民营企业"的德隆集团召开最后一次高管会议,总裁唐万新感到"末日"真的要降临了。这一天正是他40岁的生日。

在过去的几年里,德隆一直是中国商业界里最高调,也是最神秘的民营企业。为了维持德隆系的高价股形象,唐万新选择了冒险而激进的扩张策略。他提出了一个又一个规模惊人的投资项目,其中包括投资100亿元的农村超市集团、投资60亿~100亿元的中国最大重型汽车集团、投资55亿元的畜牧业和旅游项目,这些重量级的项目如一颗颗能量惊人的照明弹,让人们眼前大亮,不敢逼视。2002年11月,唐家兄弟的老大唐万里当选中华全国工商业联合会副主席。他对媒体宣布,"德隆将在三年内,进入'世界500强'"。此时的德隆看上去处在辉煌的巅峰,它宣称控制了1 200亿元的资产,拥有500多家企业和30万名员工,涉足20多个领域,俨然中国民营企业中的"航空母舰"。外界对德隆的实际状况一直不甚了解,一直到2004年1月,在胡润公布的"2003年资本控制50强"中,德隆唐氏仍以控制217亿元的上市公司市值赫然位列诸强之首。

而事实上,德隆早已病入膏肓。后来,唐万新承认,早在"2001年之后,我每天的工作就是在处理危机"。为了不让德隆系的股价高台跳水,他陷入苦战。资金的调度成为德隆生存的头等大事,公司形成了一个"头寸会"制度,每天下午3点准时召开,风雨无阻。唐万新是"头寸会"的总调度人,他每天亲自主持会议,旗下各金融机构把当天的危机程度和数据以及"头寸"写在黑板上,然后唐万新根据风险程

▲上海德隆大厦

度逐笔拍板，决定哪一笔头寸解决哪一笔危机，精确至每1元钱。唐万新拍板的过程一般10分钟就结束，然后把当天"头寸会"的统计报表用碎纸机碎掉，防止流失到外面及留下记录。

唐万新做的最后一次挣扎是试图直接进入地方城市的商业银行。德隆从大型商业银行中获得贷款的可能性已经越来越小，而国内城市商业银行则有百余家之多，资产总额5 500亿元，存款4 500亿元。如果能够进入，德隆将真正形成实业投资与金融紧密结合的财团模式，并有可能彻底地将自己洗白。2002年6月，德隆通过6家影子公司控股昆明市商业银行，成为总计持股近30%的大股东。9月，它又通过湘火炬出资，购得株洲市商业银行增扩后总股本的11.73%，同时，它还染指长沙市商业银行和南昌市商业银行。在不到一年的时间里，德隆先后与至少6个城市的商业银行达成了控股或参股的协议。在民营企业高歌猛进的2003年，德隆对金融业的渗透被认为是民营资本进入垄断领域的尝试。对唐万新来说，他的目的其实就是三个。其一，进入银行董事会后，可以用各种项目及关联公司之名，从中获取资金。后来的事实也正是如此，德隆从山东一个城市商业银行获得的贷款量就达到了40亿元之巨。其二，在股市上炒作参股金融的概念，支撑及刺激已显疲态的德隆系股票。其三，如果参股成功，甚至城市商业银行获准上市，那么，德隆的"产融结合"战略将毕其功于一役。

然而到2004年年初，德隆的资金困境仍然没有得到改善，唐万新将德隆系内几块质量较好的资产都相继质押给了银行却依旧无法缓解积重难返的断血之虞。正是在这样的时刻，宏观调控大闸陡然落下，与此同时，德隆试图进入城市商业银行的报告被银监会驳回。局势终于恶化到无法自控的地步。4月3日，德隆史上最后一次全体高层会议在沉闷的气氛中召开，会议决定了最后的一次"自救行动"，发动德隆机构的所有员工都去购买"老三股"，部门经理10 000股，普通员工1 000股。站在"不惑之年"门槛上的唐万新伤感地说："这道坎过去了，德隆还会有更美好的未来；若过不去，大家再也没有机会坐在一起开会了。"

真正意义上的灾难在10天后正式开始了。先是合金投资率先跌停，接着"老三股"全线下挫，数周之内，股市就将德隆过去5年所创造的奇迹和纸上财富全数抹去，流通市值从最高峰时的206.8亿元下降到2004年5月25日的50.06亿元，旦夕间蒸发将近160亿元之巨。①

德隆系如同一只跛脚的巨兽，它的可怕崩塌，很快连累噤若寒蝉的股市。年初，沪深两市曾经开出过一个小阳春，沪市股指从2003年11月的1 307点升到这年4月7日的1 783点，然而，随着宏观调控的来临，股市应声下挫。在德隆系的狂跌效应下，市场哀鸿遍野，股指屡屡破位下行，轻破1 300点等历史关口和心理关口，到年末，上证综合指数和深证综合指数分别收于1 266.5点和315.81点，比年初分别下降15.4%和16.6%。创下2000年以来的新低点。

在30年企业史上，2004年是继1997年之后的第二个"崩溃之年"，昂然进军上游垄断行业的民营企业几乎全军覆没，而那些对宏观风险缺乏防范经验的企业也付出了惨重的学费。除了铁本和德隆之外，相继爆发重大危机的大型民营企业还有IT业的托普、房地产业的顺驰，以及顾雏军接手的科龙和张海收购的健力宝等。②

在本轮宏观调控中，行政手段的威严出乎绝大多数观察者的预料。在1月份的一次年会上，吴敬琏认为"中国经济将处在一个重要的关口上"，面对过热的投资，必须实施调控手段，不过，"应该主要采取市场经济的办法，而不是依靠政府对微观经济的直接干预。因为政府对微观经济进行干预，采用行政手段配置资源，常常是劳而无功，甚至会对经济效益造成

---

① 这年7月，中央政府决定由华融资产管理公司全权托管德隆的所有债权债务事宜，德隆被肢解出售。12月，武汉市检察院以"涉嫌非法吸收公众存款"为由逮捕唐万新。2006年4月，唐万新因"非法吸收公众存款罪"及"操纵证券交易价格罪"两项罪名，被判处有期徒刑8年和40万元罚款。

② 相关案例见《大败局2》，浙江大学出版社，2013年修订版。

很大的损害"。

8月份的《商务周刊》在一篇评论中颇为矛盾地写道：这是一个难以判断的市场。一方面，国务院就投资体制改革发出号召，"加快建立和完善社会主义市场经济体制，充分发挥市场配置资源的基础性作用，实行政企分开，减少行政干预，合理界定政府职能"；另一方面，中央政府在此次暴风骤雨般的宏观调控中，却饱受市场各界和多位经济学家"行政干预"的指责。

然而，对于中央政府来说，采用如此强硬的直接干预手段似乎也是别无选择。种种迹象表明，在一开始，决策层曾试图采用较温和的金融杠杆的方式，但是，企业和地方政府对此置若罔闻。就在中央政府数次明令缓行"投资拉动"之际，这年一季度全社会固定资产投资增长仍然创下新纪录。国家统计局的判断是：相当一部分原因就是当国家紧缩投资的信号发出后，地方政府出于本地区利益的考虑，抓紧时间上项目、抢进度，要赶在中央关门之前挤进门去。国务院调查组的一位官员曾经对媒体透露过一个细节：他们上午刚踏上回京的归程，下午当地主要领导就在会议上公开指示下属，该咋干咋干，"还能因为盖几个电厂、钢厂就把我的帽子撸喽？"4月25日，中国人民银行副行长吴晓灵在参加海南博鳌亚洲论坛时公开喊话："各界不要与央行博弈。不要因为央行现在出手还比较温和，就想趁这个机会赶快'干一把'……希望各有关部门自觉控制，以免矛盾激化，导致央行采取大家不愿看到的更强硬措施，对大家都不好。"经济学家赵晓对吴晓灵这种做法的成效表示怀疑："宏观调控从来都是一种利益分配。当前宏观调控反映出来的深层矛盾是中央与地方利益之间的博弈：一方面，中央害怕地方、企业和银行联合起来骗中央，害怕物价全面上涨，害怕承担可能过热的后果；另一方面，地方和民间却希望搭上本轮经济增长的快车，特别是要赶在中央关门之前挤进门去，这大大加剧了目前的投资扩张态势，至于投资过后所导致的过剩与经济下滑的威胁，并不在地方和企业考虑之内。"显然，在这样一种博弈格局下，中央不搞宏观调控，则最终的呆坏账要由中央银行来买单，中央搞调控，所带来的损失和成本则几乎完全由地方来承担。在利益关系错综复杂的博弈过程中，中国经济发展的深层次矛盾一览无余，庞大的国有资本集团以及相关联的地方政府利益已经形成了一股惊人的"挟持力量"。中央政府终于在犹豫一段时间后重拳出击。

发生在春夏之交的这场猛烈的宏观调控风暴，让国际观察者也有点不知所措。就在紧缩政策接连出台的5月初，《纽约时报》发表专栏作家托马斯·弗里德曼的文章，称"这些日子，美国、欧盟、日本和亚洲主要国家领导人在睡前都要对中国经济祈祷，世界逐渐被中国借助廉价劳动力、原材料需求以及外资投资而确保的巨大的资本力量套牢了，一旦中国泡沫破裂，世界上的所有泡沫就会一齐爆裂"。5月27日、28日，韩国政府连续召开紧急会议，分析中国计划对过热经济踩"刹车"可能对韩国造成的影响。韩国学者判断，中国占据了韩国总出口额的18%和贸易收支顺差的88%，如果中国政府为避免过热情况采取严厉措施，预计韩国的出口将锐减。就连一向出言谨慎的美联储主席格林斯潘也公开表示担忧，他在联邦参议院的演讲中说："如果中国出现问题，对于东南亚经济体和日本，间接地对于我们，都会造成很大影响。"

然而，中国经济的走势再次让全球的学者跌破眼镜。这年三季度，亚洲开发银行曾预测全年中国国内生产总值增长将下降为8.3%，而中国商务部的数据更保守为7.5%。可是，最终国家统计局的数据显示，2004年的国内生产总值增长仍然高达10.1%，为1996年之后增长最快的年份，全社会固定资产投资7万亿元，比上年增长25.8%，全国进出口贸易总额超过了1万亿美元。① 这表明，中国经济仍然处在一个高速发展的通道里。

---

① 2004年的国内生产总值增长率一开始公布为9.5%，与2003年持平。2006年1月，国家统计局根据新的经济普查数据对国内生产总值历史数据进行了修订，2003年和2004年的数据分别修订为10%和10.1%。

在中央电视台的《中国经济年度报告》节目中,清华大学中国国情研究中心主任胡鞍钢教授对此的解读是,"中国作为一个快速的列车,它的行驶不是急刹车,是点刹车"。谁被点住,谁没有被点住,一目了然。

发生在钢铁领域中的故事就很有寓意。就当民营资本被严令叫停的时候,国有及国际资本则纷纷大踏步挺进。在铁本事件发生的同时,宝钢与当时世界最大的钢铁公司阿塞勒、第二大公司新日本制铁三方合资,开建1 800毫米冷轧工程。此外,宝钢还与澳大利亚哈默斯利公司签署了每年购买700万吨铁矿石的长期订购协议。总裁兼董事长谢企华宣布,宝钢打算在2010年前斥资500亿~600亿元,将产量从2 000万吨扩大到3 000万吨,增加50%的产能。这一新闻震惊全球钢铁界。随即,中国第四大钢铁企业武汉钢铁集团表示,武钢的几个大规模项目,已经通过国家发改委审批,总投资将超过200亿元。其他的国有大型钢铁企业也纷纷启动新项目:本溪钢铁集团与浦项合作,启动了冷轧板项目;鞍山钢铁集团与欧洲第二大钢铁公司德国蒂森克虏伯共同投资1.8亿美元,建设年产40万吨的热镀锌板项目;唐山钢铁集团、马鞍山钢铁集团则与世界最大的矿产资源企业必何必拓公司分别签署了300万吨铁矿石的订购协议。

跨国钢铁公司在中国的投资步伐似乎也没有停滞。这年4月22日,就在戴国芳被拘押的三天后,在距常州仅105公里的苏州工业园区,澳大利亚博思格钢铁公司投资2.8亿澳元(约17亿元人民币)的钢铁项目举办了热热闹闹的奠基仪式。公司总裁毛思民说:"一切顺利得出乎意料,不到一个月我们就拿到了营业执照。"苏州工业园区则透露,博思格的项目从递交申请材料到颁发营业执照,前后只用了7个工作日。有媒体评论说,一个17亿元的项目,7天之内就搞定营业执照,这对于国内绝大多数地区的投资者来说简直是天方夜谭。因为按照国家现行规定,投资在5 000万元到2亿元的项目须由国家发改委审批,2亿元以上的项目报国务院审批,整个程序烦琐,没有一年半载不可能批得下来——这也是铁本被查处的原因之一。况且,钢铁投资正是整顿调控的重中之重,铁本事件又近在眼前，博思格项目的神速实在让人惊叹。新华社记者徐寿松在《铁本调查》一书中十分感慨地写道："同一产业，同一时间，同一省份，铁本和博思格，一土、一洋两家钢铁公司的命运何以相隔生死两重门?!有人在门里轻歌曼舞，有人在门外长歌当哭。"①

从全年度的行业数据来说，人们也能看到真实的一面。在铁本被严处之后的几个月里，全国的钢铁产量似乎得到了短暂的控制，可是从6月份起就逐月加速回升，7月份开始日产水平连创历史纪录，至10月份更是突破日产80万吨，达到80.44万吨。前10个月，全国累计生产钢材2.72亿吨，比上年同期增产24.12%。2005年，产量继续在高速增长的轨道上前行，全国生产钢材3.71亿吨，同比增长又达到24.1%。更引人注意的是，在2004年，全国只有两家钢铁厂的钢材产量超过1 000万吨，而到2005年一下子猛增到了8家，其中除了沙钢，均为国有大型企业。

即使被调控的民企，其命运也各不相同。与铁本同时被勒令停产的宁波建龙就有另一番生死情景。2004年2月，国家发改委、银监会等组成联合调查组进驻建龙。5月，在铁本事件后的一个月，中央电视台曝光建龙事件，其违规行为主要有三项：一是违规审批，将本应由国务院主管部门批准的项目变成了地方审批；二是未获环保部门批准，擅自开工；三是短贷长投，将银行7亿元流动资金贷款转成固定资产投资。从这些情况看，建龙违规性质与铁本非常相似，因此，被称为"铁本第二"。建龙被叫停的时候，其建设进度也与铁本差不多，炼铁高炉、热轧车间、码头等都基本建成，实际投入资金已达48亿元。项目停建消息传出后，复星的股价应声下挫。当时，唐万新的"德隆系"刚刚开始崩塌，同样为民营资本运作高手的郭广昌颇受关注。7月，有媒体披露"复星系"被有关银行列为

---

① 徐寿松著，《铁本调查：一个民间钢铁王国的死亡报告》，南方日报出版社，2005年7月版。

"慎贷"黑名单，资金链随时面临断裂风险，复星一时间黑云压城。

与铁本不同的是，在事件发生后，尽管宁波市计委、国土资源局等6名干部受到了处分，但是建龙和宁波方面均没有人员被拘押，项目的实际控制人郭广昌更是没有受到限制，他仍有自救空间。郭广昌首先想要撇清建龙的民资成分。在被查处后的第一时间，复星股份发布公告称，公司和宁波建龙及股东没有任何关联。9月，郭广昌在杭州的一次长三角论坛上又突然暗示，建龙还隐藏着一家"影子股东"，那就是著名民营企业家、全国工商联副主席刘永好的新希望集团。郭广昌的撇清与暗示，都无非为了不断测试上层对建龙事件的处理底线。从后来的事态发展看，真正让建龙项目峰回路转的是浙江一家大型国有钢铁企业的参与。

就在建龙项目开建的同时，杭州钢铁公司在宁波大榭岛也开始筹建一个占地5 400亩的钢铁项目。由于在拆迁等问题上的纠缠和效率低下，当建龙工程已经建设过半的时候，杭钢的大榭项目还没有正式动工。建龙搁浅后，浙江省政府当即提出了整合建龙和杭钢的意向。对此，处于有利位置的杭钢董事长童云芳放言，"要么控股，要么不参与"。郭广昌当然也不甘心被吃掉，他在杭州的那次论坛上便明确表示，政府综合考虑杭钢与建龙的发展是对的，但整合必须要以改革的方式，而不是以老套套，必须以最优化、最有竞争力的市场方式来解决以谁为核心的问题。他对记者说："国企参股可以，控股得让民企来。不要借宏观调控之名，让国有企业来控制民营企业。"《财经》在关于此事的评论中问道："在这场民营企业与国有企业和政府的谈判中，已被判定违规的前者显然居于弱势地位。但问题是，是否一定要让国有企业控股才可以放行？"

郭广昌的挣扎和传媒的质疑被证明是无效的。2004年8月，一个消息已经传遍财经圈：杭钢与建龙初步达成重组协议，杭钢持股51%，郭广昌方面持股49%。关于建龙事件的处理意见也如期下达，国务院将宁波建龙钢铁违规项目的处理权限下放到浙江省政府，这意味着重组后的建龙项目将获得"合法准生"。2006年年初，国家发改委以"发改工业[2006]434

号"文核准了宁波建龙钢铁项目。根据批文，国家发改委同意杭州钢铁集团公司结合自身结构调整，对宁波建龙钢铁有限公司进行重组，由杭钢集团作为控股大股东，联合其他股东，将其重组为"宁波钢铁有限公司"。郭广昌以牺牲控股权为代价，死里逃生。

在本轮宏观调控中陷落的大型民营企业项目，日后大多被国有企业和跨国公司所猎获，铁本项目在三年后被南京钢铁集团和法国安赛乐公司共同重组，分崩离析后的德隆系被瓜分：中粮集团购得新疆屯河，辽宁机械集团入主合金投资，湘火炬遭到一汽、上海德国大众等20多家汽车公司的争抢，最后山东的潍柴动力得手。唯一侥幸独存的是东方希望集团的电解铝项目，由于刘永行十分谨慎，其投资均为自有资金，所以避开了金融上的制裁。此后三年，一向开朗的刘永行变得极度低调，几乎不在公开场合露面。他后来透露说，中铝集团曾经多次试图控股该项目，均被婉拒。

民营资本的惨败，令人印象深刻。其后两三年中，反思不断，全国政协副主席、全国工商联主席黄孟复用"玻璃门"来形容民营企业所面临的尴尬局面。他描述说："一些行业和领域在准入政策上虽无公开限制，但实际进入条件限制颇多，主要是对进入资格设置过高门槛。人们将这种'名义开放、实际限制'现象称为'玻璃门'，看着是敞开的，实际是进不去的，一进就碰壁。"西安海星集团董事长荣海的反省则更为直接，他说："宏观调控的教训再一次证明，民营企业家一定要低估自己的能力。"

宏观调控对中国公司格局的影响十分深远，在相当长时期内甚至有"定局"的效果。

经济政策的莫测变幻，同样反射在商业思潮的波动与反复上。

在1月份，由河北的一份文件引发出一场关于民营企业家"原罪豁免"的大争论。这份由中共河北省委以"一号文件"批转的河北省政法委《关于政法机关为完善社会主义市场经济体制创造良好环境的决定》称，对民营企业经营者创业初期的犯罪行为，已超过追诉时效的，不得启动刑事追诉程序；在追诉期内的，要综合考虑犯罪性质、情节、后果、悔罪表现和所在企业当前的经营状况及其趋势，依法减轻、免除处罚或判处缓刑。这一"豁免文件"跟改革史上的很多事件与宣告一样，尽管在法律操作上尚有空白和可商榷处，却是一个很强的政策信号弹。然而，随着宏观调控的开始，"豁免话题"很快被抛弃，舆论180度地大回身，转而开始对产权改革中的种种现象进行"绝不宽恕"的"原罪清算"。

在这次清算运动中，担当主角的是一位来自香港的金融学教授。1956年出生于台湾桃园的郎咸平毕业于美国沃顿商学院，该院以金融和财务教学闻名世界。郎咸平长着一张老成的明星脸，一头刚硬的灰发，能言善辩，自称"是一个喜欢生活在闪光灯下的学者"。2000年之后，受聘为香港中文大学和北京长江商学院教授的他常年在中国内地游学演讲。在这期间，他运用金融学工具对中国公司的财务治理进行了系统的研究。就在2004年夏天，他连续发布论文和演讲，对一些著名企业的产权改革方案提出了强烈的质疑。

▲郎咸平

6月17日，他公开质疑TCL，认定其股改方案实际是国有股权被稀释的过程，是"以股权激励为招牌，以证券市场为渠道，使国有资产逐步流向个人的过程"。根据他的计算，李东生持有5.59%的TCL股权，按最高市值达12亿元，因此他"成为TCL改革的最大受益者"。

8月2日，他发表《海尔变形记——一次曲折而巧妙的MBO》，矛头直指中国知名度最高的家电企业海尔。他分析张瑞敏对海尔的产权进行了三次"变形"。"第一次变形"是在1997年。这一年正是大规模产权改革的肇始之年,海尔成立内部职工持股会。2000 年,由持股会为主体成立海尔投资,后者拥有海尔零部件采购和商标所有权,这两项内部交易获利高达 34 个亿。郎咸平认为,海尔商标不归海尔集团,反而归海尔投资所有,这是典型的"股东、保姆、职工"角色不分。"第二次变形"是在 2001 年。青岛海尔利用增发募集资金和部分自有资金共计 20 亿元,向海尔投资溢价收购青岛海尔空调器有限公司 74.45% 股份,产生的股权投资差额 20 亿元一次性转让给海尔投资。海尔投资手中有了运作的"第一桶金"。此后,海尔的金融资产扩张几乎都是以海尔投资的名义来进行,如控股长江证券、设立海尔纽约人寿。加上非金融资产扩张,海尔投资旗下的公司可查证的就已经达到 12 家,总资产(包括海尔品牌)已经超过 650 亿元。郎咸平认为,"大部分经营活动由海尔集团转移到海尔投资,职工持股会几乎已经控制了所有的海尔"。"第三次变形"则发生在 2004 年前后,海尔投资正进行一系列资本运作,计划将海尔集团的全部白色家电业务注入一家在香港借壳上市的海尔中建,然后将海尔中建更名为海尔电器集团。如果运作成功,海尔投资将最终成为海尔中建最大控股股东,"到了这里,由张瑞敏等管理高层控制的海尔持股会曲线 MBO 取得成功"。[①]

就在《海尔变形记》发表的一周后,郎咸平掷出第三颗"震撼弹"。他在上海复旦大学发表题为《格林柯尔:在"国退民进"盛宴中狂欢》的演讲,直指顾雏军使用多种伎俩,"利用一些地方政府急于加快国企退出的思路,将收购与改制打包在一起,玩了一把双方互惠互利的双赢游戏"。[②]

---

① 郎咸平,《海尔变形记——漫长曲线 MBO 全解析》,《财经时报》,2004 年 8 月 2 日。

② 顾雏军得手科龙后,又用同样手法入主另一家冰箱企业安徽美菱。后来的事实表明,当时的美菱电器与其母公司美菱集团有大量的债务关联,其现状十分类似科龙电器与容声集团,顾雏军承诺进入后将一切都"既往不咎"。为了让这起交易显得更有说服力,顾雏军宣称投资 24.9 亿元在合肥建设格林柯尔——美菱工业园,它成为当年度安徽省最大的招商引资项目。

郎咸平的三次讨伐在企业界、舆论界和经济理论界平地掀起了一场轩然大波。在整个秋天，甚至转移了人们对宏观调控的关注。某种意义上，这位来自香港的、敢于放言的金融学教授对开始于1998年的产权清晰化运动进行了一次"总清算"。他的结论是："我不反对国企改革，但是目前有些国企通过'国退民进'，将国有资产以贱卖的方式（包括MBO）转成私人资产以提高效率的做法是我所反对的。当前这种利用法制不健全的空当，合法地侵吞国有财产的现象，和当初俄罗斯私有化运动极为类似。"语锋犀利的郎教授还打了一个很生动的"保姆"比喻——"我的家又脏又乱又差，找来一个保姆，帮我把家收拾干净了，她算是有功劳，可是这个家突然就变成保姆的了。这是一件很荒谬的事情。"据此，郎咸平提出三个观点：必须暂停产权交易、必须禁止MBO、民营企业与国有企业争利问题不是当前经济改革的重点。

在郎咸平的炮轰中，三大企业表现各异。海尔仅仅发表了一个简短的声明称，"郎先生发表的文章是以海尔是国有企业为前提的，众所周知，海尔不是国有企业，海尔没有任何违规、违法行为，不予评价"。TCL也如出一辙地"不予评价"，李东生甚至在一次媒体追问下反问说："郎咸平是谁？"中国企业在产权改革中的法制空缺尴尬终于暴露无遗。在过去的几年里，几乎所有的产权改制方案都是"见光死"，没有几家企业经得起法律及财务意义上的公开审查。郎咸平显然不是第一个提出质疑的人。如果所有被质疑的企业都顾左右而言他，三颗"震撼弹"将有去无回。富有戏剧性的是，其中一个中弹的人居然起而反击。

▲顾雏军

反击的是性情自负而暴烈的顾雏军。在郎咸平复旦演讲后的第四天，顾雏军发出严厉的律师函，声称其演讲造成了诽谤，要求郎咸平发表更正并道歉，否则将"采取一切必要的手段以保护他的名声"。正愁没有对手的郎咸平当然不会示弱，三天后，他在北京长江商学院的办公室里召开媒体见面会，公布了顾雏军的律师函，声明"绝不会更改或道歉"，并控诉"强权不能践踏学术"。第二天，顾雏军当即向香港高等法院递交了起诉状，以涉嫌诽谤罪起诉郎咸平。

郎顾之争很快升温、升级。郎咸平提出的质疑，涉及中国企业改革的路径抉择与道德倾向性，所以让一大批经济学者都卷入其中，一时间观点针锋相对，护顾卫郎之争，十分热闹。一些学者认为郎论偏颇，对中国企业变革的大方向有误读，不够宽容。复旦大学张军教授认为郎咸平的案例研究"攻其一点，不及其余，有失偏颇"。北京大学张维迎教授还发表演讲，呼吁舆论环境要"善待企业家，不要把他们妖魔化"。同时，也有一些以"新左派"自居的学者为郎咸平大声叫好，中国社科院研究员左大培等十多人联名发表声明"声援郎咸平"。这场大论战顿时掀起惊天骇浪，中国经济界几乎所有重量级的学者都发表了自己的观点，立场鲜明对立，构成近20年来经济理论界规模最大、火药味最浓的一次大论战。

在学者们的隔空交战中，贸然出头的顾雏军成了唯一的"炮灰"。格林柯尔在产权并购上的手段原本就游走在法律边缘地带，"只能做，不能说，一说全是错"，怎么经得起放在舆论的"显微镜"下考验。顾雏军为了证明"清白"，还十分高调地邀请国务院发展研究中心企业经济研究所协办，举办了"科龙20年发展与中国企业改革路径"的研讨会，会上，企业经济研究所罕见地为科龙出具了一份验明正身、全面肯定改革经验的报告书。第二天，这份报告书的摘要以广告的方式被刊登在各大财经媒体的版面上，顾雏军颇为得意地说："外面很多评论让我恍若隔世，仿佛回到'文革'年代……现在又是一夜之间，许多经济学家认为我没有问题。"从事后的效果看，这次研讨会、报告书及软文广告起到了负面的效应，顾雏军好像越描越黑,在公众印象中,他已经显然成了侵吞国有资产的符号化人物。在新浪网进行的网民调查中,超过90%的网民认为"顾雏军肯定有问题"。就在研讨会召开的同时,国家审计署悄然进驻科龙电器,展开调查。11月,深交所与香港联交所一起进驻科龙总部,对其财务问题进行集中核查。2005年1月,香港联交所以关联交易为名对顾雏军进行公开谴责。科龙股价应声下挫。顾雏军为自己和科龙引来烧身大火。①

郎咸平发动的这场"讨伐",让他如愿以偿地成了一个明星级经济学家。不过,郎顾之争最后的结局其实已超出了这位公司财务专家的初衷。他本人也在这样的论战中走向极端,提出了"大政府主义和威权政府"的概念,还以中国电信等垄断公司的经营业绩来证明"中国国有企业从来不比民企差"。在很多人看来,郎咸平好像是安徒生童话《皇帝的新装》里的那个小男孩,他大胆地喊出了真相,不过却说错了真相背后的答案。美国《洛杉矶时报》在评论中认为,"郎咸平对中国经济改革的某些批评并不是孤单的声音,他代表着一个被称为'新左派'的日益有着影响力的团体,他们对国有企业民营化和中国经济的试验进行抨击"。北京大学教授周其仁在一篇《我为什么要回应郎咸平》的文章中说:"我是想破脑袋也想不出来,到底怎样郎咸平才觉得对。"周其仁的观点是:"产权改革不是什么好事之徒策划出来的。就是把主张产权改革的经济学家全部枪毙,只要走市场经济之路,公有制企业还是要搞产权改革。问题是公有制企业的改革实在前无古人,困难自成一家。当初没有清楚的约定,倒回去厘清产权份额谈何容易!正是在这个意义上,我一直认为实践具有第一位重要的品格。"②

---

① 2005年7月29日,顾雏军被佛山市公安人员拘捕。9月,他在看守所里将科龙股份转让给青岛海信集团。美菱、亚星等股权相继被收购或转让。2006年8月,科龙电器公布前一年的年报,宣布巨额亏损36.93亿元,刷新内地上市公司亏损纪录,涉及93宗诉讼官司,公司的净资产为 –10.90亿元。

② 文钊、程明霞,《周其仁:我为什么要回应郎咸平》,《经济观察报》,2004年9月11日。

从宏观调控到"郎咸平风暴"，2004年的中国企业界可谓大戏不断、惊心动魄。一直到秋天，人们才突然记起，2004年是很多著名公司创业20周年的"庆典之年"。

1984年被称为"中国现代公司的元年"，海尔、联想、万科、四通、科龙、健力宝和牟其中的南德均创建于1984年。对于商业研究者来说，20年是一个具有指标意义的年份。1982年，年轻的麦肯锡顾问汤姆·彼得斯与罗伯特·沃特曼出版了改变当代管理潮流的《追求卓越》，其研究方法便是以20年间成长性最好的43家美国企业作为基本分析样本，从而归结出了卓越公司的八大属性。不过，当人们把目光投注到这些名声显赫的"中国20年公司"的时候，看到的事实却是，它们都无一例外地身陷于成长的突围期，成长路径的惯性让这些一度十分成功而自负的公司开始陷入集体徘徊。

当年出名最早的南德集团早在5年前就已灰飞烟灭，曾经的"资本经营大师"牟其中现年已经64岁。在武汉的监狱中，他每天跑步4 000米，冬天坚持用冷水洗澡，同时不断地为自己喊冤。这年，他读到了德隆崩盘的新闻，对唐万新这位也被关押到武汉的万县小老乡很是关注，还专门写了一段自己的评论："我在狱中看到的有关德隆的资料非常有限。这让我想起了成都'武侯祠'的一副楹联：'能攻心则反侧自消，自古知兵非好战；不审势即宽严皆误，后来治蜀要深思'。在我看来，德隆今天的命运跌宕，是在国内宏观环境，即法制条件、金融条件、道德条件尚未具备时，又不采取特殊的防范措施，以为自己处于成熟的市场经济环境中，孤军深入，身陷计划经济重围的结果，结果只能是被人聚而降之。"其言辞感怀，颇似"借他人之酒杯，浇自家之块垒"。[①]

四通曾是中关村高科技企业的一面旗帜，而此时的它已经找不到"主营业务"。过去几年里，它最成功的一件事情是"碰巧"拥有一个叫王志

---

① 相关案例见《大败局2》，浙江大学出版社，2013年修订版。

东的天才员工,并投资创建了新浪网。在2003年2月至2004年2月的一年时间里,作为新浪大股东的四通电子先后15次在纳斯达克套现,共获得1.47亿美元,这成为四通最重要的赢利点。2003年12月,总裁段永基出人意料地宣布四通出资11.7亿港币收购史玉柱的脑白金业务,今后四通发展的两大产业是网络文化和保健品。

广东的科龙和健力宝,无疑是过去20年里中国最优秀的家电和饮料公司,可是现在它们正身陷乱世。创业者潘宁和李经纬都已经先后离职,前者出洋做了寓公,后者躺在广州医院里戴罪"双规"。通过暧昧手段得手这两家企业的顾雏军和张海显然无法掌控这两艘大船。就在这年,顾雏军突然遭遇"郎顾之争",身陷其中不能自拔。年轻的张海则一改李经纬主攻城镇市场的策略,转而主打北京、上海等中心城市,健力宝陷入无比凶险的营销困境。在今后的一年里,顾、张将相继黯然出局,科龙、健力宝最终落得被廉价出售的悲惨下场。

跟上述企业相比,深圳的万科集团和王石则要显得顺利得多。自从专心于地产后,万科此去几无险途。1998年前后,王石突然被查出患上了一种很奇怪的心血管疾病,医生断言,最长一年,他一定会坐上轮椅。突如其来的疾病彻底地改变了王石,这位身上流淌着强悍的军人(父亲)和游牧民族锡伯族(母亲)血液的男人开始重新思考生命与商业的意义。他在自己的"王石online"网页上引用捷克前总统兼思想家哈维尔的一句名言:"病人比健康人更懂得什么是健康,承认人生有许多虚假意义的人,更能寻找人生的信念。"便也是从这时起,"病人王石"疯狂地喜欢上了有利于心脏和血管扩张的登山运动。他发誓要登遍全球各大洲的最高峰。2002年2月,王石登上非洲最高峰乞力马扎罗峰,5月,登上北美最高峰麦金利峰。2003年5月,52周岁的他成功登顶珠穆朗玛峰,成为登顶珠峰年龄最大的中国人。他在登山日记中写道:"登山是一个后悔的运动,一进山后,马上就会出现头晕、恶心等高山反应,感到后悔。身下就是深渊,令人不寒而栗!因为难度大,上攀的队员挤压在这里,有的费一个小时才能通过,见到这种情景,瞬间产生恐惧感……那个时候在顶峰上,一方面是因为太疲惫,另一方面是因为缺氧,人有点麻木,所以没什么崇高激动的情绪。"①

不断的攀登,让王石很快成了企业家群体中的"异数",他的名字有时候会出现在报纸的时尚版和体育新闻版。他还成为中国移动通信、摩托罗拉手机和大众汽车的广告代言人,在他之前还从来没有出现过这样的事情。人们开始拿他与有"欧洲顽主"雅号的英国维珍集团 CEO 理查德·布兰森和喜欢作秀的美国地产大亨唐纳德·特朗普相提并论。万科的具体事务都交给了比王石小 14 岁的郁亮打理,这是一位毕业于北京大学国际经济系、有着干练的财务与管理才能,同时又颇有理想的年轻人。一个奇妙的现象发生了,王石离万科越远,他对万科的影响力和品牌贡献越大,对高度的追求和无所畏惧的浪漫气质竟让万科跟王石一样成了中国公司中的一个"另类榜样"。

9 月,万科迎来创业 20 周年的纪念日。当记者请王石谈感想时,这位"不务正业"的企业家竟表现得有点焦虑。他说到了两个例子。2003 年 10 月,王石去云南弥勒参加中国企业家论坛,探讨企业的伦理道德问题。

▲王石登山

王石发言称,万科多年诚信守法,从来没有行贿。与会主持人问在座的各位企业家:"谁敢说你们没行过贿?没有行贿的请举手。"在座的数百个老总就开始你看我、我看你。过了一会儿开始有人举手了,举手

---

① 陆新之著,《王石是怎样炼成的》,杭州:浙江人民出版社,2004 年版。

的姿势很缓慢，像做贼心虚似的，最后有五六位举手。不久后，王石又去一家大学的 MBA 班讲演，谈到这次论坛上的感受，主持人又做了个现场调查，"不相信万科没行贿的同学请举手"。结果举手的超过半数。王石感慨："大家似乎都默认，在多数新兴企业中，一定存在行贿，不行贿才是不正常的。"王石问："我们是不是已经病得很重了？"

在 20 年公司中，青岛的海尔与北京的联想无疑是最令人瞩目的两家，张瑞敏和柳传志是过去 20 年里成就最大、公众知名度最高的两位企业领袖。在很多时候，这两家企业的前途被视为中国公司成长的风向标。让人吃惊的是，在创业 20 年的光荣时刻到来的时候，它们好像都处在一个艰难的抉择关口。

海尔的现状不容乐观。这家企业的命运转折其实是在 1997 年前后，在此前的民族企业振兴浪潮中，海尔被寄予厚望。它被国家有关部门列为冲刺"世界 500 强"的 6 名"国家级种子选手"之一，张瑞敏也颇以此自许。然而，随着亚洲金融风暴的爆发，原定的扶强战略突然转向，家电产业不再成为国家政策倾斜的重点领域，海尔的财团化扩张道路中断，"500 强梦想"陡然变得艰难起来——事实上，联想、长虹等公司日后的成长路径的演变均与此相似。一向激情四射的张瑞敏变得沉默起来。在过去的六七年里，他一直坚定地做着两大工作：一是海尔产权的清晰化改造，二是海尔的国际化战略。前一项只做不说，后一项鸣鼓而进。张瑞敏认为，"在加入 WTO 以后，对中国企业来讲，走出去，实现国际化是一个必然的选择"。从海尔公布的数据看，它确实是最为积极地实施海外投资的中国家电企业。到 2002 年年底，海尔在菲律宾、伊朗和美国等地建立了 13 个工厂，海外营业额达 10 亿美元。在国际信息公司欧睿（Euromonitor）发布的全球家电排行榜上，海尔在白色家电制造商中跃居全球第五，海尔冰箱的市场占有率跃居全球第一。不过，它的国际化战略及实际成效，还是受到了舆论的质疑。2002 年 3 月，美国《商业周刊》刊文《质疑海尔》。

该文称:"海尔的一些海外投资并不明智,得不偿失,并且因为公司广泛进入如金融、个人电脑等产业而分散了主业注意力。此外,据说海尔因为大肆扩张而负债累累。但由于其董事会守口如瓶,从不谈及债务问题,所以具体负债情况如何,不得而知。那么赢利情况如何呢?公司说所有的部门(分公司)都是赢利的,但没有透露细节。北京的一位美国零售顾问说:海尔是个谜。"

这篇报道被发行量很大的《南方周末》转载。7月,国内另一份很有影响力的政经杂志《南风窗》刊长篇报道《六问海尔》[①],对海尔全球营业额的真实性、公司治理结构的合法性、产能扩张战略的风险以及海尔的企业文化等都提出了尖锐的质疑,这是光环绕体的海尔自创建以来所受到的最严厉的舆论攻击。此后,几乎国内重要的财经媒体都刊发了对海尔颇为不利的报道,甚至还出现了以曝光海尔为主题的财经图书。

对这些迎面袭来的批评风暴,出人预料的是,善思敏辩的张瑞敏无一进行辩护,保持了难堪的沉默,唯有与他相熟的《中国企业家》杂志社社长刘东华在一篇随笔中为他缓颊,刘东华用一种不无解嘲的口吻说:"难道张瑞敏会比我们傻?"2004年,刚刚从质疑迷雾中走出来的张瑞敏再遭负面新闻包围,一直以来低调运作的海尔产权改革又被郎咸平劈头盖脸地一阵痛批。张瑞敏再一次视而不见,表现出强大的隐忍力。

12月26日,是海尔创业20周年的纪念日,公司文化部门原本拟定的构想恢宏的庆典盛会被悄然取消,取而代之的是一个规模不大的研讨会。在发言中,张瑞敏第一次对几年来的质疑给出了回应。他说:"如果没有来自方方面面对海尔的质疑甚至个别的恶意中伤,就没有今天思考更加冷静、思维更加缜密、心理承受能力更强、可以更加有能力驾驭复杂局面的海尔,我认为这是好事。这些质疑不管对错,对海尔都是一种提醒,我们会更好地思索这些问题。'生于忧患,死于安乐',一片赞扬声中企业

---

① 苏东,《六问海尔》,《南风窗》,2004年7月。

不可能很好地生存。"

会后,心潮难平的张瑞敏决定送给自己一个礼物。自1998年起,他的办公室里一直悬挂着一幅书法,那是他讲过的那句流传甚广的名言:"战战兢兢,如履薄冰"。他日日端视,如同面壁。今天,他又让人买来一艘泰坦尼克号的沉船模型,摆放在办公桌的正前方。他说:"我要一抬头就看到它。"①

"做得好,一步登天;做不好,打入地狱!"就在海尔召开研讨会的半个多月前,12月8日凌晨,在位于北京海淀区创业路上的联想大厦三楼圆形会议室里,整夜未眠的柳传志忧心忡忡地迸出这句话。几个小时后,联想集团在五洲大酒店发布新闻:用12.5亿美元收购IBM的PC业务。全球IT业震惊。②

在过去的几年里,联想经历了分拆交棒、进军互联网以及回归PC的曲折历程。比海尔、科龙等"同期生"幸运的是,柳传志很有远见地早早解决了联想的产权问题,所以,他不必像张瑞敏那样两线作战。更幸运的是,柳传志还找到了自己的接班人。2000年5月,在联想的新财年誓师大会上,柳传志亲手将绣有"联想电脑公司"和"联想神州数码公司"的两面大旗交到了杨元庆和郭为手中。这两人是他培育了10多年的爱将。杨元庆是销售奇才,联想电脑在中国市场击败众多国内外同业的战役均由他发动指挥,这是一位敏捷而又内敛,有时候还略带腼腆的年轻人。郭为则一直是联想集团的行政人才,那句著名的广告词"人类没有联想,世界将

---

① 这一年前后的张瑞敏一直表现出深重的危机感。2005年11月,他接受《经济观察报》记者采访,在评价未来的家电业动向时,他脱口而出说:"看结果就行了,真正能够在中国站住脚的是外国企业。中国所有的企业连小学都没有毕业。"他还叹息地说:"随着海尔的国际化发展,我们现在在国外有了30多个生产基地,但我的感觉是越来越不会做企业了,原来很多成功的发展模式现在都不好用了。"

② 联想与IBM的此次并购交易价格最终确定为17.5亿美元。

会怎样"便出自他的创意。在柳传志的主导下,联想一分为二,杨元庆分得联想的名号和最重要的 PC 业务,其中包括 90% 的财产、80% 的员工和业务收入,郭为的神州数码则分走 IT 服务业务。2001 年 4 月 20 日,在又一次的誓师大会上,杨元庆从柳传志手中接过了一块刻着 4 个镏金大字"联想未来"的牌匾,正式就任联想集团总裁一职。

少帅登台,自然万象更新。在上任的第一天,杨元庆就在胸前别了一个小牌子"请叫我元庆",清新之风吹拂联想。他迅速确定了未来三年的发展目标,提出"高科技的联想、服务的联想、国际化的联想"三大战略转型。联想将实现营业额 50% 的递增,到 2003 年达到 600 亿元人民币,10 年后,20%~30% 的收入将来自国际市场。杨元庆宣布全面进军互联网产业,相继以 3 亿元收购财经网站赢时通 40% 的股份,出资 5 000 万元创办新东方教育在线,创建大型门户网站 FM365,此外还与美国在线——时代华纳成立合资公司,与有"小超人"之称的香港李嘉诚之子李泽楷的盈科数码动力合作开发宽带电脑。杨元庆豪气干云地宣告,"联想将全面转型为一家互联网公司"。然而,这个看上去前途远大的战略很快陷入泥潭。就在 FM365 创办的时候,纳斯达克指数开始狂跌,杨元庆赶上了一个凄冷的寒冬。其后几年,网络泡沫破裂,联想在互联网产业的数亿元投入全数打了水漂。投资上亿元的 FM365 和新东方教育在线都被迫关闭,花 3 亿元买回的赢时通股值缩水 90%,与美国在线——时代华纳和李泽楷合作的项目均不了了之。2004 年 3 月,联想互联网部门实施大面积裁员,一篇由联想员工

▲联想未来

根据自己亲身经历写成的日记体网文《联想不是我的家》被广泛传播。这篇日记写道:"今天就是面谈日。在 B 座一层的两个小会议室。进去的人,领导首先肯定他过去的成绩,然后解释战略裁员的意思,然后告知支付的补偿金数额,然后递上所有已经办好的材料,然后让他在解除劳动关系合同上签字。平均每个人 20 分钟。被裁的员工事先都完全不知情。在面谈之前,他们的一切手续公司都已经办完,等他们被叫到会议室的同时,邮箱、人力地图、IC 卡全部被注销,当他们知道消息以后,两个小时之内必须离开公司。""裁员风波"几乎把柳传志苦心经营多年的联想神话一击而碎,8 月,杨元庆自降薪金一半以示自责。

从未尝过败绩的少帅一掌大印就蒙羞惨败,这让联想的发展战略和接班人计划广受诟病,有的人甚至又将冷却多年的"柳倪之争"拿出来再做评点。在敏感的动荡时刻,柳传志顶住压力,力挺爱将,认为"杨元庆的失败是可以接受的"。杨元庆亦表现得十分坚强,他对记者说:"一个冬天的洗礼,让自己除掉这样的浮躁,使自己的心态更加健康。我觉得,这是一个很好的收获。"柳、杨反思,决定"痛做减法,全面淡出 IT 服务、网络、软件领域,重新聚集力量于个人电脑"。此刻,联想 PC 业务也处在滑坡的危地,其国内市场占有率从 2001 年的 30% 下滑到 24%。重回个人电脑,联想必须寻找到新的出击点。这时候,IBM 突然找到联想,声称愿意出售它的 PC 业务。过去几年,在传奇 CEO 郭士纳的领导下,IBM 从生产硬件转为提供服务,以制造为赢利来源的 PC 业务成了"鸡肋"。① 2003

---

① IBM 公司长期以来被视为美国科技实力的象征和国家竞争力的堡垒,《经济学人》杂志甚至认为,"IBM 的失败总是被视为美国的失败"。1993 年,IBM 亏损高达 160 亿美元,面临被拆分的危险,非 IT 业出身的郭士纳空降出任 CEO。他保持了 IBM 这头企业巨象的完整,同时成功地让 IBM 实现向服务商的转型。9 年间这家公司持续赢利,股价上涨了 10 倍,一跃成为全球最赚钱的公司之一。郭士纳成为继韦尔奇之后全美最成功的职业经理人。2003 年,他写作的《谁说大象不能跳舞?》被引入中国,成为该年度最畅销的商业书之一 (该书中文版由中信出版社于 2003 年出版)。

年，PC事业部亏损2.5亿美元。而对联想来说，并购可以一下子从全球第九大个人电脑厂商跃升到第三位，仅次于戴尔和惠普，年收入规模由30亿美元膨胀到120亿美元，从而进入"世界500强"企业。

不过，并购的风险无疑是巨大的。此时的联想握有4亿美元的现金，用柳传志的话说，"稍有不慎就都打干净了，而且还欠了投资人的债，这是不堪设想的"。就当他为"登天"还是"下地狱"无尽踌躇的时候，杨元庆一直坚定地跟在其左右。这是两个年龄刚好相差20岁、性格迥异的企业家。20年前，40岁的柳传志一无所有，刚刚开始激情创业，而此刻，40岁的杨元庆坐拥数十亿元资产，却面临人生和事业最严峻的挑战。

尽管遭到所有股东的全票反对（这是柳传志在2007年9月才对外透露的），柳、杨最终决定不放过这次机会。联想与IBM达成的购并协议是这样的：IBM出售全球范围的笔记本、台式机业务和Think系列品牌，联想支付的交易价格为17.5亿美元，其中含6.5亿美元现金、6亿股票以及5亿美元的债务。在新闻发布会上，柳传志说："不冒险怎么办，不冒险在中国窝在这个地方也是不行的，不突破慢慢就只有萎缩。"

联想的购并成为本年度最后一条，也是最重大的公司新闻。国内外舆论一时沸腾，表现得十分两面化。一方面，很多人振奋于联想的国际化雄心，IT观察家姜奇平评论："联想做了一件人们期待已久的正确的事情。以市场换品牌，成为联想走向世界的中国道路。"《华尔街日报》亦认为，"收购案将使IBM成为联想的忠实客户"。另一方面，忧虑之声也不绝于耳。购并新闻公布当日，在香港联交所上市的联想股票先涨后跌。香港《信报》的分析认为，"主要因为券商普遍看淡联想收购IBM全球PC业务的消息"。国内媒体的报道也很谨慎，《财经》杂志的标题是《联想豪赌》，《财经时报》的标题是《联想大跃进：游走于成功和成仁之间》。

站在创业20周年门槛上的柳传志此时内心也同样忐忑不安。有一次，他去北京大学的MBA总裁班授课。他做课堂测试，问："有多少人看好这次并购？"全班93个总裁同学只有3人举手，其中两位还是来自联想集团的经理人。两年后,柳传志回想说:"我当时心里真是一凉。"不过,对于这位经历过无数风浪的企业家来说,他也许更愿意用历史的眼光来直面今日的风险。在并购新闻公布一周后的12月15日,联想举办20周年纪念大会。柳传志在登台演讲的一开始就把历史拉在了一起:"1985年年初,我第一次参加IBM的个人电脑代理商会议,端坐在最后一排,怀着科技人员刚刚下海的心情,紧张而兴奋,这是一个新事业的开始。20年后,2004年年底,我代表联想集团,在收购IBM全球PC业务的文件上签字,感受到全中国乃至世界目光的注视,同样让我感到紧张和兴奋。这是联想两代人梦想的实现,同时又是一个新的事业的开始。"

在很多人听来,还有什么语言比这段表述更能证明中国公司的进步和力量?

企业史人物 |"江湖"总裁 |

2004年9月,《中国企业家》杂志的封面人物是陈久霖。在《买来个石油帝国》①的豪气大标题下,编辑特意把下面的这个悬念也刊印在封面上:"陈久霖能否靠海外收购把中航油打造成中国第四家石油巨头?"这家杂志社不会料到的是,仅仅4个月后,它不得不做了另一个长篇的封面文章:《谁搞垮了中国航油?》②。

陈久霖被认为是一个商业奇才。1997年,36岁的他受中国航油集团公司委派,前往新加坡接手管理中国航油(新加坡)股份有限公司。这家公司成立于1993年,最初两年亏损,之后又休眠两年,近乎一个空壳。陈久霖到新加坡的时候,只有一人来接机,而他也是陈久霖唯一的下属。上级给陈久霖的创业资本是21.9万美元,7年之后,他交出的成绩单是:中国航油(新加坡)净资产增长890倍,达1.5亿美元,经营业务从单一的进口航油采购逐步扩展至国际石油贸易,公司于2001年在新加坡交易所主板挂牌上市,成为出了名的热门股。它成为中国国有企业在海外创业的标本,公司的经营业绩和管理机制被列为新加坡国立大学课程教学案例。它还曾获颁新加坡上市公司"最具透明度企业"称号,并被美国应用贸易系统(ATS)机构评选为亚太地区"最具独特性、成长最快和最有效率"的石油公司。陈久霖本人被推选为新加坡中资企业协会第四任会长,2003年10月,被达沃斯的世界经济论坛评选为"亚洲经济新领袖"。陈久霖的年薪为2 350万元人民币,不仅创造了中国国有企业之最,也高居新加坡上市公司管理者之首,被誉为"中国打工皇帝"。

后来披露的事实表明,陈久霖的成就其实又是一个垄断者的神话。中国航油集团公司几乎占据了中国内地航油供应的全部市场,同时享有独家

---

① 房毅,《买来个石油帝国》,《中国企业家》,2004年09期。
② 牛文文、程苓峰,《谁搞垮了中国航油?》,《中国企业家》,2005年02期。

进口权。这直接导致中国航油价格一直处于相对较高的位置，比日本高出60%，是新加坡航油价格的2.5倍，有时，内地航油价格比国际均价高出一倍有余。可悲的是，尽管拥有这种垄断性经营优势，体制僵化的中国航油居然多年来仍然获利乏术。陈久霖是那个让垄断产生了效益的人。他初到新加坡时，这家分公司只负责集团内的航油运输业务。为了能获得集团进口航油的采购权，陈久霖逐一拜会各位总公司领导。为了说服某位领导，他曾冒着漫天大雪一直在人家门口等到晚上11点。就这样，集团终于拗不过陈久霖的坚韧，答应给予新加坡公司几万吨进口航油额度试试。但陈久霖仍然面临资金紧张的困难，当时采购一船航油需要600万~1 000万美元，没有任何资信的陈久霖居然说服法国巴黎国民银行试探性地给予他1 000万美元的融资额度。借此，他做成了第一笔生意，并赢利30万美元。从此，陈久霖成功闯入垄断者的游戏。为了从总公司拿到更多的订单，陈久霖通过批量运输、比较采购等途径成功地压低了油品的价格，很显然，跟集团公司内的其他经营者相比，他是一个更懂得商业谋略的人。由于他的努力，中国航油集团进口油的成本不断降低，由此获得的利润也相应大幅增加，新加坡公司也获得了越来越多的采购权，并肩负为集团公司平抑油价、降低采购成本的重任。1998年，中国航油（新加坡）就从总公司的26船货中拿到了21船的订单，通过它采购的油品，在中国航油全部进口航油中所占比例一下子攀升到92%。2000年3月，中国航油总公司正式下文，要求包括参股公司在内的所有下属公司在今后几年必须通过中国航油（新加坡）在海外采购航油。就这样，陈久霖让一个账面资金不过20多万美元的空壳公司，变

▲陈久霖

成了年营业额高达9.15亿美元的大型贸易企业。从2002年开始，陈久霖进军投资实业和收购，试图从一个贸易公司转型为集石油实业投资、国际石油贸易和进口航油采购为一体的工贸结合型的实体企业。当年4月，中国航油（新加坡）通过投标方式，成功地获得西班牙最大的石油设施公司CLH公司5%的股权，代价是6 000万欧元。7月，它又收购了上海浦东国际机场航空油料有限责任公司33%的股权，成为该公司第二大股东。2003年，它收购新加坡国家石油公司（SPC）20.6%的股权，这家公司是新加坡唯一由国家控股的上市公司，经营石油天然气的开采、提炼以及原油和成品油的销售。业务遍及东南亚地区。经此数役，陈久霖声名大噪。

陡得大名的陈久霖不仅成了中国航油集团的一面旗帜，更被当作中国国企"走出去"的过河尖兵。不过在评价标准颇为奇异的国有体制内部，他又是一个颇有争议的另类。有一次接受媒体采访，陈久霖十分率直地说："危机时刻伴随着我，我最担心的就是'乌纱帽'有一天被拿掉。"为了用更大的成功来证明和巩固自己，他开始涉足石油衍生产品的期货业务，以卖空期权的方式进行投机。陈久霖自信地认为，中国航油握有垄断而稳定的航油进口业务，以此身份从事期货，自然赢多输少，罕有失手者。他因此自许说："中国人在世界上也可以成就索罗斯那样的投机家。"不过也有期货专家提醒他："中国航油做期货，是一种极其冒险和不聪明的做法。即使中国航油赌赢了，赚的也只是卖期权得到的少量权力金，而一旦赌输，赔进去的数额将是巨量的。这是一场风险和收益极不对等的游戏。"陈久霖不以为然。后来事实证明这成了一场悲剧。

2003年，美国攻打伊拉克，稳定多时的全球油价猛然上涨，卖空的陈久霖陷入困局。2004年3月28日，陈久霖首次得知期权投机出现580万美元的账面亏损。此时，摆在陈久霖面前有三种选择：一是斩仓，把亏损额限制在当前水平，纸面亏损由此转为实际亏损；二是让期权合同自动到期，账面亏损逐步转为实际亏损，但亏损额可能大于也可能小于当前水平；三是展期，如果油价下滑到中国航油期权卖出价格，则不至于亏损并因此赚取权力金，反之，则可能产生更大的亏损。为了掩盖亏损，陈久霖决意铤而走险选择第三方案。他注入资金，继续赌博。到10月3日，亏损陡然扩大到8 000万美元，这相当于上市公司2003年利润总额的2.5倍，而5 200万桶的交易量也已经是航油集团每年实际用油的数倍。陈久霖被迫向北京求救，集团公司决定出手救助，陈久霖再筹得1.07亿美元暗中用于补仓。然而，油市走向依然朝恶化的方向演进，陈久霖补进去的钱被一口一口地吃掉。到11月29日，中国航油终于信心崩塌，在高价位时全部斩仓，5.5亿美元的实际亏损成为事实，第二天，中国航油（新加坡）向当地法院寻求债务重组。由英雄而成罪人，陈久霖仅用了8个月的时间。

陈久霖败局后，国内传媒从企业家身份的角度对其做过一个对比性的猜测：如果陈久霖是个私营企业主，他经营的中国航油属于自己，他会怎么选择？毕竟，当时斩仓，580万美元或者更多一些亏损，对于一个年利润4 000万美元的公司来说，还不是什么"塌天灾难"，而继续豪赌，对事关自己金钱和命运的企业主来说，则是不能承受之重。但陈久霖是个国企领导人，经营中的任何失误也可能演变成导致他下台的理由，毕竟，国有企业和其领导人的关联度很脆弱。报告亏损，可能成为"多米诺骨牌"，让他下台；再赌下去，最多也是个下台，干吗不再冒把险？陈久霖的选择，其实可能是众多国企负责人的共同思维。

经济观察家王巍更是用一个新的名词——"江湖企业家"来形容陈久霖式的国有企业经营者。这类企业家"高度迎合市场需求，积极勾兑政府资源；巧妙地利用多种身份获益，刻意地回避所有规则；既无视公司治理规则，也回避政府的组织制约；成则安身立命实现个人抱负，败则振振有词地推诿于传统体制的束缚"。王巍认为："江湖企业家"正是无视公司治理规则也规避政府管制的特殊群体，他们非常善于用市场动作来绑架政府决策，用政府行为来掠夺市场利益。一方面，娴熟地把玩着政治技巧，利用政府的身份来高屋建瓴地控制资源和割据市场，挥霍着市场上无法抗衡的霸气；另一方面，又鼓噪市场观念，利用企业的体制来设置无数江湖规则以屏蔽政府的干预，表现出体制内难以容忍的匪气。中航油这一类具有垄断特权的企业应当从陈久霖的背后走上前台，接受市场的质疑。与无数在市场上艰难竞争的中小企业群体相比，正是中航油这样的垄断企业群体才可能成为威胁市场秩序、颠覆政府规则的主力，才是构成"江湖企业家"最深厚的土壤。

陈久霖事件还有一个很让人唏嘘的情节是，当5.5亿美元的巨亏曝光后，他不仅是罪魁祸首，而且是唯一的责任人，所有的上级和同僚都消失了。新加坡检察机构曾将中国航油董事长及董事等5人一起告上法庭，最终只有陈久霖一人获罪，其他人都在国资委的担保下回国继续工作。所有的机构及个人都快速地与陈久霖撇清干系，他失去了工作，工作签证随之被取消，只能凭旅游签证停留在新加坡，银行存款被冻结，信用卡被注销。他曾向上级申请给予部分生活费、子女抚养费，但没有任何回音。每次上法庭，陪同他的人只有一个律师和一个私人朋友，在审判庭上他曾戴着手铐向有关方面写求援信，观者颇为动容。不久前，他还是显赫的国有企业领导者，代表着一个庞大的国有利益集团，现在突然成了一个没有任何组织的"孤儿"。羁留新加坡期间，其老母数度病危，陈久霖两次申请回国探望而未得批准，直至母亲去世13天后，才被允许回国奔丧。陈久霖在乡下土坟前恸哭不起。2006年3月，新加坡初等法院以隐瞒公司巨额亏损且涉入内线交易等罪名，判处陈久霖服刑四年零三个月，同时罚款27.7万美元。历史往往出奇的巧合，10年前的1995年，也是在新加坡，英国巴林银行驻新加坡首席交易员尼克·里森在投机性外汇交易中损失12亿美元，导致有223年历史的巴林银行倒闭。陈久霖坐牢时，尼克·里森已经出狱，在爱尔兰的一家小足球俱乐部当财务主管。

2005 / 深水区

拿了我的给我送回来，吃了我的给我吐出来，
闪闪红星里面的记载，变成此时对白。
——花儿乐队：《嘻唰唰》，2005年

无论是海尔的海外建厂还是联想的跨国并购，都呈现出两个事实：第一是中国公司非凡的全球化进击，第二则是创新不足及在核心技术上的缺陷已经演变成一个漫长的"报应"。

2005年，是48岁的TCL集团董事长李东生的本命年。从1月份开始，他就一直获奖不断。先是被美国《时代周刊》和CNN（美国有限电视新闻网）评为"2004年全球最具影响力的25名商界领袖"，接着被中央电视台评为2004年的"CCTV中国经济年度人物"，紧接着，中国企业联合会和中国企业家协会又在北京人民大会堂举行隆重的典礼，授予他年度"最受关注企业家"的称号。谁也不会想到，两年后，他的名字会出现在《福布斯》杂志评选的

"年度最差中国企业家"榜单上。

李东生之所以如此受热捧，是因为这位当年民族品牌振兴运动中的"敢死队长"在国际化并购中再次充当了急先锋的角色。如果说柳传志在2004年年底放了一颗大"卫星"，那么李东生在近年的进取则显得更为立体。TCL很早就开始了跨国经营的尝试。1999年TCL彩电进入越南市场，历经18个月实现赢利，并成为当地销量第二的彩电品牌。从2003年，李东生启动跨国并购的"龙虎计划"，他先是收购了美国一家生产DVD播放机和录像机的公司Go-Video（高威达），继而买下德国一家濒临破产的彩电公司施耐德。2004年1月29日，李东生与全球电子消费产品巨子法国汤姆逊集团CEO达哈利在法国总理府签订成立TCL—汤姆逊电子有限公司的合同，新的合资公司年销彩电1 800万台，成为全球最大的彩电供应商。仅仅半年后的8月31日，TCL又宣布与阿尔卡特共同组建的排名世界第七、中国第一的TCL—阿尔卡特手机公司成立了。在这两起合作案中，TCL均以并购者的角色出现，李东生在如此短的时间内，将集团两大主营业务均进行了国际化改造，自然引起很大的轰动。其中，最为人津津乐道的是收购汤姆逊彩电，因为在10多年前，有"全球第一CEO"之称的杰克·韦尔奇曾出手收购这家公司，最终因重振乏术而被迫放弃。

就在TCL并购汤姆逊彩电后的4月份，杰克·韦尔奇来到中国。在主办机构的安排下，李东生与韦尔奇同台论道，这是一个很有戏剧性的场面。韦尔奇显然对李东生颇有了解，因此一开场就半恭维半幽默地说："我们的企业成了一个具有讽刺意义的现象，李先生他们购买的彩电业务，是我14年前卖给汤姆逊的。让汤姆逊扭亏为盈，通用电气没有做到，今天李先生要帮助汤姆逊扭亏为盈，和三星、索尼进行竞争，李先生现在是肩负起了一个具有全球意义的重大挑战。"这番话被翻译成汉语，当即引来满场的掌声，李东生惶恐而得意，韦尔奇不动声色。

此次论坛后的两个月，肩负挑战责任的李东生发誓将在18个月内让TCL的欧洲业务实现赢利。在新闻发布会上，他甚至不惜以个人信誉担保，他说："我可以很负责任地说，18个月后TCL—汤姆逊能赢利。18个月后大家可以来检查，我个人的信誉一向还算比较好，事实上，我觉得我们不到18个月就能赢利。"

李东生的自信后来让他陷入了尴尬。事实上，跟柳传志一样，李东生的"欧洲攻击"也是被形势所逼迫出来的。在过去的20多年里，李东生一直鸿运高照，与他同期创业的那两个著名的同班同学在近几年都陷入了困境。2001年，康佳在彩电大战中落败，董事长陈伟荣递交辞呈，离开一手做大的康佳。2005年，创维的黄宏生则卷入了一场意外的丑闻，香港廉政公署怀疑他涉嫌通过贪污手法进行诈骗及挪用公司资金，并因此组织了一个名为"虎山行"的行动进行秘密侦察。11月30日，该署宣布拘捕黄宏生。[1] 相比较，只有李东生一直履惊险如平地。他和TCL是中国家电业数轮价格大战后的幸存者之一，TCL是家电业仅有的完成了产权改造的大型企业，他在中国企业家群体中的公众声誉已经逼近柳传志、张瑞敏和任正非。然而，正如我们在以前的章节中已经描述过的，由于多年来对核心技术开发的漠视，中国所有的家电企业均靠规模和成本优势来打价格战，任何一个产品，几轮厮

▲李东生对话韦尔奇

---

[1] 2006年7月，香港区域法院宣布创维数码控股公司前主席黄宏生及其胞弟、创维前执行董事黄培升因串谋盗窃及串谋诈骗创维系5 000多万港元等4项罪名成立，分别判处有期徒刑6年。法院认定，黄宏生兄弟从2000年11月1日至2004年10月31日期间，串谋其母亲罗玉英及另外一名人士王鹏，盗窃创维数码控股公司4 800多万港元及创维网络有限公司一笔超过220万港元的款项。

第五部 2003—2008 大国梦想成真

杀下来颗粒无收，均无利润。TCL赖以起家的彩电业从此没有走出价格竞争的泥潭。2002年前后，平板电视在中国进入了高速增长期，国内企业再次大打价格战，一年时间就把零售价拉下50%。据中欧国际工商学院肖知兴教授的计算，"平板电视的面板占到成本的60%~70%，机芯占到成本的10%，占整机成本80%左右的核心元器件都需要从日本、韩国和中国台湾公司购买。这才是中国平板电视不赚钱的根本原因，对于具有民族情感的产业界来说是难以接受的。而对于视价格战为法宝的企业家更多了一分无奈：中国企业的价格战只能在20%的空间内进行，已经没有多少余地"。

跟其他老牌家电企业相比，李东生在彩电业无利可图的时候抓住了手机市场这块新蛋糕。自2000年之后，中国移动通信市场空前繁荣，李东生及时切入。他聘用一位叫万明坚的营销怪才专攻手机业务，在没有任何核心技术优势的情况下，万明坚出人意料地推出了一款"宝石手机"，也就是在手机翻盖上镶嵌一颗价值几元钱的东南亚玉石。这款被专家讥讽为"乡长太太的手机"的新款产品居然在全国城镇市场大受欢迎，获得了令人匪夷所思的成功。2001年，TCL手机一路闯入全国销量的前三强，为集团贡献3.2亿元利润，2002年，更是实现惊人的12亿元利润，成为TCL集团的第一支柱。在"宝石手机"效应的刺激下，国产手机蜂拥而上，手机业再度重现当年发生在彩电、空调等行业中的景象，跨国品牌一时间被杀得落花流水，国产手机的市场占有率迅速冲过60%。可是，好景仅仅只有两三年，没有任何技术开发能力的国产手机很快又陷入价格和概念大战中。就在国产手机最兴盛的时候，专家已经预见了它们难以逃脱的宿命。全国90%的手机制造商的机型和核心模块都是从韩国和日本引进的，80%的厂家选择了最快捷的直接贴牌。跟跨国品牌相比，国产手机的平均返修率要高一倍，为6%，有的品牌甚至高达40%。到2004年，除了庞大的产能和花哨的广告噱头别无任何竞争优势的国产手机终成强弩之末，TCL手机的销量和利润以年均50%的速度下滑，李东生被迫撤掉了昔日功臣万明坚。在其后的两年里，手机业务成为集团最大的亏损黑洞，之前所得的10

多亿元利润全数吐出。

除了技术上的致命弱点外，过去几年里，在家电业发生的另一个重大行业变局是，出现了专业而强势的卖场渠道商，最具代表性的是潮汕商人黄光裕创办的国美和江苏商人张近东创办的苏宁。黄光裕从17岁起离开家乡汕头北上创业。1987年，他在北京珠市口开出一家面积不足100平方米的电器店，靠薄利多销的经营秘诀，到1993年渐渐在京城闯出了一点小名气。1999年，黄光裕开始全国连锁，他坚持开店面积不得小于1 000平方米，并以轰炸式的广告和坚决的低价策略迅速占领了市场。几乎当国美在北方大获成功的同时，南京的张近东也放弃了原来的批发业务而专攻连锁零售，苏宁在长江以南快速扩张。随着国美和苏宁的崛起，家电业"渠道为王"的年代到来了，制造商的"喉管"被牢牢地卡住，它们的市场主动权彻底丧失，利润空间越来越小。2004年7月，国美电器和苏宁电器分别在香港和深圳上市，在2004年的胡润"中国百富榜"上，黄光裕以105亿元资产晋级"中国首富"。① 即使聪慧如李东生，也无法抵抗"渠道为王"的大势。正是在这样的背景下，李东生铤而走险，披甲远征欧洲，其战略目的十分清晰，那就是从"中国红海"，或者说"中国苦海"中摆脱出来，把规模和成本优势向外输出，通过收购的方式达到两大效果：一是实现品牌上的联盟，二是直接切入欧美的主流销售渠道。这看上去是当时唯一可选择的积极战略，用李东生自己的话说，"全球化这条路一定要走，今天不走，明天也要走"。

这种全景式的俯瞰，在2005年年初还没有引起人们的关注。联想和TCL的并购新闻如此炫目，在中国宏观经济持续走强的形势下，人们更愿意把它们与中国公司的崛起联系在一起，这种壮观景象还很容易让人联想

---

① 随着国美、苏宁的做大，中国家电产业大舞台的主角开始更迭。2006年年底，国美并购上海的另一家连锁家电公司永乐。黄光裕说，"我已经能够控制家电业的零售价"。此言一出，制造业领袖们全部噤声。多年价格战的相互残杀在这里找到了自己的宿命。

▲黄光裕与张近东

起20多年前日本公司大量并购欧美企业的往事。人们宁愿相信，奇迹有时候会自我实现。①

兴起于1998年的"中国制造"，在近年终于爆发出令世界难以抵挡的竞争优势。加入WTO的2001年，中国外贸规模为5 000亿美元，到2004年就突破万亿美元大关，一举超过了日本，2005年的数字将达到1.4万亿美元。随着中国商品如潮水般涌出国门，欧美消费者发现"Made in

---

① 这年，与联想、TCL的并购新闻相辉映的，还有台湾的IT明星企业明基宣布收购德国西门子公司的手机业务。2005年6月8日，明基－西门子并购案曝光。这是一桩看上去"很合算的生意"，西门子承担手机部门的5亿欧元亏损，转移给明基的是没有负债的手机资产，同时，西门子向明基提供价值2.5亿欧元的现金"嫁妆"，并以5 000万欧元购入明基股份。合并后，明基手机产销量超过5 000万只，成为全球第四大手机品牌。到2006年9月，全力投入而振兴乏力的台湾明基宣布放弃明基德国手机公司，并向当地法院申请破产保护。合并期间，明基为手机项目注入了8.4亿欧元资金，账面亏损累积达到6亿欧元，明基的股价则从最高时的35.10元（台币），跌至18.20元，市值蒸发超过300亿元。明基－西门子并购案的完败，凸显了跨国并购的巨大风险。

China"已经像空气一样，成了生活中不可缺少的一部分。

　　2005年1月1日，住在美国路易斯安那州巴吞鲁日的经济新闻记者萨拉·邦焦尔尼做出了一个很"疯狂"的决定，她和家人将在一年内不使用"中国制造"。她说，这个念头是在前几天的圣诞节期间冒出来的，因为她突然发现家里的每一个角落，从电视到网球鞋，再到装饰圣诞节的灯泡、地板上的西方人偶，都是"中国制造"。让她没有想到的是，"这个决定竟然是大麻烦的开始。过去看起来很简单的事情都变成了令人痛苦的事情"。首先要换掉儿子的中国鞋子。为了购买价格低廉的产品，她来到了附近的欧洲产品打折鞋店，但是因为生意不好，店铺已经关门停业。结果，只有4岁的儿子只好穿从商品目录单中找到的价格68美元的意大利产运动鞋。另外，玩具商店、卖场里也摆满了中国商品，因此，儿子朋友的生日宴会使她的钱包越发变瘪，因为每次她都要给儿子买丹麦产乐高玩具作为礼物。家居用品即使出了故障也无法修理，因为表面上虽然是"美国制造"，但配件全都是中国产品。吸尘器里过滤灰尘的过滤器全都是中国产品，结果只能与"垃圾"为伴。从以往帮助住在郊区的一家人轻松抓住讨厌的老鼠的捕鼠器到照亮住宅外面的电灯、生日蜡烛、爆竹等，要想找到不是中国制造的产品简直难如登天。一年后，邦焦尔尼把自己的经历写成了一本名为《没有"中国制造"的一年》①（*A Year Without "Made in China"*）的书籍，她得到的结论是："美国人完全无法摆脱'中国制造'。"她在书的最后宣布："原本想让中国在我的生活中消失，但后来才明白中国原来已经渗透到我的生活中，这令我非常吃惊。我和家人决定向现实妥协，否则为此忍受的生活不便和代价真是太大了。"在今后购物时，只要觉得中国产品比其他国家的产品"更加实用"，她就会购买并使用。

　　没有别的故事比邦焦尔尼的经历更能说明现实了，廉价，廉价，还是

---

① 该书2008年1月由机械工业出版社引进中文版，中文版书名为《离开中国制造的一年：一个美国家庭的生活历险》。

廉价，这是"中国制造"制胜的唯一武器，也是最令世界难以抵挡的竞争力。而事实的另一面便是，在中国商品的冲击下，各国的制造工业受到了致命的挑战，贸易摩擦随之而来。根据世界银行的数据，中国是 WTO 成员方中遭受反倾销最多的国家，全球 7 件反倾销和贸易救济案中就有 1 件是针对中国的，中国因此每年损失的贸易额达 500 亿美元。各种反倾销案层出不穷，成为近年来最引人注目的一个国际性政经问题。

在一开始，中国舆论把各国的反倾销视为一种"歧视"，有的人甚至用"八国联军"来形容各国对中国商品的围剿。在某种意义上，对反倾销的反抗，成为爱国主义的一种表现。在这时候，一直以制造低廉商品而闻名的温州商人再度成为国家英雄。

2002 年 6 月底，欧盟宣布对中国温州地区的打火机进行反倾销调查，这被认为是中国加入 WTO 后的"反倾销第一案"。当时，温州几百家打火机企业生产了世界上 90％的金属外壳打火机，其制造成本只有日本打火机的 1/10。温州烟具行业协会组织骨干企业应诉欧盟，该协会提供的调查显示，"中国价格"的低廉主要来自劳动力成本，温州工人的年收入比欧洲工人低了 20 倍。结论是"中国企业没有做亏本买卖"。此项诉讼最终以欧盟撤诉告终，国内舆论一时相当自豪，在应诉中最活跃的温州商人黄发静当选 2003 年度的"CCTV 中国经济年度人物"，颁奖词为："他以民间的力量推动公正的世界贸易秩序；最关键的是，他——赢了。"

"打火机保卫战"的胜利，并没有阻挡反倾销浪潮的汹涌而至。在整个 2003 年，全球发起的反倾销案中共有 540 多起是针对中国

▲中国鞋遭没收

产品的，其产品从节能灯、彩电、洗衣机、木制家具到钢材、纺织品等。2003年的圣诞节前后，62岁的温州鞋匠林达夫随同老板到西班牙的东部小城埃尔切去考察市场。在欧盟，西班牙是仅次于意大利的第二大鞋类出产国，埃尔切则是该国制鞋工业的摇篮。林达夫看到，温州鞋在那边的势头很好，已经占领了80%以上的市场，同样档次的皮鞋，中国鞋的价格比当地的要低30%~50%，例如一双女式长靴中国企业卖9.8欧元，西班牙企业至少要卖20欧元。林达夫的老板很开心，打电话给温州的媒体记者，宣称，"温州鞋靠质量和价格优势，全面击败欧洲鞋，为国争光，扬眉吐气"。林达夫却不这么认为，他看到埃尔切的制鞋工厂有六成都倒闭了，工人失业率增长了30%，所到之处，当地人都用怨恨的眼光盯着忙碌而得意的中国商人。在归国的飞机上，这位老鞋匠对老板说，"我预感迟早要出事"。几个月后，果然出事了。2004年9月16日，埃尔切爆发火烧温州鞋的暴力事件，数百名西班牙鞋匠冲进运货码头，将价值100万美元的16个装满了温州皮鞋的集装箱付之一炬，此外还捣毁了一个皮鞋仓库。一周后，埃尔切再次爆发排斥华商的示威游行，只有20万人口的小城有数千人上街。中央电视台在《新闻联播》中报道此事，举国哗然。对温州鞋表示抗议的还有意大利鞋匠。据意大利鞋业联合会统计，过去两年里，有超过2.5亿双中国鞋进入意大利，其市场占有率猛增700%，该国鞋进口量首次超过了出口量。对于这个一向以制鞋业为骄傲的国家来说，这无异于致命打击。意大利舆论将一切不景气都归罪于中国鞋，认为中国鞋导致了意大利本土制鞋业的崩溃，令近8 000名鞋业工人丢掉饭碗。到2005年，这种针对中国商品的对立情绪开始在欧洲各国蔓延，欧盟为了安抚当地制造商，甚至设计了一个"非中国制造"的标签。

中国的专家及官员则试图从自己的立场来化解这种令人尴尬的局面。2005年5月3日，商务部派官员赴法国巴黎参加"中法中小企业合作洽谈会"。就在那几天，7 000多万件纺织品滞留在欧洲各大港口，无法进入欧盟市场，欧盟委员会决定对中国进口的9类纺织品进行调查并实施制裁，当地主流媒体都呈现一边倒的倾向。当被问及中国政府对此的态度时，商务部官员举例说明中国纺织品的低薄利润："各位也许没有计算过，中国只有卖出8亿件衬衫，才能进口一架空客380。"一个相关的数据是，在过去的两年里，中国购买了30架空中客车飞机，其中5架是昂贵的空客380。

贸易摩擦战此起彼伏。就在商务部为了衬衫与欧洲人交涉的同时，韩国又因为泡菜向中国企业发难。9月，韩国的国会议员认定产自中国的泡菜有低价倾销和质量不佳的嫌疑，要求实施反倾销。中国商务部出面与韩国贸易部门官员谈判，然而，就在谈判桌上，中方却得到了一个不知道该怎么应对的事实——中国90%的泡菜企业都与韩国有关，要么是韩国商人投资的，要么是他们参股或控股的。商务部问："他们到底要跟谁过不去？"

《21世纪经济报道》记者的调查是这样的：在过去的几年里，大量韩国企业把生产基地搬到了原料和劳动力成本更低的中国，在青岛、沈阳和成都等地形成了大规模的泡菜生产出口基地。数据显示，2001年中国出口韩国的泡菜只有393吨，而2004年，达到了7.26万吨，4年足足增长了185倍，而这个势头还在上升。廉价泡菜的大量涌入，不但让那些没有搬到中国来的韩国泡菜公司大呼吃不消，就连相关农副产品价格也跟着大幅下滑，首当其冲的自然是泡菜的主要用料白菜和萝卜。于是，一些代表农民利益的国会议员便发起了这场针对中国泡菜的贸易战争，而其对手事实上是在中国办企业的另一群韩国人。让人更加意外的是，这场泡菜风波在两个月后突然偃旗息鼓，因为那些发起事端的韩国公司发现，对"中国产韩国泡菜"的质量质疑已经严重地影响到了泡菜在国际市场上的动销，在欧美的超市里，韩国和中国的泡菜同时遭到撤柜。

跨国界的贸易战打到这个份儿上，已经让人有点哭笑不得了。

中国商品如何应对问题百出的反倾销风波，成为中国经济学家需要解答的难题。这年9月，长江商学院院长项兵教授提出了一个让人吃惊的大胆建议——"我们为什么不去买下沃尔玛?"据他的推算,全球最大的零售商沃尔玛的第一大股东持股才3.51%,前五大加起来市值不过240亿美元。项兵说:"花240亿美元做一间世界顶级公司的最大股东,让别人为你打工,多好的主意啊。"这一奇思的最大想象空间在于,变成了中国公司的沃尔玛理所当然会成为中国商品最好的贩卖渠道,所谓的反倾销自然迎刃而解,用项兵教授的话说,"虽然我们不能绝对要求沃尔玛采购中国商品,但作为董事会的股东,我们至少可以影响沃尔玛的采购策略,使更多的中国主流产品进入欧美主流市场"。一个能支撑项兵观点的事实是,自2002年起,沃尔玛中国采购商品出口总额持续大幅提升,到2005年已经接近180亿美元。在沃尔玛的6 000家全球供货商中,中国企业就占了80%!项兵的这项建议可能是本年度最大胆、最富创意,也最具争议的一个商业构想,它甚至引起了《纽约时报》的注意。该报记者在评论中说,"这也许是一个几乎没有全球品牌但产品数量巨大的国家,向价值链上方攀登的好主意"。令人遗憾的是,当项兵在各种论坛和场合鼓吹这一建议时,所有的官员均微笑颔首而不置可否,这个"好主意"看上去缺乏一个可操作的"好方法"。①

就当中国商品在海外遭遇反倾销烦恼的时候,那些显赫的跨国品牌在中国的日子也不好过,这实在是一个十分有趣的映照。2005年以来,宝洁、索尼、雀巢、戴尔等一向被视为学习典范的国际公司均在中国连连遭遇公关危机,有人因此将2005年称为跨国公司的在华"问题年"。

3月7日,江西南昌消费者吕萍状告全球最大日化公司宝洁出品的高级化妆品SK-II宣传不实。宝洁在一份产品使用手册上宣称:"SK-II是当今最有效击退细纹及皮肤粗糙松弛的科技……使用后10分钟出现奇迹,两星期明显击退细纹及皱纹,连续使用28天,细纹及皱纹明显减少47%,

---

① 项兵,《投资沃尔玛》,《中国企业家》,2005年09期。

肌肤年轻12年。"这些用词被认为违反了《广告法》。状告事件很快引起国内媒体的广泛报道，宝洁公司在应对时表现出令人难以置信的高傲，它一方面大量举证SK–II确有"年轻12岁"的功效，另一方面对消费者的诉讼要求置若罔闻，并暗示其"恶意炒作""动机不纯"，对媒体则采取了拒而远之的姿态，仅肯承认是"定义不够清晰""描述不够全面"。这种处理方式招致众多媒体的不满和炮轰，进而有记者曝光SK–II在日本市场上被查出含有腐蚀性成分，要求国家有关部门对之查处。9月14日，国家质检总局发布消息称，来自日本的SK–II品牌多项化妆品中被查出含有禁用物质铬和钕。宝洁陷入前所未有的信誉危机。第二天，宝洁公司发表声明，坚称无错，不过"有需要的消费者可以在SK–II的授权专柜办理相关产品的退货手续"。同时，它要求消费者必须符合4个条件："所退产品在此次被检查的9种产品范围之内；消费者有过敏史，并同时出具医院的相关证明；持有购物小票或电子票根，同时不能跨专柜退货；所退产品的剩余量不少于该产品总量的1/3。"在退货的时候，消费者还需要填写一份名为《非健康相关非产品质量问题投诉快速退货处理简易协议书》。协议书中写道："尽管产品本身为合格产品，不存在质量问题，但本着对消费者负责的态度，我们决定为您做退货处理，经双方协议同意退款××元。此处理方案为本案例一次性终结处理。"这种态度和条件如同火上浇油，把宝洁与消费者、舆论推得越来越远，讨伐和唾弃之声不绝于耳。9月22日，上海质检局宣布再次查出三种SK–II产品含违禁物，至此，宝洁不得不宣布"SK–II全面撤柜，暂时退

▲ SK–II风波现场

出中国市场，所有消费者均可以无条件退货"。一位叫张晓晖的新闻观察员在《中华工商时报》撰文评论说："表面看，这次危机公关是宝洁公司公关体系的幼稚，实质上，体现出来的却是一个大型跨国公司在处理消费者与公众知情权问题上的傲慢与偏见。"[1]

就当宝洁在SK-II风波中焦头烂额之际，全球著名食品公司亨氏和肯德基也身陷一个更为凶险的重大危机中。这年2月，英国食品标准局紧急责令各大超市和商店下架召回亨氏、联合利华在内的359个品牌食品，它们被怀疑含有致癌色素苏丹红一号。中国的国家质检总局随即发出紧急通知，要求各地质检部门加强对含有苏丹红一号食品的检验监管，严防进入中国市场，广东亨氏美味源（广州）食品有限公司的产品被查出含有苏丹红，30万瓶产品被当众销毁。3月16日，媒体曝光，肯德基的调料中也被发现含有苏丹红成分，国内所有肯德基餐厅停止售卖。肯德基是中国市场上最为成功的跨国快餐企业，自1987年进入中国后，已先后在各城市开出1 100家连锁店，其最忠实的消费者为幼儿和青少年。因此，肯德基调料中发现致癌成分，当即引起惊恐与轰动。"苏丹红事件"一时成为举国关注的话题，引起了公众对食品安全的重视，同时也使人们对一向膜拜的跨国品牌产生了疑虑。3月31日，一向慎言的《人民日报》在一篇评论中质问说："耐人寻味的是，为什么肯德基只在中国有苏丹红，难道憨态可掬的山姆大叔认为我们这里是苏丹红的'安全岛'？"[2]

除了宝洁、肯德基和亨氏之外，另外几家著名的日用消费品企业也先后陷入危机。4月17日，国内多家媒体均在显著位置报道称，据美国科学家的最新研究显示，高露洁牙膏中含有致癌的化学物质，此新闻一出，市场反应强烈，各地的高露洁牙膏纷纷下架。在新浪网开展的一个调查中，

---

[1] 张晓晖，《SK-II产品信任危机 尽显宝洁的傲慢与偏见》，《中华工商时报》，2005年3月17日。

[2] 石国本，《为什么肯德基只在中国有苏丹红》，《人民日报》，2005年3月31日第15版。

88.4%的网民表示过去信任高露洁品牌，但是现在愿意使用该品牌牙膏的网民仅占9.84%。事后表明，这条新闻有误译的嫌疑，但是，高露洁的品牌还是遭遇很大的冲击。

5月25日，浙江省工商局称全球著名食品企业雀巢公司生产的"雀巢"金牌成长3+奶粉碘超标。两天后，雀巢对问题产品撤柜，但拒绝透露生产数量及销往哪些市场。随后北京、昆明等地也发现有类似问题。雀巢方面一直没有给出关于召回或者退货的进一步答复，导致大部分消费者退货无门。6月5日，雀巢中国高层才就其奶粉碘超标一事向消费者道歉。6月8日，国家标准委公开表态："碘不符合标准要求的婴儿配方奶粉应禁止生产和销售。"

6月16日，深圳市质量技术监督局罗湖分局接到举报，称一家地下加工厂在生产著名的哈根达斯冰激凌蛋糕。执法人员迅速前往，本以为要端掉的是个冒牌窝点，没想到在现场的发现让人大吃一惊，这个无牌无证、卫生环境一塌糊涂的地下作坊，竟然就是哈根达斯深圳品牌经营店的正宗"加工厂"，且一个作坊供应着深圳哈根达斯全部5家品牌经营店的货源。第二天，哈根达斯大中华区总经理赶到深圳处理此事，承认有关部门的查处及新闻报道"基本属实"。

跨国企业的丑闻并不仅仅出现在日用消费品领域。这年4月，一向声誉颇好的全球最大个人电脑制造商戴尔公司陷入"邮件门风波"，事件缘由是戴尔美国一位销售经理与其所公关的目标客户之间的一封信件被曝光。该销售经理在信中写道："我只是从IBM未来的前景来看，并不是攻击竞争对手。大家都知道，联想是一家中国政府控制的企业，最近刚刚收购IBM的台式机和笔记本电脑业务。尽管美国政府已经批准了联想与IBM的交易，但大家必须明白一点，人们为IBM产品所花的每一美元，都将直接支持或资助中国政府。您好好考虑一下吧。"这封邮件被媒体曝光后，引起轩然大波。国内舆论大多认为，戴尔员工在与联想争夺客户中的诋毁言论严重违反公平竞争原则。柳传志亦在一个公开场合表示不满说："一个严肃的企业不应该做违反道德的事情，要做严肃的事情。"

7月27日，东芝大连有限公司500多名员工罢工，起因是大连劳动监察部门发现东芝公司有员工每月加班超过《劳动法》规定的36个小时的现象，于是给该公司下达了"整改通知"。但东芝为了不降低产能，提高了生产线的速度，将每一个工作流程由20秒压缩为14秒。劳动时间虽然缩短，但劳动强度随之增强。而且"取消"加班后，员工薪水降低。27日，一些员工以罢工抗议，日方管理人员当即宣布解雇参与者。此举激怒所有中方工人，3小时后全厂停工。罢工惊动当地政府，最后，日方妥协，同意每月增加工资150元，厂庆时每位员工奖励1000元，工人复工。

10月，由日本富士胶卷株式会社和美国施乐公司共同投资的富士施乐实业发展（上海）有限公司被举报存在重大走私嫌疑。海关调查发现，一台带有复印功能的DT6135高速黑白印刷系统，按照规定应作为复印机或印刷机申报，但富士施乐却将其报关为零关税的激光打印机，一台机器至少逃税近4.5万元人民币，在过去一年多里，富士施乐进口了上百台这种机器。其他的彩色印刷机，富士施乐也依此法进行报关。此外，富士施乐还被发现有倾销二手设备的恶劣行为，它把日本市场上的旧机器翻新后转卖给中国企业。

12月，被认为在中国市场表现最好的日本家电公司索尼连续爆发三桩丑闻。月初，浙江省工商局通报，索尼的6个型号、30个批次的数码相机均存在成像均匀度、自动曝光不合格等问题，被国家照相机质量监督检验中心综合判定为不合格。索尼（中国）公司先是声明否认，数日后才承认结果并对公众道歉，答应受理消费者的退货要求。月中，索尼新面市的5款液晶电视被发现存在软件缺陷，公司被迫对中国市场上已出售的1.7万台问题电视进行软件升级。月底，北京市统计局通报经济普查数据，并曝光部分违规企业，索尼位列其中，该公司被查出"商品销售总额"指标瞒报18亿元。

这真是一个"丑闻的季节"。在2005年之前，尽管也有"奔驰车被砸"等事件，^① 但是，如此众多的跨国公司陷入公众丑闻危机却是前所未有。它既体现出消费者、各级政府及传媒的日渐成熟，也显示出另外一个现实，那就是国际公司已经渗透和参与到了中国市场的各个层面，成为万马奔腾、尘土飞扬的中国经济的一部分。日本三菱电池中国区域前任市场总监文少波这样描述他的老东家："跨国企业早就对中国的国情和商业潜规则熟稔于胸，'灰色交易'对它们来说也是一种合理的腐败行为。而且，它们进入中国时一般都制定了应对东窗事发的措施。在业绩突出的表象下，跨国企业都心安理得。"[2]

6月6日，中国股市跌至冰点。上证指数无比冷酷地停在998.22点，8年来首次失守千点，曾经被人们批驳或视为笑谈的"千点论"，终于在欲哭无泪的投资者眼前应验。不过，这30年的中国改革历程一再证明过那句中国古话"否极泰来"，所有的苦难都是一段新高潮的起点，两年后，人们将顿悟到这个规律。正是在跌无可跌的低潮期，一场霹雳改革迎来了最好的启动时刻。

这场呼唤了多年的改革就是股权分置。中国股市自创建以来，由于制度设计上的缺陷，存在很古怪的流通股和非流通股两种股权，而且非流通股股东持股比例较高，约为2/3，并且通常处于控股地位。其结果是，同股不同权，上市公司治理结构存在严重缺陷，极易产生"一股独大"甚至"一股独霸"现象。它不但使流通股股东特别是中小股东的合法权益遭受损害，还非常容易滋生丑恶的庄家现象，吕梁、唐万新、宋如华等人便是

---

[1] 2000年12月，武汉森林野生动物园有限公司购买一辆奔驰SLK230轿车，不足三月接连出现方向机漏油、动力明显不足和警示灯闪亮等问题。该车前后修理5次均改善不大，消费者要求退车，奔驰公司拒绝。2001年12月26日，武汉森林公园在热闹的武汉广场举行"砸车仪式"，5名工人挥舞木棒、铁锤把奔驰车砸得面目全非。该事件轰动一时。

[2] 《跨国公司行贿手法大起底》，《南京晨报》，2004年7月24日。

通过控制非流通的法人股而肆意操纵股价的。10余年来，这一现象一直遭到专家的猛烈诟病，然而由于既得利益集团的强大，改革方案屡提屡废。2001年6月13日，证监会曾经郑重宣布国有股减持办法即将出台，市场预期向好，第二天沪指就创出2 245点的历史最高点，然而，减持方案迟迟不得出台，到一年后的2002年6月，国务院发文停止执行在股票市场减持国有股，改革流产。2004年之后，宏观调控突降，沪深两市全面崩盘，所有的大小庄家均自食恶果。随着股市昏迷不醒，阻力陡然瓦解，改革竟成顺势可为之事。2005年4月29日，证监会发布《关于上市公司股权分置改革试点有关问题的通知》，标志着股权分置改革试点工作正式启动，它被定义为"中国股市的第二次革命"。

　　第一家改革试点企业是湖南的三一重工，这是一家由民营资本控制的上市公司。根据董事会的决议，该公司以4月29日总股本2.4亿股为基数，流通股股东每持有10股流通股将取得3股股票和8元现金的股改对价，非流通股股东所持有的原非流通股将获得"上市流通权"。三一重工的股改被认为是一次"破冰之旅"。由于是在低潮期启动，股权分置改革之顺利出乎所有人的预料。证监会主席尚福林日后回忆说："我们做好了最坏的准备，股市实际比预想的跌得要少。"在启动之初，股市曾经出现了持续下跌的景象，甚至在6月份跌破了千点大关，但是随着一批又一批的改革试点公司接踵出现，股市很快企稳。用复旦大学经济学教授华生的话说："这是中国经济体制改革以来，时间最短、进展最顺利、对改革成效争论与分歧最小的重大制度变革。"到一年多后的2006年9月，已有1 151家上市公司进入或者完成了股改程序，公司股改市值占股市总市值比重达到92%。新华社在当月的评论中宣称，中国股市目前可谓已步入"股权分置改革后"的时代，股市中面临的最大瓶颈问题已基本得到妥善解决。也就是从那时起，中国股市从熊市中猛然苏醒。

　　股权分置改革的历程颇似20世纪80年代后期的物价闯关及20世纪90年代后期的企业产权变革，它体现了中国这场改革运动的"不争论特征"：每当某一重大改革被激烈争辩和强行推进的时候，往往成效甚微、陷于流产，甚至可能造成社会的动荡和舆论的紊乱，而当所有争论者都已经精疲力竭的时候，改革却会在最不经意的时刻取得突破。其演进的路径选择往往小于人们之前的猜想。

股改不但解决了资本市场的陈年顽疾，也带来了众多企业经营者的财富暴涨。以三一重工的董事长梁稳根为例。他持有三一重工39%的股权，随着非流通股份的上市及其后的股价上扬，他的资产水涨船高，在2005年的胡润"中国百富榜"上，梁稳根的个人财富为22亿元，到2007年已经暴增到202亿元，位居全国富豪第24位。与梁稳根相比，王石是另外一种财富受益者。作为中国最著名的地产企业创办人，王石从一开始就放弃了资本权的争取，他只持有60多万股的万科股份。在2003年，他对记者透露："我的年薪目前大约60万元人民币，有价证券不到200万元，我只甘愿作为中产阶层。"在本次股改中，很多上市公司纷纷推出了针对管理层的股权激励方案。根据万科公司2006年度的激励方案，王石将获得从二级市场购得的2 491万股万科股票中的10%，即249万股，他持有的万科股票由62.8万股，上升至311.9万股。以当时市值计算，王石财富增加5 000万元左右。媒体评论："王石之所得，与他对万科的贡献不成比例，跟其他地产业者相比更是有天壤之别，不过，股改至少让他得到了一次公平补偿的机会。"

除了财富的重组外，股权分置改革还给中国的商业社会带来了一些"意外"而陌生的气象。被释放的资本力量天然地具有趋优的市场选择力，它自由而民本，一开始就显得无比强劲而清新，它的诞生具有更为深远和值得记录的价值。

在股改过程中，一直任人宰割的小股东第一次展现了自己的力量。10月下旬，以地产为主业的金丰投资启动了股权分置改革，提出非流通股东向流通股东10送3.2股，以获取全流通资格。此方案遭到流通股股东抵制，一个叫周梅森的著名作家连续发表了三封公开信：《我愤怒——致全国流通股股东的一封公开信》《恺撒的归恺撒，人民的归人民——致非流通大股东的公开信》《谁对"人民资产"负责？——致管理层并证券决策部门的公开信》。周梅森是江苏省作协副主席，文笔之犀利自然非同寻常。他写道："毫无疑问，我们正作为牺牲者在亲历历史。这也许是中国证券史上最残酷的一页历史。将来的证券市场研究者们也许会这样记录：2005年5月，中国股市先天不足造成的历史原罪无法追赎，新的剥夺再次发生。上市公司等相关利益集团以其天然强势挟持了股改，中国股市已到了最危险的时候。全国七千万股民在亏损累累的情况下，继续在股改中血流成河。已参加股改的上市公司大部贴权，非流通大股东'赏赐'的那点可怜的对价已变成泡沫，随着指数的下滑化为乌有……面对资本强权，我们是弱者，所幸的是政府和管理层给了我们否决权。股民朋友，千万珍惜您手上的否决权，不论它是金丰投资还是银丰投资，当他们的股改严重不公，再次侵害您的利益时，您一定要行使好您宝贵的否决权，一定要去投票！哪怕只有一百股，您也要大声地告诉资本强权：我愤怒了，不能再容忍了，我的一百股反对！"①周梅森的口吻宛若草根资本在开口呐喊，三封公开信惊起千重波澜，舆论反响热烈。在一个月后的方案表决中，参与投票的流通股股东中约41%投了反对票，从而使该股改方案被否决，也使得金丰投资成为第一家因中小股东维权而遭方案否决的上市公司。

股改的另一个"意外"成果是，它拯救了一些面临深渊的市场型企业家。这年前后，出生于1945年的珠海格力电器总裁朱江洪正踏在一条命运叵测的生死线上。年初，刚好60周岁的他对国资主管领导说："我已经随时做好了写退休申请的各种准备。"

朱江洪是格力的创办人，是一个看上去很内向、实则气血方刚的南方人。从1991年起，他出任珠海一家濒临倒闭的电扇小厂厂长，很快在刚

---

① 周梅森，《我愤怒——致全国流通股股东的一封公开信》，《大众证券》，2005年11月6日。

刚趋热的空调行业站稳脚跟。1996年，格力电器上市，格力空调则从这一年起连续11年产销量和市场占有率均居行业第一。也是在这之后，朱江洪与上级主管发生了矛盾。格力电器在资产上隶属于珠海特区经济发展总公司，这是一家带有强烈行政特色的国有企业集团（与之类似，万科集团当年亦隶属于深圳特区经济发展总公司，王石与深特发之间的争执是万科创业初期最重要的矛盾点）。随着格力空调的壮大，珠特发重组更名为格力集团，成为凌驾于上市公司格力电器之上的"婆婆"。它拥有格力的品牌、重大决策及人事任免权，其治理架构与科龙完全一样，朱江洪为集团的副董事长和上市公司的董事长。随着华南地区的潘宁、李经纬等创业家的相继离职、陨落，朱江洪深感体制之困，多次要求重新梳理集团与上市公司的资产和管理关系，他与上级的关系也随之紧张。到2003年，格力的体制矛盾公开化，朱江洪和集团董事长水火不容，并被媒体迅速热炒成"父子之争"。在其后的三年里，格力集团连换三任董事长，每个都与朱江洪神貌两离，控制权的争夺空前激烈。2003年12月，《粤港信息日报》刊发了一篇署名仲大军的文章《格力再现褚时健式人物》，矛头直指朱江洪有侵吞国有资产之嫌。朱江洪认为此文是对他的严重诽谤，因而将作者告上法庭，并最终打赢了官司。一个有意思的细节是，仲大军是当时格力集团董事长的同学。到2004年，格力电器又因营销矛盾与国内最大的家电零售连锁企业国美电器一刀两断，市场营销出现重大变局，而朱江洪本人也逼近60岁的退休大限之日。据他后来披露，珠海市有关领导已经找他谈话，暗示他随时做好退任的准备。对这场格力风波持续关注的财经媒体均对朱江洪的前途颇为悲观，大多预测他将成为"潘宁第二"。

"神奇大逆转"发生在股改期间。这年9月，就当朱江洪身处去留岔口的时候，格力电器启动股改方案，珠海市政府组织一个班子专门到深圳、北京和上海等地考察并拜访持股的证券公司，每到一地，基金经理提出的第一个问题都是："朱江洪还能留任吗？"有人甚至直言："格力股改的具体条件我们不太感兴趣，我们最感兴趣的是朱江洪能不能不走。"来自资本市场的压力让政府意识到了企业家的分量,就这样,市场资本第一次开口说话就救了一个陷入乱局的企业和它的创业者。最终,在格力集团递交的股改方案中专门明确了一条,"支持朱江洪继续担任格力电器的董事长"。到2006年8月,朱江洪被任命为格力集团的董事长、法定代表、总裁和党委书记,历时数年的"父子之争"以十分意外和戏剧化的方式终结。

朱江洪的这段经历可谓惊险、偶然而不无悲哀,在一个体制转型的时期,很多理性的结局都充满了非理性的色彩。

如果没有互联网,这部企业史也许会失掉一半的激荡。这个从实验室里窜出来的精灵,一开始是如此的虚幻,渐渐地它披上了资本的金翅膀,染上了商业的气息,渗透到社会生活的每一个毛孔。跟几年前相比,这个世界再一次改天换地,网络游戏、博客、视频、互动社区,新概念一个接一个地耀眼爆炸。以新闻为主要人气元素的门户网站被新兴的浪潮超越,它甚至遭到了后起者的资本狙击。在过去的两年里,中国网民人数超过1亿,盛大、前程无忧、腾讯、携程、TOM在线、e龙、空中网、金融界、灵通和九城等十多家互联网公司接连在海外上市,中国互联网公司股票市场价值总和达到了100亿美元,这是一个带有"元年"意义的时代。

这年最得意的互联网英雄是盛大游戏的陈天桥。这个靠50万元起家的神奇小子在2004年8月10日名满天下,盛大游戏在纳斯达克上市,31岁的陈天桥所持股票市值达到了11.1亿美元,身家超过比他长两岁的浙江同乡、网易创办人丁磊,成

▲陈天桥

第五部　2003—2008　大国梦想成真

为《福布斯》版本的新晋中国首富。在短短 5 年的创业时间里，他的财富飙升了 1.8 万倍。人们突然发现，在年轻的陈天桥之前，上海已经很久没有出"企业家"了，对于中国最大的商业城市，这也许是一件带有讽刺意味的事情。2 月 19 日，陈天桥又做出一件让互联网世界闹翻天的大动作。这一天，盛大宣布在纳斯达克的公开市场上购得 19.5% 的新浪网股份，一跃成为这家中国最大新闻网站的第一大股东。有报道称，当身处巴黎的陈天桥打电话向新浪 CEO 汪延告知这一消息的时候，后者对此一无所知，而有意思的是，汪延此时也在巴黎。新浪在第二天发表强硬声明，对盛大的恶意收购表达不满，一场争夺控制权的舆论大战一触即发。为了阻止盛大的进入，新浪甚至启动了所谓的"毒丸计划"，也就是所有新浪股东都将获得一份购股权，如果盛大继续增持新浪股票致使比例超过 20%，股东（当然除盛大之外）就可以凭着手中的购股权以半价购买新浪增发的股票。很显然，"毒丸计划"一旦启动，结果将近乎玉石俱焚。这起并购大战的结果是，盛大停止增购股份，而新浪也只有默请陈天桥进入董事会。此役内幕重重，众说纷纭。在操作手法上，这是一种标准的华尔街收购方式，被著名国际投资银行摩根士丹利认为是"首例遵循美国法律进行并购的中国案例"。在中国互联网史上，经此一战，原本由新浪、网易和搜狐把持的"门户时代"宣告终结。

如果说，陈天桥让人们对网络新势力刮目相看的话，那么在这年夏天，李彦宏和他创办的百度则让世界又一次震惊。8 月 5 日，号称全球最大中文搜索引擎公司的百度在纳斯达克上市，首日挂牌股价高达 120 美元，以破天荒的高达 354% 的涨幅创造了美国股市 213 年以来外国公司首日涨幅的最高纪录。在接受《华尔街日报》采访时，李彦宏说："当今纳斯达克最热的两个名词，一是'中国'，二是'搜索'，百度凑巧都搭上了边儿。"他说这段话的时候轻描淡写，背后却好像有一个历史的巨轮隆隆地飞滚过来。耶鲁大学经济学教授陈志武甚至认为，"在对科技进步的激发作用上，我认为'神舟六号'的作用还不如百度上市来得大"。①他在接受《南风窗》记者采访时说："这几年，很多中国IT公司到纳斯达克上市，就是利用全球化的机会，把许多年轻人的创造力在短期内变成了财富。百度上市，李彦宏一夜之间成了拥有9亿美元的富翁。不仅如此，百度员工中身家达到1亿美元的有7个，1000万美元的有100多个，而这些人中，很多都是三四年前才大学毕业的年轻人。媒体对这些事情的广泛报道，会激发很多年轻人对科技的兴趣，让他们每个人都意识到通过创新自己也可以是下一个李彦宏，创建下一个百度。互联网和资本市场对实现财富速度的加快，其能力真是令人激动。"②

如同所有进入青春狂飙期的产业一样，与热情激越相伴随的往往是百无禁忌的野性，特别是在狂热资本的炙烧下，种种没有道德底线的行为开始侵蚀互联网经济的单纯性，这样的景象其实在当年的保健品、家电等行业中都一一上演过。在某种意义上，创业家的草莽色彩一直贯穿整个30年。在这一年，流氓软件和血腥暴力的网络游戏成了公害。

一位叫连岳的专栏作家讲述了一个故事：我有个朋友装了某地中国电信的ADSL，奇妙的事情就发生了，每当他往浏览器的地址栏输入Google（谷歌）的地址时，就会跳出个网页，上有两点"温馨提示"，一是声称此网站不存在，二是断定"你可能是要找3721"。3721是一家网络搜索引擎公司，创办人周鸿祎研制出一种插件软件，它随时可能在电脑上弹出，让电脑用户无比烦恼。连岳写道："在网络时代声称Google不存在，就像说太阳只是虚构的，需要多么大的撒谎勇气。"

---

① "神舟六号"是中国第一艘执行"多人多天"任务的载人飞船，于2005年10月12日成功发射。"神六升天"是当年年度最重大的中国新闻之一。

② 这年，在纳斯达克上市的重要公司还有中国最大的户外视频广告运营商分众传媒，7月13日，上市市值为6.8亿美元，创始人江南春的身家为2.72亿美元。由于占据中国楼宇视频广告市场98%的份额，分众传媒被华尔街看好，到2007年11月，市值已达46亿美元。

9月10日,第五届"西湖论剑"在杭州举办。论坛期间,一位愤怒的中年妇女突然站起来,控诉暴力、血腥的网络游戏让她的儿子沉迷其中、不能自拔。她指着台上的丁磊说:"要是我在外面看见你,我非杀了你。我儿子就是玩网络游戏上瘾了。"丁磊喃喃地问她儿子玩的是什么游戏,妇人说,"是《传奇》"。满脸通红的丁磊忙说,"那是陈天桥的东西"。

发生在2005年的所有经济事件和公司新闻,都像硬币的两面一样,互相依存而对立矛盾,彼此的坚硬和光泽正映衬出世事的荒诞。[①] 开始于2004年春天的宏观调控,再一次将中国经济增长和制度变革的深层矛盾以最激烈和戏剧性的方式呈现出来。在3月初的全国两会上,经济学家、全国政协委员吴敬琏谈及,"中国变革已进入'深水区',每前进一步都会触及一些人和一些部门的既得利益,遭到现有利益格局的反对,因而必然遇到阻力,延缓改革的进展"。他的发言引起共鸣。在很多人听来,"深水区"的比喻有多层含义,它既指改革向更为艰难而未知的深处推进,也意味着利益冲突的复杂性与多元化——有人甚至改用法国大革命时期罗兰夫人的那句名言感叹,"改革,改革,多少利益假汝之名以行之"。此外,"深水区"的比喻也表明我们正在进入一个纵深广阔、十分陌生的商业时代。对于很多中国人来说,过去已经是另外一个国家。即使在海外的观察家看来,中国变革的丰富性也让人难以给出一个确定的评价。英国《金融时报》的首席评论员马丁·沃尔夫在一篇评论中写道,"也许今天我们每一个人所议论的中国,都是另外一个国家"。6月27日出版的美国《时代周刊》在过去80年里第六次以已故的中国政治家毛泽东主席为封面,毛主席的服装上耐人寻味地印上了著名服饰品牌LV(路易·威登)的标识,周刊的主文标题

[①] 关于"荒诞",美国荒诞新闻学的教父亨利·汤普森有一段名言:"我们很难看清楚历史,因为那都是一些过期的垃圾,但是即使不了解历史,我们也绝对有理由相信,一个时代的能量会在一阵耀眼的闪光之后趋于成熟,为何如此,当时没有人了解,事后回顾,也没有办法解释清楚。"汤普森于2005年2月20日在家中饮弹自尽。

是《静静的革命》(The Quiet Revolution)。跟过去很多年来的观察文章一样，它再一次宣称物质化的时代已经降临中国。

11月11日，在美国旧金山附近的小城克莱蒙特，当世最伟大的管理学大师彼得·德鲁克在酣睡中悄然去世，终年95岁。此刻，与他同时代的那些伟大思想家正聚集在天堂的门口一起等待这位最后的迟到者，马尔库塞已经等了26年，萨特等了25年，福柯等了20年，连长寿的卡尔·波普和哈耶克也分别等了10年和13年，至此，"二战"之后出现的思想巨人都已成历史。在过去的10年里，这位以"旁观者"自居的管理学家与通用电气的前CEO杰克·韦尔奇是最受中国企业家追捧的商业智慧人物，人们从他那里学到了创新、科学管理、知识工人等新名词，但是大家到底听懂了多少他讲的话却是另一回事。他的去世让商业界的观察家们很是沮丧了一阵："德鲁克死了，接下来轮到谁来替我们思考管理？"德鲁克在晚年开始关注遥远的、他未曾到达过的中国。在去世前的一个月，他还写下了"欢迎加入彼得·德鲁克研究会西安企业家联谊会"的祝词，那时，他的身体已经极度衰弱，每天昏睡超过18个小时。

客观地说，没有一个人的去世会让世界停止哪怕一秒的进步。就在人们为德鲁克悲伤的时候，新闻记者出身的《纽约时报》专栏作家托马斯·弗里德曼适时地转移了话题，他在这年出版了《世界是平的》一书。它迅速成为全美最畅销的商业图书，微软的比尔·盖茨十分罕见地成为该书的忠实拥趸，他认定这是所有决策者和企业员工的一本必读书。弗里德曼的观点很简单：柏林墙的倒塌、互联网的崛起和开放源代码运动共同创建了一个"平坦"的全球政治、经济和文化景观，使过去与权力和财富中心无缘的人得以直接参与赚钱和制造舆论的活动——只要他们有能耐、有胆识、有宽带连接就行。很显然，这种无比乐观的"全球化宣言"让人心生愉悦，面对这样的判断，美国人与中国人会读出不同的感受，前者觉得自己将征服这个"平的世界"，后者则信心十足地认为自己将从边缘迈向"已经被碾平的世界的中心"。

2006 / 资本的盛宴

> 故事在城外，浓雾散不开，看不清对白；
> 你听不出来，风声不存在，是我在感慨；
> 梦醒来，是谁在窗台，把结局打开。
> ——周杰伦：《千里之外》，2006年

这年早春，20世纪70年代出生的商业专栏作家许知远怀揣一本美国人杰里·邓尔麟写的《钱穆与七房桥世界》[①]，坐车前往国学大师钱穆的故乡江苏无锡，那里是长三角地区经济最发达的城市之一。邓尔麟的书上印着十几幅钱穆家乡无锡七房桥的黑白照片，那是1980年前后的江南，水乡气息与中国古建筑的上翘房檐，令人亲切。许知远到无锡时已是夜晚，"小雨仍未停。霓虹灯与汽车烦躁的鸣笛声，打破了我的遐想。那些丑陋的、千篇一律的建筑又

[①] [美]邓尔麟著，蓝桦译，《钱穆与七房桥世界》，北京：社会科学文献出版社，1998年版。

出现了，几层的小楼，白色瓷砖墙，深蓝色玻璃，中国所有的市镇，不管是南方还是北方，西部还是东部，总是惊人地雷同。在这座盛产文人风雅的城市，同样到处都是房地产的广告，园林风格早已被遗弃，人们最热心的是'剑桥风格''北美别墅'。毫无例外，市中心被太平洋百货这样的购物中心占据着，在路边散步时就像走在缩小一号的上海淮海路上"。①

在9月的第63届威尼斯电影节上，36岁的中国导演贾樟柯拍摄的《三峡好人》获得最高奖项"金狮奖"，这是一部写实而略显沉迷的电影，两对平凡夫妻在长江边寻找、争吵，然后分手。电影的拍摄地点是有2 000年历史的重庆奉节县。贾樟柯发现，5个月的电影拍摄竟跟不上场景的变化。一开始，他能看到一座旧楼在远处，等他短暂回到北京再回到现场后，楼房消失了，紧接着，另一片建筑又倒塌了，即使摄影机镜头保持静止，里面的空间也早已面目全非。"古城到处都在拆迁，"贾樟柯感慨地说，"我的镜头跟不上这种节奏。"

也许，没有一个国家像今天的中国那样让人恍若隔世。对于很多人来讲，他们生长的地方都已经不复存在。唐宋诗人笔下的江南早已面目全非，那些"小小的寂寞的城"（台湾诗人郑愁予在《江南》中的诗句）如今都已成了全世界最重要的制造工业基地。昔日蜿蜒的街道被拉直拓宽，街道上的青石被撬掉扔弃，在它的上面建起了呆板高大的楼房和商铺，雨廊、飞檐、河埠头都成了记忆中的画面。过去20年中，约有4亿中国人摆脱了极度贫困，这一成就主要归功于迅速而广泛的城镇化进程。根据专家的预测，城镇化运动还将持续下去，今后20年内，预计还将有4亿人迁入城市。这使得这个国家到处像一个建设中的工地。《参考消息》援引外电说，中国每天新建房屋面积占到全球总量的50%左右，一年的房屋总量相当于俄罗斯全国现有的房屋面积。重庆10天的建筑成果，相当于15个纽

---

① 许知远，《消逝的七房桥世界》，2006年3月26日，http://blog.sina.com.cn/xuzhiyuan。

约曼哈顿的克莱斯勒大厦。

中国经济不可遏制的发展冲动,让所有的观察家都惊诧不已。也是从这年开始,我们将很少看到关于"中国经济即将崩塌"的预言,因为它实在是落空了太多次。相反,一些颂扬中国变革的图书开始畅销,詹姆斯·金奇的新书《中国震撼世界》进入全美的畅销书排行榜,并一举获得这一年英国《金融时报》的年度最佳

▲拆迁

图书奖。法国资深记者埃里克·伊兹拉莱维奇在2月出版的《当中国改变世界》①也迅速成为欧洲的一本热销书。9月,在《福布斯》杂志的"全美风险投资家排名"中列第一名的美国红杉资本合伙人迈克尔·莫瑞茨造访中国,他因投资了雅虎、谷歌及PayPal(贝宝)而名扬天下。红杉资本此前的投资半径据说"不超过硅谷40英里",而现在它也迫不及待地来到了中国,莫瑞茨对记者说,如果过了50年、100年以后再回过头来看,中国的伟大公司或许还没有诞生。

莫瑞茨的话含有太多恭维的成分,不过他也许说对了事实:一个伟大的时代,并不保证一定能够诞生哪怕一家——伟大的公司。1月5日,时任中石油集团总经理的蒋洁敏在中央企业负责人会议上说:"中石油是亚洲最赢利的公司,不是之一,是第一。"人们可以想象他在说出这番话时

---

① 《当中国改变世界》中文版已由中信出版社于2005年出版。——编者注

的激动和骄傲,不过很少有人觉得最会赚钱的中石油已经是一家伟大的甚至一家值得尊敬的企业。

在高速成长的通道里,大型国有公司的光芒最为耀眼。自2004年春夏的宏观调控之后,它们在资源型领域中的垄断地位得到了空前的巩固。如果说中国经济发展是一棵结满了苹果的大果树,那么,它们无疑是最大的、在有些繁茂枝条上是唯一的收获者。同时,随着现代企业制度的推广,这些企业的资本市场化和竞争力也得到了加强。国资委成立三年以来,中央直属企业的主营业务收入增长78.8%,年均

▲蒋洁敏

递增21.4%;利润增长140%,年均递增33.8%;上缴税金增长96.5%,年均递增25.2%;净资产收益率达到10%,提高了5个百分点;国有资产保值增值率达到144.4%。现在,它们看上去是一支不可能被击败的"无敌舰队"。

在过去的两年里,全球能源空前紧张,国际原油价格从每桶25美元上涨到每桶70多美元,在这种背景下,处于垄断地位的中国三大石油公司——中石油、中石化和中海油的赢利能力暴增。2004年,中石化净利润比上年疯狂增长了70%,2005年在此基础上又增长42%,到2006年,再增28.08%。中石油更是捷报频传,2005年实现营业额5 522.3亿元,较上年度增长了39%,公司以1 333.6亿元的净利润成为亚洲最赚钱的机器,一举超过了港交所多年的蓝筹老大汇丰控股和此前亚洲最赚钱的企业日本丰田汽车。《南方周末》记者陈涛在《中石油:老大是怎样当上的》一文中算了一笔账:"主要的原因在于价格,中国的石油价格随着国际价格走。而国际油价不断走高,开采成本却相对固定。现在国际油价已经跑到每桶

90美元上方,而开采成本呢,以中石油旗下重镇大庆油田为例,每桶的开采成本仅为6.86美元。可见,中石油赚的主要是石油资源的钱。而石油资源,在理论上,它是属于全体中国人所共有的。中石油拥有的石油探明储量为116.2亿桶,以每桶90美元计算,则其总值大约为7.8万亿元人民币。"①令人惊愕的是,在如此暴利的前提下,石油公司还突破国家限价向民营油站售油。中央电视台记者在采访海南一家民营加油站的老板时得悉,2006年4月23日,他从两大石油巨头的进货价是每吨5 300元,而当时国家的最高限价是每吨4 744元,也就是比国家限价高出556元。中石化的内部刊物也在10月18日报道称,在国际原油价格57.65美元一桶的时候,美国的汽油价格相当于人民币4 118元一吨,而当时国内的批发价是6 585元一吨,比美国高出2 467元,幅度达59.9%。耐人寻味的是,1月,财政部仍决定拿出100亿元补贴给两大石油企业。国资委的解释是:"中石化和中石油等大型企业,不惜以牺牲自己的利益来换取国民经济的稳定发展,很多时候中央大企业为大局而做出了牺牲,知道的人并不多。"据11月14日的中国新闻社报道,在美国《财富》杂志公布的"2006企业社会责任评估"排名中,中石油排名第63,在榜单中位居倒数第二,最后一名也是中国的垄断企业——国家电网公司。

8月10日,在纽约证券交易所上市的中国移动以每股33.42美元收盘,市值达到1 325.8亿美元,首次超过英国电信公司沃达丰,成为全球市值最高的电信运营公司,这年它的营业收入为2 853亿元,税前盈利968亿元。这家企业的高盈利能力当然也与垄断格局有关。而有意思的是,在过去的几年里,电信领域的三大寡头——中国移动、中国联通和中国电信曾经发生过激烈的价格战,特别是前两家之间,在用户争夺和价格方面针锋

---

① 2006年7月14日,纽约商品交易所原油期货价格达到每桶78.4美元的历史最高点,之后继续盘整上攻。陈涛的文章发表于2007年11月1日,当时,油价已经攀升到96.2美元,向100美元冲刺。

相对，有些地方甚至发生了恶性群殴事件。据信息产业部的数据显示，自1998年以来的5年内，上报该部的互联互通恶性案件达540起，也就是说每4天发生一起，至少影响到1亿人次用户使用。

2004年11月1日，一个十分戏剧性的换岗新闻轰动全球商业界。在国资委的主持下，三大电信企业的领导者换岗任职：原中国联通董事长兼总裁王建宙调任中国移动总经理；原中国移动副总经理王晓初调任中国电信总经理，原中国电信集团副总经理常小兵赴任中国联通董事长；原中国移动总经理张立贵和原中国电信总经理周德强于即日起退休。国资委对此的解释是，闪电换位是为了"抑制过去几年电信运营商之间愈演愈烈的恶性竞争，从而引导电信运营商之间进行理性竞争，提升国有电信运营商的投入回报"。

消息一经公布即引起外界的轩然大波，受到了资本市场及电信分析师们普遍质疑及谨慎关注。投行分析师们认为动用行政手段跨越资本市场制约、破坏上市公司治理结构的做法是对资本市场的一次粗暴损害，这是自1994年电信改革后电信业的一次倒退。有"最危险女人"之称的《财经》杂志主编胡舒立在《电信高层"闪电换位"弊大于利》的评论中直言："三大电信海外上市，我们都听到一种说法——缺的不是钱，而是机制，上市是为了换回好机制。对内对外，几乎千篇一律。那么，这种机制的核心到底是什么呢？当然是资本市场所认可的公司治理结构。然而，此次中国国有大股东对三大电信商强行操作高层互换，整个决策过程并不透明，更谈不上事先在上市公司董事会与股东大会酝酿相商；其手法，显示所有者仍将企业管理者当成可以随意调动的政府官员，对市场通行的'竞业禁止'规定和'利益冲突'概念全无认知，更暴露出上市公司的管理层激励机制形同虚设，未有生效。如此无所顾忌地'跨越资本市场制约'，所伤害的正是上市公司治理结构之本。这是一种致命伤，不仅伤害了三大上市公司本身，还会对诸多处于转制过程中的国有企业带来不良示范效应。"① 尽管受到如此激烈的批评，这种换岗的威慑力却是显见的。自换岗之后，三大电信企业迅速形成新的"寡头默契"，原本硝烟四起的价格战偃旗息鼓，"行业秩序"一时井然，各家的盈利也当然大大增加。

  近年来，对电信垄断的诟病从来没有停止过。4月，《经济参考报》刊文质疑电话"月租费"，电信专家巩胜利认为，这是计划经济下"行政批权"的产物，根本没有经任何国家法律程序。可是，它在没有"法律规则"和"监督程序"的环境下，世袭近30个年头岿然不动。2004年年底，中国固定电话和移动电话总数突破5亿多用户，电信企业仅"月租费"一项，一年就轻松获利超过2 000亿元，其中，中国移动近10年的"月租费"一项，收入总额超过1万亿元。而多年以来的固话、移动电话"月租费"相加之和，应有5万亿元之巨。北京邮电大学教授阚凯力则炮轰手机"漫游费"。据他披露，手机漫游的成本实际上几乎为零。在2005年，中国移动漫游费收入大约为490亿元，占了其利润的一半以上。相比较，美国电信业实行全网同价，不但没有漫游费，连国内长途费都没有。从美国打越洋电话到中国，每分钟只要1.67美分，约合0.13元人民币，而从中国打过去则需每分钟8元人民币，相差60多倍。阚凯力还指责，暴利的垄断格局使得电信企业拒绝新技术。譬如，已在欧美全面应用和普及的网络电话和无线宽带覆盖技术将大大降低电信的使用成本，甚至实现免费服务，然而，它们都毫无悬念地被打入冷宫。露骨的电信垄断让人们最真切地看到了一条经济学原理，"垄断没有好或者坏，只有坏或者更坏"。

  10月27日，中国工商银行在上海和香港两市同时上市，其股票发行规模合计达191亿美元，刷新了全球首次公开募股的最高纪录。工商银行董事长姜建清在港交所大厅激动地对记者说："我非常非常的满意，今天的上市非常非常的成功。"在2005年10月，中国建设银行也在香港成功

---

① 胡舒立，《电信高层"闪电换位"弊大于利》，《财经》，2004年第22期。

上市，当时曾创下多项纪录，其中包括：香港股市有史以来集资规模最大的首次公开募股、2001年以来全球集资金额最大的首次公开募股、中资企业"全流通"上市第一股等。不过，与工行上市相比，建行的这些纪录顿时相形见绌。到2007年7月，随着中国股市的狂飙直升，工行股价一路上涨，市场资本总额达到了惊人的2 540亿美元，从而超过美国花旗银行的2 510亿美元，成为世界第一大银行。

全亚洲最赚钱的企业、全球最大电信企业、全球第一大银行，当这些黄金桂冠一一落到中国企业头上的时候，再也没有人敢于质疑中国经济的强势以及垄断的力量。9月，国家统计局最新调查结果显示，国有企业集团总资产近20万亿元向垄断领域集中。在娱乐业、计算机服务业和建筑装饰业等行业中，没有国有及国有控股企业集团。在一些市场化程度较高、竞争激烈的行业，国有及国有控股企业集团所占比重相对较低，如木材加工、服装和建筑安装等行业低于10%，纺织业、农副产品加工业、塑料制品业、化学纤维制造业比重不到1/3。而在石油和天然气开采业、电信和其他信息传输服务业、煤炭开采和洗选业，几乎全为国有及国有控股企业集团所占据。电力、热力的生产和供应业，运输业，交通运输设备制造业等关系国家经济命脉的关键行业或领域中，国有及国有控股企业集团所占比重也在90%以上。从1998年到2005年，国有企业利润节节攀高，实现利润从213.7亿元提高到9 047亿元，短短7年增长了42.3倍，累计利润超过4万亿元。以此视之，国有企业效益困局不但豁然全解，而且呈现出前所未有的强盛。

7月12日，美国《财富》杂志公布了2006年度"世界500强"公司名单，共有22家中国企业入选，中石化由31位升至23位，位居中国企业之首；国家电网公司，从40位升至32位；中石油从46位升至39位。《中国青年报》在题为《入选"世界500强"的内地企业让人汗颜》的评论中认为："一个企业发展到何种程度，就可以称为强？在我看来，'强企'至少要具备以下几种因素：持续且上乘的盈利能力、通过竞争取得行业领先地位、核心竞争优势、精简而高素质的人才队伍、强大的创新能力、健全的规章制度、抗风险能力、国际化水平、品牌知名度高。按照这些标准,我们几乎可以不假思索地判断:这22家上榜500强的中国企业,能够称得上'强'的寥寥无几。"[1]

▲李荣融

不过对于这一景象,也有不同的观察结论。国资委主任李荣融认为,"石油、电信、电力等行业中几乎没有垄断"。2005年12月22日,在国务院新闻办公室举办的记者会上,他说:"这么好的一个局面中间有很重要的一条原因就是竞争,也可以说我们这些行业当中几乎没有哪一家垄断的。实际上石油、电信、电力已经形成了一个基本竞争的格局,而且这些企业的主要资产都在上市公司。准确地说,它们的股权已经多元化、社会化。"

当姜建清在港交所激动地说"非常非常的满意,非常非常的成功"的时候,他的身后站着一群笑容满面的美国基金经理。《华尔街日报》在一篇评论中颇有点羡慕地写道:"打开这两年的业务利润报表,最赚钱的华尔街经理人,有一半与中国有关。一个不争的事实是,这些投资银行家在中国不是赚了很多钱,而是赚走了几乎所有的钱。"

如果说在2001年之前,国际资本在中国的超国民待遇主要体现在税

---

[1] 邓璟,《入选"世界500强"的内地企业让人汗颜》,《中国青年报》,2006年7月18日。

收优惠、行业优先进入等方面，那么，在此之后，它们的最大收获是优先参与了国有垄断企业的资本市场化运作。我们已经在2002年描述过能源行业的合资景象，而近年来，更大规模的资本获利发生在金融领域。

中国对国有银行的市场化再造开始于20世纪末。1998年，财政部发行2 700亿元特别国债向中国银行、建设银行、工商银行和交通银行这四大国有商业银行注入资本金，1999年，四大银行被允许剥离1.4万亿元不良资产。然而，第一次"注血"与剥离并没有让这些银行的经营和资本状况得到根本改善。一直到2002年，后来成为全球最大银行的工商银行仍然在年报中承认，资本充足率只有5.54%，不良资产合计有7 598亿元，所有者权益数却只有1 782亿元。根据WTO的协议约定，中国将在2006年全面开放人民币业务，所以在此之前完成银行的改革已进入倒计时。于是，在2003年12月，国务院决定动用450亿美元的外汇储备为中国银行和建设银行注入资本金，2005年又动用150亿美元的国家外汇储备为工商银行注资。正是在这种强有力的国家资源的巨量输入下，四大银行一下子变得靓丽无比，其一级资本充足率均达到或超过8%，不良贷款率大幅下降至5%以下，历史包袱基本甩光，资产负债表质量显著改善。接下来，变成"靓女"的四大银行纷纷出境"路演"，寻找国际战略投资人，在进行了资产重组后，再谋求上市。2006年和其后的2007年，是"银行上市年"，几乎所有重要的银行都在这期间纷纷上市。那些捷足先登的国际金融机构从中渔利惊人，构成一个百世不现、无以复制的"花样年华"。

▲外资进入中国

第五部　2003—2008　大国梦想成真

5月，交通银行在香港上市，英国汇丰银行出资144.61亿元购买91.15亿股，拥有19.9%的股权，每股为1.86元。到2007年中期，交行市价接近每股10港元，汇丰净赚800多亿元，2007年，交行A股发行上市，汇丰又赚100多亿元，合计将近900多亿元，获得6倍多回报。另外值得一提的是，该股国内发行价每股7.9元，是外资购买价的4.25倍。6月，中国第二大银行——中国银行在香港上市，苏格兰皇家银行、新加坡淡马锡控股、瑞银集团和亚洲开发银行以51.75亿美元购得近20%的股份，购买价格每股1.22元。上市后，按照2007年9月7日盘中价格计算，市值最高达到2 335亿元，4家外资公司净赚1 932亿元人民币，投资收益4.8倍。中行国内发行价每股3.08元，是外资购买价的2.52倍。10月上市的中国工商银行亦呈现相同景象，美国高盛集团、德国安联集团及美国运通公司出资37.8亿美元入股工商银行，收购工行约10%的股份，每股价格1.16元。当年上市后，按照2007年8月15日盘中价格计算，市值最高达到2 313亿元，三家外资公司净赚2 018亿元人民币，不到一年时间投资收益6.84倍。该股国内发行价每股3.12元，是对外资发行价的2.69倍。于2005年10月在香港上市的中国建设银行，在上市前向美洲银行和新加坡淡马锡公司定向发行39.66亿美元的股票，占总股本的14.1%，每股定价约0.94港元。建行上市的发行价格为每股2.35元港币。2007年9月，建行回归国内A股上市，两大外资公司的股权市值达到2 932亿元人民币，共赚2 600多亿元。

除了上述四大国有银行之外，中型银行的资本重组也如出一辙。也是在这年，兴业银行宣布向香港恒生银行、新加坡新政泰达和国际金融公司定向出售27亿元股份，每股售价为2.7元。2007年2月，兴业银行在上海证券交易所上市，当日股价就达62.8元，三家外资公司净赚约600亿。该银行国内发行价格每股15.98元，是外资购买价的5.92倍。2006年4月，德意志银行和萨尔·奥彭海姆银行出资26亿元人民币，购入华夏银行约5.872亿股份，占华夏银行总股数的14%，每股价格4.5元，按2007年9

月的市值计算,净赚112亿多人民币。而且,两家跨国机构拥有的股份超过首钢成为华夏银行的第一大股东,这也是第一家被外资实际控股的中国银行。

中国政府对庞大的国有商业银行体系进行的重大改革,被认为"采取了从未尝试过的全新的改革方式和途径",与之前的所有变革行为一样,它也引起了观点截然对立的争论。一些专家表示了强烈的质疑,认为这种银行再造模式有"用国民财富为商业银行洗澡""国有银行被贱卖""引进战略投资人拒绝内资进入"等诸多嫌疑。不过,所有引进了国际金融资本的银行,都异口同声地认为,"成功地引入国际战略投资者后,治理结构得到极大的加强,使其真正成为具有国际竞争力的现代化商业银行"。年底,美国高盛集团董事总经理、经济学家胡祖六亲自下场参与论战。他在《经济观察报》上撰文认为,"国际战略投资者为中国的银行带来了明显的短期利益,和中长期的潜在'增值'效应,所以战略投资者通过较低的进入价格以分享部分未来'溢价',是合情合理的'公平买卖',并无所谓国有资产'贱卖'问题。针对"不对民营资本开放"的疑问,胡祖六的回应更是直接:"中国有汇丰、花旗或高盛这样的有国际经验和口碑的民间投资家?"所以,"这些机构有显而易见的优势,它们可以直接带来商业银行的产品技术和管理经验,也符合中国传统文化'门当户对'的观念"。他还用一种很轻松的口吻写道:"其实,只要双方互相满意、合作愉快,最终能够增添公司价值,又何必对投资人的选择评头品足、横加干涉?"[①]

胡祖六的立论基础是"用股权换经验",这颇似当年"用市场换技术"的论调,后者之落空已被证明,前者之成效有待未来的观察。在过去的20多年里,每当改革行进到十字路口的时候,潜伏在中国经济变革逻辑深处的那只"所有制怪兽"总会不可避免地如幽灵般出现,人们一次次地摇

---

① 胡祖六,《银行系统改革最困难 需要不需要国际战略投资?》,《经济观察报》,2005年12月3日。

摆在效率与公平、突围与代价、创造与分配的辩驳中。

与国有资本高歌猛进、跨国资本如鱼得水的表现相比,门偏户弱的民营资本则显得要弱势得多。

2006年以来,《中国企业家》主编牛文文发现,在近来的企业界聚会上,听到最多的一句话是:"最近又有谁在准备卖企业啊?"11月,他在自己的专栏中写道:"这样的私下打听,差不多成了标准的'见面问候语'。过去这一年多时间里,卖掉自己企业大部分股份的企业家越来越多,交易的节奏在加快,规模在放大。掰着指头数,差不多每个月都有一两起并购新闻。经营有困难的卖,跑得正欢的也有不少买家盯着;这个月还在论坛会议上见过面,几个月不见,说不定就有谁把企业卖掉了!这些卖掉的企业,什么行业什么地域多大规模都有,但买主几乎全是跨国公司或跨国资本。"牛文文这篇专栏的标题是《为什么要卖掉企业》。为了解开这个疑问,他派记者调查了一起并购案。

9月22日,中国最大的私营润滑油制造商统一石化公司把75%的股份卖给了壳牌,后者因此成为仅次于中石油、中石化的第三大企业。统一总经理李嘉对记者说:我们是一个民营企业,没有强大的资源背景(基础油供应),无法支撑下去了。统一润滑油一直受中石油和中石化的原材料垄断所困。在中国,润滑油产业的最下游零售终端已经高度市场化,产业的最上游原料基础油却被中石油、中石化控制,去海外采购则可能使成本增加20%左右。加入壳牌无疑可以成功突破国内两巨头的这种垄断,并且可以规避原材料价格波动带来的风险。牛文文据此评论说:"'没办法'独自撑不下去了''扛不住了',许多人卖企业,都是'不得已而为之'。这几年,国内企业经营环境发生了很大变化,建立在原来宽松环境基础上的竞争策略和生存能力受到致命打击,不少企业已经撑不下去了,即便苦撑下去,也几乎看不到隧道尽头处的光亮。在这种情况下,尽快找到一个'真正能够拿出现金'来支撑住企业运作的'大佬',成了大家共同的选择。那么，为什么要卖给跨国资本？因为，在这个调控时刻，'真正能够拿出现金'来的买主，会是什么人呢？答案不言自明：不受国内金融环境影响（有钱）、在人民币升值大趋势下非常想进入中国（有意愿）的跨国资本、跨国公司……卖掉企业，卖给跨国公司，应该是企业家在特定环境下的一种理性选择。"①

就在牛文文发表这番评论的一个月后，有"民营石油第一人"之称的天发石油董事长、全国工商联石油商会会长龚家龙因"扰乱金融秩序、伪造金融票据罪"卷入刑事风波。龚家龙在2003年的民营重型化运动中十分活跃。2005年6月，他发起成立中国长城联合石油公司，注册资本8.7亿元人民币，业务涵盖石油天然气的勘探、开采、炼制与销售等。龚家龙提出将打造一个"中国的民营石油航母"，成为中石化、中石油之外的"第三极"。长联石油尽管拿到了工商执照，但是，石油业经营的四大通行证，即成品油批发许可证、成品油零售许可证、成品油进口许可证以及国内矿产勘探开发许可证"四证"均无法获得。年末，龚家龙被爆财务丑闻，据称采用非法手段套取29亿元的银行贷款。龚家龙后被警方逮捕，业界随即传出中石化即将入主"重组"天发石油。已经濒临瓦解的全国工商联石油商会发表了一个微弱的声明称，"我们坚决反对非民营的垄断石油企业借此机会染指民营石油企业资产，从而影响构建中国石油市场和谐发展的改革努力。龚家龙失踪后，原本就拼凑而成的民营石油企业结盟瞬间瓦解。2006年12月底，遵照加入世界贸易组织的协议，我国开放了国内原油、成品油批发经营权，然而根据出台的《成品油经营企业指引手册》规定，企业要想申请成品油批发经营资格，申请人提交的材料必须包括"全资或50%以上（不含50%）控股拥有1万立方米以上成品油油库的法律证明文件"。这一条款对国内的垄断巨头和跨国石油集团是重大利好消息，却让势单力薄的民营企业叫苦不迭。于是，禁令开放之日，就是

---

① 牛文文，《为什么要卖掉企业》，《中国企业家》，2006年20期。

弱者出局之时。北京的《京华时报》报道，到2007年6月，全国90家民营油企正与9家跨国巨头谈判，其中15家已与外企签署收购意向协议。这些民营油企之所以出售，根本原因是一直没有固定油源，生存困难。

民营资本在重大行业重组的"资本盛宴"中，被彻底边缘化的命运已无可逆转。在这年公布的"中国企业500强"排行榜中，国有资本总量占有绝对性的98.36%的份额，入选的私营公司数目为74家，其资产加在一起还不到中国工商银行的1/10。如果将中国500强与《财富》杂志评出的"世界500强"进行一次比较，我们可以发现，世界范围内赢利能力好的行业主要集中在汽车、食品、电子电器、建材、工农业设备、零售、贸易、银行、保险、制药等竞争性行业，而中国则主要集中在电信、钢铁、石油、天然气开采、石化、电力等传统垄断性行业。造成此种局面的主要原因是，这些行业至今仍然基本由政府掌控。一个十分显而易见的事实是，中国民间公司的成长一直处在一个强势资本集群的俯瞰之下。政府作为一个资本拥有者，一方面掌握着政策和游戏规则，另一方面则以捍卫自己的资本利益为最高价值取向。根据WTO的市场开放进程表，我国的金融、保险、通信乃至传播等产业次第开放，但在执行的过程中，出现了对"外"开放优先、对内开放滞后的现象，一些跨国大公司获得了优先的进入权。在新一轮即将决定未来中国产业格局的大整合中，民营公司落在一个被边缘化、甚至被遗忘的劣势地位上。

一种悲观的情绪已经在民营资本集团中蔓延开来。当年在海南淘金的"万通六兄弟"之一、万通集团董事长冯仑在年终写了一篇题为《跨越历史的河流》的文章。这位法学博士、平时嬉笑游戏喜欢说半荤段子的企业家这时候却表现出令人惊奇的洞察力，他写道："民营资本从来都是国有资本的附属或补充，因此，最好的自保之道是要么远离国有资本的垄断领域，偏安一隅，做点小买卖，积极行善，修路架桥；要么与国有资本合作或合资，形成混合经济的格局，以自身的专业能力与严格管理在为国有资本保值增值的同时，使民营资本获得社会主流价值观的认可，创造一个相对安全的发展环境。今后，随着和谐社会的建立和发展，民营资本将以数量多、规模小、就业广、人数多为特征，其生存空间将被局限在与国有资本绝无冲突或者国有资本主动让出的领域。面对国有资本，民营资本只有始终坚持合作而不竞争、补充而不替代、附属而不僭越的立场，才能进退裕如，持续发展。"①

这年夏天，一个专业性很强的并购案突然激起了一场空前的"口水大战"。最富戏剧性的是，它的挑起者是并购企业的竞争对手，而且是用写博客的"草根方式"发动的。

6月22日，湖南三一重工的执行总裁向文波在自己的博客里写了一篇《谨防徐工收购案抢点过关》。连他自己也没有想到，它在几天内迅速成为全国点击率最高的商业博客。江苏徐州市的徐工机械是中国工程机械行业最大的国有大型企业，2004年之后，受宏观调控和行业竞争激烈的双重压力，徐工陷入亏损。2004年5月，徐州市政府向全球投资者公开出让徐工股份，10月，美国投资机构凯雷集团击败全球机械制造业龙头卡特彼勒中标。根据协议，凯雷注资3.75亿美元，获得徐工机械85%的股份。2006年1月，并购方案通过了江苏省国资委审批，商务部和证监会的最终批复通过也指日可待。就在这时，横空杀出一个向文波。他在

▲徐工和三一

---

① 冯仑，《跨越历史的河流》，《中国企业家》，2007年02期。

第五部　2003—2008　大国梦想成真　　383

短短的三个多月里，先后写了46篇博客。

向文波认为，装备制造业是国家战略产业，由外资控制危及国家安全，是必须被坚决抵制的。他每天在自己的博客里对这起并购案提出种种质疑，他还曝光另一家美国投资机构摩根大通的收购价比凯雷高了10亿元，因此徐工有贱卖国有资产的嫌疑。向文波毫不讳言，已经于上年率先完成股改的三一重工也是徐工出售的竞标者之一，不过，"徐工某些人拒绝三一的真正理由只有一个：就是不卖给三一"。在他看来，徐工与三一才是"天作之合"，"徐工是工程机械行业规模最大的国有企业，是计划经济的最大成就；三一是工程机械行业规模最大的民营企业，是中国改革开放的最大成就，体制上具有极强的互补性"。他甚至在博客中提出，三一打算以高出凯雷30%的价格并购徐工。向文波的讨伐在网络上引起了空前的呼应，也有专家据此提出了国家产业安全的命题，认为"中国应该在经济全球化背景下建立起有效的经济和产业安全管理机制"。对此不以为然的学者也大有人在，复旦大学的经济学家张军便认为："徐工所处不是战略性行业，中国现在不是外资多的问题。凯雷并购徐工，肯定跟安全扯不上边。"

但是，向文波的狙击见到了成效。10月16日，凯雷同意将入股比例改为50%。2007年3月，这个比例进一步下降到了45%，原定的控股意向被放弃。就在徐工并购事件风生水起的时候，另外一些并购案也遭到了类似的命运。8月14日，国内最大的炊具制造企业浙江苏泊尔公司宣布向法国SEB集团出售61%的股份。两周后，爱仕达、双喜、顺发等6家炊具企业紧急聚首北京，联合对外发布了集体反对苏泊尔并购案的紧急声明，理由是，"SEB控股苏泊尔后，必然垄断中国相关产品市场，给国内企业带来生存危机"。12月17日，国内第二大低压电器企业温州德力西宣布与法国施耐德公司合资组建德力西电气有限公司，各拥有50%股份。消息发布后，与德力西同处温州柳市的行业最大企业正泰集团当即起而反对，认定"这样一起看上去十分常见的合资，其实是施耐德垄断并购的第一步"。

日后的事实是，除了徐工并购案被改变了控股意向外，苏泊尔和德力西两案最终均获得了商务部的通过。这些专业性很强的并购案，之所以会引起公众如此热烈的关注，成为"被诅咒的婚姻"，在某种程度上是社会心态的情绪性折射。人们对跨国资本在中国市场的超国民待遇原本就有不满，再加上民营企业这些年被边缘化的现状，强烈反差自然会酝酿出非理性的、十分激越的公众情绪。在这些事件上，这种情绪得到了极大的宣泄。《每日经济新闻》的财经评论员叶檀在专栏中写道："在事实上，这些企业真正应该呼吁的是公平的并购环境，比如，给予内外资、国企民企一视同仁的税收与贷款政策，比如，提供一个开放而透明的并购平台、一个完善的游戏规则，让并购的结果符合市场合理性与法治的公平性。"[①]

2006年的中国企业界还发生过什么让人印象深刻的大新闻吗？很多年后，人们可能想不起来。除了喧腾一时的徐工案，好像还有一个富士康索赔事件。6月15日，《第一财经日报》发表《富士康员工：机器罚你站12小时》一文，揭露台湾首富郭台铭旗下的深圳富士康公司存在员工超时加班的现象。7月10日，富士康向写稿记者王佑和编委翁宝索赔3 000万元，这是中国记者遭到的最大金额索赔。更过分的是，富士康还申请冻结了两个记者的银行账号。这一事件当即引起全国媒体的声讨，《第一财经日报》总编辑秦朔发誓绝不屈服于商业强权的恐吓，富士康一时成"舆论公敌"。8月30日，富士康把赔偿额降到象征性的1元钱，又过3日，富士康宣布与《第一财经日报》"和解"。

[①] 很多年后，如果人们再追忆徐工并购案，恐怕不是它的内容，而是形式。向文波用博客发动舆论战，展现了草根和互联网的传播力量。他说："如果不是利用博客这种方式，我的意见不知被扔到哪个垃圾箱了。博客把这个行业里的事变成了公共事件。如果我写信反对，说不定在政府机关的收发室就变成了垃圾，还有可能被一些领导的秘书转给了徐工……博客让决策者听到了不同的声音，这些讨论为国家政策调整提供了一个好的氛围，我觉得我们社会需要这样的机制。"

到 2006 年年底，一些敏感的人们已经嗅出了景气变动的气息。开始于 2004 年春夏的宏观调控似乎已经结束了。在过去将近 30 年的改革历程中，宏观调控——在 20 世纪 90 年代之前被称为治理整顿——已成为一个具有鲜明中国特色的名词。它几乎每隔 3~5 年就会出现一次，而且从 1981 年开始，历次的宏观调控从来只宣布开始，而不通知结束。

宏观调控结束的最重要原因是，它启动的目标已经达到。通过强有力的行政干预，国有企业在垄断性行业的地位进一步得到巩固。在很多人看来，2004 年前后的经济过热正是民营企业的"重型化运动"所酿成的。2006 年以来，除了国有银行的大规模上市之外，企业并购活动明显加快，一些重大的建设项目也相继宣布完成。5 月 20 日，历时 12 年建设的三峡大坝全部完工，这个人类历史上规模庞大的水利工程投资总额高达 240 亿美元，年均发电量将达 847 亿千瓦时，取代巴西伊泰普水电站成为世界最大的发电和防洪综合工程。7 月 1 日，全长 1 956 公里的青藏铁路全线建成通车，该项目总投资逾 330 亿元。青藏铁路有 960 多公里都在海拔 4 000 米以上，是世界上海拔最高、线路最长、气候条件最恶劣的高原铁路。

6 月 6 日，国务院发布《推进天津滨海新区开发开放有关问题的意见》。天津滨海新区规划面积 2 270 平方公里，比深圳还大 300 多平方公里，是香港的两倍、浦东的三倍，它将成为北方中国新崛起的金融开放中心。人们将它与 20 世纪 80 年代的深圳、90 年代的浦东相提并论。新华社在评论中认为，"在新一轮改革的版图之上，上海浦东新区、深圳市和天津滨海新区正在成为我国综合改革的'三驾马车'"。

这些重大投资项目的建设与开工，意味着固定资产的投资性拉动仍然是经济增长的主要模式，它让人们对未来充满了预期。而最具景气意义的标志是，已经沉寂了两年多的股市和楼市双双出现快速回暖迹象。

11 月 20 日，上证指数在 6 年后重返 2 000 点。人们应该还记得 2005 年的 6 月 6 日，它曾经令人绝望地跌到过 998.22 点。从 2006 年 1 月以来的短短 10 个月，指数已经悄悄上涨了近 800 点，涨幅超过 70%。随着股权分置改革的完成，资本市场的复苏非常明显，人们开始把钱从银行中取出投入股市。10月，银行储蓄5年来首次出现下降。很多股评家都开始计算，股市将在什么时候突破2001年6月创下的历史最高点2242.42点。也是在11月，中国外汇储备突破1万亿美元，占到全球外汇储备总额的1/5，并首超日本成为世界第一外汇储备大国。《华尔街日报》在评论中警告中国经济可能过热。它说："外汇储备的过快增长将创造过多的流动性，可能引发高通膨、资产价格泡沫和商业银行的放款冲动。"它的这些提醒都将在半年后被一一证实。

▲售房广告

楼市的回升也是明显的。自宏观调控后，全国地产沉寂多时，从年初开始，北京、上海等中心城市率先领涨。5月，国务院出台6项新政策，试图遏制迅猛的房价上涨势头。其中最有特色的一条，是规定"自2006年6月1日起，凡新审批、新开工的商品住房建设，套型建筑面积90平方米以下住房（含经济适用住房）面积所占比重，必须达到开发建设总面积的70%以上"。很显然，这几乎是一条无法被认真执行的法令，而事实上，它也从来没有被执行过。在下半年，中央政府持续出招，银行升息、限制外资炒房、有些房价增长过快的城市的相关领导被惩戒，可是尽管如此，房价上涨丝毫没有停下来的迹象。

股市、楼市的稳步双涨，是最为典型的景气信号。一个非理性繁荣的周期又开始了。

11月13日，中央电视台经济频道开始播出一部12集的电视系列专题片，它讲述的是 500 年来世界历史上 9 个大国的兴盛过程和原因。这 9 个大国并不包括中国，它在开播的时候，没有做任何宣传，也不是在最黄金的时间播出。然而，它很快在知识界和互联网上变成一个十分火爆的话题，专题片的解说词成为这年冬天最畅销的图书之一，盗版光碟在第一时间充斥各大城市。这部专题片有一个激动人心的片名：《大国崛起》。

企业史人物 | 首富部落 |

谁是当今中国内地最富有的人？这一直以来都是一个问题。当有人因此提问的时候，你可以理解他是在设问、是在逼问，或是在疑问。从1995年以来的13年间，共有11人被不同的媒体和评测机构选为"中国首富"，这种你方唱罢我登场的热闹可谓举世无双。

1995年2月，美国《福布斯》首次发表中国内地亿万富豪榜，上榜的共有19人，首富是四川的刘永好四兄弟，他们靠养鹌鹑起家，后来成为饲料大王，其资产估算为6亿元。也是在这一年，一家国内小杂志把牟其中评为中国首富，一本题为《牟其中——大陆首富发迹史》[①]的畅销书，把这位以资本经营大师自居的四川万县人推上了声誉的顶峰。

接下来，富豪榜停了4年。到1999年底，英国青年胡润重新捡起这个游戏。在后来的两年里，先后当选首富的是刘氏兄弟和有"红色资本家"之称的荣智健，他们在几张榜单上轮流坐庄，财富都在10亿美元左右。2003年之后，胡润被《福布斯》抛弃，他当即推出胡润百富榜。此后，深圳的《新财富》杂志也加入评榜的行列。也是在这一年，30岁出头的网易创办人丁磊突然冒了出来，他持有网易公司58.5%的股份，市值约合人民币76亿元。这是第一次以市值来计算财富，之前，刘氏兄弟和荣智健的资产都是评榜者的估算而已。

自丁磊始，首富榜开始被新势力颠覆。2004年，盛大游戏的陈天桥以88亿元身家被胡润推到榜首，时年仅31岁。跟荣智健相比，陈天桥只用5年创业时间就攀上了巅峰，前者则用了22年。2005年，从事家电连锁业的黄光裕当上胡润榜单上的首富，他的资产是105亿元。

到2006年，先后出现了两个首富。1月，在美国纽约证券交易所上市的无锡尚德太阳能电力控股有限公司的每股股价达到34.02美元，董事

---

① 袁光厚著，《牟其中——大陆首富发迹史》，北京：作家出版社，1996年版。

长施正荣身家达到186亿元，而在一个月前，中国主流财经媒体几乎没有出现过这个名字。不过到年底，出现在胡润百富榜第一名的却不是施正荣，而是另一个同样陌生的名字张茵。1985年，27岁的张茵仅带了3万元钱从内地到香港闯荡，她创办的玖龙纸业在香港联交所上市，2006年总市值达到375亿元，而她拥有72%的股份，约合270亿元，张茵是第一个成为首富的女性，她从事的产业是很偏门的废纸回收再生产。

2007年10月，胡润与《福布斯》先后公布本年度的中国首富。与往年不一样，这次没有争议，一个叫杨惠妍的26岁广东姑娘成了新一任首富。她是广东碧桂园创始人杨国强的女儿，个人净资产高达160亿美元，约合人民币1 300亿元，她是第一个资产过千亿元的中国富豪。杨家尽管富甲天下，却一直十分低调，在此之前，人们几乎没有看到过杨惠妍的容貌，因此有网站发动网友征集她的图片，最终，一个娱乐频道获得了一组她举办婚礼的照片，这才终于揭开她的"庐山真面目"。

事实上，除了上述人士之外，还有两个人曾被传说为"首富"。一个是平安保险的董事长马明哲，他曾经在2003年被《新财富》评为"中国首富"，资产为100亿元。由于他本人竭力否认，因而成了一个"罗生门事件"。而2005年10月，又有媒体报道，一位并不太出名的、因故意杀人罪被判处死刑的京城富豪袁宝宣布将他在海外银行中的股权和现金转让给他当舞蹈演员的妻子，据称他的这些财产价值495亿元，这个数字超过了当时的任何一位首富。

根据英国《金融时报》的计算，中国亿万富翁的人数仅次于美国。

即便在2007年，杨惠妍"没有争议"地成了所有榜单的共选首富，也还是有媒体一口认定在暴利的地产业还有比她更富有的"隐形首富"。从来没有一个国家的首富，像中国这样如走马灯般变幻，到底谁是当今中国的"首富"，实在还没有确定性的答案。这是我们这个财富超速聚集和充满灰色气息的时代所特有的事件。

2007 / 大国崛起

> 全世界都在学中国话,孔夫子的话,越来越国际化,全世界都在讲中国话,我们说的话,让世界都认真听话。
>
> ——台湾少女组合S.H.E:《中国话》,2007年

《大国崛起》热议的背后,无疑洋溢着一股喷薄欲出的"大国情结"。很多人也许没有看过这部专题片,不过仅仅这4个字就足以让人热血沸腾。在年初,很多经济学家就已经预言,到年底,中国的国内生产总值将不出意外地超过德国,成为美国、日本之后的全球第三大经济体。《新闻周刊》国际版总编辑法瑞克·扎卡利亚在《未来属于中国吗?》中用肯定的语气说:"中国的崛起不再是一个预言,它已经是一个事实。"便是在这样的热烈氛围中,中国人开始变得自信起来,传统文化成了新的时尚。一档讲述中国传统文化的电视节目《百家讲坛》成为最受欢迎的深夜节目,主讲"三国"和《论语》的易

中天、于丹迅速蹿红,成为全国知名度最高的大学教授,他们的图书是书店里最热销的畅销书,他们每到一地都受到明星般的追逐。连台湾的一个少女组合S.H.E也用一首《中国话》来作为年度新碟的主打曲,她们唱道,"全世界都在讲中国话,我们说的话,让世界都认真听话"。

一个让世界都认真聆听的国家,应该保持怎样的"大国心态"和展现怎样的"大国责任",这还是我们需要学习的。接下来发生的这条新闻便很让人思考。就在中央台的《大国崛起》成为热点的同时,这家电视台的一位主持人却引发了另外一场争论。1月12日,中央台英语主播芮成钢在自己的博客上发出呼吁:"请星巴克把在中国故宫里的店撤掉。"这条博客在两天内被点击超过50万次。星巴克的这家咖啡店是2000年开张的,"隐身"在故宫古色古香的大殿一角,历史上这里是"九卿朝房"。它是星巴克在中国面积最小的连锁店之一,经营面积仅十几平方米,狭小的空间里总共只有一张靠窗的条桌、五把椅子。芮成钢认为,星巴克是不登大雅之堂的饮食文化的代表符号,故宫里的星巴克是对中国传统文化的糟蹋,并"已经在西方上层社会传为笑柄"。为此,精通英语的芮成钢还以个人名义向星巴克总裁吉姆·唐纳德发出抗议书。

芮主播的抗议很快得到了热烈响应。在3月份的全国两会上,一些人大代表以"玷污了中国传统文化"为由,联名提议关闭这家咖啡店。路透社记者引用黑龙江省人大代表、中泰合资黑龙江正大实业有限公司董事长姜鸿斌的话说:"星巴克应该立刻从故宫里搬出去,不能让它继续玷污中国传统文化了。只要它在故宫里多待一天,就对我们的文化多一分挑战。"7月13日,故宫星巴克店停业撤离。由芮成钢发动的这场传统文化保卫战大获全胜。不过,"保卫者"们没有办法解决的问题是,在星巴克撤出后,如果游客,特别是每年人数高达160万的外国游客要喝一杯咖啡,那该怎么办呢?于是,最让人啼笑皆非的事情发生在星巴克撤出后的两个月。9月21日,一家名为"Forbidden City Cafe"(紫禁城咖啡店)的咖啡店又在"九卿朝房"悄悄开张了。

在2007年,除了要把星巴克赶出故宫的中央台主播芮成钢之外,还有一个人差点成为"民族产业保卫者",他就是娃哈哈集团的宗庆后。

▲故宫里的星巴克

4月2日,《经济参考报》以《宗庆后后悔了》为题,披露宗庆后对11年前签署的合资合同追悔莫及。他表示,"由于当时对商标、品牌的意义认识不清,使得娃哈哈的发展陷入了达能精心设下的圈套"。他同时指责达能集团有垄断中国饮料业的事实企图,并为此呼吁社会公众"保卫民族产业安全"。4天后,宗庆后在新浪网接受在线访谈,九成以上的网民赞同与达能解约,宗庆后大受鼓舞。法国达能方面则迅即做出反应,指责宗庆后在过去几年里一直在搞"体外活动",先后设立了61家游离于合资母体之外的非合资企业,这些由宗氏家族掌控的"体外"项目规模及经营业绩甚至超过了合资企业。达能中国区总裁范易谋颇为动气地说,要让宗庆后在诉讼中度过余生。

双方火药味十足,很快到了难以调和的地步。宗庆后宣布辞去董事长职务,娃哈哈员工和经销商相继发表了几份义和团式的公开信,甚至还有员工在召开董事会的五星级酒店门口拉横幅抗议。而达能则向瑞典斯德哥尔摩法庭提起国际诉讼。

如果从娃哈哈的产权演变来透视，这场"离婚官司"的时代逻辑清晰可见。20年前，宗庆后用自己卖练习簿和棒冰积攒的钱办起了一家工厂，然而受体制所困，他不得不戴上一顶集体经济的"红帽子"，在后来的岁月中，他所做的事情就是把这家企业再"洗"回成自己的。1996年，他通过与达能的合资先是完成了第一次产权重组，后者出资4 500万美元收购娃哈哈51%的股份。继而在1999年的产权清晰化运动中，宗庆后设法让政府同意把国有资产的54%转让给他和他的团队，其中他个人拥有29.4%的股份。在此之后，宗庆后开始大规模地设立"体外公司"，这些企业的产品使用的都是合资公司所拥有的娃哈哈品牌。2006年年底，达能对他的这种行为提出抗议，并提出要终止使用娃哈哈品牌，要么把"体外公司"卖给达能。宗庆后不从，随即以"保护民族产业安全"为名敲响了对抗的战鼓。

娃哈哈与达能的舆论大战是这年上半年最热闹的财经新闻。这场眼看将被点燃的"娃哈哈保卫战"没有得到主流财经媒体的呼应。很多财经人士认为，饮料行业已是一个完全开放的竞争性领域，国家保护已无必要，宗庆后试图悔约，缺乏必要的契约精神，而他企图挟民族主义狂热达到自己商业的目的，则更不应该支持。更有记者在细致的调查中发现，宗庆后及其妻女早在数年前就持有外国护照。从1998年开始，宗庆后及其家族在境外悄然设立11家海外离岸公司，并以它们为主体发展了数十家非达能合资企业。也就是说，如果宗庆后能够把娃哈哈品牌从达能手中夺回，就"资本血缘"而言，也与民族

▲宗庆后和范易谋

产业无关。

一直到年底，宗庆后与达能的这场"离婚官司"仍然尘埃未定，充满种种的变数。它让人们看到了中国式商业的种种变通与曲折，也展现出不同利益所有者对政策与环境的利用与角斗。

对于崛起中的大国来说，需要调整的除了心态，还有责任。

这年"五一"黄金周到太湖旅游的游客发现，不少区域的水面漂着一层绿膜，最厚的地方像覆盖了一层绿油漆，有的地方漂浮着大片死鱼。专家解释，这是蓝藻暴发。蓝藻是一种原始而古老的藻类原核生物，常于夏季大量繁殖，腐败死亡后在水面形成一层蓝绿色而有腥臭味的浮沫。到5月29日，受蓝藻暴发影响，江苏省无锡市大批城区居民家中自来水水质骤然恶化，气味难闻，无法正常饮用，超市中纯净水被抢购一空。蓝藻事件震惊全国。蓝藻泛滥，完全是工业污染所致。太湖沿岸化工企业林立，污水排放没有监控，造成太湖水呈现严重的富营养化，平均氮、磷含量均高于标准10倍以上。近两年，太湖流域工业和生活污水年排放量达53亿

▲村民打捞太湖蓝藻

吨，而污水处理率仅为30%左右，污染物总量已远远超过流域水环境承载能力。《中国青年报》记者在江苏省宜兴市周铁镇采访时看到，这个总面积仅有73.2平方公里的小镇，最多时有三百多家化工企业。记者在太湖边看到的景象是：湖边大约一二百平方米的范围内，都被蓝、绿、黑、灰等颜色覆盖，湖面散发着一股恶臭，有些地方看不到水面，都已经凝固成块，如同粪坑一般，上面停留着不少苍蝇。3艘渔船停靠在岸边，但很显然早已派不上用场。湖边倒也有不少芦苇，但芦苇的茎部已经被蓝绿色的污染物染上颜色。偶尔有几只水鸟从湖面飞过，却始终找不到落脚点，不得不飞向远处。

太湖之祸仅仅是中国水体污染的一个缩影。7月，环保总局副局长潘岳沉痛地透露：目前水污染已经逼近危险临界点，全国七大江河除了干流因水量大水质尚可之外，大小支流几乎全部坏死。国家花费10年时间、巨额投资的努力和成果已被后来流域内的重新污染所抵消。潘岳说："如果不有效地治理水污染，我们恐怕在工业化和城市化完成之前，就将面临严重的社会和谐问题。"

再放大了看，水体污染又是环境恶化的一个缩影。在持续高速发展的同时，高污染与高能耗成为大国崛起中两个令人尴尬的伴生物。世界银行的一份报告称，在全球20个污染最严重的城市中，中国占16个。伴随着经济的成功，环境污染的严重程度已经到了让人难以忍受的地步。这家国际组织直言不讳地说："没有哪个国家曾在垃圾制造方面经历过如此大规模、高速度的增长。"上年，英国《独立报》记者查尔斯·沃克在一篇题为《醒来吧，闻一下碳化物的味道》的报道中称，中国一年排放的二氧化碳比整个欧洲排放的还要多。如果从太空中看，北京和上海的位置是大片的含硫云层。在华南地区，广东省的工业污染已经影响到了香港。在过去三年里，香港的能见度下降的天数多了两倍，由于这个因素，40%的企业难招募外籍人士。美国《新闻周刊》则登出了一篇题为《中国输出污染》的文章。记者写道："多年来，北京的空气像一碗浑浊的蛋花汤……在西方，

'中国制造'是廉价货物的同义词,但是现在这个国家正在输出更为昂贵的产品:环境恶化。酸雨和其他污染物正在毒害中国近 1/4 的耕地,甚至日本和韩国部分地区的农作物也因受到中国酸雨的侵袭而枯萎。过度伐木和草场退化造成的沙尘暴在北方肆虐,甚至吹到了美国西海岸,如今 27%的中国国土正在沙漠化。美国排放的温室气体量位居世界第一,而中国紧随其后,已经是全球第二大污染源。"这一年,随着奥运会赛期逼近,北京的空气污染再成国际关注话题。11 月,《凤凰周刊》披露,美国奥委会正在考虑是否要为美国运动员配备活性炭空气过滤面罩。文章说:"尽管佩戴面罩参赛的主意将使东道主北京丧失'面子',并非好客人的作为,但美国奥委会专家从保护运动员健康的角度出发,没有放弃这个方案的可行性试验。"

  高能耗的经济增长模式也面临极限挑战。根据专家计算,我国的国内生产总值占全世界国内生产总值的 5.5%,但为此消耗的资源量却十分惊人,我们消耗了全球石油总消费量的 8%、原煤的 40%、粗钢的 32%、氧化铝的 25%、水泥的 48%、玻璃的 33%、化肥的 30%。由于资源消耗增长过快,我国主要矿产资源的对外依存度已由 1990 年的 5% 上升到 2007 年的 50% 以上,并且这种趋势还在发展。中国的高能耗成了全球能源紧张的重要因素之一,甚至出现了"中国买啥啥贵,卖啥啥便宜"的怪现象。与高能耗并存的则是能源利用效率的低下,中国火电供电煤耗每千瓦时为 379 克标准煤,比国际先进水平高 67 克;大中型企业吨钢可比能耗为 705 千克标准煤,比国际先进水平高 95 千克;电解铝交流电耗为每吨 15 080 千瓦时,比国际先进水平高 980 千瓦时;单位建筑面积采暖能耗相当于气候相近发达国家的 2~3 倍;载货汽车百吨公里油耗比国际先进水平高出 1 倍以上;我国现有各类电动机总功率约 4.2 亿千瓦,运行效率比国际先进水平低 10 个百分点以上,相当于每年多消耗电能约 1 500 亿千瓦时。

  很显然,这是一种难以为继的增长模式。这年秋天,国家发改委安排了 5.4 亿元国债资金支持 98 个重点节能项目,国务院还与地方及中央重点企业签订了 45 份节能目标责任书，同时，新的《节能法》即将出台。英国首相丘吉尔曾言，"伟大以负有责任为代价"，作为一个正在和平崛起中的大国，中国必须认真直面挑战。

这年的中国股市，只可以用 4 个字形容——"全民狂欢"。这是自 1999 年之后资本市场的又一场无度盛宴。自上年上证股指突破 2 000 点之后，股市的复苏已成事实，曾经在 2 月底出现过一次有预谋的大洗盘，紧接着便是一路高歌。在 4~9 月的半年时间里，股指连连上攻，热点频繁转换，市场价值呈几何级膨胀，市盈率高达五六十倍，甚至成百上千倍的股票相当之多。在这段时间里，新开户股民每天多达 30 万人，涌进来的这些人不仅有城市白领、理财老手，还有大学生、农民、小商贩、邻居的大妈们。各地的典当行生意兴隆，很多人抵车、抵房、向银行贷款，冲进仍在不断上涨的市场，他们或许连市盈率都不懂是什么意思。一首由杭州女股民创作的网络歌曲《死了都不卖》成为很多人的手机铃声。这首歌是这样唱的："死了都不卖，不给我翻倍不痛快，我们散户只有这样才不被打败，死了都不卖，不涨到心慌不痛快，投资中国心永在。"到 5 月 25 日，沪深两市的开户总数突破 1 亿户。

8 月 9 日，沪深两市上市公司股票总市值达到 21.147 万亿元，超过上年 21.087 万亿元的国内生产总值总量，这意味着我国 A 股上市公司股票总市值首次超过国内生产总值。如果把香港上市的内地公司市值计算在内，中国股市总市值已经超过日本，成为全球第二。8 月 23 日上午，在万众期盼中，上证指数一跃突破 5 000 点大关，从而实现了中国股市的历史性跨越。在很多交易日，中国股市的成交额甚至超过亚洲其他市场的交易总和。

随着资本市场进入历史最繁荣的时期，中国公司的市值达到了前所未有的高度。到 8 月份，中国铝业的市值已经超过全球最大的两家铝业公司市值的总和，深圳万科的市值竟比美国最大的 4 家房地产公司市值之和还要高出 40%。10 月 16 日，全球最大的金融信息提供商彭博社公布数据显示，在全球市值最高的十大上市公司中，中国公司已和美国公司平分秋色，各占4席。其中中国石油排名第二，中国移动、工商银行和中国石化排名依次为第四、第五和第八。这条新闻发布后的20天，中国公司再一次震惊世界商业界。11月5日，中国石油在上海证券交易所上市，股价高开，市值达到1.1万亿美元，不仅一举摘下"全球市值规模第一"的桂冠，还将历史纪录整整扩大了一倍，高于紧随其后的埃克森美孚石油和通用电气的市值总和。更令人瞠目的是，以该日收盘价计算，中国石油A股加H股的市值大致相当于巴西或俄罗斯全年的经济规模，远远超出石油输出国组织（OPEC）5个创始成员国的经济产出总和。[①] 对于这种高市值现象，国内业界表现出极其复杂的心情。中国石油的表现进一步证明垄断的力量以及股市的巨大泡沫。有人将之与埃克森美孚比较发现，后者的营业收入是中国石油的4倍，而利润率只有中国石油的一半，显然，很难将中国石油的这种赢利优势归结为其竞争力的体现。中国内地股市规模现已超过日本，但中国的国内生产总值只有日本的60%。这是与中国经济的发展阶段不相称的。透过股市的狂欢，人们看到的是中国经济上升期所伴随的资本躁动，以及非理性的市场繁荣。

便是在这场股市狂欢中，人们仍然绝望地看到，那条灰色的操纵和投机色彩不但没有消失，而且有越来越浓烈的迹象。据中国人民大学金融与证券研究所所长吴晓求的观察，2007年的资本市场进入历史上违规违法行为最严重的时期。他提出了三种值得警觉的行为。一是日益猖獗的内幕交易，他认为当前的市场内幕交易是17年来最猖狂的阶段："过去内幕交易还是小范围的，现在是全面做这个事情，这将严重损害中国资本市场持续成长的基础和道德底线，要引起足够警觉。内幕交易将会使中国市场慢慢丧失其信心。"二是目无法纪的操纵市场行为非常令人忧

[①] 进入全球十大市值公司的其他公司为：埃克森美孚（1）、通用电气（3）、微软（6）、AT&T（美国电话电报公司）（10）以及荷兰壳牌石油（7）、俄罗斯天然气公司（9）。

虑。三是部分上市公司愈演愈烈的虚假信息披露和大规模增发行为。

吴晓求的这些警告其实一点也不新鲜，人们在2000年就早已听得厌烦了，不过，现在已经很少有人记得。年初，*ST宝硕的表演就很能为这种担忧提供最生动的佐证。这是一只神奇的股票，它从2月份起接连走出10多个涨停，每股股价从2.30元升到将近20元，而它被炒热的原因是"这是中国股市中最垃圾的垃圾股"。*ST宝硕是河北保定市一家生产塑料制品、管材的专业工厂，在2006年的年报中，这家企业亏损16.62亿元，并存在逾期贷款、巨额违规担保、大股东巨额占款等问题，2007年的第一季度又报亏7 000万元，每股净资产为 –4.17元，公司进入破产程序，而且由于股权交易复杂，始终找不到"买家"。就是这么一家公司，因为"它面临破产，而且神秘买家未定，存在重大的想象空间"，因此引起炒家们的追捧。从4月到5月，*ST宝硕连续发布了三份破产风险提示公告，但与之相呼应的却是公司股票一连14个涨停板，股价持续上涨，让人莫名咂舌。

如果说股市的狂热已到了癫狂的地步，那么发生在楼市里的财富传奇则令人无言。

这一年，全国房价延续上一年的上涨态势全面飘红，很多城市都涨了一倍，甚至两到三倍。年初，北京市中心城区的二手房交易价格为每平方米0.7万~1万元，到10月份，已经上涨到每平方米1.6万~3万元。4月，中央电视台《新闻调查》披露了上海某楼盘房价高扬的真相：真实成本约0.6万元/平方米，开发商最终向消费者发售时房价已抬高到了1.8万元/平方米。开盘当日，消费者漏夜排队领号。8月，杭州市区的一块土地被高价拍卖，楼面地价达到了1.57万元/平方米。消息发布后的第二天，该地块边的一个售价为1.5万元/平方米的楼盘当即跳空提价6 000元。房价如此疯狂，连赚到手软的开发商都有点"不好意思"了。年初，深圳一家地产业推出160多套别墅，600多户闻讯抢购，近千万元一套的豪宅每两三分钟成交一套。开发商对《南方周末》记者说："现在楼盘的利润率已经高到让我们不好意思的程度了。"

10月1日，美国《福布斯》亚洲版公布2007年"中国富豪榜"，一个陌生而年轻的26岁女子成了新一任的中国首富。这个叫杨惠妍的广东姑娘是广东碧桂园创始人杨国强的女儿，她个人净资产高达160亿美元，因此创造了三项纪录：中国第一个资产过千亿元的富豪，第一个不到30岁就成为全国首富、全亚洲最富有的女人。人们还记得，2005年的首富是盛大游戏的陈天桥，其身家为90亿元，不过两年，首富标杆提高十多倍，地产的造富魔力让所有从事制造业、流通业甚至互联网产业的企业家们都黯然失色。

在这张榜单上，前四位均为大地产商，分别是杨惠妍（碧桂园）、许荣茂（世茂集团）、郭广昌（复星国际）和张力（富力集团），前100名中有39人从事地产业。而在早前发布的《福布斯》美国400富豪榜中，排名前十的有6位是来自IT、互联网行业，相比较，这是一张颇有嘲讽意味的榜单。新华社记者在题为《福布斯榜单揭示房地产暴利》的评论中写道："中国民营经济的发展繁荣并非起步于房地产开发，而是始于加工制造业。为什么制造业出不了多少富豪？显然还是一个行业利润率的问题。"

碧桂园的创办人是1955年出生的广州市顺德区北镇人杨国强，他自幼家贫，据称17岁前未穿过鞋，早年曾放牛种田、做泥水匠及建筑包工头。他平时十分低调，几乎与媒体绝缘，出现在公开场合时亦沉默寡言，穿的西装永远像大一个码。还有媒体记录，他在开会时，喜欢脱鞋、盘腿而坐。他是第一批涉足地产业的私营企业者，1992年就开发顺德碧桂园楼盘，此后多年在珠三角一带发展。碧桂园是一个典型的家族企业，在公司9个执行董事中，8个均为杨氏家族人士，唯一非血缘成员是公司总裁崔健波。此人曾任杨国强老家、顺德区北镇镇长数年，据称"对杨国强的事业发展进行了坚定的扶持和帮助"。2005年，杨国强将所持股份转给1981年出生的二女儿杨惠妍。2007年4月20日，碧桂园在香港联交所上市，按所持股份的市值，杨惠妍一跃成中国新首富。

碧桂园上市后，成为中国市值最高的房地产公司，而在此前的地产界，碧桂园在开发规模及知名度等方面均不是最突出的，而且其财务压力也非常巨大。公司的财务总监曾表示，到2006年年底，企业负债40亿，净负债与股本比为160.1%。然而，尽管如此，它的上市还是受到热烈的追捧，其中最重要的原因是，它是全国最大的"地主"。据《中国经营报》报道，到8月中旬，碧桂园土地储备达到5 400万平方米，相当于一个中等城市的规模。碧桂园一向最引以为豪的是土地价格低廉，它在上市招股书中便宣称："我们是中国拥有最庞大和低成本土地储备的房地产开发商之一，此等储备为我们未来的增长和赢利能力提供了强有力的支持。"碧桂园的上市保荐人瑞银也在报告中提到，碧桂园所得土地的最低成本，以每平方米计，只有25元。有媒体披露，它在广州增城的项目凤凰城一期土地地价低廉到每亩3万元，而华南碧桂园的地价则是每亩6.8万元。公司招股书表明，在过去三年间碧桂园每年营业额的复合增长为56.5%，而纯利增长则为惊人的141.1%。

地产业的暴利怪状，还有一个重要的因素是，这个产业存在一条罪恶的"灰色产业链"。6月25日，《人民日报》旗下的《市场报》刊登报道称，"四成利润被职能部门吃了"。据一位姓蒋的房地产开发商透露，"我从1992年就开始从事商品房建筑行业。当年每平方米的建筑成本价不过350~400元，房价不过1 000~1 500元/平方米，建筑成本占房价的1/4，加上土地出让金，房地产成本价格也不过是房价的1/3~1/2。如今建筑成本比原来只涨了100~200元，房价却比原来翻了好几倍，房屋成本只占房价不到20%。"

几乎所有的房地产商均向外宣称"价格上扬"的最大原因是土地价格、开发成本上升。而据这位开发商透露，实际上，土地"招拍挂"没有增加房屋成本，而"暗箱操作"成为房地产商降低成本的主要渠道。"招拍挂"的项目一般分为3种情况。一种是规模较小的项目。在招投标过程中开发商可以通过"内部渠道"了解政府方面的土地价格"底线""上限",与有可能参与的同行形成"价格同盟"。由一家公司竞拍下来后,其他公司共同建设,但楼盘销售价格参照周边楼盘价格抬高销售。一种是规模涉及几百亩土地的项目。土地连片开发就需要通过集体"围标"的方式来实现对土地的掌控,开发商往往事先做好评估部门、招投标审委会的"工作",通过招投标"评估"方式,排挤一些外来的竞争者,通过打压对手、减少竞争压力来降低潜在的成本风险。还有一种是获得规划部门的"风声",在未来的黄金地段抢先"圈地"的做法。如政府搬迁、城市发展规划等出台前夕,地方政府决策层尤其是"一把手"对城市发展的目标指向,成为开发商趋之若鹜的消息,一有风吹草动,房地产开发商就会连夜"跑马圈地",因为这时候土地价格最低廉。要获得这些消息、"搞定"这些职能部门,就必须"有酒大家喝",从楼盘开发中拿出一部分利润,让包括评估、规划、拍卖、土地、政府等部门"分享"。这位开发商对记者说:"我认真算过这样一笔账:一栋楼盘开发下来,成本只占房屋价格的20%,开发商拿到的利润占房屋价格40%,还有40%就是被各种'灰色开销'吞噬了。"①

  房地产的放纵和暴富现象,已成为中国社会病态的一个重要体现。新华社出版的《半月谈》杂志发表评论称:"在构建和谐社会的进程中,地产商扮演了增加不和谐因素的角色。"研究华人商业变迁的香港大学亚洲研究中心主任黄绍伦对《东方企业家》的记者说:"地产商的暴富对整个社会的工作伦理是一个很大的冲击。在过去,你管理一个大工厂,怎么融资、找市场、管理工人,都觉得这是了不起和辛苦的事情,回报和付出是有一定的关系。但地产商似乎不同,究竟他们的成功与付出有一定联系吗?如果没有,我们的工作态度还能维持吗?所以,投机成了影响社会最大的价值观。我们都在困惑着。"

---

  ① 何丰伦,《房产商曝灰色产业链:职能部门吃掉房地产四成利润》,《经济观察报》,2007年5月11日。

9月,由最高人民检察院主办的"惩治与预防职务犯罪展览"在北京揭幕。据统计,自党的十六大(2002年)以来,中央累计查处严重腐败的省部级以上官员16人,有10人是被不法地产开发商拉下水,而走上不归途导致身败名裂的。①

股市与楼市的空前繁荣,意味着在"高速公路"上持续前行了20多年的中国经济又驶入了一个加速度的周期,它带来了多重的社会景象:国家及个人财富的重新分配,中产阶层的空前扩容与活跃,全民投机心态的扭曲,中国公司的市值膨胀,宏观经济的泡沫化加剧等。在过去的30年里,2007年是社会资本最为活跃、财富分化现象最为显著的一年。

股市与楼市的狂暴热浪,几乎吸引了所有的目光。不过,我们还是要留一部分笔墨给实业界的企业家们。在经历了20多年的成长后,他们都走在"缺氧的高原区",所有的对手都是异国的面孔,而自己的那些经验却好像已经过时。

TCL的李东生正陷入苦战,他在2005年信誓旦旦地要在18个月内实现并购盈利,而事实却是,每一项重组计划都不幸搁浅。在过去的几年里,他几乎使尽了所有的招数,甚至又像10多年前一样,披着一条彩带出现在商场的柜台前亲自向消费者促销。这个十分注重外形的南方人有时候会胡子拉碴、神色倦怠,不过谁都看得出来,他一直试图保持自己的尊严。2006年6月,他写了一篇《鹰的重生》。他写道:"鹰是世界上寿命最

---

① 中国地产业的巨富现象很特别。美国加州大学伯克利分校的经济系教授J.B·德龙在《攫财大亨》中记录:1900年,美国共有亿万富翁22位。其中靠修建铁路或为修建铁路融资发财的14位,而靠房地产业致富的仅1位。1957年,美国最富的16位亿万富翁中,地产商仍是1位。1996年,超过10亿美元的富翁为132位,电子、软件、金融等成为诞生富豪的领头产业,地产商有4位。很显然,100年间,美国因房地产业一夜暴富者在同时代富豪中的比例从未超过5%,而这100年的前50年,正是美国房地产业的鼎盛期。

长的鸟类，它一生的年龄可达 70 岁。要活那么长的寿命，它在 40 岁逐渐衰老时必须做出困难却重要的决定。鹰首先用它的喙击打岩石，直到其完全脱落，然后静静地等待新的喙长出来。鹰会用新长出的喙把爪子上老化的趾甲一根一根拔掉，鲜血一滴滴洒落。当新的趾甲长出来后，鹰便用新的趾甲把身上的羽毛一根一根拔掉。5 个月以后，新的羽毛长出来了，鹰重新开始飞翔，重新再度过 30 年的岁月。"这样的描述无疑是惨烈的，在 2006 年，TCL 的净亏损高达 18.4 亿元，股票戴上"ST"的帽子，面临退市危机，《福布斯》中文版还把他评为"中国上市公司最差老板"之一。2007 年 5 月，李东生不得不关闭了欧洲工厂，宣布重新把重点移回中国市场。所有的人都好奇地注视着李东生，他会是那只获得重生的鹰吗？

跟 TCL 相比，联想对 IBM 电脑业务的并购进展要顺利得多，不过，柳传志的忧患似乎同样深重。这年 9 月他宣布，从 2004 年年底至今，新公司的业务已逐步走上正轨，营业额由并购前的 29 亿美元，提高到 2006 年的 146 亿美元，销售数量由 418 万台提高到 1 662 万台，联想开始淡化 IBM 的品牌，而独立使用联想 ThinkPad 品牌。柳传志说，现在中国的整体经济和企业的国际化碰到了很大的难题，最主要的难题是我们对过去 30 年本土的成功经验，没有得到一个国际的认可和总结。联想并购如果成功，将第一次证明中国人也能管理好一家跨国公司。他还说，几十年，中国企业一直跟在西方管理者后面学"菜谱"，现在也应该一边做一边研究，自己也要会造"菜谱"。他揭示了中国企业家的某种焦虑：作为全球最重要的商业国家之一，中国还始终没有自己的管理思想和商业文化，那将是一件多么耻辱的事情。

海尔的张瑞敏也不轻松。中国家电业几经价格战后，利润已"像刀片一样薄"，利润率仅在 2%~3% 之间，全行业销售收入增长仅为 3% 左右。因此，在张瑞敏看来，唯一的出路是实现全球化布局，实现高增值下的高增长。2005 年 6 月，海尔曾经试图以 12.8 亿美元的出价收购美国第三大家电公司美泰克。在并购的最后一刻，全球最大的白色家电企业惠而浦出手搅局，海尔宣布退出竞购。在2007年的一次访谈中，张瑞敏说，海尔尽管已经是中国第一、世界第四大白色家电厂商，国际竞争力持续上升，但并不意味着与跨国公司的差距在缩小。相反，随着惠而浦兼并美泰克，规模增加到190亿美元，海尔再次被拉开了距离。这位在30年企业史中最具管理思想的企业家说："海尔目前正处于一个高原区，身处海拔5 000米，但我们的目标是8 000米，因为对手都在珠穆朗玛峰上，不仅路还很长，最后能否上去都是问题。正是因为国外对手非常强大，我们原来的有效办法可能都不行了。海尔发力于全球布局，这是一场生死之战，海尔要么通过全球化战略而真正地上去，要么就被人家淘汰。"

华为的任正非在这年迎来了创业20周年，跟过去的很多时候一样，他仍然表现得忧心忡忡。他透露说，华为在过去每年坚持投入销售收入的10%以上用于研发，尤其是最近几年，有超过2.5万名员工从事研发工作，资金投入都维持在每年七八十亿元以上，经过多年艰苦奋斗，至今为止，华为没有一项原创性的产品发明。更让任正非担心的是，它的全球头号劲敌美国思科已经把战火烧到了家门口。2007年年底，思科创始人钱伯斯访问中国，宣布将在今后5年内投资中国160亿美元。这又将是一场怎样的鏖战？

7月8日，对于老资格的民营企业家鲁冠球来说，是一个很特别的日子。这一天是他创业的第38个纪念日，同时，他创办的万向集团宣布成为美国AI公司的第一大股东，万向的海外业务规模首次超过了国内业务，这意味着当年的修车铺变成了真正意义上的跨国公司。AI是一家很独特的公司，它由美国三大汽车制造商克莱斯勒、福特和通用发起，是专门为这三大公司提供模块装配及物流管理的公司。万向集团作为中国最大的汽车配件生产商能够成为AI的大股东，意味着中国企业开始以资本并购和专业参与的方式，直接"嵌入"全球汽车产业链的核心部位。在鲁冠球位于萧山乡镇的家中，还一直悬挂着那幅汽车的图片，他的"造车梦"到何时会真正实现？

美国20世纪初期的传奇企业家洛克菲勒晚年对友人说："也许以后

别人的资产比我还多,但我是唯一的。"这句话,鲁冠球、柳传志和张瑞敏等人也应该有资格说,因为他们所经历的转型大时代是唯一的。他们起身最早,活得最久,事业做得生龙活虎。然而,商业又是一个用结果来检验过程的冒险游戏,他们必须更长久地活下去。"那些没有消灭你的东西,会使你变得更强壮。"德国哲学家尼采的名言应该可以成为这些企业家共同的生存格言。

8月11日下午3时许,佛山市利达玩具有限公司副董事长、港商张树鸿在自己工厂的三楼仓库内上吊自杀,尸体旁边堆着10多包形态可爱的芝麻街布娃娃玩偶。自杀前,张树鸿在厂区内巡视一圈,并将工人工资悉数结清。他从1993年起自香港到佛山办厂,被员工描述为一个厚道人,个子很高,接近一米八的样子,也很壮实,但皮肤很黑,穿衣服很不讲究,平时总穿一身很旧的休闲服。他对员工很体贴,曾自己贴钱给员工供楼,许多人因此跟着他一干就是十几年。这个玩具商的意外死亡,让"中国制造"的话题再度跳上国内外重要财经媒体的头版。

张树鸿之死起因于9天前。8月2日,美国最大玩具商美泰公司向美国消费品安全委员会提出召回佛山利达生产的96.7万件塑胶玩具,理由是"回收的这批玩具表漆含铅量超标,对儿童的脑部发展会造成很大影响,美国环保组织塞拉俱乐部认为危及儿童安全"。事发前,佛山利达的产量已居佛山玩具制造业第二。一夜之间,这家拥有十多年良好生产记录的合资企业成为众矢之的。在美国舆论的不断声讨下,玩具厂商及其上下游供应、检验链上的疏忽被一一曝光和放大。最终,佛山利达被出入境检验检疫部门要求整改,国家质量监督管理总局宣布暂停其产品出口。利达被迫停产,2 500名工人几乎无事可做,张树鸿承受巨大压力,最终一死了之。张树鸿死后三日,美泰第二次宣布,召回的中国产玩具数量增加到1 820万件。

在利达事件发生前后,"中国制造"正遭遇到一场酝酿已久的信任危机。3月18日，总部位于加拿大的宠物食品公司Menu Foods发布"召回声明"，因其原料涉嫌污染，导致猫狗宠物死亡，该公司将对旗下80多个品牌的宠物食品进行紧急召回。所有这些食品都是罐头包装或者锡箔纸袋包装，数量约为6 000万，美国食品与药品管理局的调查认为，涉嫌污染的产品使用了从中国进口的小麦蛋白粉和大米蛋白粉，其中含有三聚氰胺和三聚氰酸。5月初，巴拿马和多米尼加共和国宣布在中国产牙膏中查出含有二甘醇，因而决定停售中国产牙膏，随后美国、新加坡和日本等国家相继做出停用、停售中国产牙膏决定。6月11日，美国一家轮胎经销公司FTS宣布召回45万条由中国橡胶公司生产的一批轻卡汽车轮胎。据美国国家公路交通安全管理局（NHTSA）的调查，上年8月，一辆载有4名乘客的货车在宾夕法尼亚州失控撞毁，其中两名乘客丧生，事故原因是该车使用的中国产轮胎胎面脱层。同月，美国食品与药品管理局对来自中国的5种水产品实行自动扣留，并拒绝其入境，称其含有未经批准的兽药残留。美国消费品安全委员会宣布在全球范围内收回150万台中国生产的玩具火车，称其油漆中含有可导致儿童中毒的金属铅。

这些层出不穷的安全事件让中国商品信誉遭到重大挫伤。一些针对"中国制造"的攻击性言论和行动甚嚣尘上，两年前那个宣布"一年内不使用中国商品"的美国路易斯安那州新闻记者萨拉·邦焦尔尼在这时候出版了《没有"中国制造"的一年》一书。英国《金融时报》评论员乔纳森·伯查尔写道："书中有大量表达不满的潜台词，这意味着在中国崛起的问题上，本书可能成为表明公众忧虑的又一个指标。"对"中国制造"的谴责成为某些政治人物随手拈来的"工具"，美国佛罗里达州棕榈湾市市长马齐奥梯甚至发布命令，该市政府不得购买价值50美元以上的中国商品，或一半以上部件为中国制造的商品。这个有10.7万名居民的小城市成为全美第一个禁止某一国家货物的城市。正是在这种汹涌的抵制风潮中，玩具商之死把矛盾推到了顶点。对中国商品的谩骂或侮辱式的指责似乎已经不需要理由，这是当今商业世界最诡异的事件之一：谁也离不开"中国制造"，可是每个人都在表达着对它的不满。《金融时报》驻京首席记者雷蒙德·马利德描述了西方世界的矛盾心态："一方面，西方消费者获得巨大好处；另一方面，西方人大声抱怨廉价中国商品正在让当地人失去工作，让中国得到不容置疑的好处。"

张树鸿死后，玩具召回事件在质量责任人的确定上居然出现了戏剧性的反复。在一开始，美泰公司俨然一副受害者的姿态，公司首席执行官罗伯特·埃克尔特在向美国参议院作证时认定，事故责任完全在于中国承包商。他说："有人对不起我们，造成我们对不起你们。"然而，中国商务部却在调查中发现，美方宣布召回的玩具绝大部分不是因为制造质量的问题，而是美方标准的突然改变以及经销商的风险转嫁。商务部副部长高虎城介绍，美国玩具公司大规模召回涉及的2 100万件玩具当中分为两类情况：一类是属于所用的涂料和油漆含铅超标的问题，这一类大概有300万件，占整体召回数量的14%。造成铅含量超标的原因，既有中方厂家在生产管理中的漏洞，也有品牌经销商在验收环节中的缺陷。第二种情况则是，美方经销商的风险转嫁。2007年5月，美国材料测试协会公布了一项针对玩具材料使用的新标准，中方制造商生产的1 820万件玩具是根据之前的出口标准生产的，美方经销商以不符合新标准为理由召回玩具，全部风险及损失则由中方承担。

这一调查结果的出现，让国内舆论再度哗然，中国制造在全球产业链中的被动和被欺压现状毕现无遗。9月21日，在巨大的舆论压力下，美泰公司为玩具召回事件向中方致歉，并表示所召回的玩具绝大部分是由于美方设计缺陷所致，而不是中国制造商的问题。美泰在声明中表示："愿意承担这些召回事件的全部责任，并亲自向中国人民和所有收到我们玩具的顾客道歉。"

玩具风波的一波三折及发生在这一年的众多事件表明，发力于1998年前后的"中国制造"在历经10年的黄金成长期后，已经走到一个十分敏感的十字路口。至少有两个事实让未来的中国制造充满变数。

一是中国制造商已不堪国际渠道商的压榨。在过去很多年里，低廉的中国商品为全球商品的物价平抑提供了巨大支撑，而流通大公司成为其中最大的得益者，它们与中国制造工厂的利益战愈演愈烈。在绍兴、温州等地的工厂，人们看到这样的景象，在一条生产线上悬挂着不同的商标，有些是显赫的国际品牌，有些是国内制造商的品牌，尽管它们都从同样的生产线上被制造出来，但是贴上不同的商标后，身价就会有一倍甚至数倍的差别。品牌的力量在这些车间里展现得残酷而让人感慨，而制造工厂却很少从这种差异中获得利益。一位温州皮鞋工厂的总裁诉苦说："中国皮鞋的出口目前完全受制于欧美几家大的渠道商，它们对付我们的唯一办法是压价、压价和不断地压价。一双皮鞋，它们只肯给5美元的价格，我们如果要求再高1美分，它们马上就转身到别的工厂去了。那么，制造5美元一双的皮鞋，我们会用怎样的皮料？进行怎样的节约？不就是可以想象的事情了吗？你能够指望用5美元做出来的皮鞋会是质量一等的吗？况且，随着人民币的持续升值，中国皮鞋厂家的出口生意已经成了一块鸡肋业务。"7月，中国最大的袜业制造企业浪莎集团宣布，月底交完最后一批货后，不再接受沃尔玛的订单。这家企业每年向沃尔玛提供500万美元的商品，然而因利润太薄，最终选择了放弃。①

二是由于人民币升值及国内通货膨胀的压力，"中国制造"的价格优势第一次出现递减迹象。7月，中国的消费价格指数比上年同期增长了5.6%，这是10多年来最急剧的增长。食品价格猛涨15.4%，由于农业区家畜爆发疫情以及严重的洪水，单是肉类和禽类价格就上涨了45%。而且通胀不仅仅是国内问题，由于中国是世界上很多产品的供应国，中国的

---

① 由国际品牌商和渠道商控制的舆论，似乎一直在强化对中国制造的矮化和诋毁。2007年4月，《环球奢侈品报告》中文版宣称，它通过调查发现，有86%的中国消费者因为奢侈品标有"Made in China"字样而不愿意继续购买，对于信仰顶级奢侈品的消费者来说，"中国制造"已成为炫耀式消费的障碍之一。这份报告说："目前的状况是谁承认在中国设厂生产，谁就会被踢出奢侈品这个圈子。"

成本提高会体现在全世界沃尔玛及其他大零售商的货架上。美国商务部表示，在2007年的上半年，来自中国的进口商品价格上涨了4.1%。这是自美国在2003年开始追踪中国进口商品价格以来增长最快的，而且远高于美国2%的通胀率。上半年，中国出口彩电2 255万台，比上年同期下降48%，其原因除了人民币升值、上游原材料成本上涨等因素外，还受到国外专利费上调的制约——由于中国企业欠缺核心专利技术，每出口一台电视机，需缴纳10美元左右的专利费。《时代周刊》在10月底的报道中分析说："一些人在警告，低价中国产品帮助全世界维持异乎寻常稳定的物价的时代已经结束了。"美联储前主席格林斯潘也在接受访问时认为："中国出口商品价格已经开始上涨，这将促进全球通胀的复苏。"苏格兰皇家银行的中国战略家本·辛芬德费尔则说得很简洁："在过去10年，中国是通缩势力；在未来10年，它将是通胀势力。"

就这样，关于"中国制造"的话题还将持续。一只亚马孙河流域热带雨林中的蝴蝶，偶尔扇动几下翅膀，两周后，可能在美国得克萨斯州引起一场龙卷风。这样的"蝴蝶效应"正发生在中国与世界之间，而张树鸿就是一个无辜而悲情的受害者。

到2007年，连美国硅谷都已经诞生50周年了。还有几个人记得半个世纪前那家发明了集成电路的仙童公司创建了伟大的英特尔公司的诺伊斯已经去世多年，发明了摩尔定律的戈登·摩尔年近八旬，甚至连永远穿牛仔裤的乔布斯也都肚腩微现，人们崇拜的是更年轻的布林与佩奇，他们创办的Google如日中天。在硅谷创业的华人中，曾经跻身全美十大富豪的王安早被遗忘，年过40的杨致远也好像过气了，最受欢迎的是1978年出生的台湾青年陈士骏。2005年2月，这位计算机天才跟硅谷的其他前辈一样在一个车库里创办了视频网站YouTube，20个月后，Google以16.5亿美元收购了他的公司。

这一年，互联网的光芒明显被狂热的股市和楼市所掩盖，那些动辄上千亿元的市值以及上百亿元的财富身家，让IT精英们有点失落。他们甚至开始有点后悔为什么非要在纳斯达克上市,搜狐的张朝阳便在年初说,他有点后悔到美国上市,"到美国上市是中国互联网的整体悲哀!为了收入、报表,我们整天忙短信、忙无线,整天忙,把网民给忘了"。不过,起得晚却赶上一个好集市的人也有,他就是阿里巴巴的马云,他的公司11月在香港上市,成为市值最高的中国互联网公司。

作为全球最大的电子商务公司,阿里巴巴为600万中小企业提供外贸交易的平台,它让无数不懂外语、没有出过国,甚至不知道任何国际贸易知识的中小商人找到了国际买家。在某种意义上,它是"中国制造"最重要的推动者之一。2004年,马云创办从事C2C(电子商务中消费者对消费者的交易方式)业务的淘宝网,在两年时间内战胜全球最大的同业公司eBay易趣,取得了75%的市场份额。2005年,阿里巴巴成为陷入困境的雅虎中国的实际控制人,使得自己从一个技术应用型公司变成了掌握一流技术的公司。为了解决网络支付的信用难题,马云还创造性地发明了一种叫作"支付宝"的第三方支付工具。它以阿里巴巴为交易的担保中介,从而解决了资金欺诈的问题,也让自己间接地进入了金融服务领域。2007年的阿里巴巴看上去是一个体系庞大而面目不清的帝国,马云决定把已经实现盈利的电子商务项目拿出来,在香港联交所上市。马云显然选中了公司上市最为合算的时候。股市的结构性泡沫意味着公司股价的普遍高估,而阿里巴巴同时具有中国和互联网两大概念,在此时筹资,无疑会占到相当大的便宜。

尽管如此,阿里巴巴上市的火爆景象还是让人吃惊。对于投资者来说,它最大的魅力是无穷的想象空间,阿里巴巴的股票遭到"哄抢",中国台湾最大企业鸿海的郭台铭、美国思科的钱伯斯等都成为第一批投资人。在国际配售部分,阿里巴巴获得了1 800亿美元的认购,相当于186倍的超额认购。在散户公开认购部分,冻结资金4 500亿港元,超额认购逾259倍,打破了港股发行的历史纪录。其疯狂景象连《经济学人》杂志都开始提问:"阿里巴巴是否是中国.com的泡沫?"在10月底的一则报道中,这家英国杂志认为:"该公司最大的财富也许是他的创始人马云,马云在公众眼中是个有魅力、善言辞并懂得利用媒体的人。他拥有大胆的想法,怀有巨大的市场目标,以及对商业的敏感,这都使他吸引了人们众多的眼球。"根据它的计算,如果阿里巴巴的融资目标实现,其市值将达到 90 亿美元,相当于其每年利润的 100 倍。而出乎《经济学人》预料的是,狂热比它想象的还要大得多。11 月 6 日,阿里巴巴挂牌上市,当日收盘较发行价上涨 192%,创港股当年新股首日涨幅之最,市值达 1 996 亿港元,竟相当于三大门户网站、盛大和携程五者市值之和,一跃成为中国互联网业首家市值超过 200 亿美元的公司。公司的市盈率达到惊人的 300 倍,如果以 2006 年的业绩来比较,市盈率则近 1 000 倍。① 马云是一个语不惊人死不休的领导者,他在上市当日的高管会议上宣布,三年内,阿里巴巴要做市值 1 000 亿美元的公司,成为全球前三大互联网公司。一位参会的高管说:"我当时就蒙了。"不过,回忆 8 年前他在杭州城郊那间漏水的住宅里的宣示,谁敢说这位小个子的前英语教师不会在未来创造新的神话?

  阿里巴巴在香港的高调上市,为 2007 年的中国互联网世界涂上一道最浓烈的色彩,似乎宣告了一个新的"应用之年"的到来。在过去的 15 年里,互联网在中国从无到有、肆意成长,终于自成一体,并渗透到了经济生活的每一个细胞。尤其值得骄傲的是,在这个世界里,本土企业几乎在所有的领域都击败了各自的国际对手,这在其他行业是从来没有出现过的完胜场面,甚至连 Google 这样的公司都无法幸免,它在中国的市场占有率还不到竞争对手百度的一半。另外一个很奇异的事实是,凡是被国际公司收购的企业都前景堪忧,搜索领域的 3721 被雅虎收购后不复存在,B2C 领域的卓越被亚马逊收购后一度陷入低迷,C2C 领域的易趣则在被

---

  ① 阿里巴巴的市盈率之高超出所有专家的预测,同期市盈率比较,Google 为 43 倍,eBay 为 23 倍,百度为 104 倍,腾讯为 74 倍,新浪为 33 倍,网易为 15 倍。在全球互联网公司中,阿里巴巴的市值排在 Google、eBay、雅虎、亚马逊之后,位列第五,前四者的市值依次为 2 220 亿、474 亿、418 亿和 357 亿美元。

eBay 收购后遭到淘宝的重击。

更令人充满期待的是，在 60 年代出生的马云、张朝阳、李彦宏和 70 年代出生的丁磊、马化腾之后，"80 后一代"已经鸣鼓而起——康盛世纪的戴志康（1981 年）、PCPOP 公司的李想（1981 年）、MaJoy 的茅侃侃（1983 年）、畅网科技的陈曦（1981 年）、海川传媒的高燃（1981 年）、163888 翻唱网的郑立（1982 年）——那些括号里的出生年份仿佛是一个骄傲的宣告。当这个国家开始改革开放的时候，他们还没有来到人世，现在却已经开始颠覆所有貌似强大的东西，这是天生的全球化的一代，是生来就与互联网"无缝对接"的一代。他们成长在一个开放的家庭和社会，没有经受过意识形态的煎熬，没有传统的羁绊与包袱，更没有产权制度的困扰，他们比所有的前辈商人都要幸运，他们看上去一个个前程远大。不过，他们即将面临的挑战和灾难也是前所未有的。他们的时代是最好的，也是最坏的。意大利思想家马基雅维利在五百多年前就告诫说："追求梦想的人们啊，已经付出就要准备付出更多。"所有的商业故事其实都符合一条规律——就如同发生在这部企业史中的每一个悲喜故事那样——伟大都是熬出来的。

可以预见的是，在未来的岁月中，如果中国要诞生世界级的伟大公司、出现取得世界性声誉的中国企业家，互联网也许是仅有的领域之一。

9 月，担任 18 年美联储主席、上一年刚刚退任的格林斯潘出版了他的回忆录《动荡时代：新世界中的冒险》[①]。这位 81 岁高龄的"金钱老人"将全球重要的大国进行了一一的评说。他称老牌的欧洲强国英国"应该会发展得好"，拥有雄厚能源储备的俄罗斯"应该彻底恢复法制以进一步发展"，在重工业及 IT 服务业表现抢眼的印度有"巨大潜力"，自 1991 年之

---

① 《格林斯潘回忆录——动荡时代：新世界中的冒险》一书中文版由译林出版社于 2009 年出版。

后宏观持续低迷的日本则仍然保持着"强大的力量"。此外，他一改说话模棱两可的习惯，对美国和中国经济进行了一次清晰的对比，他对前者的未来表达了担忧，同时预言后者将在2030年成为美国最主要的竞争者。他说："中国如何进一步拥抱全球市场将决定全球经济的命运。"

格林斯潘的观点代表了西方的主流声音。的确在很多方面，与崛起的中国相比，美国的前途更为莫测。在国际事务上，它不但在伊拉克战争的泥潭中难以拔足，还与另一个中东大国伊朗的关系变得异常紧张。在国内，即将到来的2008年总统选举转移了所有人的注意力，一切政策都成为选举的工具。这年春天，一场金融危机突然降临。3月，全美第二大次级抵押贷款机构新世纪金融公司宣布濒临破产，从而引爆了空前的次级债危机[①]，众多金融机构损失惨重。受其拖累，全球重要股市纷纷狂跌，在8月份的两周里，市值蒸发超过2万亿美元。汇市亦波动剧烈，欧盟、日本政府相继出手救援，华尔街的五大投资银行全数损失惨重，其中，美林证券董事长、花旗银行董事长、贝尔斯登银行总裁相继引咎辞职。到年底，全美有三成贷款户因无法还贷而陷入家庭危机。在新技术的创新上，以硅谷为代表的创新力量似乎已经走到了尽头，有专家预言，几乎所有重要的互联网技术都已经发明殆尽，随着应用时代的到来，美国经济的火车头效应将持续下降。

即使是在财富的累积效应上，美国人似乎也遭到了挑战。自1995年以129亿美元登顶《福布斯》富豪榜之后，比尔·盖茨一直没有跌落过。在过去的12年里，只有软银孙正义的资产在1999年的网络泡沫期短暂地超过了他，不过只有10来天的时间。可是在2007年，比尔·盖茨连续两次被人超越，8月期的美国《财富》杂志报道，墨西哥电信巨头卡洛斯·斯

---

① 次级债危机，指银行针对信用记录较差、正常情况下很难得到贷款的客户发放的利率较高的房贷。前几年，美国楼市火热，很多按揭公司或银行为扩张业务，纷纷介入次级房贷业务。2006年之后，美国楼市低迷，利率不断升高，次级房贷借款人不能按时还款，次级房贷大比例地转化为坏账，因此诱发美国次级房贷危机。

利姆的个人财富已达到590亿美元,这个数字超过了比尔·盖茨的580亿美元。斯利姆是墨西哥的电信垄断者,他的公司价值占到墨西哥股市市值的1/3,其家族财产等于墨西哥国民生产总值的5%左右。[①] 到了11月,据英国《独立报》报道,由于近来印度股票市场火爆,该国工业大亨穆克什·安巴尼的财富涨至632亿美元,已超过比尔·盖茨和斯利姆,成为新的世界首富。穆克什的信实工业公司涉足石油、纺织和生化等诸多行业,掌管着全球第三大炼油厂。随着这些新首富的出现,人们开始猜测,他们都出现在人口众多的发展中国家,从事的均为政府管理行业或能源产业,这是一种时代的倒退还是商业演变的必然?而这种特点,又会不会在具备了同样财富特质的中国重现?在拥有全球最高市值公司之后,中国有可能诞生下一任"全球首富"吗?

股市之狂热、楼市之飙升、人民币之升值、通货膨胀之隐患、贸易摩擦之激烈以及大国情结之高昂,每每让人想起那句名言,"历史往往是重复的,只是经常以另一种方式呈现出来罢了"。人们不由自主地将今日之中国与20世纪中后期的日本相提并论。

从时间表来看,日本复兴的象征性事件发生于1970年3月。当时,世界博览会在大阪举办,全球77个国家蜂拥而至。西方世界承认,"日本已经进入世界经济强国的行列,21世纪将是日本的世纪"。在其后的15年里,日本的国民生产总值增长了450%,日元持续升值,日本楼市与股市空前狂热,1989年,索尼公司买下哥伦比亚影业公司,《新闻周刊》设计了一个

---

① 斯利姆当上世界首富后,墨西哥人视之为"国耻",因为他的暴富靠的正是对电信业的垄断。该国舆论认为:"斯利姆是墨西哥贫富悬殊、缺乏竞争机制的社会矛盾的典型体现,他是一个将帝国建立在与墨西哥政客牢靠关系之上的贪婪的垄断者。"为了平抑舆论,斯利姆宣布把财富的20%用于慈善,墨西哥舆论仍然不依不饶地认为,"斯利姆做的一点点善事只是摆摆样子而已,他把电信资费价格降一些,比做什么善事都管用"。

著名的封面——"穿上了日本和服的自由女神",也是在这一年的秋天,日本政治家和企业家合著出版了《日本可以说不》。① 1990年5月灾难突然降临,东京股市崩盘,楼市泡沫破裂,日本经济从此陷入长达17年的漫长低迷。

在那段令人炫目的"日本时代"发生的一切可以让今日的中国人看清楚很多事情,比如,为什么美国人老是逼着人民币升值,比如,中国公司开展跨国并购将发生怎样的状况,再比如,中国的股市与楼市到底会呈现怎样的动荡曲线。5月,英国的《经济学人》杂志刊出一个很醒目的封面,它用的是好莱坞电影《金刚》爬上帝国大厦的场景,不过把那只大猩猩换成了大熊猫。这样的创意很自然地让人联想起18年前《新闻周刊》那个著名的封面。这样的对比,充满了太明显的轮回的气息,历史也许不会一板一眼地重复,但是其戏剧性的相似还是令人心惊。今日中国与当年日本,当然不会走一条完全重合的道路,不过正如保罗·肯尼迪在《大国的兴衰》②中所论证的,自1500年以来,任何一个大国的崛起,在根本的规律上都是如此的相似。

▲ "穿上了日本和服的自由女神"

▲《经济学人》的熊猫封面

---

① [日]盛田昭夫、石原慎太郎著,军事科学院外国军事研究部译,《日本可以说不》,北京:军事科学出版社,1990年版。

② [美]保罗·肯尼迪著,陈景彪等译,《大国的兴衰——1500—2000年的经济变迁与军事冲突》,北京:国际文化出版公司,2006年版。

2008 / 正在展开的未来

> 这是一部没有主角的"草民史"。
> 这或许是混沌的所在,或许也是历史的真相所在。
> ——本书作者,2008年

2008年,是一个需要想象力的年份。一出长达百年的复兴大戏将在这一年达到前所未有的高潮。

历史如同罗马神话里的那个"双面神"雅努斯(Janus),它有两副面孔,一副回望过去,一副注视未来。回望过去的起点,那是一个月光暗淡的午夜。1869年7月7日,同治八年农历五月二十八日,深夜,在保定府直隶总督衙门的后花园里,清帝国声望最隆、权势熏天的汉人大臣曾国藩困坐愁城。他对幕僚赵烈文说,当今之世已是"民穷财尽,恐有异变""吾日夜望死,忧见宗之陨"。三年后,曾国藩"如愿以偿"地去世了。不过,在生命的最后几年里,这位才智超群的湖南人极力推动洋务运动,这成为中国近代企业的启灶,他和李鸿章、张之洞等人创办的轮船招商局、江南造船厂、开滦矿务局至今余脉尚存。

100多年后的1974年10月,中国正陷入"文化大革命"的浩劫。当时中国最重要的思想家顾准正处于生命的最后时刻。那时,深爱他的妻子已在绝望中自杀了,亲密的朋友们相继背叛消沉,连他最心疼的子女也同他划清了阶级界限,而"文革"浩劫似乎还没有任何终结的迹象。就在这样的秋风萧瑟中,医生在顾准的痰液培养结果中发现了癌细胞。顾准把44岁的"干校棚友"吴敬琏叫到病房,冷静地说:"我将不久于人世,而且过不了多久就会因为气管堵塞说不出话来,所以要趁说得出话的时候跟你做一次长谈,以后你就不用来了。"在这次长谈中,顾准认为中国的"神武景气"[①]一定会到来,但是什么时候到来不知道,所以,他送给吴敬琏四个字——"待机守时"。两个月后,顾准去世,吴敬琏亲手把他推进了阴冷的太平间。这位日后中国最有影响力的经济学家回忆说:"我在回家的路上就是觉得特别特别冷,觉得那是一个冰冷的世界,顾准就像是一点点温暖的光亮,但是他走了,然而我想,他还是给我们留下了光亮……"过了4年,顾准预言成真,中国告别意识形态的禁锢,开始了改革开放的伟大试验。

那是一个已经虚弱至极的国家,从领导者到匹夫百姓,一开始都显得茫然无助,外援无望,内资困乏,僵硬的体制捆住了所有人的手脚。那些在日后改变时代和自己命运的人们出身卑微,几乎没有受过任何商业教育。星火从穷乡僻壤燃起,自东南沿海而兴,跌跌撞撞,时隐时现,倔强寸进,终成燎原大势。30年后,他们创造了一个商业无比活跃、经济持续增长时间最久的国家,他们自己也成了全世界最不容易被打败的商人。

从保定府直隶总督后花园的那个暗淡夜晚,到即将来临的2008年

---

① "神武景气":神武天皇是日本传说中的第一代天皇。传说他在2 600多年前由神变为人,受上天的旨意来统治日本。第二次世界大战后,日本经济高速增长,人们将1955—1957年的经济增长称为"神武景气"。

8月8日烟花满天的北京之夜，历史完成了一段曲折跌宕的、神话般的宏大叙述。便是在这样一个长达130年的时空纵深中，我们一起来体验刚刚经历的"激荡30年"，自当有一份别样的感慨。

30年来的中国商业界，已面目全非。1979年，8家大型国营工厂被选为全国首批企业改革试点，如今6家不复存在，两家难言辉煌，它们都没有成为成功的涉水者。在20世纪80年代，曾经叱咤一时的改革风云人物，如年广久、步鑫生、张兴让、马胜利等，都成了沉寂的"历史人物"。而在20世纪90年代涌现的众多商界英豪，如牟其中、褚时健、潘宁、李经纬等，或沉或浮，俱成过眼云烟。一些曾经是改革标杆的地方和名词，如"温州模式"、"苏南模式"及"蛇口经验"等，也已失去光彩逼人的先发效应。30年来，人们曾经激烈争辩的"姓社姓资"问题，如今早已达成共识，很多冒险者为之付出代价甚至失去生命的"禁区"，在今天看来，都已是寻常之事。历经数轮成长周期的洗礼，经济变革的主题及公司成长的路径，几度转轨变型，往往超出人们的预想。中国企业跋涉在一条十分独特的市场化道路上，它们在一系列看似偶发的历史事件和社会变革过程中（譬如"特区"的开设、乡镇企业的意外崛起、亚洲金融风暴的发生、互联网经济的诞生以及十分特殊的资本市场等）不断适应、顺势前行。在这场精彩而多变的历史进程中，根本观察不到经济学家津津乐道的"客观规律"。

如果说这个历史进程有什么共同点，那么，最显著的有两点。第一点是全体国民及政府的求富渴望、对贫穷现状的坚决告别和对现代化的强烈追求，成为所有人从未动摇过的价值追求，人们可以"摸着石头过河"，也不管你是白猫黑猫，只要能够抓住老鼠就是好猫，道理有千条万条，发展是最硬的一条。正是在这种整体共识下，任何曲折与反复最终都被一一克服。在某种意义上，30年的中国经济奇迹，是一种无比务实的经验主义价值观的胜利。

第二点就是各个利益集团围绕财富、权力和成长空间进行的博弈、妥协与交融。从变革的第一天起，三大资本集团的竞争格局就已经出现。国有企业力图提高效率，摆脱体制束缚。它背靠雄厚的国家政策和资源支撑，处在得天独厚的竞争高位上，最终靠强势的垄断战略实现了脱胎换骨般的成就。跨国资本一直受到青睐，有人甚至认为中国患上了"外资依赖症"。它先是在税收、用工和土地政策上享受了优惠，继而在行业准入上优先，然后又在垄断领域的资本开放中猎取了惊人的利益，现在已经成为中国经济不可或缺的力量，也是一种特别意义上的"中国企业"。

相对国有和跨国资本，对中国变革贡献最大的民营资本一直命运多舛。它们从草莽崛起，几乎没有任何资源扶持，成长受到多重局限，并每每在宏观调控时刻成为整顿和限制的对象，不过，它们却是变革最重要也是最坚决的推动力量。就像詹姆斯·金奇在《中国震撼世界》中所说的那样："从一开始，中国改革就是一个被自下而上的力量和需求推动的过程，只不过以从上至下的政策改革的方式呈现。"这一特征带来了一个贯穿30年的景象，发生于民间的资本力量总是承担着改革的政策风险。在它们的行为被政策认同之前，失败随时都会降临。它们既是计划体制的突破者，又是现行制度的违规者，不得不游离在合法与非法的灰色地带。所谓的"原罪"由此而生，无数企业悲剧便是在这里层出不穷地上演。有的时候，你不得不感慨，有些企业家能够成功不是靠了政策的帮助，而是因为他们无视政策的存在。这种公司演进，也许不是什么必然的产物。它的形成过程以及运动走向不可能以一些常见的经济学概念来加以

▲中国与印度的崛起

规范，也不能以最宽泛且最具有代表性的公司运作机制或经济模型来加以对比。其渐进的路径和速度至今仍然充满多变性。这个过程在整个国家和地方的不同层次中分散地、各自独立地逐步进行，然后在一个时点上汇成一股合流。

"中国已经走出改革初期的浅滩阶段，正站在大河中央，选择彼岸的到岸位置。"诺贝尔经济学奖得主斯蒂格利茨用这样的语言描述中国。站在2008年的金色船楫上，我们常常会凭风畅想。我们期盼并不遥远的将来，在世界商业史上，中国企业将与美国公司、日本公司一样成为某一企业模型的特定概念。而这显然不是一个可以轻易达到的目标。

在过去的30年里，一直存在着两个中国：经济强劲成长的中国、体制消耗严重的中国，后者正是所有制问题导致的结果。

在本部企业史中，我们曾经一再思考一个问题，为什么在这场伟大的商业崛起运动中，始终没有诞生一家伟大的世界级公司？中国企业第一次进入全球商业评价体系是在1989年，在这一年的《财富》上，中国银行首次进入全球500强排行榜。而从1996年起，打造中国的世界级公司成了一个被高调宣扬的梦想，至少有超过200家公司将自己的目标定位于此。今天，当中国崛起已经成为一个不争事实的时候，"什么时候我们才可能拥有一家世界级的公司？"这已经成了中国商业界必须面对的一个十分尴尬的挑战。

世界级的企业应该诞生于一种先进的商业制度之中。垄断当然能够产生效益，就好像集权能够带来效率一样，但垄断和集权并不能与市场化的、公平的商业制度并存。让人遗憾的正是，进入"世界500强"的中国企业中没有一家是在完全竞争领域中诞生的，偏执的制度安排带来了资源的聚集，它算不上是一个伟大者的诞生。世界级的企业应该经历过伟大的冒险和征服。当今被我们冠以世界级企业的那些名字，从可口可乐、通用、大众到索尼、三星，没有一家不经历了全球化的洗礼，没有一个不是在激情的竞争中征服万千，冲杀而出。在这份名单中也有失败者，如韩国的大宇、美国的AT&T，但是，它们的倒下也是一次值得尊敬而富有价值的体验。世界级的企业还应该有伟大的管理思想和伟大的企业家。一个让人惭愧的事实也许是，中国已经诞生了全球市值最高的企业、全亚洲最赚钱的公司——而且将诞生越来越多的"市值第一"和"最赚钱的公司"，但是它们可能贡献的却是让人乏味甚至反感的管理思想，在它们的背后有一群不称职的经理人和一只巨大的垄断手掌。在很多人看来，这是让人担忧的事实。

在相关观察中，另一种反应则是对中国企业家的讨伐。譬如海尔、联想，已经成长20余年，与它们同时诞生的戴尔、思科，都已成就世界级的声誉，可是我们的公司为什么没有达到那样的高度？

这种谴责得到很多人的认同，但这并不是事实的全部。它们也许真的在某些关键时刻丧失了巨大的机遇。在20世纪90年代后期，它们曾有机会通过核心技术能力的提高来获得稳固的市场地位，结果却不争气地陷入了价格战的纠缠。在当今的中国制造业，那些著名的大公司几乎都没有完整的核心技术，这成为阻碍它们参与全球竞争的最大困难，也是它们最终无法成为世界级大公司的根本原因。

除此之外，我们还必须看到，这些企业的成长至少受到了两个方面的致命限制。在产权所有上，它们天然地具有模糊性，这消耗了企业家大量的智慧并直接导致决策的迂回。中国大企业在产权上受到的困扰是"举世罕见"的，很难想象一家所有权不清晰的企业能够全心全意地投入精密而激烈的商业大运作。在规模扩张上，它们没有得到应有的金融支持，无法在最合适的时候完成伟大的跨越。由于受到亚洲金融风暴的刺激，中国最终放弃发展财团式企业的设想，这让那些通过制造业而成功的企业无法获得金融上的全力支持，一些试图突围的民间企业，如德隆、格林柯尔、华晨等，则因操作的灰色和冒险而倾辙。

在过去的很多年里，所有在完全竞争领域成长起来的中国新型企业无一不受到其中之一的困扰。在这个意义上，产权制度的畸形和体制的落后是造成中国企业无法完成世界级跨越的重要根源。

已故管理大师彼得·德鲁克曾经用以下4个特征来描述他心目中的"企业家经济"：在充分市场竞争的政策环境中，量大面广的中型公司成为国民经济的支柱力量；职业经理人成为一个独立的群体；管理作为一门技术被应用于广泛的经济和非经济领域；企业家行为成为社会创新和新秩序建设的关键。在德鲁克提出"企业家经济"的20世纪80年代，美国经济正走出零增长的衰退困境，而在这次复兴中，以软件产业为代表的新兴企业第一次取代政府成为解决就业和摆脱经济危机的领导力量。富有创新的企业家精神深刻地影响了社会的各个领域，并重新塑造了一代美国青年。

德鲁克的描述是那么生动，令每一个读到这里的人都会将之与改革开放后的中国类比。的确，我们看到了很多相似的地方，但是，改革动机的多重性以及因之而来的制度设计，似乎使我们已经与"企业家经济"渐行渐远。如香港经济学家张五常所言："20多年来中国的改革，简言之，是从等级特权转向以资产界定权利。这是困难程度极高的改革，而不管怎样批评，中国的经验是史无前例的成功案例。"今后，我们需要观察的是，等级特权是否在已经界定清楚的资产竞争中依然发酵，或者说，某种身份的资产是否拥有优先获得资源和发展机会的特权。

垄断的大量存在是国家之耻。世界百年商业文明的历程证明，一个现代商业国家的演进过程，就是国有资本日渐自我瓦解的过程。在当今中国，无论是国有企业还是民营公司，都在实行一系列美国化的公司改造，不出意料的话，到2010年之前，中国将出现亚洲地区最具美国公司特征的公司群体。而在另一方面，与美国自由经济制度并不相同的理念仍然深刻地影响着中国经济的成长。在公司治理结构上逐渐完成改造的国有公司以前所未有的强悍姿态重新掌控了经济发展的节奏，这中间的矛盾冲突将以何种方式爆发及化解，是一个很让人好奇的课题。

2007年5月，已经78岁的吴敬琏出版了《呼唤法治的市场经济》一

▲鸟巢前的婚礼

书。在序言中,他充满忧患地写道:"中国的改革并不是一路凯歌,经济改革所采取的从非国有部门入手、由易而难的策略,一方面减少了改革的阻力,增加了改革的助力,另一方面又使以双轨制为特征的寻租环境得以广泛存在,以权谋私的腐败行为得以四处蔓延。"他进而说:"改革的两种前途严峻地摆在我们的面前,一条是政治文明下法治的市场经济道路,一条是权贵资本主义的道路。在这两条道路的交战中,后者的来势咄咄逼人。我们必须清醒地认识这种潮流对于我们民族前途和未来的威胁。在我看来,克服这种危险的唯一途径,在于朝野上下共同努力,切实推进改革,建设公正法治的市场经济……经济和政治改革的迟滞,造成了两方面的严重后果:第一,中国经济继续沿着依靠资本和其他资源投入驱动的粗放增长方式一路狂奔,引发了一系列社会和经济问题;第二,设租和寻租活动,以及随之而来的贪污腐败、贫富差距扩大和社会失范愈演愈烈,这些,都引起社会各界人士的强烈不满。"这位当代史上最具人文气质和道德勇气的经济学家写道,从这个意义上可以讲,我们这里的季节,既是"希望的春天",也是"失望的冬天","我们前途无量,同时也感到希望渺茫","我们一起奔向天堂,也可能全都走向另一个方向。"[1]

从1991年前后,吴敬琏率先提出"制度大于技术",到2003年杨小凯警告"后发劣势",再到2007年吴敬琏、江平等人对法治市场经济的再度呼唤,在30年中国改革的后半程,中国的学者一直保持着对制度滞后的警惕与批判。如何建设一个健康、和谐、公平的商业国家,这将是2008年之后中国商业变革的最大命题。我们已经找到迷宫的出口了吗?

印度圣雄甘地有一句名言:"如果要改变世界,先要改变我自己。"这对成长中的中国人来说,也许有特别的意义。

从宏观经济和企业发展角度来看,2008年奥运会是展示国力和刺激内需的一个绝好机会,国民消费的信心和冲动将得到极大的提升,而在之后的两年里,中国还将迎来建国60周年大庆以及2010年上海世界博览会,这是一条充满了无尽想象空间的繁华路径。现在还没有任何迹象表明,它可能被打断。

不过,在这样的商业隆起中,我们做好了承受巨大财富爆炸的心理和道德准备了吗?我们会不会陷入诺贝尔文学奖得主、印度学者奈保尔所描述过的"自我崇拜的热焰"呢?我们学会扮演一个大国的角色了吗?世界性的光荣与同样庞大的危机,似乎一对孪生兄弟般潜伏在中国企业家前行的远方。对一个辽阔而莫测的未来世界,临事而惧,保持必要的敬畏,不是一种怯弱,而恰恰是一种成熟的修养。

时光对每一个人、每一个时代而言,都具有同样的意义。昨日的叛逆,会渐渐演变成今日的正统,继而又"供养"成明日经典。所不同的是,点燃的光芒将渐渐烧成灰烬,人们则越来越少追究光芒被点燃的起

---

[1] 吴敬琏著,《呼唤法治的市场经济》,北京:生活·读书·新知三联书店,2007年版。

源。R. G·柯林武德在《历史的观念》中写道:"时间把世界放置在一头大象的背上,但它希望人们不再追问支撑大象的东西是什么。"他又说:"我们可能走得太远了,以至忘记了当初之所以出发的目的。"① 我们也许真的应该在 30 年的门槛上重温当年出发的目的:这个国家要实现复兴,这个民族要摆脱贫困,这块土地要重回全球化的怀抱,这里的每一个人要享受平等、民主的普世权利。

所谓的沧海桑田,仅仅 30 年,就让这一代中国人都看到了。

青春已经大江东去。对于这个时代,我们有种与生俱来的眷恋,在这里深埋着很多人的过去,当我们一步步地远离它的时候,才越来越清楚地感受到它的存在。对于共同经历的这段历史,我们其实所知无多,很多事

▲奔向未来

---

① [英] R. G·柯林武德著,何兆武,张文杰译,《历史的观念》,北京:商务印书馆,1997 年版。

情还需要在事实和理性层面上抽丝剥茧,有些则仍在剧烈的演变当中。商业界是一个充满偶然性的领域,事实与结论之间并非是唯一对应的关系,也许今天我们陈述的细节,会在未来的某一时刻出现新的甚至截然相反的诠释,而过了若干年后,再度产生有趣而陌生的新意。

也许在很多年后回望,人们会说,这激荡的30年是一个多么世俗的年代,人人以物质追求为目标,道德底线被轻易穿越,心灵焦虑无处不在,身份认同时时颠覆。所有的财富故事都暧昧不明,很多企业家前途叵测。

不过,更多的人也许会辩护说,我们最宝贵的财富正是这一段携手走过的从前,这份经历包罗万象,有汗水泪水血水,有蜜汁苦水狼奶。它催生了一个时代的伟岸和壮观,也同样滋养了世故、丑陋和空虚。我们遭遇的是一个空前复杂而大半面目未清的时代。急速变化的世界,怅然若失的个人命运,传统与现代,个人与群体,不同利益集团的冲撞和考问,这是30年的成长底色;"一年改变不如想象,五年改变难以想象,十年改变不敢想象",这是30年的演变惊叹。在这段创世纪般的大历史里,我们每一个人从来都不是观光客,伟大的梦想将继续从茫茫无边的草根中轰然诞生,那种追求世俗的本身,也具有了一种难以言说的浪漫主义诗意。

在通往未来的道路上,这个正在生成的崭新的世界,一定还藏着我们尚未知晓的答案,也许最好的尚未来临,也许繁荣生成的时候,腐烂已经开始。

尽管有着种种抱怨、失落和焦虑,但是,过了很多年后,我们也许仍然要说,那是一个好的时代。因为,它允许新的可能性发生。

致 谢

英国思想家罗素曾经说:"提到过去,每个时代都承认它是事实。提到当前,每个时代都否认它是事实。"而天才的法国政治家托克维尔则在《论美国的民主》一书中写道:"当各政党只为明天而忙碌时,我已驰想于未来。"

即将呈现在你面前的这部《激荡三十年》,正伫立在过去和当下之间,我的工作是尽一切可能进行一次清晰而可持续的描述,而很多结论则有待于后来者自己给出。

我在这里要感谢的是,这段历史的创造者、记录者和研究者们。因为是当代史,所以我有机会接触到本书中论及的不少人,企业家如柳传志、张瑞敏、鲁冠球、王石、宗庆后、牟其中、年广久、李东生、刘永行、何伯权、黄鸿年等,其他的企业人物和事件,我则从一些观察者那里获得了第一手的资讯。我之前的同事童宝根是步鑫生的最早报道人,胡宏伟和新望分别是温州模式和苏南模式的研究权威，我的大学同学秦朔以及新华社前同事、策划人王志纲是珠江三角洲最优秀的观察家，王安、童牧野对中国股市的描述给我很多的素材和启发。此外，与我同为蓝狮子发起人之一的刘韧对中关村的追踪、胡泳对海尔的研究让我受益匪浅，我的朋友何力、蒋耀波、许知远、覃里雯、赵晓对中国的考察总令我耳目一新。凌志军著述的《交锋》《沉浮》一直是我写作的重要参考书。此外，陈惠湘、迟宇宙、唐立久、王云帆、何志毛、陆新之、程东升、袁卫东对联想、德隆、科龙、万科、华为及柯达公司的长期跟踪和著述，都给了我很大的帮助。我曾有机会向已经过世的费孝通先生求教关于中国乡村建设的问题，他的谦和与风范让人难忘。

正如我在前言中所提及的，本书的创作动议是我在哈佛大学当访问学者时萌生的，我要感谢肯尼迪政府学院对我的邀请，感谢燕京学社社长杜维明教授接受我的访问。我还要感谢张五常教授以及未曾谋面的傅高义（Ezra F. Vogel）教授和黄亚生教授（2014年年初，我与84岁高龄的傅教授结识于北京，彼时他出版了《邓小平时代》，而与黄教授的接触则早在2009年，我主持的蓝狮子财经出版中心还有幸出版了他的著作《"中国模式"到底有多独特》），他们对中国问题的深入研究给予我启迪。张五常教授接受我的恳请，题写了本书书名，他在西湖边的一个茶楼里，铺纸研墨，一口气连写了十多遍，那个认真劲儿令人难以忘怀。我要感谢本书两位最主要的直接参与者，郑作时和朱琳。在过去的几年里，我们每两周碰面一次，讨论相关的主题，然后又分散到各自的工作中。每次会面前，我总是坐在书桌前，双手轻抚键盘，眼望远方，像一个磨刀霍霍的战士等待另外两个战士的到来。为本书的创作，我们尽可能多地查阅了重要的国内外报刊和相关书籍，我要感谢所有报道的写作者。

我要感谢大学同学胡劲军，他让我确信，结交在青春时的友情，是这个世界上最美好的情感之一。最后，我当然要感谢我的家人，妻子邵冰冰和女儿吴舒然。邵冰冰是书稿每个章节的第一阅读者，她和女儿的支持是我度过每一个寂寞而枯燥的创作之夜的动力。

　　本书是我计划中的"中国企业史"中之一卷。在未来几年内，我还将完成"19世纪70年代至20世纪70年代"卷（我后来兑现了这个承诺，在2009年到2013年间，先后完成了《跌荡一百年》上下卷、《浩荡两千年》和《历代经济变革得失》）。我要感谢中信出版社和浙江人民出版社对这部书稿的青睐，中信出版社的王斌社长、臧永清副社长（已离任）、潘岳总编辑、责任编辑蒋蕾、沈家乐、黄维益以及浙江人民出版社的楼贤俊社长（已退休）、杨林海副总编辑（已离任）等都对本书的出版投注了让我感动的热情。感谢我的助理王留全、陶英琪、程娟，协助我完成本书的再版修订。本书已被翻译成繁体字版和英、德、法、日、韩、西班牙、意大利和阿拉伯等国语言出版，感谢所有的翻译者，感谢九州出版社和台湾远流出版社。我希望我的创作不至于辱没了"中国崛起"这个当代最伟大的神话。罗马史的研究者尼克尔·马基雅维利曾经说，"改革是没有先例可循的"。改革如此，创作亦如此。

吴晓波
2006年秋冬之际于杭州
2014年6月修订于三亚

人物索引

A

马克·安德森　1995

B

白方礼　1994

C

陈天桥　1999、2005
陈志武　2005
陈世骏　2007
陈　曦　2007
陈清泰　1996
陈惠湘　1996
褚时健　1998

D

丁　磊　1995、1997、2001、
　　　　2003、2005

段永平　2001
大前研一　1996、2002
戴国芳　2003、2004
德鲁克　2005
戴志康　2007
段永基　1996
邓小平　1997

F

弗里德曼　2005
范　敏　1999
费孝通　1997
冯　仑　2006

G

顾雏军　2002、2004
郭广昌　2003、2004
龚家龙　2003、2006

高西庆　2000

郭台铭　2006

高　燃　2007

格林斯潘　2007

葛文耀　1995

H

洪　晃　2002

黄亚生　2001、2003

黄宏生　2005

黄光裕　2005

黄发静　2005

华　生　2005

胡舒立　2000

何伯权　1994

怀汉新　1997

J

江南春　2003

姜建清　2006

季　琦　1999

江泽民　1999

姜鸿斌　2007

姜　伟　1994、1997

姬长孔　1995、1996、1997

金宇中　1996

L

刘永好　1995、2001

李书福　2001

李经纬　1994、1998、2002

郎咸平　2002、2004

罗康瑞　2002

刘晓庆　2002

刘永行　2003、2004

李彦宏　2003、2005

柳传志　1994、2004、2007

李东生　1995、2005、2007

梁稳根　2005

吕　梁　1999、2000

刘　波　1999

梁建章　1999

李国庆　1999

李光耀　2000

赖昌星　2000

刘姝威　2000

鲁冠球　1993、2007

李　想　2007

M

马　云　1999、2001、2003、2007

牟其中　2004

迈克尔·莫瑞茨　2006

茅侃侃　2007

马俊仁　1994

N

牛文文　2006

倪光南　1994

倪润峰　1995

尼葛洛庞帝　1995

P

潘　宁　1994、1998、2002
潘石屹　1998
裴学德　1998

Q

钱伯斯　2001
乔　赢　1995

R

任正非　1997、2001
荣　海　2004
芮成钢　2007

S

孙正义　2001
宋朝弟　1999
宋如华　1999
斯蒂格利茨　1999
沈南鹏　1999
沈太福　1993
史玉柱　1994、1997
索罗斯　1998

T

陶建幸　2002
唐万新　1999、2004
田溯宁　1995
谭希松　1995

W

吴　鹰　2001
王志东　1997、1999、2001
魏成辉　2002
吴晓灵　2004
韦尔奇　1999、2005
万明坚　2005
王　石　1994、2005
汪　延　2005
吴敬琏　1997、2000
吴晓求　2007
吴炳新　1994、1997
吴思伟　1994
王　海　1995
王缉志　1996
王遂舟　1997

X

项　兵　2005
向文波　2006

Y

仰　融　2002
杨小凯　2003
杨元庆　1995、2004
俞　渝　1999
禹作敏　1993
杨惠妍　2007
杨国强　2007
杨致远　1995

Z

朱威廉　2001
张　海　2002
郑俊怀　2002
张维迎　1996、2002
朱镕基　1996、1998、1999、
　　　　2002、2003
张文中　2003
赵　晓　2004
张瑞敏　1994、1996、1999、
　　　　2004、2007

张近东　2005
朱江洪　2005
周鸿祎　2005
赵新先　1995、1996、1999
宗庆后　1999
张朝阳　1997、2007
郑　立　2007
张国庆　1994
周冠五　1995
张树新　1995、1997
张大典　1998

声 明

由于本书所用图片涉及范围广,部分图片的版权所有者无法一一取得联系,请相关版权所有者看到图书后,与蓝狮子财经出版中心联系,以便敬付稿酬。

来信请寄:杭州市下城区西文街琥珀中心12楼

邮编:311106

电话:0571-86535601